アジア太平洋と関西

関西経済白書 2023

APIR 一般財団法人 アジア太平洋研究所
ASIA PACIFIC INSTITUTE OF RESEARCH

APIRのご説明

　アジア太平洋研究所（APIR）は，アジア太平洋地域と日本／関西の持続的な経済発展の支援を目的とした課題解決型シンクタンクとして，2011年に設立されました．昨今の急速なグローバル化が進む経済環境の中で，APIRは先進的・長期的な視点からの経済予測をはじめ，様々な分野で研究を行っています．また，国内外の主要課題への定点観察を行いつつ，経済白書を毎年刊行しています．

　APIRは，関西地域を中心に，経済界，学界，官界と密に連携をとり，様々なステークホルダーと共同研究，セミナーなどを通じて，強固なネットワークの保持・拡大に努めています．

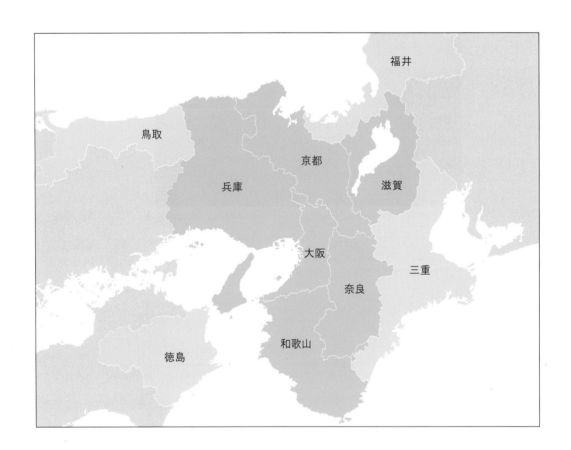

ミッション：

　アジア太平洋地域が直面している諸問題に対して，課題解決型シンクタンクとして多様な知的
貢献活動を展開し，日本とアジア太平洋地域の新たな活力創出，持続的な発展に寄与します．

研究内容としては，次の3種類をバランスよく展開します．

▶ 政策立案やビジネス戦略策定に際して，理論的・実証的な裏付けを与える研究

▶ 将来に向けた予測，課題提起，政策提言のための事前蓄積となる研究

▶ 研究成果やデータが，公共財や研究インフラとなる研究

　これらの研究成果をもとに，経済界・学界・官界それぞれに対して，現実に活用できる提言や
情報提供を時機を捉えて実施します．また，地域の将来を担う有為な人材を研究活動を通して育
成します．

研究の3つの軸

APIRでは，この3つを軸として　研究活動を実施しています．

アジア太平洋

経済のグローバル化の進展に伴い，日本とアジア太平洋諸国との
経済関係はますます複雑化しています．
このような中，アジア太平洋地域が直面する諸課題にスポットを
当て調査研究を行い，今後取り組むべき対応や進むべき道筋の
示唆を与えます．

日本・関西経済

日本全体，特に関西では人口減少・高齢化の進展が早く，
新たな需要創出・産業構造の転換が必要です．
このような問題意識の下，日本・関西経済を活性化し，
新たな成長軌道に乗せるための問題提起や戦略策定に役立てます．

APIR

経済予測・分析

APIR 独自の予測・分析手法やデータベースの蓄積・活用
などに関する調査研究を行い，自治体や経済界が抱える
諸問題の解決に貢献します．

ご　挨　拶

一般財団法人　アジア太平洋研究所
所長　宮原　秀夫

　2022年の日本経済は21年に引き続き，COVID-19が人・ものの動きに対し影響を及ぼしました．一方，世界ではすでに行動制限が解除され，経済活動が再開されました．さらに2023年に入り，世界的なサプライチェーンの混乱による供給不足から脱却しつつあり，経済活動も落ち着いてきました．しかし，ロシア・ウクライナ情勢はいまだ混とんとして，エネルギー及び食料品への影響が続いており，世界各国は急激なインフレに見舞われています．そのインフレにより欧米諸国ではこれまでの金融緩和政策から金融引き締め政策へと方向転換しましたが，今後金融引き締め政策が長く続く状況となれば，世界経済への影響は大きく，リセッションの可能性について懸念されています．

　中国では，2022年は徹底したゼロコロナ政策による各都市でのロックダウンの影響で，22年通年のGDP伸び率は3.0％（中国国家統計局）となり，中国政府の目標である5.5％を大幅に下回りました．しかし，23年に入ると中国ではゼロコロナ政策が改められ，新たな段階へと移行し，これまでの制限を解除しています．これにより中国においても本格的な経済活動が見込まれます．

　日本では，2022年は段階的に行動制限を解除したものの，8月の第7波，12月の第8波と感染が拡大し，前年に引き続き，観光・サービスは大きな影響を受けました．また，資源価格の高騰や食料品等の値上げが続き，家計への影響も大きくなっています．しかし，2023年5月8日には，COVID-19の感染症法上の分類が2類から5類へ引き下げられ，季節性インフルエンザと同等の扱いとなり，各種の制限が解除された結果，コロナ禍で大きく影響を受けた観光・サービスの回復が見込まれます．一方で，経済安全保障面においては，米中対立が激しくなってきています．日本における経済安全保障の政策次第では，対中貿易に影響を及ぼす恐れがあり，その結果，日本経済・関西経済への影響が心配されるところであります．

　2023年の新たな動きとしては，賃上げ率が3.89％（日本経済新聞：賃金動向調査）と31年ぶりの高水準となりました．1991年から2020年までのG7の賃金の推移は，厚生労働省（令和4年：労働経済の分析）によると，2020年の日本の名目賃金・実質賃金（1991年＝100とする）はそれぞれ111.4，103.1でしたが，日本を除くG7の平均はそれぞれ227.0，131.4となっており，明らかに他の6カ国より見劣りしています．今後日本が継続的な生産性向上や消費につながる好循環へと転換するためには，一過性の賃上げにとどまらず，継続的な賃上げが必要であります．

さて，2025年4月の大阪・関西万博開幕まで2年を切りました．今回の万博は「いのち輝く未来社会のデザイン」をテーマに，コンセプトとして「未来社会を共創」「世界中の課題やソリューションを共有できるオンラインプラットフォーム」「新たなアイデアを創造・発信する場に」を掲げています．世界中から「人・もの・英知」が集まり，さまざまな課題の解決に取り組みます．現在，開催に向け準備が進められていますが，昨今の資材高騰・人手不足の煽りを受け，計画通りの準備が困難な状況と聞いています．官民一体となってこの障壁を乗り越えて開催していただきたいと思います．

大阪IR（統合型リゾート）については，ようやく2023年4月14日に区域整備計画が国の認定を受けました．2025年万博とあわせ，今後の大阪・関西経済の起爆剤となるものであります．エンターテイメント施設・カジノ施設・ホテル・MICE施設・レストラン等多くの集客施設を一体的に整備することにより，内外より多くの投資を呼び込み，また多くの集客が見込め，今後の大阪における成長産業のひとつとなります．さらに，関西広域の観光等の振興につながるものであり，関西全体での経済波及効果も期待できるものであります．

これらの状況を踏まえ，今回の「アジア太平洋と関西～関西経済白書2023～」では，アジア太平洋パートとして「ポストコロナ時代の幕開け：変化と挑戦」，関西経済パートとして「関西経済反転に向けての正念場」という2つのテーマを設けました．前者ではアジア太平洋を巡る2023年の主要論点として，国際政治経済的観点からのアジア太平洋地域の課題と展望について取り上げました．

後者では関西経済反転に向けての正念場として，関西経済の現況と今後を予測するとともに，関西の労働市場，DX，人材支援・育成などの課題を取り上げ，さらに関西の観光産業について考察しています．また今後，関西経済が反転するために期待される産業構造についても考察しています．

このように本書では，さまざまな視点から未来を考察するヒントを織り込んでおります．また，前年に引き続きPart Ⅲで大阪・関西万博の状況をEXPO 2025 Chronologyとしてまとめるとともに，今回から関西の観光についてTourism Chronologyとしてまとめています．

アジア太平洋研究所（APIR）では，これまで培ってきた研究成果を実践の場に展開し，引き続き，我が国を含むアジア太平洋及び関西経済の発展に貢献するフロントランナーを目指して参りたいと考えています．

最後に，本書の発刊にあたり，ご協力をいただきました関係者各位にこころより感謝の意を表したいと思います．

2023年8月

宮本秀夫

目　　次

Part I　ポストコロナ時代の幕開け：変化と挑戦

Chapter 1　アジア太平洋地域を巡る2023年の主要論点

Chapter 2　アジア地域の主要課題

Part II　関西経済反転に向けての正念場

Introduction
Chapter 3　日本・関西経済の回顧と予測

Chapter 4　関西経済の課題と展望

Chapter 5　関西経済と観光

Chapter 6　関西経済の持続的な発展に向けて：大阪・関西万博を契機に

Part III　Chronology

Part IV　資料編

Part I

ポストコロナ時代の幕開け：変化と挑戦

Part Iは，ポストコロナの幕開けとして世界主要国およびアジア太平洋地域の現状と課題についてまとめている．世界経済が直面するインフレ・エネルギー問題・人権問題など様々な課題と展望について考察している．

Chapter 1では，アジア太平洋地域を巡る2023年の主要論点として，世界主要国の取り組みと課題について分析している．

Section 1では，世界経済が抱える問題と日本経済の構造を揺り動かす可能性のあるいくつかの主要なファクターについて，現状を素描しつつ将来の見通しを述べている．

Section 2では，米国経済が直面する課題である高インフレと景気後退リスクについて分析するとともに，米国経済の動向が日本経済に与える影響について解説している．

Section 3において，前半では中国経済が抱える不動産市場のリスクについて，その背景と問題点を述べている．後半では地方が抱える財政問題について解説している．

Section 4では，エネルギー危機下におけるEU・欧州経済について考察している．COVID-19，ロシア・ウクライナ戦争がもたらした高インフレ，エネルギー問題が，今後のEUを中心とした欧州経済に与える影響について取上げている．

Section 5では，世界の水問題について取上げている．地球温暖化と水不足の関係，バーチャル・ウォーターについて解説するとともに，日本における環境・水源問題についても述べている．

Chapter 2では，アジア地域の主要課題に着目し考察している．

Section 1では，米中対立の度合いが深まっている中での日本・日本企業の経済戦略について考察している．前半では，日米におけるデカップリング政策について分析している．後半では，経済成長を続ける東南アジア・南アジアについて解説し，日本・日本企業が採用すべき対ASEAN戦略を述べている．

Section 2では，グローバル・バリューチェーン（GVC）の展開における「ビジネスと人権」問題について考察している．GVCを統括する企業が，契約関係を持つ「直接取引先」だけでなく，取引契約のない「間接取引先」に対しても人権尊重責任を負う必要性について，普遍的人権の思想から解説している．最後に，主にアジアに広がるGVCにおいて人権尊重責任を担保するメカニズムの実装に向けた日本企業の課題を述べている．

Section 3では，アジア諸国における家計債務問題について考察している．家計債務が経済に与える影響について，家計債務残高の増加率，決定要因，構成など様々な角度から分析している．そのうえで，家計債務の大半を占める住宅ローンに焦点を当て，住宅価格の動向などを踏まえながら，今後のアジア諸国が講ずべき対策について述べている．

Section 4では，世界的な人口動態を「世界人口推計2022」に基づいて考察している．前半では，世界の主要地域別の人口動態を整理し，後半では，世界の主要国の人口動態の特徴を整理している．最後に，これらから得られた重要なポイントと，新たにみえてきた問題について述べている．

〔今井 功・新田 洋介〕

Chapter 1
アジア太平洋地域を巡る2023年の主要論点

Section 1
国際秩序の変容と世界経済

2022年の世界情勢を振り返ると，新型コロナウイルスが収束の兆しをみせてはいるものの，2月のロシアのウクライナ侵略が端的に示すように，世界の政治と経済が分断と対立を深めながら新たなフェーズに入ったことを実感させる出来事が続いた．世界各地で頻発する異常気象と自然災害も，気候変動がもはや軽視できない地球的規模の重要課題となってきたことを示している．

今世紀に入って，中国が国際政治と世界経済におけるグローバル・プレイヤーとなったことは改めて指摘するまでもない．しかしその中国も，日本同様，人口の減少と高齢化が経済成長の大きな足枷となってきた．中国の合計特殊出生率（TFR）は1.2を切り日本より低くなった．文化大革命時代までのTFRは6.0前後であり，食糧不足問題の解消策として「一人っ子政策」が1979年に導入された．しかしその過激な政策も，経済成長に伴う労働力不足と賃金の上昇と共に放棄され，2021年からは「三人っ子」が認められるようになり，様々な出産奨励策が導入されている．

一方，ロシアでも，20世紀末にはTFRは一時1.2程度まで落ち込み，2人以上の子供を持つ親に多額の給付金を支給する政策を打ち出した．その後多少の出生率の回復を見たものの，人口減少に対してプーチン政権が抱く懸念は相当強そうだ．兵力の減少と専門的職業人が国外へ流出する傾向に，ロシア政府は相当な危機感を抱いているとみられる．

このように専制主義国家の中国やロシアも，生産年齢人口や経済活力に関する指標を見る限り将来は決して明るくない．何事につけ膨張や成長は好循環によって達成されるが，一旦縮小局面に転ずると多くの困難が立ち現れる．習近平体制による領土面での膨張主義も，現代ロシアの帝国主義も，人口の減少と経済の停滞から来る将来の統治への不安がもたらす「暴走」という面があることは否定できない．しかしリベラル・デモクラシー国家における出産への政府介入策も，結婚や家族がもたらす正のイメージを個人それぞれが描けない限り，大きな効果はあまり期待できない．

新型コロナウイルスの感染拡大とロシアのウクライナ侵略は，サプライ・チェーンの切断や貿易港の封鎖などによって，エネルギー価格や食糧の輸出入の流れを変える力が働いた．さらに，新型コロナウイルスへの対応に，いずこの国も経済政策として積極財政の発動を余儀なくされた．ウイルス感染が収束段階に入った現在，財政規律のあり方についての長期的視野に立つ検討が必要になってきている．世界全体の公的債務はコロナ禍で一時は顕著な増加を見た．しかし欧米でコロナへの警戒感が弱まり，公的債務は多少の低下を示してはいるが，依然高い水準で推移していることに変わりはない．高水準の公的債務とその増加はインフレ圧力となる．

高低の差はあるが世界的に進行しているインフレが，一過性のものなのかそれとも執拗な慢性インフレへと進むのかは予断を許さない．今後，防衛費や経済再建へ大量の資金が必要とされる中，財政規律の問題にどのようなスタンスで臨むのか．そのためには難作業ではあるが，まずインフレの性格を見きわめねばならない．日本の金融当局も，植田日銀新総裁の下，主要先進国とは異なり大規模緩和策を継続させるとしながらも，その副作用と過去四半世紀の金融政策のレヴューに乗り出すことを明らかにし

ている.

　Section 1ではこうした世界経済が抱える問題と日本経済の構造を揺り動かす可能性のあるいくつかの主要なファクターについて，その現状を素描しつつ将来の見通しを若干述べてみたい.

1. インフレの現状と各国の事情

　インフレの供給側・需要側の原因は，それぞれの経済主体のインフレ予想（期待）を含む複雑な因果関係で結ばれており，国内の金融財政政策だけでなく為替相場（通貨の変動）にも大きく左右される.2022年に入ると，ロシアのウクライナ侵略の影響がエネルギー価格と食糧価格の騰貴として表れ，インフレ圧力が世界経済全体（特にユーロ圏）に加わり始めた.慢性的な「デフレ的状態」に陥っていた日本の場合，インフレ率は世界相場から見ると今のところ低水準にとどまっている.それでも食糧とエネルギー価格の上昇は，22年に企業が賃上げに踏み切れなかった1つの原因となっていた.エネルギー・原材料価格の高騰は「コスト・プッシュ」の力となったと考えられる.主要国の消費者物価指数（CPI）の動きは，**表1-1-1**に示す通りである.

　2021年に，米国のインフレ率（年平均）が大きな上昇を見たのは，当初は新型コロナで抑えられていた「繰り越し需要」（pent-up demand）が顕在化したための「一時的インフレ」だと指摘されたこともあった.しかしその後，22年も年平均インフレ率は8％へと上昇し続ける.連邦準備制度理事会（FRB）は，22年3月から景気後退のリスクを冒しつつも，インフレ率が第二次石油危機以来最高水準の前年同月比8％に達したため，インフレ抑制の

ための大幅な利上げを続けることになる.

　ユーロ圏でも，米国に続いてインフレ傾向が顕著になった.フランス，ドイツ，英国などの主要国で，消費者物価がかなりの上昇を見せている.ロシアのウクライナ侵略による財政拡大によるインフレの懸念から，ヨーロッパ中央銀行（ECB）は2022年9月に0.75％という大幅な利上げに踏み切り，翌10月の理事会では，さらに0.75％の利上げをおこなった.インフレ予想自体が高まると，現実のインフレをさらに昂進させるメカニズムが働くことがある.そうした「予想効果」への予防的措置の政策と考えられる.

　経済・政治双方に問題含みのロシアと中国については，インフレ率の変化についての共通の原因は見出しにくい.ロシアは通貨ルーブルの低下が起こったことで，自国通貨安に起因するインフレのリスクを回避するため，ロシア中央銀行は政策金利を20％まで引き上げるという緊急措置を採った.ちなみに2022年のロシアの年平均インフレ率は，IMFのEconomic Outlookでは14％と推定されている.

　中国に関しては，この1年，インフレ率は2％をわずかに下回る程度で推移している.新型コロナの蔓延以前から，中国の物価は比較的安定していた.新型コロナの感染拡大による「ゼロ・コロナ政策」によって消費者需要が抑え込まれて（pent-up）きたこと，不動産危機への警戒感も大きく影響していると考えられる.

　世界全体としてみれば，米国の一方的な利上げ政策の影響は大きかったといえよう.米国の高金利は「ドル高」の要因ともなり，対米貿易が貿易額の重要なシェアを占める国々にとっては，自国の通貨安

表1-1-1　消費者物価指数および推定値：2015－25年

国	2015年	2016年	2017年	2018年	2019年	2020年	2021年	2022年	2023年	2024年	2025年
フランス	0.1	0.3	1.2	2.1	1.3	0.5	2.1	5.9	5.0	2.5	2.1
ドイツ	0.7	0.4	1.7	1.9	1.4	0.4	3.2	8.7	6.2	3.1	2.3
日本	0.8	-0.1	0.5	1.0	0.5	0.0	-0.2	2.5	2.7	2.2	1.6
UK	0.0	0.7	2.7	2.5	1.8	0.9	2.6	9.1	6.8	3.0	1.8
USA	0.1	1.3	2.1	2.4	1.8	1.3	4.7	8.0	4.5	2.3	2.1
中国	1.5	2.1	1.5	1.9	2.9	2.5	0.9	1.9	2.0	2.2	2.2
ロシア	15.5	7.0	3.7	2.9	4.5	3.4	6.7	13.8	7.0	4.6	4.0

注1）その年の平均の消費者物価の上昇率
注2）2022年のフランスとロシア，2023年，2024年，2025年のすべての国は推定値
出所）International Monetary Fund, World Economic Outlook Database, April 2023より執筆者作成

が輸入物価の高騰を招いたことはいうまでもない．輸入物価の高騰は，米国から世界への「インフレ輸出」という側面があっただけでなく，貿易の流れをも変える力を持った．

2. 貿易額の変化と回復

新型コロナの影響が多少弱まった2021年は，世界全体の貿易額が回復した年でもあった．その回復の程度は産業部門や品目によって差がある．サプライ・チェーンの切断によって半導体不足に苦しんだ通信機器，精密機器，輸送車両の貿易額の回復は顕著である．22年にかけて価格高騰が目立ったエネルギー部門の貿易は「額」でみると増加率は高い．

いずこの国・地域も，旅行や運輸などのいわゆる「サービス貿易」が，新型コロナウイルスの感染拡大によって財の貿易以上に大きな打撃を受けたことは改めて指摘するまでもない．人の移動，特に国境を越える移動が厳しく制限されたことは，旅行・運輸サービス業にとって文字通りの「大打撃」であった．国際貿易会議（UNCTAD）の統計によれば，前年同月比で見ると，2020年第2四半期の旅行サービスの輸出額は，81.8％の落ち込みを示した．

しかし22年第1四半期には88.5％の増加を示すという，急激かつ迅速な回復力を見せた．突然の落ち込みと急激な回復を示す数字である．

世界貿易が回復の局面にあったため，輸入と輸出双方の貿易額の増大は，中国，米国，ドイツ，日本，オランダなど，ほとんどすべての国で認められる．ただ，貿易額の変化は国別にも差があり，貿易赤字が拡大した国と，多額の黒字を計上した国とがあることに注目すべきであろう．貿易赤字の拡大が顕著なのは，ユーロ圏，日本，米国である．

赤字拡大の主要原因も国により違いがあると推測できる．ユーロ圏は2022年のウクライナ侵略戦争が始まってからのエネルギー価格高騰の影響が大きい．日本の場合は，エネルギー価格だけではなく，急速な円安の進行が，輸入額の増大に寄与している．米国の場合の貿易赤字は，対中貿易（米国の貿易赤字額全体の3分の1を中国が占めている）が，トランプ前政権時代の対中関税戦争時に発動された「関税上乗せ措置（Additional Tariff Measures）」によって対中貿易は縮小していたが，過去1年で中国からの輸入は拡大し始め，1兆ドルを超す財貿易の赤字を計上している．

「関税上乗せ措置」によって，中国製の衣料品を

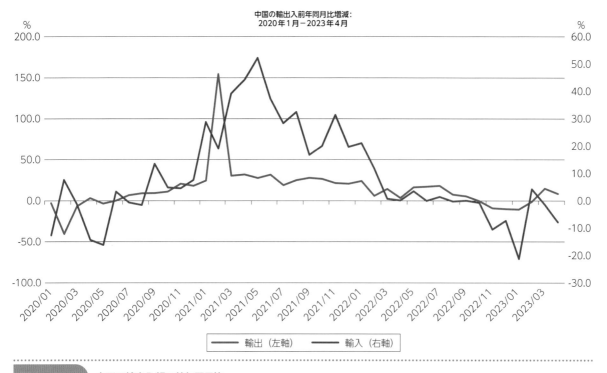

中国の輸出入前年同月比増減：
2020年1月−2023年4月

図 1-1-1　中国の輸出入額の前年同月比

出所）中華人民共和国海関総署より執筆者作成

始め多くの日用品に関税が上乗せされたことで，米国国内の小売業者と消費者へのインフレ圧力を強めたことは否定できない．バイデン政権下でこの措置を見直しする動きがあることは報道の通りであるが，民主党内部でも反対意見が出ている．しかし米国にとって最大の貿易相手国である中国への制裁関税を無くせば国内の消費者物価指数を1％以上抑え込めるのではないかという予測もある．そのような中，バイデン政権は，「製造業労働者をまもるのか，インフレを抑え込むのか」という難しい選択を迫られているといえよう．中国の輸出入の2020年1月－23年4月の変化を図示したのが**図1-1-1**である．

中国は輸出において世界1位，輸入において世界第2位の貿易大国であり，対する米国は輸入において世界1位，輸出において世界2位という対照的なポジションを占める．輸出において米国が中国に大きな後れを取り，2位に甘んじ，巨額の貿易赤字を記録しているところに米国の対中貿易の問題点が端的に示されている．

3. 公的債務残高の現状

国の借金（国・地方・社会保障基金を含む一般政府の総債務残高）の対GDP比はコロナ禍でのロシアのウクライナ侵略によってどのような変化をみたのであろうか？　先に触れたように，2022年3月から米国FRBの利上げが続いたが，この利上げが含み持つリスク・ファクターについても考慮する必要があろう．ドル高（日本の場合は円安）によって対外債務が拡大することによるデフォルトの可能性が高まる国が出てくること，米国に追随する国々の国内民間債務の膨張などによる金融危機のリスクである．米国FRBの「インフレ抑制」策は，23年春以来米国で散発している銀行の倒産はこうした利上げ政策と無関係ではない．

国際決済銀行（BIS）の統計，Credit for the non-financial sectorによって，非金融セクターの債務を，「一般政府債務部門」，「非金融企業債務部門」，「家計債務部門」の3部門に分けてそれぞれGDPに対する比率として算出できる．

表1-1-2	主要国の非金融セクターの部門別債務の対GDP比%		
国名	2022年第3四半期		
	一般政府部門	非金融企業部門	家計部門
カナダ	90.1	113.8	103.2
フランス	109.6	164.1	66.5
ドイツ	64.0	73.4	55.7
イタリア	142.2	69.6	42.6
日本	231.3	116.8	67.9
韓国	44.2	119.2	105.3
UK	94.9	69.5	84.5
USA	103.5	78.8	75.2
中国	NA	158.2	61.4
香港	NA	279.2	94.8
インド	NA	52.2	35.5
ロシア	NA	72.8	21.0

注）NAはデータ未公表
出所）BISより執筆者作成

非金融セクターの債務の対GDP比は，政府財政と企業の債務状況が特殊な位置にある香港を除くと，日本は周知のように非金融セクターの債務状況の厳しさではトップ（416.0％）である．日本の債務状況の特徴は，部門別に見ると「一般政府債務部門」の債務の対GDP比が断然トップであることだ．しかし非金融企業債務部門の債務の対GDP比は，フランス，韓国と比べると低く，また家計債務部門の債務の対GDP比は，韓国，カナダ，英国，米国などと比べると低い．

米国議会は2021年末に，いわゆる「政府閉鎖（Government Shutdown）」を回避するために，連邦政府債務の法的上限を31.4兆ドルに引き上げる法案を可決したが，翌1月末には30兆ドルを初めて超えるという厳しい状況になった．こうした政府閉鎖の問題は，米国史上まれな問題ではないが，23年5月にも，債務上限が引き上げられなければ，資金が枯渇して政府閉鎖になり，債務不履行（デフォルト）に陥るという問題に再び直面した．共和党が，債務上限を現在の31兆4000億ドルからさらに引き上げることと引き換えに，教育予算や社会事業予算を削減することを条件として政府閉鎖問題は一応回避できた．

ギリシャ，イタリアに加え，ポルトガル，アイルランド，スペインなど，ユーロ圏の中で重い政府債務を抱える国々だけでなく，不動産投資の過熱で大きなリスクを抱える中国や韓国が，利上げ問題にど

のように対応するかという大問題に直面していることはいうまでもない.

4. 主要国の軍事支出の変化

ロシアのウクライナ侵略が世界の貿易額に与えた影響は先に触れた通りである. そしてその影響の内容はそれまでのロシアとの貿易の内容によって異なり, 対ロシアからの輸入規制がその国の経済に与える影響にも質的な違いが生まれた. 例えば, EUはウクライナ侵略戦争が始まった翌月の2022年3月の対ロシア輸出入額に大きな変化が見られる. ロシアへの輸出規制によって半導体などのハイテク製品の供給が減少し, 2月の73.7億ユーロから, 3月には38.4億ユーロへと輸出額はほぼ半減している. 一方, 小麦, 天然ガスなどの一次産品はロシアからの輸入依存度が高かったため, すぐさま輸入を完全にシャットダウンすることができず, 輸入額はエネルギー価格の高騰により増大している.

同時に, 各国の財政支出の規模と構成, 特に軍事費に関する変化をみておこう. 国際関係に大きなインパクトを与えたロシアのウクライナ侵略戦争は, ロシア自身にとっても軍事支出の大幅な増大によって財政を悪化させていることは十分推測される. 主な国の「軍事費の対GDP比」を, ストックホルム国際平和研究所 (Stockholm International Peace Research Institute — SIPRI) のデータで, 2019年と22年を比較すると大きな変化は見られない.

しかし軍事費の支出の絶対額は, ほとんどの主要国で大幅な増加が観察できる. NATO主要国についても, 米国 (9%増), 英国 (20%増), ドイツ (14%増), フランス (13%増) などは軍事費を増大させている. 世界最大の軍事費支出を示す米国に対して, 台湾統一を念頭に置く2位の中国が, 22%の増加を記録しているのは注目に値する. ロシアの2022年の軍事費はウクライナ侵攻前後に増加しているものの, これまでの厳しい財政状況もあり, 22年1年間を総計してみると, 軍事支出の増加割合の程度はわずかである. 実態に関しては, 23年のデータをみる必要があろう.

5. 世界経済のブロック化は進行するのか — 結びにかえて

最後に, 今後の世界経済の見通しをブロック化の進行という視点からコメントしておこう. 21世紀に入ると, 中国が2001年に, ロシアが12年に, それぞれWTOに加盟した. 中国という巨大経済が世界貿易の大きな枠組みに組み込まれ, 世界は文字通りグローバル化した. 第1次大戦後にも, 世界の貿易はグローバル化した. しかし「21世紀のグローバル化」は中国が世界経済の主要なプレイヤーになったという点で, 第1次世界大戦後のグローバル化とはその規模も意味も異なる. しかしそこへ米国のトランプ政権が米国内の雇用や知的財産権などを政治問題化したため, 米中間で「貿易戦争」が発生した. 中国も米国製品への報復関税を課して, 対抗措置に出たためである.

しかし, こうした事態に追い打ちをかけるように, 新型コロナウイルスの感染拡大とロシアのウクライナ侵略による, 米国と中国の政治的対立と両陣営の分断 (いわゆる米中デカップリング) はさらに鮮明になった. その国際経済的な帰結は貿易面で何をもたらすのであろうか. その1つは, 国際経済がブロック化される可能性が生まれることである.

まずEUは対ロ制裁を早くに打ち出し, 2022年8月にロシア産石炭の輸入を停止, 石油と天然ガスの段階的な禁輸措置に踏み切った. 20年時点では,

表1-1-3　主要国の軍事支出の対GDP比 (SIPRI)

国名	GDPに対する割合		政府支出に対する割合	
	2019	2022	2019	2022
USA	3.43%	3.45%	NA	NA
オーストラリア	1.88%	1.90%	4.82%	5.02%
インド	2.55%	2.43%	9.14%	8.26%
中国	1.68%	1.60%	4.91%	4.79%
日本	0.99%	1.08%	2.66%	2.53%
韓国	2.67%	2.72%	11.85%	10.57%
ミャンマー	2.19%	3.05%	10.81%	14.24%
USSR	NA	NA	NA	NA
フィンランド	1.35%	1.72%	2.54%	3.22%
フランス	1.84%	1.94%	3.32%	3.43%
ドイツ	1.26%	1.39%	2.81%	2.75%
UK	1.98%	2.23%	5.14%	5.29%
イラン	2.01%	2.59%	13.92%	17.32%
サウジアラビア	8.13%	7.42%	23.15%	27.79%

注) NAはデータ未公表
出所) Stockholm International Peace Research Institute より執筆者作成

EU27カ国は石炭（固体化石燃料）輸入の45%，石油・石油製品輸入の約23%，天然ガスの約40%をロシアに依存していたゆえ，この輸入停止措置はEUにとって苦渋の選択であったはずだ．事実，EU全体の足並みが完全に揃ったわけではなかった．ハンガリーの親ロシア派のオルバン政権がロシアからの原油輸入を一部認めさせたことなどはその例である．

　ウクライナ産小麦の供給が大混乱に陥り，世界の穀物市場が不安定化したことも食糧危機の一因となった．小麦の輸入大国（第1位インドネシア，第2位トルコ，第3位中国）のうち，トルコと国連の仲介でオデッサ港の封鎖解除に至ったものの，穀物市場の混乱は収束したわけではない．穀物市場の不安定要因には，異常気象の影響もある．中国についで世界第2位の小麦生産国であったインドが熱波に襲われ小麦生産が大打撃を受けたため，国内供給を優先させて輸出を停止したことも，世界の穀物市場の混乱の原因となったことは否定できない．

　こうした貿易の分断とブロック化は，すでに新型コロナによるサプライ・チェーンの切断によっても生じていた．さらにウクライナ戦争は，エネルギーや食糧の輸送問題から貿易構造にも大きな亀裂をもたらした．国際貿易の経済理論では，こうしたブロック化と保護主義は世界全体の生産と貿易を量的に低下させることを示す．実際，歴史はこの理論を裏書きするような経路をたどった．1929年のいわゆる世界恐慌では，英国は英連邦のブロック経済化を推し進めた．続いてフランスは「フラン・ブロック」，米国は「ドル・ブロック」の形成へと通商政策の舵を切ったのだ．

　近年の米国の政治と通商政策のグローバルな協力枠組みは，中国を念頭に置きつつ，米国の同盟国と友好国との貿易とサプライ・チェーンを重視する戦略，いわゆる「フレンド・ショアリング（friend-shoring)」の方向を目指しているようだ．こうした戦略が世界貿易の規模や流れに与える影響はにわかには確定しにくいが，自由貿易からの利益（gains from free trade）を損なうことは確かである．しかしそれは経済的損失であって，「自由」に関わる政治的選択の問題を無視することはできない．そこに世界の主要諸国にとっての深刻なジレンマがある．

参考文献

Cristina Constantinescu（2022）
　　As global mobility restrictions have lifted, travel services are making a comeback blogs.worldbank.org/trade/trade-and-development-chart-travel-rebounding-covid-19-hit
IMF　World Economic Outlook Database
　　https://www.imf.org/en/Publications/WEO/weo-database/2023/April/select-country-group
中華人民共和国海関総署
　　http://www.customs.gov.cn/
BIS
　　https://www.bis.org/statistics/totcredit.htm
Stockholm International Peace Research Institute
　　https://www.sipri.org/databases/milex/sources-and-methods.

大阪大学 名誉教授
猪木 武徳

アジア太平洋研究所 総括調査役・研究員
今井 功

Section 2
ソフトランディングを目指す米国経済*

1. はじめに

　2020年3月以降，新型コロナ感染症が全米で急拡大した．感染症の拡大と同時に，支出及び生産は大きく落ち込み，20年4月の米国の失業率は，実に14.7％を記録した．大恐慌時に次ぐ高い失業率である．この事態に対処するため，政府及び連邦準備制度（Federal Reserve Board: FRB）は，大胆な拡張的財政政策及び拡張的金融政策を，それぞれ即刻実施した．

　ローレンス・サマーズ教授をはじめとし，一部の経済学者は，これらの政府・FRBの拡張的政策の規模が過大だと当初から警鐘を鳴らしていた．今から振り返ると，これらの指摘は正しかった．彼らが危惧していた通り，米国経済は高インフレーション（インフレ）に見舞われることとなった．政府・FRBにとって不運だったのは，2022年2月にロシアがウクライナに侵攻したことであった．ロシア＝ウクライナ戦争が，世界の資源価格及び食料品等の価格の高騰を引き起こし，米国のインフレを一層深刻なものにした．22年9月の米国CPIインフレ率は，前年同月比9.1％にまで達した．

　高インフレに直面したFRBは，2022年から一転して金融引き締めに大きく舵をきることになった．今度は，高インフレが定着することを恐れ，急激に金融を引き締めたのである．その結果，図1-2-1にあるように，インフレ率は，22年9月をピークにして着実に低下してきた．とはいえ，その水準は23年3月現在で5.0％と，目標の2％に比べ依然として高い．更なる金融引き締めが必要な状況にある．しかし他方で，生産水準は，金融引き締めの効果により既にその成長率が下がり，実体経済は景気の踊り場にある．これ以上金融引き締めを継続すると，場合によっては23年後半から24年にかけて景気後退に陥る可能性がある．さらに23年3月及び5月には，金融引き締めが短期間でかつ急激であったこともあり，米国の地方銀行3行が破綻した．

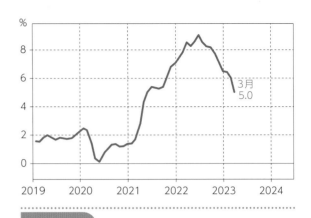

図1-2-1　米国CPIインフレ率

出所）ニューヨーク連邦準備銀行

　こうした高インフレからのソフトランディングを目指す米国経済の動向を，マクロ経済の視点から伝え，あわせて，その日本経済へのインプリケーションをSection 2では考えたい．

　Section 2の構成は以下の通りである．Section 2.2では，2022年以降のFRBの金融引き締めへの政策転換について解説する．Section 2.3では，FRBによる金融引き締めを受けて，現在の米国実体経済がどういう立ち位置にあるかを点検する．Section 2.4では，現時点における課題の1つである，高インフレと景気後退のリスクの関係について説明する．Section 2.5では，いま1つの課題である，地方銀行3行の破綻問題と高インフレの関係について議論を整理する．最後のSection 2.6では，米国経済の動向が日本経済に与える影響について論じる．

2. FRBの金融引き締めへの転換

　図1-2-1にあるように，米国経済は2021年から急激なインフレに襲われた．高インフレに対処するため，FRBは22年に入ると，それまでの金融緩和のスタンスを一転し，急速な金融引き締めに切り換えた．本項では，この引き締めの様子をデータで示し，その内容を解説する．

(1) フェデラル・ファンド・レート
　表1-2-1は，これまでの政策金利変更の時点と

＊本稿を準備する際に，浜田宏一先生およびKaravasilev Yani先生から有益なコメントをいただいた．記して謝意を表したい．ただし，残っているかもしれない誤りの責任は，筆者一人のものである．

その変更幅を示している．FRBは，2022年には7回にわたって，23年に入ってからは既に3回にわたって，政策金利であるフェデラル・ファンド・レートを引き上げた．その結果，23年5月5日時点のフェデラル・ファンド・レートの水準は，5.00%～5.25%にまで上昇した．

表1-2-1	フェデラル・ファンド・レート変更時点と変更幅	
変更月	**引き上げ幅**	**水準**
2022年3月	0.25%	0.25%～0.50%
5月	0.50%	0.75%～1.00%
6月	0.75%	1.50%～1.75%
7月	0.75%	2.25%～2.50%
9月	0.75%	3.00%～3.25%
11月	0.75%	3.75%～4.00%
12月	0.50%	4.25%～4.50%
2023年2月	0.25%	4.50%～4.75%
3月	0.25%	4.75%～5.00%
5月	0.25%	5.00%～5.25%

出所）連邦準備制度

これまでの政策金利変更の特徴は，2つある．1つは短期間に急速に金利を引き上げたことであり，いま1つは変更幅が大きい点である．2022年初のゼロ％から僅か1年余りの短期間に，約5％政策金利を引き上げた．また，通常の政策金利の変更幅が0.25％であるのに対し，22年6月から11月までの4回の変更では通常の3倍の0.75％だけ，22年5月と12月では2倍の0.50％だけ，それぞれ政策金利を引き上げており，急速に金融を引き締めている様子が表1-2-1からわかる．

(2) 準備への付利

FRBは，民間銀行の準備への利子率を操作することにより，政策金利であるフェデラル・ファンド・レートを目標値に誘導している．FRBが引き締めに転じてからは，この準備への利子率も急上昇している．図1-2-2にあるように，FRBは準備への利子率を，2022年3月に0.15%から0.4%に上げ，その後23年5月の5.15%に至るまで急速に引き上げてきた．このことからも，FRBが急速に金融を引き締めてきた様子がうかがえる．

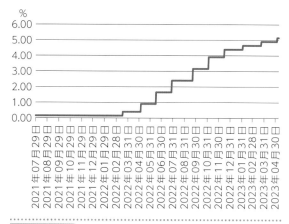

図1-2-2　準備への付利（2021年7月～2023年5月）

出所）セントルイス連邦準備銀行

(3) マネタリーベース

金融政策のスタンスを測るいま1つの指標は，マネタリーベース（現金通貨および民間銀行の中央銀行預け金の合計額）である．マネタリーベースは，図1-2-3にあるように，2021年12月をピークに急速に減少し始めている．高インフレのリスクを明確に認識したFRBは，短期政策金利を引き上げると同時に，22年3月に量的緩和（Quantitative Easing: QE）を停止し，22年6月からは量的引き締め（Quantitative Tightening: QT）を開始した．FRBのバランスシートの規模で見ても，同様のことがわかる．

図1-2-3　マネタリーベース（2005年1月～2023年3月）

出所）セントルイス連邦準備銀行

この図1-2-3を用いて，次の4点に注意を喚起

したい．第一に，FRBは2008年のリーマン・ショック以降急激にマネタリーベースを拡大してきた．第二に，リーマン・ショックの時には，実体経済の回復状況に応じて，08年から14年まで，6年間以上かけて，マネタリーベースを拡大してきたのに対し，今回のコロナ対策では，20年から21年にかけて，非常に短期間にマネタリーベースを急拡大した．また，マネタリーベースの縮小に関しても同様で，世界同時不況後には14年から19年まで，時間をかけて縮小してきたのに対し，今回のコロナ禍では，21年から22年にかけて短期間に急激に縮小した．これらの点が大きな違いとなっている．第三に，今回の金融引き締めによるマネタリーベース増減の変動幅（図1−2−3の縦方向の変化幅）は，世界同時不況期と同じくらい大きい．最後に，FRBが短期間にマネタリーベースを急激に拡大し，その直後に急激に縮小したことが金融機関破綻の要因の1つと考えられる．

3. 米国経済の現状

　Section 2.3では，Section 2.2のFRBによる金融引き締めを受けて，米国経済が現在どのような状況にあるかについて解説する．

(1) 生産及び支出

　コロナ感染症対策の拡張的財政・金融政策により，米国経済の生産及び支出は，2021年までは比較的順調にコロナ禍から回復してきた．支出の内容を見てみると，金融引き締めの始まった22年に入っても，自動車，コンピューター，エレクトロニクスなどの耐久消費財は，比較的堅調に増加している．他方，金利上昇の影響をまともに受ける住宅投資は，価格及び数量とも大きく落ち込んでいる．全体としてみると図1−2−4にあるように，FRBによる金融引き締めへの転換の結果，22年以降生産の上昇傾向は弱まり，概ね横ばいに推移している．ただし，生産の水準は，22年時点で既にコロナ禍前の水準を超えている．

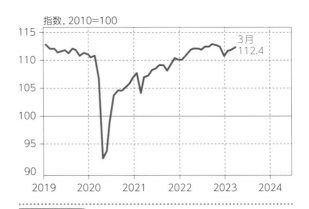

図1−2−4　米国経済の生産

出所）ニューヨーク連邦準備銀行

(2) 物価

　大胆な拡張的財政・金融政策などのいくつかの要因により，2021年から物価は急上昇した．これらの要因に加え，ロシアのウクライナ侵攻後の世界的な資源価格の高騰が国内物価をさらに押し上げ，22年6月の消費者物価インフレ率は，前年同月比で9.1％を記録した．

　FRBによる2022年初からの金融引き締め，及び世界の資源価格上昇率の沈静化の結果，インフレ率は改善に向かい，23年3月時点で5.0％まで回復したが，目標の2％を依然として大きく上回っている．

　今後のインフレ率を考える際には，人々の抱く予想インフレ率の動向が重要となる．現実のインフレ率の改善に伴って，ミシガン大学による消費者サーベイによる1年間の予想インフレ率は，2022年3月及び4月に5.4％のピークに達した後，下降してきており，直近の23年3月時点では，3.6％にまで低下した．ミシガン大学の予想インフレ率が消費者による予想インフレ率であるのに対し，ブレークイーブン・インフレ率（Breakeven Inflation Rate: BEI）は，投資家による予想インフレ率である．今後5年間のBEI予想インフレ率も，現実のインフレ率がやや沈静化したことに伴い，3.5％を超えたところから，2％台前半にまで緩やかに低下しつつある．

　インフレ率に重要な影響を与えるいま1つの要因は，世界の資源価格及び食料品価格の動向である．エネルギー価格の代表的な指標の1つであるWTI原油価格水準は，2022年3月にピークの1バレル123.6ドルの高値を付けた後，下降してきているが，

直近では1バレル70ドル台から80ドル台で高止まりしている．ただし，価格上昇率は沈静化している．

(3) 失業率

新型コロナ感染症が急拡大した2020年4月の失業率は，14.7％を記録したが，その後の大胆な拡張的財政・金融政策により急速に回復し，22年以降比較的好調に推移している．23年4月時点の失業率は，3.4％となっており，金融引き締めの悪影響は，まだ顕在化していない．

以上が現時点における米国経済の状況である．要約すれば，米国の実体経済は踊り場にある．生産及び支出はほぼ横ばいで，経済全体としてはまだ悪化はしていない．労働市場は依然として逼迫している．インフレ率は大きく下がったが，その水準は5％と依然としてまだ高い．

4. 米国経済が直面する第一の課題：高インフレと景気後退のリスク

現在，米国経済は少なくとも2つの課題を抱えている．1つは景気後退のリスクであり，いま1つは銀行破綻の問題である．Section 2.4では，第一の課題である，高インフレと景気後退のリスクについて解説する．

総合CPIインフレ率は，2023年3月時点では5.0％にまで低下してきた．しかしながら，5.0％という水準は，一般的には人々が生活していく上で依然として高すぎるし，目標としている2.0％を大幅に上回っている．さらに，**図1-2-5**にある食料品とエネルギーを除いたコアCPIインフレ率は，23年3月時点でも5.6％と高止まりしている．総合CPIインフレ率の9.1％から5.0％への大幅な低下には，一時的な要因である食料品とエネルギーの価格の低下が大きく寄与していることを示している．このことは，高インフレが米国内に定着してしまうリスクが，現時点ではまだ過ぎ去っていないことを示唆している．

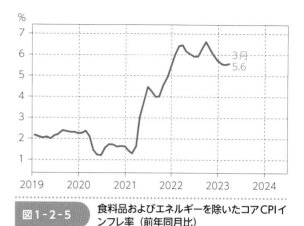

図1-2-5 食料品およびエネルギーを除いたコアCPIインフレ率（前年同月比）

出所）ニューヨーク連邦準備銀行

他方，2022年の実体経済は，住宅投資を除いては，消費および投資ともに依然として堅調であったし，23年4月の失業率は3.4％という低い水準を維持している．雇用も，前年同月比で2.6％増加しており，労働市場も逼迫している（**図1-2-6**を参照されたい）．

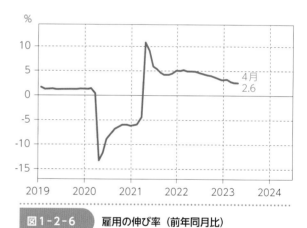

図1-2-6 雇用の伸び率（前年同月比）

出所）ニューヨーク連邦準備銀行

総合CPIインフレ率が高水準にあること，コアCPIインフレ率が高止まりしていること，労働市場が依然としてかなり逼迫していることなどは，一層の金融引き締めが必要なことを示唆している．引き締め政策が十分に浸透していない1つの要因は，新型コロナ感染症の拡大時に緊急的に急拡大したマネタリーベース残高の回収が十分に進んでいないことにある．

コロナ拡大前に比べ，約1.5倍以上のマネタリーベースが依然として市場に残存している．このことによる緩和効果が，コアインフレ率の高止まりの要因の1つと考えられる．したがって，今後も景気後

退を招かない範囲で，QTも継続していくことが求められている．

しかしながら2023年に入ると，これまでの金融引き締めの効果により，さすがに経済の支出の力強さが失われつつある．これ以上金融引き締めを継続していくと，生産及び支出が下降に転じ，景気後退に突入するリスクにも同時に直面する．現在は，金融引き締めを継続すべきか，あるいは金融政策スタンスを中立に戻すべきかの難しい局面にある．

今後の見通しに関しては，インフレ率は5%に下がったものの，その水準はまだ高すぎるので，しばらくの間FRBは引き締めを継続する可能性が高い．その結果として，米国経済が2023年後半あるいは24年にかけて，景気後退に陥るリスクは確かに存在するが，仮に景気後退に陥ったとしても，もし他の条件が変わらなければ，大きな景気後退にはならないと考えられる．

5. 第二の課題：高インフレと金融システムの安定化

Section 2.4では，高インフレと景気後退のリスクの関係について説明したが，2023年3月になると，FRBによる急激な金融引き締めへの転換が，いま1つの重要な問題を引き起こした．米国の地方銀行の破綻である．

(1) 流動性と銀行取付

銀行が破綻する場合，少なくとも2つの理由がありうる．1つは，普通の事業会社と同様に，銀行の経営効率に問題がある場合である．いま1つは，銀行の流動性（損失なく当該資産をどれだけ容易に現金に換えることができるか，というそれぞれの資産の特性を測る尺度．流動性の定義から，現金が一番流動的ということになるし，土地などの不動産は流動性の最も低い資産ということになる．）が不足して破綻する場合である．仮に単なる噂や嘘であっても，それによって人々が銀行に預金引き出しに殺到すれば，それだけで銀行は破綻することがある．現にそうしたことが過去には何度となく繰り返されてきた．米国では1930年代初めの大恐慌の最中には，銀行の前に預金引き出しのための行列ができた．混乱を極めた際には，米国金融当局は全米の銀行業を

一斉に閉鎖し休業せざるを得なかった．日本では，銀行取付が頻発した，27年（昭和2年）の金融恐慌がよく知られている．

(2) 地方銀行3行の破綻

FRBは，2022年初めから今日に至るまでの僅か1年余りの期間に，政策金利を5%上げ，QEをQTに転換し，マネタリーベースを急速に減少させた．この金融政策の引き締めへの転換が，債券価格を大きく下落させ，地方銀行の予期せぬ大きなキャピタルロスを生み，今回の地銀3行の破綻の一因となっていると考えられる．表1-2-2にあるように，23年3月にはシリコンバレー・バンクとシグネチャー・バンクが破綻し，5月にはファースト・リパブリック・バンクが破綻した．

表1-2-2　米国地方銀行の破綻

破綻日	銀行名
2023年3月10日	シリコンバレー・バンクが破綻
2023年3月12日	シグネチャー・バンクが破綻
2023年5月1日	ファースト・リパブリック・バンクが破綻

今回の米国地方銀行破綻と既述の古くからある銀行取付との違いの1つは，預金引き出しにかかる時間である．過去の銀行取付では，銀行に預金引き出しのための行列ができ，何日もかかって次第に預金が引き出されたが，例えば今回の，シリコンバレー・バンクの破綻の場合には，1日で約4分の1の銀行預金が引き出されたと新聞では報じられている．

キャピタルロスを被る債券を，ある銀行が多く保有しているか否か，という情報はインターネットを通じてわかる．こうした情報は，SNS（交流サイト）やインターネットで拡散され，瞬時に当該銀行の株価に反映される．株価が下落すると，流動性不足の理由だけでなく，経営の健全性という観点からも，破綻のリスクが高まる．その結果，当該銀行に預金している預金者は，インターネット・バンキングなどを通じて預金引き出しに殺到することになる．大量の預金流出により，さらに銀行の信用が失われ，金融不安は一気に高まる．以上の理由から，銀行は昔に比べて遥かに短期間で破綻してしまうこ

とになる．銀行の問題が表面化してからごく短期間に銀行が破綻に至ったということが，今回の一連の銀行破綻の特徴の1つとなっている．

（3）バンク・ターム・ファンディング・プログラム（Bank Term Funding Program: BTFP）および連邦預金保険公社（Federal Deposit Insurance Corporation: FDIC）

地方銀行3行が破綻した際に，米国金融当局が即座にとった2つの対応策は，①バンク・ターム・ファンディング・プログラム（Bank Term Funding Program: BTFP）の創設及び②当該銀行の預金の全額保護の決定であった．この2つの対応策により，預金者がパニックに陥らないように誘導し，金融システムの動揺を最小限に抑えたのである．この2つの対応策は，どのように機能するのか．

預金流出が発生すると，当該銀行のみならず，類似の銀行にも預金流出が伝播する可能性がある．これらの預金流出を放置すれば，金融システム全体への信認が失われかねないので，中央銀行であるFRBは，中央銀行の「最後の貸し手機能」を発揮して，潤沢に流動性を供給する必要がある．預金流出が起こった銀行が「準備（民間銀行が保有する現金及び中央銀行預け金）」不足に陥ることのないように，必要な資金を貸しつけることによって，破綻銀行の拡大を防ぐことが重要である．このFRBによる流動性供給への予算措置がBTFPであり，このプログラムを通じ必要に応じて，FRBは緊急の貸し出しを行うことができるようになった．

第二の対応策は，破綻銀行の預金の全額を金融当局が保護し，預金者に損害が及ばないようにすることを，即座に決定したことである．こうすることによって，預金者が銀行に殺到する，あるいは破綻銀行がドミノ倒し的に拡大することを阻止したのである．

1920年代から大恐慌時にかけて頻発した銀行取付への対応策として，米国では33年にFDICが設立された．その結果，万一銀行が破綻したとしても，預金者の預金はFDICの預金保険により保護されることになった．この制度の存在によって，人々が銀行に預金引き出しに殺到することを阻止することが期待されたのである．

しかしながら，現在のこの制度の下で保護される決済用預金額には，一律25万ドル（3,300万円余り）という上限がある．この上限を超えると預金は保護されない．金融不安が大きく広がることを恐れた金融当局は，即刻，FDICの預金保険でカバーされない預金をも含め，当該銀行の預金全額を保護することを決め，それを公表し，事態の沈静化を図った．その結果，破綻した銀行は，現時点では**表1-2-2**にある地方銀行3行に止まっている．

（4）FDIC制度と銀行のモラルハザード

今回金融当局は，FDICの保険で保護される預金額を超えて，預金を保護することを決定した．それならば，最初から保護する預金の上限などを決めずに預金全額を保護すると決めておけばよいではないか，という疑問がわく．

しかし，もしそうした制度にしてしまうと，預金者は，どの銀行に預けても預金額全額が保護されるので，信頼して取引できる銀行を選択する動機，誘因を失うことになる．つまり，預金者にとっては，どの銀行もみな同じだということになる．もしそうなった場合には，今度は銀行側に好んでリスクを取りにいく誘因が生まれることになる（「モラルハザード」と呼ばれる）．一般にリスクとリターンはトレードオフの関係にあるので，銀行は，高い収益を求めて，高いリスクを好んで取りに行くようになる．そうしたとしても，預金者は銀行の選択に無関心なので，自行から離れていくことはなくなるからである．このことは，経済の決済制度の要を担っているという，金融機関の公的な使命にとって決して望ましいことではない．以上のような理由から預金の全額を制度的に保護することは難しいと考えられている．このような難しい問題が残されているが，FDICの制度は，今回の経験を踏まえ，今後なんらかの改善が図られるものとみられる．

（5）高インフレ抑制政策と金融安定化政策は両立するか

銀行破綻を放置すれば，銀行部門から預金が流出し，銀行融資も減少する．民間金融における信用収縮は，民間経済の支出を大きく減少させることになる．信用収縮が起こらないようにするためには，FRBが，BTFPを通じて，民間経済に潤沢に資金を注入して，資金不足を補うことが必要となる．

図1-2-3のマネタリーベースの残高が直近のところで，僅かにではあるが，上昇に転じているのは，3月の地方銀行2行の破綻に対応するために，FRBが緊急に流動性を追加供給したことによるものであるとみられる．

今回の3行の地銀破綻に見られたように，人々が銀行預金を一斉に引き出した場合，マネタリーベースが金融部門から非金融部門に流出することになる．これを放置すれば，貨幣乗数が小さくなり（あるいは経済全体の貸出や預金が減少し），預金を含めた貨幣供給量が大きく減少することになる．預金流出が起きた場合に，もし中央銀行が供給するマネタリーベースの量を変えなければ，経済全体の貨幣供給量が減少し，金融を引き締めていることになってしまう．金融部門から非金融部門に流出した額と同額のマネタリーベースを，中央銀行が追加供給してはじめて，金融政策スタンスは中立的となる．預金流出は，放置すれば金融を引き締めていることと同じことである点を理解しておく必要がある．したがって，図1-2-3における直近のマネタリーベースの増加は，金融を緩和したとはすぐには解釈できない．単に金融部門から流出したマネタリーベースを補っただけの可能性が高い．

図1-2-3にあるような金融システムを安定化させるためのマネタリーベースの増加は，金融緩和方向に作用するので，高インフレを抑制するために現在採用されている金融引き締め政策と矛盾することになるのではないか，あるいは，FRBは，金融システム安定化政策を優先して，金融引き締め政策の手を緩めることにならないか，などの疑問が生まれる．

FRBは，次のような考え方をとることによって，高インフレ抑制政策と金融システム安定化政策を同時に追求できると考えられる．金融政策の効果は，広範に経済全体に及ぶので，一般的な金融政策手段を高インフレ抑制に割り当てる．そして，BTFPおよび破綻銀行預金の全額保護の決定というピンポイントの政策手段を，金融システム安定化に割り当てる．こう考えることにより，両者は矛盾しないし，2つの目的に同時に対応できることとなる．破綻銀行が次々に出てくるようだと話は別であるし，そうした可能性も全くないというわけではないが，少なくともこれまでのところ，うまく対処できている．

現在，米国経済は高インフレからのソフトランディングを目指しており，前項および本項で説明した2つのリスクを抱えているものの，全体的にみれば，実体経済は概ね順調な回復過程にある．ただし，マネタリーベース残高は依然としてかなり高いので，インフレ率が目標の2％に到達するのには，少し時間がかかる可能性がある．また，今後の銀行破綻のリスクに関しても予断を許さない．

6.　日本経済への影響

Section 2.6では，これまで説明してきた米国経済の動向の日本経済への影響について，簡単に解説する．

（1）金利差による円安

日本銀行は，短期政策金利を2016年1月以降にマイナス0.1％に設定し，16年9月以降10年物の長期金利を0％の近傍に誘導している．他方，FRBは22年初めからの金融引き締めにより，政策市場金利を約5％引き上げた．これに伴い，長期金利も上昇した．日米の金利差は大きく拡大し，円ドルの為替レートは，大きく円安ドル高方向に振れた．22年には一時1ドル150円台まで円安ドル高が進行した．その後円が買い戻されたが，例えば，21年末の円ドルの為替レートが1ドル115円であったのに対し，22年末では1ドル132円となっており，22年の1年間に約15％の円安ドル高が進行したことになる．

時を同じくして世界的に進行していた資源価格および食料品価格の上昇もあって，円安により日本の輸入品価格が高騰し，日本でも高インフレが問題視されるようになった．特に所得が名目値で固定されている人々にとっては，高インフレは生活を直撃することになるし，それによって人々の支出も減少するといった問題が生じる．

しかしながら，円安は，国内企業の対外国企業との競争条件が変わることでもある．外国製品に比べ，国産製品が割安になる．円安になった当初は，日本の貿易収支及び生産は，円安によるマイナスの影響を受けるが，約半年から2年後に，影響が反転し，日本経済にとってのプラス効果が拡大していくことが知られている．（マクロ経済学では，この反

転効果を「Jカーブ効果」と呼ぶ．詳しくは，本多（2022）を参照されたい．）

　日本経済は，2021年以前から緩やかな円安が続いていたが，22年初めからの米国の急激な金融引き締めにより，急速な円安が進んだ．その結果，22年にはJカーブ効果の最初の悪い部分が現れ，22年の日本経済の貿易赤字は極めて大きくなった．しかしながら，今後はJカーブ効果の後のプラス効果が拡大し，日本の経常収支や生産に好影響を与えていくものと考えられる．

（2）FRBの金融引き締めの日本の地方銀行経営への影響

　現時点においても既に，2022年からの米国の金融引き締めは，日本の銀行の経営に深刻な影響を与え始めている．米国の金利上昇が，日本の銀行が保有する外国債券及び国内債券ならびに株式等の評価損を通じて，勘定科目「その他有価証券損益」を大きく悪化させてきている．特に，厳しい経営に直面している地方銀行の「その他有価証券益」は2021年3月末から今日に至るまで急速に減少してきている．個々の銀行では既にマイナスに陥っている地方銀行も多い．

　今後日米の金融当局のいずれか，あるいはその両方が金利を引き上げれば，評価損は一層拡大し，経営への悪影響も拡大する．今後も「その他有価証券損益」を注意深く監視し，警戒する必要がある．

（3）米国の景気

　米国経済がソフトランディングに成功した場合と失敗した場合とでは，日本経済に与える影響は大きく異なる．輸出と輸入の貿易総額でみると，日本にとって中国が第1位の貿易相手国であり米国は第2位となるが，輸出額だけでみると，例えば2023年4月は，第1位の輸出相手国は米国であり，中国は第2位となる．したがって，米国経済の動向は，日本の輸出に大きな影響を与えている．

　Section 2でみてきたように，米国経済はこれまで全体としては概ね良好なパフォーマンスを示してきたが，2022年以降の金融引き締め政策によって，23年後半あるいは24年にかけて，景気後退に陥るかもしれない．可能性は小さいが，仮にもし米国経済が深刻な景気後退に陥るようだと，日本の貿易収支及び経常収支も相応の打撃を受け，日本経済にとっても大きなマイナス要因となろう．

（4）米国金融システム不安拡大のリスク

　日本経済にとってのいま1つの懸念材料は，米国地銀3行の破綻である．このまま金融不安が収まれば問題ないが，現在はまだFRBが金融を引き締めている最中である．金融引き締めは，債券保有のキャピタルロスを通じて，銀行のバランスシートを悪化させるリスクがある．もし仮に，今後さらに破綻する銀行が続出した場合は，米国金融業界は混乱し，日本経済にも大きな影響を与えかねない．

　その場合，具体的な日本経済への影響は，実体経済および金融の両面に及ぶであろう．もし米国内の金融界の混乱が実体経済に及べば，日本企業の輸出や米国での現地生産は打撃を受ける．また，米国の実体経済が低迷すれば，FRBは金融政策を大きく緩和することになろう．FRBの金融緩和は円高をもたらす．

　振り返れば，2008年の世界同時不況も，事の起こりは06年中頃の米国における不動産バブルの崩壊であった．バブル崩壊の混乱は，約2年間金融業界内に止まっていたが，08年9月にリーマン・ブラザーズが倒産すると，混乱は一気に実体経済に広がった．米国経済が不況に陥るや否や，FRBは大胆に金融を緩和して対応したのに対し，日銀は対応が遅れ，かつ小規模であったため，極端な円高を招くこととなり，このことがその後の日本経済低迷の重要な要因となった．こうした苦い経験を思い出すと，米国金融業界の動向からも目が離せない．

引用文献

本多佑三（2022）「円安と日本企業⑦　時間差伴いプラス効果拡大」，日本経済新聞朝刊，経済教室，9月13日．

大阪大学 名誉教授
本多 佑三

Section 3
中国経済が抱えるリスク：不動産と地方財政

1. 不動産市場の低迷とそのマクロ的背景

　ポスト・ゼロコロナの下で，中国経済の先行きに関する不透明性はかつてなく高まっている．2023年第1四半期のGDP（国内総生産）は前年同期比4.5％の増加となり，まずまずの回復をみせた．一方で自動車などの大型耐久消費財の消費は依然として低迷が続いていると伝えられるほか，一時期の低迷から持ち直したかにみえる不動産市場も，特に中小の都市における住宅の需給バランスが崩れていることから，引き続き経済にとっての大きな不安材料であることには変わりがないものとみられる．

　本稿では，中長期的にみた中国経済の最大のリスク要因である，不動産市場の動向を分析したうえで，その問題を「合理的バブル」とその終焉，という視点から改めてとらえなおすことを目的とする．そのうえで，不動産市場の低迷と密接な関係を持つ地方財政が抱えるリスクについても検討を行う．

　まず，現在の不動産市場の低迷が，どういう側面から起きているのかを整理しよう．武漢市をはじめとして全国的に都市封鎖が実施された2020年2月，中国政府はポストコロナの経済政策としていち早く大胆な金融緩和に動いた[1]．この金融緩和，及び徹底したゼロコロナ政策の実施による感染の抑え込みが当初は功を奏したこともあって，コロナ禍以前の不動産市場はいち早く回復し，一時期過熱状態を呈していた．住宅市場の高騰に市民の批判の声が高まるのを恐れた政府は20年8月，「3つのレッドライン」，すなわち①前受け金などを除く資産負債比率が70％以下，②自己資本に対する純負債比率が100％以下，③短期負債を上回る現金保有の3条件を打ち出し，これらの条件を満たさない不動産企業に対して融資を行わないことを決定した．しかし，この政策によって，低金利の借り入れで債務を膨らませていた多くの不動産企業が資金繰りに苦しむようになり，翌21年7月には不動産大手の恒大集団

のデフォルト懸念を契機に不動産企業の株価や社債が暴落したのに続き，同年9月には全国主要70都市の平均新築マンション価格が6年5か月ぶりに値下がりするなど，不動産市場は急速に冷え込んだ．また，22年3月末から約2か月間上海市で実施されたロックダウンに代表される，ゼロコロナ政策に基づく長期間にわたる都市封鎖がもたらした経済的打撃もこの状況に追い打ちをかけた．

　そして2022年夏には，購入物件の建設中断により，住宅購入者のローン支払い拒否問題が発生し，社会問題化したことから，「保交楼，保民生」（物件受け渡しを保証し，生活を守る）が不動産政策のキャッチフレーズとなる．同年11月には「足元の不動産市場の安定健全発展に対する金融支援の実施に関する通知」（「金融16条」）が発表され，政策銀行による「保交楼」特別貸出の提供，経営リスクに陥ったデベロッパー企業の支援，住宅購入者に対する金融面での権益の保障など，住宅の建設を支え，それ以上の価格下落を防ぐための包括的政策が実施された．また，翌23年1月にも「3つのレッドライン」を，主要30社に限定して緩和するなど，不動産市場安定化の姿勢が明確にされた（リサーチ＆アドバイザリー部中国調査室，2022）．このような政府の一連の対策を受けて，同年2月の主要70都市の新築マンション価格は，平均で前月比0.3％，1年半ぶりの上昇をみせたが，住宅市場の回復は依然として力強さを欠いている．

　これら一連の不動産市場の不安定化には，個別の不動産企業の経営というミクロ的側面を除けば，①コロナ禍以降の財政金融政策，②中国の都市化の展望というより長期的な発展戦略，③継続する合理的バブルを通じた世代間資源移転スキームの終焉，という3つのマクロ的な背景があると考えられる．

　このうち，本稿では主に3番目の，マクロ経済学からみた中国の不動産市場の問題点に焦点を当て，その詳しい検討を行いたい．

---

1)　中国の金融政策の運用に関しては，易（2021）が詳しい．

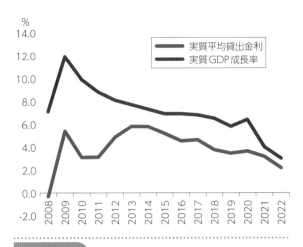

図1-3-1 成長率平均貸出の推移

注）実質平均貸出金利は，金融機関貸出金利の加重平均値を，商品小売価格指数
　　によって実質化したものである
出所）CEIC Data，国家数拠点

2. 動学的非効率性と「合理的バブル」

　中国の不動産市場を「合理的バブル」の観点から分析するに当たって，近年のマクロ経済学における「合理的バブル」の考え方について整理しておきたい．

　櫻川（2021）は，成長率が金利を上回る状態が持続するとき，定常状態の経済でもGDP成長率を上回らない程度の資産バブルが長期間持続すると指摘した．このような持続するバブルこそが「合理的バブル」にほかならない．櫻川はまた，成長率が金利を上回る「低金利の経済」の下では，バブルは次々と対象を変えながら流転していくことを主張している．たとえば，1980年代における不動産と株式のバブルが終焉した後の日本経済では，国債がバブルの対象となっており，そのことが日本の巨額の財政赤字を支えているという．

　中国においても，リーマンショック後から一貫して成長率が平均貸出金利を上回る状態が続いていた（図1-3-1）．マクロ経済学では，このように定常状態の下で経済成長が金利を上回る状況が持続することを，動学的に非効率な状態と呼ぶ．これは，分権的な経済において投資が飽和状態にあるとき，市場取引を通じては異時点間の資源配分についてパレート最適な配分が実現されず，政府などが強制的に構成員間の資源再配分を行うことにより，構成員全体の厚生を向上させる余地がある状態のことをさす．この動学的非効率性における資源配分の問題を

説明するに当たっては，ティロール（Tirol,1985）などに代表されるように，いわゆる世代重複モデルがしばしば用いられる．

　このモデルでは，人はすべて若年期と老年期の2期間を生きると仮定する．すなわち，若年期に働いて収入を得たあと，その一部を消費し，老年期には若年期に蓄えておいた貯蓄を取り崩して生活する，と考えるのである．今，上述のように投資が経済全体で飽和状態にあり，実物投資の収益率が低く，したがって実質金利も経済成長率を下回っているケースを考えよう．議論の単純化のため，世代間の人口比率は変化がなく一定だと考える．このようなケースでは，若年層の人々は老年期に自分が行う消費のために，低い金利の下で貯蓄を行わざるを得ない（図1-3-2）．

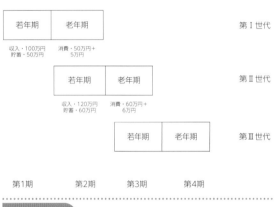

図1-3-2 市場金利による資産形成

出所）筆者作成

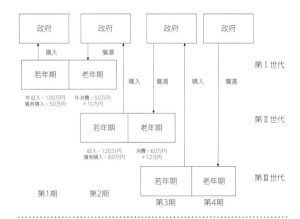

図1-3-3 政府が経済成長率に等しい利払いの債券を発行するケース

出所）筆者作成

　さらには，上述のように政府が半ば強制的な資源再配分を行わなくても，各経済主体が経済成長に連

動して価値が上昇するような資産，たとえば不動産資産の購入を次々と繰り返すことを通じても，動学的非効率を解消し，経済主体全員の厚生水準を向上させることが可能である．ティロールは，このとき世代間で効率的な資金移転を行うためには，本来ファンダメンタルな価値を持たないはずの資産が，一定の価値を持ち，しかもその価値が時間の経過と共に拡大していくものとして取引されることが必要であることを証明した．これがいわゆる「合理的バブル」が発生する状況である．

3. 「合理的バブル」と中国の不動産市場

(1) 資本の過剰蓄積による高成長

　中国の不動産市場を「合理的バブル」としてみるに当たって重要な論点の1つは，今世紀に入ってからの中国経済が旺盛な国内投資が主導する形で高成長を遂げた結果，「資本の過剰蓄積」が常態となった，という点である．

　このような「過剰資本蓄積」の状態が深刻化したのは胡錦濤政権においてのことであった．①国有企業改革，企業間競争の激化などに伴う労働分配率の趨勢的低下，②金融機関からの借り入れが困難な非国有企業による内部留保（企業貯蓄）の増加，③社会保障整備の遅れによる家計部門の高い貯蓄率など，「過剰資本蓄積」の背景ともいうべき現象は，胡錦濤の時代において深刻化したと考えられるからである（梶谷，2012）．

　特に，リーマンショック後の景気刺激策は，市場に対する政府の介入度合いを増大させ，「国進民退」と一部の経済学者などから批判される事態を招いた．そのような地方政府主導の過剰な固定資本投資とセットになった一連の景気刺激策は，「過剰資本蓄積」の根本的な解決をもたらすものではなく，市場に対する国家の介入を通じて問題の先送りを行うものだったからである．

　このような経済が「過剰資本蓄積」にある状態では，固定資本投資の生産性が低下し，明らかに現在の投資を減らして消費を増やした方が経済厚生は増加するにもかかわらず，消費が抑制され，過剰な固定資産投資が持続的に行われることになる．固定資本投資の生産性が低いにもかかわらず，持続的に設

備投資が行われ続けるのは，一般的に資産価格の上昇（下落）による収益＝キャピタルゲイン（ロス）が，時間選好率と投資の生産性のギャップを埋めているからだと考えられる．一方で，中国のように固定資産投資に関する政府の権限が強い経済では，政府の採算を度外視した積極的な投資活動により過剰な資本蓄積が進む可能性についても考慮する必要がある．

　すでに述べたように，各世代が若年期と老年期の2期間を生きると仮定する世代重複モデルでは，分権的な市場経済の下で各経済主体が消費の最大化を図るにもかかわらず，このような資本の過剰蓄積の状態が生じることが理論的に示唆される．そのような資本の過剰蓄積が生じるとき，経済は動学的に非効率な状態に陥っているとされる．梶谷（2012）は，中国経済の動学的効率性を実証的に検討することを通じて，リーマンショック以降の不動産市場が「合理的バブル」の状態にある可能性が高いことを指摘している．

(2) 賦課方式の社会保障の不備

　もう1つの要因は，賦課方式の年金制度の不備である．中国の公的年金制度は，強制加入の公務員基本年金及び都市従業員基本年金，そして任意加入の都市農村住民基本年金がある．このうち，都市農村住民基本年金は2014年に「新型農村社会年金」及び都市の非正規就業者を対象とした「都市住民基礎年金」を統合して創設されたもので，任意加入であり，都市従業員基本年金に比べ年金給付額が20分の1にとどまっており，その水準が十分でないことが問題とされている（片山，2017）．

　一方の都市従業員基本年金は年金の原資として賦課方式の共通基金に積み立て方式の個人口座が組み合わされた「二階建て」の年金保険となっている．個人口座は，従業員の個人名義の年金口座で，従業員本人と雇用主が賃金に比例して保険料を積み立てることになっている．

　Section 3.2で示したように，経済が動学的に非効率な状態にある際には，賦課方式の養老年金などによって世代間の資源移転を図ることが，資本の過剰蓄積を解消し，経済厚生を上昇させることが広く知られている（二神，2012）．

　すなわち，動学的に非効率な状態において，政府

部門が老齢年金などの社会保険の仕組みを整え，社会保障などのサービスを充実させることで過剰な資本蓄積が抑えられ，すべての世代の経済厚生を向上させることが可能になる．一方，社会保障制度の整備が十分ではない場合，過剰な資本蓄積が抑えられず，経済が動学的に非効率な状態から抜け出せないことになる．

しかし，すでに述べたように，現在の中国の公的年金制度は，人口の大部分を占める農民層や都市非正規労働者に対しては，そもそも十分な額の年金が支給される仕組みとなっておらず，また都市の正規就業者にとっても，世代間の資源移転を含まない積み立て方式の年金が大きなウェートを占めている．近年の中国における資産バブル発生の原因が動学的非効率にあるとしたら，その一端は，このような公的年金制度に代表されるように，政府が十分な世代間の資源移転を行っていないところにあることは明らかであろう．

オリヴィエ・ブランシャールは，その近著の中で，金利，それも国債の利回りなどの「安全利子率」が非常に低い水準で推移し，時には成長率，さらには実質利子率の実効下限を下回るような経済—長期停滞に陥った経済—においては，政府は公債の発行を増加させ，積極的な財政政策を行うことが経済厚生を改善しうる，と主張した（ブランシャール，2023）．同書の主張を中国経済の現状に当てはめるならば，政府は積極的に財政支出を行い，特に賦課方式の年金制度の不備を改善し，世代間の資源移転を改善するべきだ，という政策的なインプリケーションが得られるであろう．

(3) 老後の生活保障の手段としての不動産所有

このように，賦課方式の年金を通じた世代間の資源移転が十分ではない状況の下で，人々は「安心した老後」を過ごす手段として，マンションを購入してきたという経緯がある．たとえば都市に住む比較的裕福な家庭では，自分の息子が結婚して住むための2軒目のマンションを購入するケースが多い．この背景には，値上がりを続けるマンションをあらかじめ保有していなければ結婚相手が見つからないため，両親だけではなく祖父母もマンション購入のための金銭的援助を惜しまない，という事情がある（斎藤，2023）．同時に，両親にしてみれば老後の

生活のサポートを息子夫婦に期待する，という強い動機も存在する．このような社会的な意識を背景に，男子の人口比率が多い地域では，マンションの値上がりがより大きい，という実証研究も存在する（Wei=Zhang=Yin, 2017）．

このような賦課方式の年金制度の不備を背景とした都市部での根強いマンション需要の存在は，今世紀に入ってからの継続的な不動産価格の上昇を支えてきたと共に，旺盛な不動産建設を通じてさらなる資本蓄積の原因にもなっていた，ということができるだろう．

4. 今後の合理的バブルのゆくえと地方財政が抱える問題点

これまで述べてきたように，中国経済における資本の過剰蓄積が解消に向かう中，不動産市場がハードランディングし，広範囲における経済の混乱を招くことを避けられるかどうかは，いまだ不透明な状況にある．

資本の過剰蓄積が解消され，これまで続いてきた成長率が金利を上回るような状況が終焉すれば，不動産市場において生じてきた合理的バブルも持続不可能になることは，経済理論の上からも明らかだ．そうなったとしても，たとえばバブル崩壊後の日本で生じたように，低金利の国債を広く国民が保有するか，あるいは都市の正規雇用者しかカバーしていない賦課方式の公的年金を，全国民に拡充するなどの手段で世代間の資源移転を図れば，しばらくは低金利の下で人々の不満を抑えつつ，一定の経済成長を実現することは可能である．

そこで，もう1つの懸念となるのが，地方財政をめぐる状況である．もともと地方政府の財政は，地方政府が収容した農地などの土地所有権の売却益に多くを支えられてきた．その収入が，本稿で述べたような動産市場の締め付けによって大きく落ち込むこととなり，多くの地方政府の財政状況が大きく悪化した．中には，黒竜江省鶴崗市のように，職員採用計画を取り消し，財政再建計画を実施することを公表し事実上「財政破綻」したと伝えられる地方政府も現れた．

このような状況に対し，有力経済誌『財新周刊』2023年4月24日号の社論は，新型コロナ禍による

深刻な経済影響，不動産業界の価格下落，各種税の減免などによって地方政府の債務問題が深刻化していることに改めて警鐘を鳴らした．また同誌5月22日号の特集記事「融資平台による起債ブーム」は，これまでも地方政府の「隠れ債務」の温床となってきた融資平台（地方政府の資金調達機関）が，「城投債」と呼ばれる債券の発行を通じて債務を増大させ，地方財政のリスクを拡大させている実態を指摘している．同記事は，2022年末の地方政府の隠れ債務の残高が52兆元から58兆元に達しており，正規の債務残高の1.5倍から1.7倍になるというシンクタンクの推計を紹介している．

融資平台の「城投債」の発行を通じた資金調達は，リーマンショック後の景気刺激策実施のため，多くの地方政府が融資平台を設立した際から行われている．

しかし，『財新周刊』の記事によれば，その起債形態がいわゆる「仕組み債」と呼ばれる，より複雑なものになっている点が，近年の城投債発行にみられる大きな特徴だという．

その代表的なものは，資産担保証券（ABS）のスキームを用いて，融資平台が自社の発行した城投債を自己資金で購入したうえで資産として計上し，それを担保にして新たな資金調達を行うというものだ．これは，外部資本の参加を減らし，市場水準よりも低い利率で債券を発行しようとするもので，市場をゆがめるやり方だとして厳しく規制されている．たとえば，政府は2023年に入り，融資平台の純資産に占める自社の債券の比率が50％を超えるような場合に，その企業による新たに資金調達を制限する通達を公表し，それを守らない企業への罰則も強化した．

ただ，その一方で，資金繰りに窮した貴州省などの一部の地方政府は，債務の整理や返済が困難になり，もはや自力で解決できなくなっているともいわれる．このような一部地域の融資平台では，自らが発行した城投債のリスケジューリング（返済条件の見直し）を地方政府あるいは中央政府に求めるケースも多い．

よく知られたケースでは2022年12月に，貴州省遵義市に本社を置く遵義道橋建設集団がデフォルトに陥り，返済期限を20年繰り延べ，前半の10年間の返済は利払いのみとするという債務の再編を公表した．このような地方政府の債務をめぐる状況は中国経済全体のリスクを高めており，放置できない問題であることは明らかだ．

中国の一部の経済学者は，このような地方財政の逼迫の背景にはそもそも中央財政が十分な財政支出を行わず，地方政府に過度な負担を押し付けているという制度的な問題があることを指摘しているが，筆者も同意見である．

本稿で検討してきた，不動産市場における「合理的バブル」の状況からのソフトランディングを図るならば，当面の経済成長率を維持しつつ，低金利政策を続けながらも為替の急落を抑え，その間に不動産価格の下落に伴う社会不安の拡大に備えた社会保障制度の拡充と整備を行う必要がある．この点からも，これから少子高齢化の深刻化，及び政府の財政負担の拡大が予想される中，現在のように社会保障の提供から景気対策に至るまで，多くを地方政府に「丸投げ」している現行の財政制度の見直しも必要になるだろう．

そのようなきわめて困難な経済政策のかじ取りが，3期目を迎えた習政権に果たして可能なのか．この点も含め，ここしばらくは中国の不動産市場，そして地方財政の動向から目を離せない展開が続くだろう．

参考文献

梶谷懐（2012）「中国経済の動学的非効率性に関する実証分析－AMSZ基準を用いた検討－」『国民経済雑誌』第206巻，第5号

片山ゆき（2017）「中国の年金制度について（2017）」『ニッセイ基礎研所報』Vol.62

斎藤淳子（2023）『シン・中国人―激変する社会と悩める若者たち―』ちくま新書

櫻川昌哉（2021）『バブルの経済理論：低金利，長期停滞，金融劣化』日本経済新聞出版

二神孝一（2012）『動学マクロ経済学』日本評論社

ブランシャール，オリヴィエ（2023）『21世紀の財政政策』，田代毅訳，日本経済新聞出版

リサーチ＆アドバイザリー部中国調査室（2022）「中国は金融面の不動産支援政策を打ち出す～不動産市場の冷え込みに警戒』『MUFGバンク（中国）経済週報』574期，2022年11月22日

[英語]

Abel, Andrew B., Mankiw, N. Gregory, Summers, Lawrence H., and Zeckhauser, Richard J. (1989). "Assesing Dynamic Efficiency: Theory and Evidence." *Review of Economic Studies* 56, 1-20.

Tirol, Jean. (1985). "Asset Bubbles and Overlapping generations." *Econometrica* 53, 1499-1528.

Wei, Shangjin, Zhang, Xiaobo, and Yin Liue. (2017). "Home ownership as status competition: Some theory and evidence." *Journal of Development Economics*, 127, 169-186.

易鋼（2021）「中国人民銀行中国的利率体系与利率市场化改革」『金融研究』2021年第9期.

神戸大学大学院経済学研究科 教授

梶谷 懐

Part Ⅰ

Part Ⅱ

Part Ⅲ

Part Ⅳ

Section 4
エネルギー危機下の EU・欧州経済

1. エネルギー危機下の欧州経済

(1) インフレに悩む欧州経済

　2022年から23年にかけて，欧州経済は強いインフレ圧力に直面している[1]．これは22年2月から始まるロシアによるウクライナ侵攻に対抗するための，西側諸国による経済制裁に対して，ロシアが欧州への資源輸出を停止したことと，新型コロナ感染拡大からの経済活動の再開による需要回復に起因する．

　2020年から続いてきた新型コロナ感染拡大により，欧州経済は大幅な景気後退を余儀なくされた．EU（欧州連合）とECB（欧州中央銀行）による種々の経済対策は一定の効果をみせ，さらに21年央には感染の拡大も収まる兆候を見せ始めため，22年からパンデミック危機からの景気回復が期待された．

　特にパンデミック下の2020年5月にEUが提案した復興基金は，一定の成果がみられるものと考えられる．この基金は，7,500億ユーロに上る復興基金「Next Generation EU（次世代EU）」を中核として，返済不要の補助金と，返済が必要な融資によって，景気後退に直面した各国経済を財政面で支援した．

　しかし，ロシアによるウクライナ侵攻といった地政学リスクの高まりの影響により，欧州経済はエネルギー危機に直面し，パンデミック危機からの回復途上で高いインフレ率に悩まされている．図1-4-1はHICPに基づくEUのインフレ率を示している．ただし，エネルギー，食料を含むインフレ率（総合インフレ率），エネルギーを除くインフレ率，エネルギーと食料を除くインフレ率を示している．これより，パンデミック下の2020年にはインフレ率は下がり続けていたが，21年より上昇を始めている．エネルギーと食料品を除くインフレ率もやや遅れて21年後半には上昇を始めている．さら

にウクライナ侵攻が始まる22年3月からは上昇幅が大きくなっている．

　したがってウクライナ侵攻によって欧州のインフレ率は高まっているものの，それのみが原因ではなく，パンデミックからの回復による需要拡大がインフレ率を高め，それにエネルギー価格の上昇が加わっている．ただし，2022年第3四半期から総合インフレ率は低下しているものの，エネルギーを除く2つのインフレ率が高まっており，エネルギー価

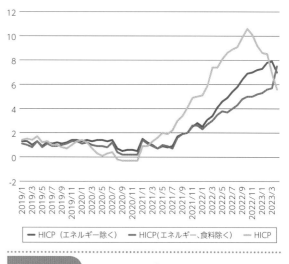

| 図1-4-1 | EUのインフレ率 |

注）HICPは，総合消費者物価指数とも訳されるEU全体の消費者物価指数である．前年同月比で示している．
出所）EUROSTATより筆者作成．

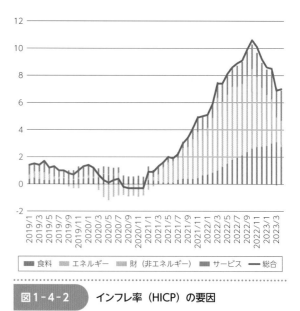

| 図1-4-2 | インフレ率（HICP）の要因 |

注）2022年時点でのHICPの構成比率によって，各要素を分解している．
出所）EUROSTATより筆者作成．

1）　Section 4での欧州とは，主にブレグジット後のEU加盟国経済を対象とする．また，適宜，EU経済とユーロ圏を利用するユーロ圏経済とを対象とする．

格以外の要素が物価を押し上げていることを示唆している．

　そこで図1-4-2では，HICP（総合）インフレ率の要因を分解している．これによると，2022年からエネルギー価格の上昇の寄与度が高いものの，22年10月からは，エネルギー価格の上昇よりも食料品価格と，サービス価格の上昇の寄与度が高い．たしかに小麦などウクライナに食料輸入を依存する

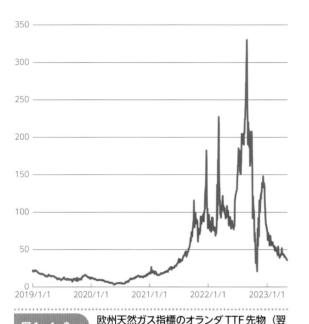

図1-4-3　欧州天然ガス指標のオランダTTF先物（翌日物）の推移

注）単位はユーロ（メガワット時間当たり）
出所）Refinitive, Datastremより著者作成．

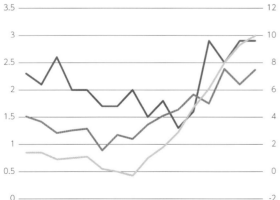

図1-4-4　ユーロ圏のインフレ率，賃金上昇率，期待インフレ率の推移

注）妥結賃金は，ECBも着目するユーロ圏の賃金動向を示す一つの指標である．ユーロ圏では給与を調整するなど様々なスキームが導入され，賃金動向が読みにくくなっており，妥結賃金はコロナ禍の影響が少ない指標と考えられる．また，ここでの期待インフレ率は5年先5年物ブレークイーブンレートで示されており，これもECBが着目する期待インフレ率の指標である．また，HICPインフレ率は右縦軸を，それ以外の2つは左縦軸を利用している．
出所）EUTOSTATより筆者作成．

割合の高い欧州諸国が多く，食料品価格の上昇が顕著である．さらにサービス価格の上昇も寄与しており，欧州ではエネルギー危機による高いインフレとはいえなくなりつつある．図1-4-3は天然ガス価格の推移を示すが，22年第3四半期からは低下傾向にある．

　現在，天然ガスパイプラインのノルドストリームの停止に代表されるように，EUはロシアからの安価な資源輸入ができない代わりに中東，米国からの輸入に切り替え安定供給を図っている．したがって，ロシア産よりは高価であるものの，早い段階でエネルギー供給は安定するが，インフレ率がECBの目標水準である2％に収束するとはいえない．そのため，2023年以降も欧州経済はインフレーションに悩まされるであろう．またEUでの今後のインフレ率を考察するため，ここでは賃金上昇率と期待インフレ率の動向を示す．ただし，データの制約により，図1-4-4にはEUではなくユーロ圏の推移を示す．パンデミック下で賃金は低下しているが，21年第3四半期から上昇に転じている．それに先んじて，期待インフレ率は20年第2四半期から上昇し，その後，現実のインフレ率も高くなっている．その後に賃金上昇がみられる．今後，賃金上昇が続くと，さらに期待インフレ率も高まり，現実のインフレ率も高まるといったインフレスパイラルも想定される．ただし，ECBが掲げるインフレ目標が2％近傍であるため，現実のインフレ率が大きく上昇する22年以降も，5年先期待インフレ率が2％を大きく上回ってはいない．インフレ目標が一定の役割を果たしていると考えられる．

　以上のようなインフレの高まりに対応するためECBは2022年7月以来，23年5月までに4回の利上げをしており，それまでの金融緩和姿勢を引き締め姿勢に転換させている．これはインフレ抑制のためであるが，その効果は5月段階ではまだみられていない．

　なお，ブレグジット後の英国経済も高いインフレ率に悩まされている．英政府統計局が発表した2023年3月の消費者物価指数は前年同月比で10.1％，4月のそれは8.7％となり，沈静化をみせているかのようだが，それぞれ市場予想を上回ったため，予断は許されない．さらに，Bakker et al.（2023）の報告では，19年から23年3月まで

の間に英国の食品価格は25％上昇し，そのうち8％はブレグジットによる貿易障壁によってもたらされたとする．したがって，現下の英国での高インフレ率にブレグジットが影響しているともいえ，英国でのインフレの長期化が想定される．

また，ECBの金融引き締めを困難にするのが，ユーロ圏各国でのインフレ格差である．

（2）加盟国間のインフレ格差，インフレの負担配分

図1-4-5はユーロ圏各国のインフレ格差を示すため，各国のインフレ率の最小値と，最大値，そしてEU平均をプロットしている．これより，インフレ率が上昇している2021年7月より，最小値と最大値の開きが拡大しており，EU平均は最小値に近い水準で推移している．すなわち，EU平均よりも高いインフレ率に直面している加盟国があり，ECBによる金融政策がすべての加盟国のインフレ抑制に対して有効とはいえないことを示唆する．インフレ抑制のためECBが考慮するのは，ユーロ圏平均であり，高インフレ下にあるユーロ加盟国にとっては十分な引き締め効果が得られない可能性が高い．そのため，高いインフレ率に直面するGDP規模としては小さいユーロ加盟国は，インフレが抑

止できないままとなりうる．そのような国は，たとえば，財政引き締めによる総需要低下を行うこともありうるが，それは当該国の財政状況にも依存する．

また，ユーロ圏での産出ギャップを示したのが図1-4-6である．推計手法により，差異があるものの，2020年に大きく落ち込んだ後，22年には回復している．ただし，23年以降の推計値では低下傾向にある．これは，エネルギー価格と賃金の上昇傾向が，設備投資計画を減退させていることの結果とされる[2]．

一方，欧州委員会のサーベイ調査では，2023年の設備投資計画を前年よりも増加させるとする企業の回答が多く，コロナ後，企業の設備投資計画が活発になろうとしている（図1-4-7）．そのため，

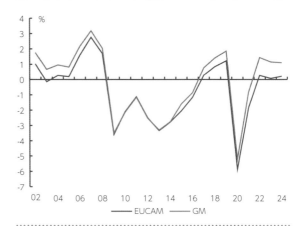

図1-4-6　ユーロ圏での産出ギャップの推計

注）この図でのEUCAMとはEU the European Union Commonly Agreed Methodologyで推計されたギャップを示し，GMとは，DSGEモデルに依拠したThe Global Multi-Country modelで推計されたギャップを示す．
出所）European Economic Forecast Spring 2023 p58より筆者作成．

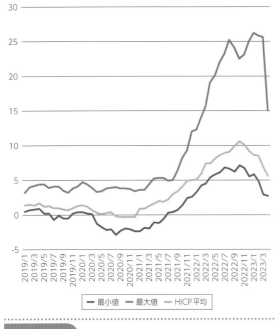

図1-4-5　ユーロ圏各国のインフレ格差

注）この図でのインフレ率とは，HICP（総合）での前年同期比である．
出所）EUROSTATより著者作成．

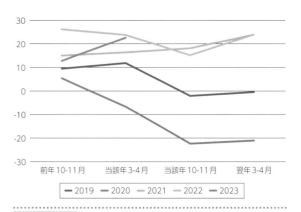

図1-4-7　EU域内企業の設備投資計画（サーベイ）

注）縦軸は，アンケートでの回答を「増加－減少」で示す．
出所）欧州委員会，Business and Consumer Survey dataより著者作成．

2）European Economic Forecast Spring 2023, pp57-58.

企業による設備投資が景気の下支えになる可能性を示唆し，欧州ではインフレ下の景気後退を回避することができるかもしれない．

エネルギー価格上昇がどのように影響を与えるかが，今後の設備投資に作用し，さらには欧州の景気の行方を左右することを示唆する．

（3）パンデミック下での財政赤字

財政政策に関して，1997年以降，EUは「安定と成長の協定（SGP）」により，対GDP比財政赤字3％未満，対GDP比政府債務残高60％未満にすることが求められていた．しかし，新型コロナ感染にともなう景気後退のため，SGPの履行は一時中断されている．EU加盟各国は新型コロナ対策のための財政支出を拡大させ，イタリア，スペイン，ポルトガルなどでは財政赤字削減に苦労している．パンデミック時に比べて，ほとんどの加盟国で財政赤字削減を実現しているが，図1-4-8，図1-4-9でみるように，イタリアなどではその削減幅がやや

低下している．財政再建への不安が残る現在は免除されているSGPによる財政赤字ルールであるが，対GDP財政赤字比率がルールに沿って3％以内に概ね抑制されることが確認されれば，SGPの免除が停止されるであろう．その時にあらためて，財政赤字問題が浮上するかもしれない．

また今後，インフレおよび景気動向をみる上でユーロ圏企業の収支変化が参考材料となる．図1-4-10は，ECBが企業アンケートによって収集しているユーロ圏企業の収支変化状況である．

図1-4-10から，新型コロナ感染拡大の影響が落ち着いた2021年上半期から売上が増加し，利益もわずかながらマイナスからプラスに転じた．しかし，21年下半期から22年上半期に売上は拡大したものの，労働費用と原料費・燃料費を含んだ，その他費用が大幅に増加している．さらに22年からはECBの利上げにともない，利子支払も増えている．そのため，再び利益はマイナスとなり，その幅も拡大した．現在，エネルギー価格が落ち着いているものの，賃金上昇が続くと予想される．そのため，企業利益は圧迫されるので，企業は価格の引き上げによって対応する可能性がある．図1-4-11は，企業の価格転嫁姿勢を示す．これより，近年，欧州企業はコストを価格に転嫁する姿勢を強めていること

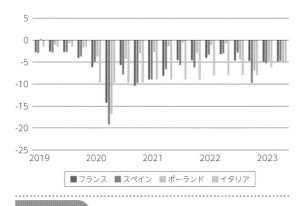

図1-4-8　EU各国の財政赤字1（対GDP比，％）

出所）Oxford Economics dataより著者作成．

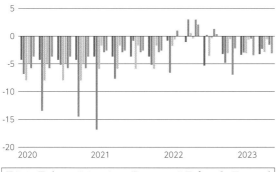

図1-4-9　EU各国の財政赤字2（対GDP比，％）

出所）Oxford Economics dataより著者作成．

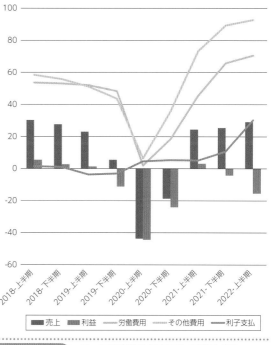

図1-4-10　ユーロ圏企業の収支変化の状況（対GDP，％）

注）縦軸は単位％で，増加の回答−減少の回答の回答割合を示す．
出所）ECB Survey on the access to finance of enterprisesより著者作成．

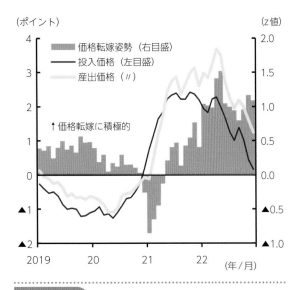

図1-4-11　ユーロ圏製造業の価格転嫁姿勢

注）2003年以降のデータで標準化したPMIの産出価格と投入価格指数の差.
出所）日本総研，欧州経済展望2023年1月より.

図1-4-12　クレディスイスと，欧州金融機関のCDSの変化

注）クレディスイスは右縦軸を，その他は左縦軸を用いている.
出所）Refinitive, Datastreamより著者作成.

がわかる.

（4）EU金融システムの強靱化と金利上昇

　2023年3月8日，米加州シルバーゲート銀行の持ち株会社の「シルバーゲート・キャピタル」は銀行業務を終了し，任意清算に踏み切ると発表し，さらに10日，同州シリコンバレー銀行（SVB）が経営破綻し，すべての預金が米連邦預金保険公社（FDIC）の管理下に置かれた．また，FDICは3月12日，ニューヨーク州金融当局によってシグネチャー銀行の事業が停止されたと発表した．続いて，5月1日，FDICは，ファースト・リパブリック銀行が事実上，経営破綻したことを発表した．これら一連の米国地域金融機関の破綻の余波は，欧州大手金融機関であるクレディスイスの経営危機に波及した．同行の経営危機に対し金融市場がどのように判断したのかを示したのが，図1-4-12に示したCDSプレミアムの推移である．後述するように，破綻危機が示された3月15日から救済策がまとまる19日までプレミアムは大きく上昇し，金融市場がクレディスイスの経営を警戒していることがわかる．また，ユーロ圏銀行CDSインデックス，ユーロ圏以外のEU金融機関CDSインデックスも上げているが，それらはクレディスイスのCDS上昇にともなって上昇しているものの，上昇幅は大きくはない．すなわち，クレディスイスの経営リスク，

EU所在の金融機関のリスクへの波及は小さかったといえる.

　2023年3月19日，スイス国立銀行はスイス最大手銀行のUBSによるクレディスイスの買収を公表し，その支援を金融市場監督庁（FINMA）とともに行うと発表した.

　クレディスイスは，2021年に米投資会社アルケゴス・キャピタル・マネジメントに関連する運用失敗による44億スイスフランの損失が発生し，22年にはFINMAが英グリーンシル・キャピタルとの関係において監督上の義務に著しく違反したと指摘し，是正措置を命じた．そのような不祥事によって顧客の離反が起きていた中で，22年に73億9,300万スイス・フランの巨額損失を出したことが報じられ，クレディスイスは23年3月15日，スイス国立銀行への支援を要請することとなった．ただし，中央銀行の支援だけでは破綻を回避することができないと判断され，同国UBS銀行に30億スイスフランで買収されることとなった.

　米国発の国境を越えたシステミックリスクの波及が，クレディスイスの経営破綻を直接招いたとはいえないものの，国際金融市場を通じてクレディスイスの経営リスクを高めた．国際的な大手金融機関であっても，経営不安のある金融機関であれば破綻危機が生ずることを示している．また，今回の米国での危機により，欧州金融機関のリスク感応度が高まり，貸出態度が厳しくなるかもしれない．それが欧州経済の成長を鈍化させる恐れもある.

　では今後，欧州の金融市場は強靱といえるのであ

ろうか．欧州金融・債務危機を経てEUは金融市場の強靱化のため，汎EU金融監督を行う欧州金融監督機構（ESAs）を整備し，また銀行監督の強化のため，銀行同盟を計画し，単一監督メカニズムと単一破綻処理メカニズムは整備された．しかし，預金保険の共同体となる欧州預金保険スキームについては合意されていない．そのため，加盟各国の預金保険対象預金額の上限相違や，大規模な地域的ショックが生じた時の各国預金保険の脆弱性への不安の払拭には至っていない．さらに，EUの監督下にはないものの，自己資本比率（CET1比率14.1%，2022年時点）が高かったクレディスイスがUBSによる買収に追い込まれたことは，バーゼル規制に依拠してきたEUの銀行監督手法を見直さざるをえないことを示唆しているともいえる．

またEUの金融機関への不安材料として，ECBによる利上げがあげられる．Section 4.1で述べたように，現在，ユーロ圏はインフレ率の高まりに直面している．そのため，2022年よりECBはそれまでの金融緩和姿勢を金融引き締め姿勢に転換した．それにより，利上げを進めてきたが，その利上げはEUの金融機関が保有する国債価値を低めるといった米国での金融危機を招いた要因と同様の条件がそろう可能性もある．ただし，安定成長協定によって加盟各国の財政赤字は制限されていたため，金融機関の国債保有額も大きくはない．図1-4-13は銀行の保有総資産に占める保有証券比率を示している．それによれば，米銀の債券比率が高い一方で，ユーロ圏の比率はその半分であり，保有比率は高くない．そのため，ユーロ圏は米国ほど利上げの影響を受けにくい構造ではある．ただし，ECBの利上げが続くことも予想され，ユーロ圏を中心としたEUの金融機関の財務構造には注意を要する．

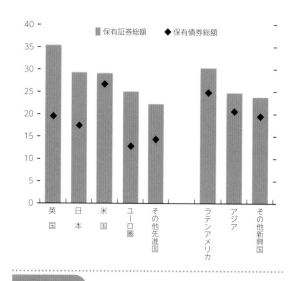

図1-4-13 銀行総資産に占める保有証券比率

注）縦軸は%をあらわす．2022年第3四半期末残高．
出所）IMF，Global Financial Stability Report, 2023 April p14より．

2. 欧州グリーンディールとESG金融，経済復興

（1）欧州グリーンディールとは

Section 4.1では，2022年から23年にかけての欧州経済の短期的な状況を概観した．Section 4.2では，長期的経済戦略といえる欧州グリーンディールについて検討する．

2019年12月に欧州委員会は脱炭素社会への移行を加速させながら，持続可能な社会のための成長戦略として，欧州グリーンディールを打ち出した[3]．EUは，これにより50年までには，温室効果ガスの排出を実質ゼロとし，経済成長は資源消費と切り離し，自然資本が保護・拡充され，市民の健康と福祉が環境関連のリスクや影響から守られるとしている[4]．

EUは従来，環境政策を重視してきたが，今回のグリーンディールが新基軸といえるのは産業政策として，それを位置づけている点と，脱炭素社会を実現するための気候中立な経済への移行のため，官民合わせて1兆ユーロの投資を目指していることである（図1-4-14）．

前者に関して，欧州委員会は2020年3月に欧州新産業戦略と新循環型経済行動計画を発表した[5]．

3）欧州委員会はEUの行政機関としての位置づけである．
4）駐日欧州代表部，EU Mag Vol.77,2020年1・2月号．
5）新産業戦略は2021年5月に更新されている．

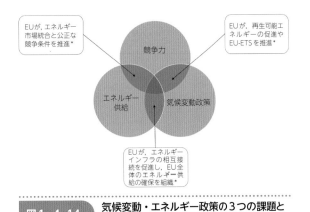

| 図1-4-14 | 気候変動・エネルギー政策の3つの課題とEUの役割 |

出所) 蓮見・高屋 (2023) p21より.

新産業戦略では，EUは欧州グリーンディールと欧州デジタル戦略を実現するため，循環型経済への移行を支援することを通じて，世界をリードする産業を創出することを目指す[6]. そのための困難に対しては，産業界を総動員して，25年間（一世代）をかけて産業部門とすべてのバリューチェーンを変革するとする[7].

これまでもEUは市場統合，ユーロ導入といった地域経済統合を実現してきたものの，経済成長が十分とはいえず，新たな成長戦略を必要としていた．それにグリーンディールが対応しているといえる．さらには，世界のグリーン化，脱炭素社会化をリードすることで「グローバル・スタンダード設定の主導権を握ろうとする明確な意志」を示しているともいえる[8].

また，後者の投資に関しては2020年1月14日に，欧州委員会は「欧州グリーンディール投資計画」（別称：持続可能な欧州投資計画）を発表し，今後10年間で欧州投資銀行を中心に官民合わせて1兆ユーロ超の投資を目指すとしている．それにより，持続可能な投資プロジェクトの実施を支え，脱炭素社会への移行を促す．さらに，旧来の炭素依存地域の脱炭素社会への移行を支援するため，欧州投資計画の一部に「公正な移行メカニズム」とよばれる職業訓練や雇用機会も用意されている．また，移行にともなって深刻な影響を受ける地域経済に対し

て，「公正な移行基金」とよばれる21年から27年の間に少なくとも1,000億ユーロを投入して支援する[9].

これまでのEUによる環境政策や，リスボン戦略などの産業戦略と，今回の欧州グリーンディールの違いは，官民が協力する投資計画があり，多額の補助金が用意されていることである．これらのことより，EUが欧州グリーンディールを実行していくという強い意志がみられる．さらには，脱炭素社会への移行に関するグローバル標準をEUが構築するという，「ブリュッセル効果」を発揮して，EU以外の国・地域に影響を与えようしている．

たとえば，2022年にEUタクソノミーが設定された．これは，どの産業分野が脱炭素社会への移行を支援するのか（グリーン）を分類したものである[10]. この適用はEU域内の企業に対してのものであるが，EU加盟各国と取引のあるEU域外企業にもその適用が求められる．そのため，EUとの取引を世界の多くの企業が求める限り，当該企業もEU基準にしたがった脱炭素活動が必要となる．

このような欧州グリーンディールを通じた脱炭素社会への移行を産業政策としたEUは，今後，関連する投資計画を実行することとなる．それがEU域内の企業の変革を促すだけではなく，EU全体の総需要を拡張させるならば，これが欧州の景気の下支えになる可能性がある．今後の進展を注視すべきであろう．

(2) ロシアによるウクライナ侵攻と欧州グリーンディール

脱炭素社会への移行を目指す欧州グリーンディールは化石エネルギーから再生可能エネルギーへの転換も図ろうとする．このことが，ウクライナ侵攻にともなうエネルギー供給不安とも呼応することとなった．すなわち，従来ロシアからのエネルギー供給に依存してきた欧州各国は，ウクライナ侵攻への経済制裁発動に対するロシアのエネルギー輸出制限に直面した．そのため2022年5月，EUはロシア

6)　小池 (2021) より.
7)　European Commission (2020)
8)　蓮見・高屋 (2023) p.135.
9)　これに欧州地域開発基金，欧州社会基金，さらに加盟国からの拠出も加わり，300億から500億ユーロ規模の基金が助成金として利用される.
10)　これについては蓮見・高屋 (2023) 第7章参照.

産化石燃料依存からの脱却計画「リパワーEU」を発表した．この計画ではロシア産化石燃料への依存を22年末までに低下させ，30年よりも早い段階で脱却を目指すとした．同時に，エネルギー供給の多角化を目指すため，供給国とのパートナーシップ構築に向けたEU対外エネルギー戦略も発表した．このエネルギー戦略では，30年のエネルギー構成のうち再エネ比率目標を，45％とすることを提案している．その中で，太陽光発電を強化するEU太陽光戦略も発表し，現在の2倍以上となる320GW以上の太陽光発電を25年までに新設するとした．それにより，30年までに約600GW分の新設を目指す．さらに，再生可能エネルギーを用いた水素も重視し，30年までの水素の域内生産目標を，現在の目標である約500万トン（年）の2倍となる1,000万トン（年）に引き上げるとともに，1,000万トンを域外からも輸入するとしている（図1-4-15）．

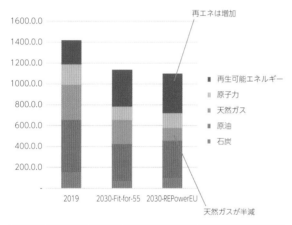

```
1600.0.0
1400.0.0                                再エネは増加
1200.0.0
1000.0.0
 800.0.0                     ■ 再生可能エネルギー
 600.0.0                     ■ 原子力
                             ■ 天然ガス
 400.0.0                     ■ 原油
 200.0.0                     ■ 石炭

       2019  2030-Fit-for-55  2030-REPowerEU
                                天然ガスが半減
```

図1-4-15　**REPowerEU行動計画によるエネルギー構成の変化（一次エネルギーの構成）**

出所）European Commission, IMPLEMENTING THE REPOWER EU ACTION PLAN:INVESTMENT NEEDS, HYDROGEN ACCELERATOR AND ACHIEVING THE BIO-METHANE TARGETS, SWD (2022) 230 final. 一部省略.

このリパワーEUの必要な資金は，2023年2月，先に述べた復興基金の一部である復興レジリエンス・ファシリティーから支出することを可能とした．それにより，グリーン技術の研究開発や，エネルギー効率の改善，再エネインフラの整備などを進めていくことになる．しかし，復興基金の予算消化は思った以上に進捗していない．その原因として，

復興基金の利用は加盟各国の申請ベースのため，各国が予算策定できずに，消化が進まないものといえる．そのため，予算用途が拡大されたとしても，用途に見合った計画を各国が立てられるかが今後，問われることになる．

3. おわりに

このセクションでは，EUを中心とした欧州経済の今後について検討した．欧州経済がサプライサイドのショックともいえるウクライナ侵攻による資源価格の上昇に起因するインフレを経験しており，それはECBの金融政策の転換ももたらしたことを示した．欧州では，短期的にはインフレが問題となっているが，それが生産の減退をもたらすかどうかを今後，注視する必要があろう．それに関連して，ロシアによるウクライナ侵攻がいつまで続くかどうかといった地政学リスクもサプライショックの持続性を予想する点では重要となる．

経済面でロシアの戦争継続を考察する上で，ロシア経済の貿易の推移を考えてみよう．EUは2023年2月25日に発表した対ロシア第10次制裁パッケージのように，これまでロシアへの金融，エネルギー，防衛産業などを対象とした制裁や，通常の貿易関係の撤回などの制裁を発動してきた．侵攻前21年には，EUの対ロシア輸出はEU輸出総額の約4.1％，ロシアからの輸入は資源を中心にEU輸入総額の6.8％であった．Section 4.1でも触れたように，ロシアからの資源輸入が途絶することでEUはエネルギー危機に直面したが，ロシアも輸出収入の大幅な減少が予測されたものの，対中国輸出などの代替される輸出が伸びたため，輸出は大幅には減じない見通しである[11]．

一方，ロシアの輸入は日欧米の経済制裁によって減少すると予想されていたものの，トルコ，中国などからの輸入が増加し，ロシア全体の輸入の回復がみられ，ロシア国内製造業の部品調達も回復しつつあるものと推測される．さらに，EUから輸出された経済制裁の対象品10億ドル（約1,300億円）以上が，ロシアの経済友好国への輸送中に所在不明に

11）ジェトロ「経済発展省，2023年はプラス1.2％成長と予測」ビジネス短信，2023年4月26日．原資料：ロシア経済発展省「2024～2026年におけるロシア経済機能化のシナリオ条件および2024年～2026年までの社会経済発展見通しの基礎変数」付属資料.

なっているとの報道もある[12]．またEUから出荷された輸出規制の対象である「軍民両用品」20億ドルのうち，実際の仕向け地に届いたのは約半分しかないとの先述の調査報道もあり，経済制裁が期待されるほどの効果は現在まで小さい可能性がある．そのためロシア経済の戦争継続能力はあるのかもしれない．

ウクライナ侵攻が継続されることで今後も欧州経済のエネルギー供給不安は残る．ただし，それが欧州経済での再生可能エネルギーへの転換を進めるということにつながってゆこう．

また，EUの主な貿易相手国である米国経済，中国経済の行方も欧州経済の動向には重要である（図1-4-16）．FRBの利上げにより米国経済でインフレが今後，沈静化しても景気減速がみられれば，EUからの輸入も減り，それがEU経済には負の影響を与えるであろう．

さらに，ゼロコロナ政策の解除によって，中国国内の消費は回復し，生産も増加したものの，不動産投資の減速がみられ，中国経済の景気回復が順調に進むのかどうかは不透明である．中国経済の回復は，欧州経済からの中国向け輸出を拡大させ，当該経済の回復に寄与することとなる．中国経済と欧州経済との相互依存関係から中国経済の減退がみられれば，欧州経済の輸出不振を招き，短期的には当該経済の回復が遅れるだろう

世界経済との連関が続く中で，今後もEUは域内の経済状況とともに，域外の経済からも影響を受ける．そのため，域内外，2つの側面に注意が必要である．

参考文献

小池卓自（2021）「欧州グリーンディールと欧州新産業戦略―2つの移行，グリーン化とデジタル化―」『レファレンス』846号．
蓮見　雄・高屋定美（2023）『欧州グリーンディールとEU経済の復興』文真堂．
駐日欧州代表部（2020），EU Mag Vol.77,1・2月号．
Bakker,J.D.,N.Datta,R.Davies,andJ.De Lyon（2023）"Brexit and consumer food prices: 2023 update" Center for Economic Performance, LSE.
European Commission（2020）A New Industrial Strategy for Europe, COM（2020a）102 final.

関西大学商学部 教授
高屋 定美

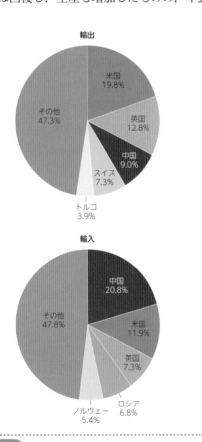

図 1-4-16　EUの貿易相手国シェア（2022年）

出所）欧州委員会，USA-EU - international trade in goods statistics

12) Financial Times（2023）"EU goods worth at least \$1bn vanish in Russia 'ghost trade'" May 11

Section 5
逼迫する水問題

1. はじめに

2015年の9月にニューヨーク国連本部において「国連持続可能な開発サミット」が開催され、「我々の世界を変革する：持続可能な開発のための2030アジェンダ」が採択された。そのなかで人間と社会の行動計画として掲げられた目標が「持続可能な開発目標（SDGs）」で、いまや企業にとってSDGsへの取り組みが企業価値の向上に欠かせない要因であると認識されるようになった。

そのSDGsは17の目標からなるが、その6番目が「すべての人々の水と衛生の利用可能性と持続可能な管理を確保する」である[1]。

図1-5-1　国連持続可能な開発目標　目標6のロゴ

出所）国連広報センター　SDGsのアイコン[2]

国連広報センターは、この目標に関する現状を次のように述べて、「水問題」の深刻さを強調している。「世界人口の10人に3人は安全に管理された飲料水サービスを利用できず、10人に6人は安全に管理された衛生施設を利用できません。世界人口の40%以上は水不足の影響を受け、しかもこの割合は今後さらに上昇すると予測されています。現時点で17億人以上が水の利用量が涵養分を上回る河川流域に暮らしています。河川・湖沼・帯水層から取り込まれる水の約70%は灌漑に用いられています。洪水その他の水関連災害は自然災害による死者

全体の70%を占めています。」（国連広報センター）[3]

東京都水道局によると、日本では1日に1人当たり214リットルの水が使われているそうだ。災害時を除けば日本では「飲み水に困る」ことはない。しかし世界では水不足が深刻で、清潔な水が確保できない地域が少なくない。また、現在の地球は温暖化による水不足が進行している。温暖化の緩和と併せて水不足問題の緩和が急がれている。

2. 地球温暖化と水不足

(1) 地球温暖化の現状

地球温暖化の主要因はCO_2やメタンガスをはじめとする「温室効果ガス」の大気中の濃度が上昇することである。これらのガスは、地球を暖めた太陽熱が地球外に放出されるのを和らげる効果があるので、その名前がついている。1997年の京都議定書で、世界は温室効果ガスの削減に動いたものの、世界のCO_2の排出量は（京都議定書の基準年である）90年の203億トンから、コロナ前の2019年には333億トンへと約1.5倍に増加している。（「エネ百科」資料）[4]

2021年8月に公表された「気候変動に関する政府間パネル（IPCC）第6次評価報告書」によると、極端な高温、海洋熱波、大雨の頻度と強度の増加などを含む気候システムの多くの変化は、地球温暖化の進行に直接関係して拡大すると報告され、地球温暖化を抑えることが極めて重要であることが確認された。（環境省（2022））

(2) 地球温暖化と水不足

地球を全体としてみると水が豊富な惑星である。しかし、地球温暖化が進行すると、降水量や降雪量が違ってくる。温暖化すると海水面の温度が上昇し、大気中の水蒸気量も増えるので、海水面から蒸発する水蒸気量が増加する。水蒸気量の増加は世界平均でみると降水量の増加をもたらすが、全地域で降水量が増えるわけではなく、地域差がある。

温暖化によって極端な気候が増加するといわれて

---

1) ロゴ中のスローガンはこれを簡略化したもの。
2) https://www.unic.or.jp/activities/economic_social_development/sustainable_development/2030agenda/sdgs_logo/sdgs_icon/
3) https://www.unic.or.jp/files/Goal_06.pdf
4) https://www.ene100.jp/zumen/2-1-4

いる．多くの地域で強い雨が降ると予想され，洪水の増加が懸念される．温暖化すると強い雨が降る頻度が増えるが，逆に雨が降らない日数も増加し，干ばつも増加すると予想されるそうだ．

干ばつが増えると心配なのは水不足である．2000年時点で世界の33%の人が水不足地域に住んでいるが，4℃温暖化すると水不足地域の住民が約5割増えると予想される．（塩竈（2018））

3. 水の国際移動

(1) バーチャル・ウォーターとウォーター・フットプリント

①バーチャル・ウォーター

バーチャル・ウォーターは日本語では「仮想水」と訳されるが，現在用いられている定義に照らすと，この翻訳は必ずしも良い翻訳ではないと思う．バーチャルという単語は本来「実質的には」あるいは「事実そのものではないが本質的には」という意味になる．バーチャル・ウォーターとは，その発案者であるロンドン大学のアラン教授の定義によれば，「食料等を海外から輸入している国の国内でその輸入食料を生産するとすれば，どの程度の水が必要なのか」という概念である．つまり，食料等の輸入品は食料に形を変えているが，国内の水を節約して，海外から事実上は水を輸入しているのに等しいということだ．それを「バーチャル」（実質的）な水の輸入と呼び，実際には計算できないという意味もこめたのか，「仮想水」と訳された．

オリジナルのバーチャル・ウォーターの定義に従えば，中東などの水不足の地域で水をめぐる国際紛争が起こらないのは，食料を輸入して国内での水消費を節約しているからだ，ということになる．

しかしその後，UNESCO Institute for Water Education（UNESCO-IHE）は，「食料輸入国での水の節約」よりも「食料輸出国での食料生産における水の消費」を水の輸入とした方がわかりやすいし，計算可能であるとして，バーチャル・ウォーターを算定するようになり，こちらの定義が急速に普及した．ただこの定義だと，バーチャル・ウォーターは，輸入食料に含まれている水の量を指すので，「仮想水の輸入」というよりも「間接的な水輸入」と呼んだ方が適切かもしれない．

Section 5.3では，計算可能な普及版（生産国での水消費）のバーチャル・ウォーターの定義に従い，間接的な水の消費を考える．ただ，生産国での水の消費といっても2種類の定義方法がある．牛を例にとると，1つは，時間を遡って水の消費量を計算する方法である．肉牛は生後2~3年で牛肉として市場に出回るが，牛はその2~3年の間に飼料を食べて大きくなる．飼料にはトウモロコシや大豆が使われるが，その生産のために農業は毎年水を使う．このように，1頭の牛が牛肉になるまでの期間を遡って水の消費量を計算し，それに一定期間（例えば1年間）に出荷された牛の頭数を乗じることで間接的な水の消費量が得られる．もう1つは，個々の牛を対象にするのではなく，牛肉を生産する産業全体で，一定期間（例えば1年間）にどれだけの飼料を消費し，その飼料を生産するために農業が1年間でどれだけの水を消費したかを計算する方法である．この計算方法では，単年度の水消費しか対象にしていないが，食肉産業全体での間接的な水の消費量を計算しているので，当該年は牛肉として出荷されていない牛の水消費も含まれていることにはなる．

どちらの方法も一定の説得性はあるが，データの利用可能性という点では，後者の方がずっと計算が楽になるため，Section 5.3ではこの方法を使うことにする．

日本では，東京大学の沖大幹教授がこの分野のパイオニアとして知られている．沖教授の計算はアラン教授オリジナルの定義に基づき，時間を遡って合計する計算方法なので，綿密な調査を必要とする．

②ウォーター・フットプリント

バーチャル・ウォーターと類似の概念にウォーター・フットプリントがある．ウォーター・フットプリントも財・サービスの生産過程で使われる水の総量を量る概念だが，両者の違いは，ざっくりいうと次の2点である．

1点目は，バーチャル・ウォーターは生産にかかる水の量のみを算出しているのに対し，ウォーター・フットプリントは生産に直接関係しない流通過程や廃棄・リサイクル過程も考慮している点である．2点目は，バーチャル・ウォーターは消費される水の総量を算出しているのに対し，ウォーター・

フットプリントは消費された水の水源地も推測している点である．Section 5.3では，国際産業連関表を使って国際的なウォーター・フットプリントを試算する．

(2) 産業連関表

産業連関表とは，対象国や対象地域のGDP推計の基礎資料として，あるいは経済構造を明らかにしイベント等の経済波及効果の分析を行うために開発された統計表で，一定期間（通常1年間）において，財・サービスが各産業部門間でどのように生産され，販売されたかについて，行列（マトリックス）の形で一覧表にとりまとめたものである．アジア太平洋研究所では，関西社会経済研究所時代から関西地域の産業連関表を作成しており，現在は2015年の関西地域間産業連関表（暫定版）を作成している（アジア太平洋研究所（2022））．

表1-5-1						産業連関表のひな型

	第1産業	第2産業	最終需要	輸出	(控除)輸入	国内生産
第1産業	x_{11}	x_{12}	f_1	e_1	$-m_1$	x_1
第2産業	x_{21}	x_{22}	f_1	e_2	$-m_2$	x_2
付加価値	v_1	v_2				
国内生産	x_1	x_2				

出所）筆者作成

表1-5-1は，産業数が2つの場合の産業連関表のひな型である．これに沿って産業連関表の読み方を説明する．まず，産業連関表を横に読むと各産業の供給構造がわかる．第1産業を例にとると，自産業（x_{11}）と第2産業（x_{12}）に中間財（原材料や燃料）を供給し，最終需要として国内（f_1）と海外（輸出）（e_1）に供給する．これらの供給は国産財に加えて輸入財込みで計上されているので，輸入（$-m_1$）を控除する必要がある．中間投入＋国内最終需要＋輸出－輸入で国内生産額（x_1）が得られる．そして得られた国内生産額を転置して，各列の一番下に配置しておく．

産業連関表を縦に読むと各産業の費用構造がわかる．第1産業を例にとると，自産業（x_{11}）と第2産業（x_{21}）から中間財を購入し，生産活動を行う．この部分が仕入れ部分である．国内生産額（x_1）が最下行にあるので，そこから中間投入を差し引いた

額が儲けの部分，つまり第1産業の付加価値（v_1）である．このような財・サービスの「購入→生産→販売」という連鎖的なつながりを表したのが産業連関表である．

産業連関表は国内総生産（GDP）を推計する基礎資料だが，各産業の生産技術に一定の仮定を置いて産業連関表の仕組みを利用すれば，最終需要及び輸出が他産業の生産へどのように波及していくのかが計算できる．そして，産業ごとの環境負荷の情報を用いれば，最終需要及び輸出が究極的にどのような環境負荷をもたらすのかもわかる．また，この考え方を応用すれば，貿易財に間接的に含まれている水の量も推計することができる．詳しくは藤川（2005）などの専門書をお読みいただきたい．

(3) 国際産業連関表を用いたウォーター・フットプリントの計算

Section 5.3ではEora 国際産業連関表（MRIO）を用いる．このデータベースは，付加価値貿易やカーボン・フットプリントの計算のために開発されたものである．CO_2以外にも，大気汚染物質，土地の使用，水の使用などのデータが提供されている．

表1-5-2にEora MRIOを用いた「水の貿易マトリクス」（国際間移動）を示した．左表側が輸出国で，表頭が輸入国である．ここでいう水の輸出入とは，貿易財に間接的に含まれている水のことである．行の合計は水の総供給を表し，列の合計は水の総需要を表している．したがって，行合計から列合計を差し引くと，水の貿易収支がわかる．

表1-5-2の右端に水の貿易収支を示した．北米，欧州についで日本の水貿易は赤字であることがわかる．マイナスの総量としては，北米（-209），欧州（-302）が大きいが，それは総供給量の10～30％程度に過ぎない．一方で日本の赤字（-88）は総供給量（31）の3倍近い量で，水輸入が多いことがわかる．

列方向にみると，日本は東南アジア，中国，アフリカから多くの水を輸入している．つまりこれらの地域の水を間接的に使っているのである．

表1-5-2　水の国際貿易　（2016年，単位10億㎥）

	日本	中国	インド	東アジア	東南アジア	南アジア	北米	大洋州	欧州	中東	南米	旧ソ連	アフリカ	供給計	純輸出
日本	27	1	0	0	1	0	1	0	1	0	0	0	0	31	-88
中国	13	948	6	13	15	3	61	5	53	10	8	3	6	1,145	-20
インド	5	20	970	6	10	11	41	2	44	37	5	3	14	1,169	148
東アジア	4	23	2	122	7	1	14	1	9	3	2	1	1	190	-5
東南アジア	20	62	10	21	517	5	42	13	48	10	4	1	3	759	181
南アジア	2	5	1	1	1	301	11	1	12	2	1	1	1	344	18
北米	6	16	3	6	6	0	1,255	4	32	5	14	1	3	1,352	-209
大洋州	4	7	1	2	3	0	4	133	4	1	1	0	1	162	-4
欧州	4	20	5	4	1		28	2	585	13	7	6	9	687	-302
中東	9	8	5	9	4		14	1	22	228	1	4	3	310	-24
南米	7	12	2	2	2	0	44	1	28	4	970	3	4	1,080	59
旧ソ連	7	23	5	4	3	1	15	1	74	11	3	600	3	749	122
アフリカ	11	18	7	4	4	1	31	2	76	9	6		893	1,065	122
需要合計	119	1,165	1,020	195	578	326	1,561	166	989	334	1,021	627	943	9,043	0

出所）EORAデータベースをもとに筆者作成

4. 日本のフードロス

（1）供給熱量と摂取熱量

　農林水産省が提供している統計に「食料需給表」がある．食料需給表は国連食糧農業機関（FAO）基準に従って，農業産品（穀類，イモ類，野菜等），果物，畜産物（肉，鶏卵等），乳製品（牛乳，チーズ・バター等），海産物（魚介類，海藻等），油脂など16の品目について，生産量と供給量を毎年報告しているもので，これにより日本の食料消費構造の変化や栄養量の水準と構成が把握できる．

　農林水産省はこの統計をもとに，食料自給率を計算している．需給表は品目別食料の重量ベースの統計なのだが，それに熱量（カロリー）を乗じることで供給熱量を計算し，それをさらに国産と輸入とで分割している．供給熱量のなかの国産比率が食料自給率である．近年は新型コロナの影響で国民の食習慣も変化した．2019年の数字を示すと，国民1人当たりの1日の供給熱量は2,426 kcalという結果であった．

　一方，厚生労働省は「国民健康・栄養調査」という調査を実施している．2020年と21年は新型コロナのために調査が実施されなかったので，現状では19年調査が最新となる．19年調査の調査対象は一定の方法で抽出された4,465世帯（1つ以上の質問に回答した世帯は2,836世帯）であった．

　この調査の質問項目は多岐にわたり，身体の状況（身長，体重，血圧等），栄養素等摂取量（家庭食または外食，料理名／食品名，1日の歩数），生活習慣の状況（睡眠，飲酒，喫煙，歯の状況等）を含んでいる．その結果のまとめでは，国民1人当たりの摂取熱量の数字も公表しており，2019年の国民1人当たりの1日の摂取熱量は2,118 kcalであった．

（2）日本の消費者の水消費の削減

　農林水産省の統計は食物の生産と輸入からの統計であり，一方の厚生労働省の統計は消費者を対象にしたアンケート調査であるので，単純比較には慎重であるべきだろう．しかし，国民1人当たりの供給熱量が2,426 kcalであるのに対して，国民1人当たりの摂取熱量は2,118 kcalで，差の308 Kcal（供給熱量2,426 kcalの約13%）は統計の取り方による誤差というには大きいといえるだろう．全てではないが，この差の大部分は「フードロス」に対応していると考えられる．流通段階と調理段階での食料の無駄の除去，そして最終消費段階での食品残渣の削減は，Section 5の問題意識では，世界の「水ストレス」の緩和にも一役買うことになるし，同時に，SDGsの目標12「つくる責任，つかう責任」につながる．

ちなみに2019年の1人当たり国産供給熱量が918 kcalで供給熱量は2,426 kcalであるので熱量ベースの食料自給率は，37.8%となる．仮の話ではあるが，1人当たりの摂取熱量である2,118 kcalを分母にとると食料自給率は43.3%となり，5ポイント以上の上昇となる．

もっとも，FAOの統計によると，日本の1人当たり供給熱量は1960年には2,500 kcalであったのが，2000年周辺では3,000 kcal弱に上昇したものの，その後は低下傾向にある．他方，欧米諸国の1人当たり供給熱量は減少することはなく，米国では4,000 kcal程度，欧州では3,500 kcal程度である．中国も1960年の1,500 kcalから近年は欧州並みの水準まで上昇している．その意味で，日本の消費者は「省エネ運転」であるという点では国際的に評価される．ただ，農林省が計算している諸外国の熱量ベースの食料自給率をみると，米国が120%程度，フランスが130%程度なので，日本とは事情が異なるのもまた事実である．日本では食料を海外に依存している度合いが大きい以上，供給熱量と摂取熱量の差を小さくする努力が求められる．

5．森林環境税・水源税

森林には，国土の保全，水源の維持，地球温暖化の防止，生物多様性の保全などの様々な機能がある．日本の消費者による水消費の削減努力とは別の視点なのだが，国内水源の涵養も重要な課題である．ただ，近年は林業の担い手不足やそれによるノウハウの喪失など，森林経営は大きな課題を抱えている．そこで，森林の機能を十分に発揮させるため，各地方団体では，適切な森林整備の財源確保と

して，森林環境税あるいは水源税が課せられるようになった．

高知県は全国に先駆けて2003年に森林環境税を導入した．当時の高知県では，林業従事者の高齢化と激減によって人工林は荒廃し，そのため森林の持つ公益的機能の衰退が危惧されていた．1993〜2001年に行われた「第一次地方分権改革」を機運として地方の自主財源が検討され，水源涵養を目的とする税が創設されたという経緯である．高知県を皮切りに，翌年の04年は岡山県が，05年には鳥取県，島根県，山口県，愛媛県，熊本県，鹿児島県の6県が相次いで森林環境税・水源税を導入した．22年現在は，全国の37府県が森林環境税・水源税を導入している．

森林環境税・水源税に当たるものとして各県で様々な名称がつけられているので，その内容がみえづらくなっているが，大別すると水源税と森林環境税の2つの種類がある．水源税とは，森林の水源涵養機能に着目し，その機能の維持と回復のための費用負担を住民に求めるものである．他方，森林環境税とは，森林の水源涵養機能だけでなく，土砂災害防止機能や生物多様性の保全，さらにはレクリエーション提供の機能を念頭に置いて，それらの機能の維持と回復のための費用負担を住民に求めるものである．

表1-5-3に，近畿地方各府県の森林環境税・水源税の導入状況をまとめた．個人に対しては住民税の均等割の部分に一律定額の超過課税を行い，法人に対しては均等割の部分（資本金に応じて異なる）に定率の超過課税を行う方式が採用されている．

滋賀県は琵琶湖を擁することもあり，「琵琶湖森林づくり県民税」導入の目的として「森林の適切な整備が琵琶湖の水源涵養や本県の環境保全にとって極めて重要であるとの認識のもと森林環境税・水源税が導入された」と書かれている（滋賀県「琵琶湖森林づくり県民税」）．

それ以外の府県では水源税的な役割が少ないように思われる．大阪府では「豪雨や猛暑からの府民の安全・安心を守るための森林保全対策」が目的とされている．京都府では「森林の整備・保全」が目的とされているが，具体的には山地災害防止対策と流木防止に使われている．兵庫県の県民緑税も「災害に強い森づくり」がテーマとしてあげられて，「斜

面崩壊・流木発生対策」に使われている.

　和歌山県と奈良県のWebからは具体的な使途の情報は得られなかったが,災害防止に重点が置かれているようである.

　地方自治体の優先順位としては,税源が限られている以上,人命に直結する災害の防止が水源涵養対策より優先することはある程度理解できる.ただ,いつまでも先送りするのは好ましくないだろう.現在電力会社は,「再生可能エネルギーの固定価格買取制度」の導入に伴って,そのための費用を消費者に上乗せする「再生可能エネルギー発電促進賦課金」の制度がある.関西電力の資料によると,モデル家計で,賦課金は2022年で897円／月,23年は364円／月となるそうである.当然ながら年額ならその12倍になる.この金額に比べると,各府県の水源税・森林環境税の税額は同じ環境保全を目的としているにしては少ないという印象である.電力料金の賦課金の場合は,受益者負担原則といえなくもないが,正確にはそうでもない.水源税・森林環境税は,汚染者負担原則にも受益者負担原則にも該当しないので,課税の根拠に課題があるかもしれない.ただ,地球温暖化防止や水源の確保という社会全体の課題に対する共同負担原則という考え方が適用されてもよいと考える.税率の変更による財源の確保を考えてもよいだろう.

表1-5-3　近畿地方の水源税・森林環境税

府県名	税の名称	導入年	個人	法人
滋賀県	琵琶湖森林づくり県民税	2006年	800円	11%
兵庫県	県民緑税	2006年	800円	10%
奈良県	森林環境税	2006年	500円	5%
和歌山県	紀の国森づくり税	2007年	500円	5%
京都府	京都府豊かな森を育てる府民税	2016年	600円	
大阪府	森林環境税	2016年	300円	

出所）中山惠子（2021）『わが国の森林環境税－恒久的な水源涵養の保全に向けて－』

　ただ,状況は少し変わりつつある.上記のように森林環境税は地方税であったが,2024年度には国税の森林環境税もスタートすることになり,個人住民税均等割で年額1,000円が上乗せ徴収される.そしてその税収の全額が地方自治体に譲与される.まだ国税の森林環境税の徴収は始まっていないが,気

候変動枠組条約のパリ協定での目標達成に必要な地方財源を安定的に確保するため,森林環境譲与税が2019年度から前倒しで譲与されている.各地方自治体は,環境保全・水源涵養の財源に余裕ができることになるので,趣旨に沿って使うことができるようになる.

6. おわりに

　日本は水の豊かな国であるが,食料自給率の低い国でもある.また,近年は日本経済のサービス化が進み,工業製品の輸入が増加している.農業生産も工業生産も水を使うわけで,間接的に海外から水を輸入していることになり,海外の水不足の一因にもなっている.

　食料自給率を上げることは難しいが,せめてフードロスを削減する方法を模索すべきだろう.また,水を大切にするという意識を持つためにも,社会全体がその資金を負担するという考え方の導入が重要であろう.

参考文献

Allan John Anthony (1998), "Virtual Water: A Strategic Resource Global Solution to Regional Deficits," *Ground Water*, 36 (4), 545-546.

Moran Daniel 他 (2013), (金本圭一朗訳)「Eora多地域間産業連関表」,『日本LCA学会誌』, 9 (2), 97-100.

藤川清史（2005）『産業連関分析入門』日本評論社.

アジア太平洋研究所（2022）「関西地域間産業連関表2015年表の作成と利活用」.
https://www.apir.or.jp/research/9697/

エネ百科（日本原子力文化財団）
https://www.ene100.jp/

沖大幹（2016）「水の未来－グローバルリスクと日本－」岩波新書.

関西電力（2023）「再生可能エネルギー発電促進賦課金単価のお知らせについて」.
https://www.kepco.co.jp/corporate/notice/notice_pdf/20230327_1.pdf

環境省（2022）『環境白書－循環型社会白書・生物多様性白書－』.
https://www.env.go.jp/policy/hakusyo/r04/index.html

国際連合（2015）「我々の世界を変革する：持続可能な開発のための2030アジェンダ」.（外務省仮訳）
https://www.mofa.go.jp/mofaj/files/000101402.pdf

厚生労働省「国民健康・栄養調査」.
https://www.mhlw.go.jp/bunya/kenkou/kenkou_eiyou_chousa.html

塩竈秀夫「地球温暖化と水」地球環境研究センターニュース,2018年9月号.
https://www.cger.nies.go.jp/cgernews/201809/

333002.html

中山惠子（2021）『わが国の森林環境税－恒久的な水源涵養の保全に向けて－』勁草書房.

農林水産省「食料需給表」.
https://www.maff.go.jp/j/zyukyu/fbs/

大阪府「森林環境税」.
https://www.pref.osaka.lg.jp/midorikikaku/shinrinkankyozei/

京都府「京都府豊かな森を育てる府民税」.
https://www.pref.kyoto.jp/shinrinhozen/tax/r3.html

兵庫県「県民緑税」.
https://web.pref.hyogo.lg.jp/kk22/pa04_000000001.html

滋賀県「琵琶湖森林づくり県民税」.
https://www.pref.shiga.lg.jp/ippan/kurashi/zeikin/20003.html

和歌山県「紀の国森づくり税」.
https://www.pref.wakayama.lg.jp/prefg/010500/kenzei/moridukuri/moridukuri.html

奈良県「森林環境税」.
https://www.pref.nara.jp/12162.htm

愛知学院大学経済学部 教授

藤川 清史

Part I

Part II

Part III

Part IV

Chapter 2
アジア地域の主要課題

日本・日本企業の対東アジア経済戦略

1. 米中対立と生産ネットワーク

(1) 状況変化への対応

　米トランプ政権下の2018年に関税戦争の形で始まった米中対立は，次第に超大国間の技術覇権をめぐる競争，人権と政治体制の問題へと範囲を拡大し，バイデン政権下でさらに対立の度合いを深めている．米国の同盟国である日本としても，安全保障政策の大幅な見直しに踏み切らざるを得ない状況となっている．しかしそんな中，経済安全保障，とりわけハイテク分野の輸出管理については，潮目が変化する兆しがみえる．

　確かにワシントンDCにおける対中感情の悪化は極めて強く，これから来年にかけて大統領選のモードに入っていくこともあり，米中がすぐに融和に向けて動き出す可能性は低い．一方で，2023年4月27日にジェイク・サリバン国家安全保障担当大統領補佐官がブルッキングス研究所で行った講演は，ホワイトハウスが大議論をどのあたりに落ち着かせようとしているのかを示唆するものであった．そこでは，対中輸出管理は「小さな範囲に高い壁（with a small yard and a high fence)」を設けるものであり，目指しているのはフォンデアライエン欧州連合（EU）大統領のいうようにデリスキングとdiversifyingでありデカップリングではない，としている．輸出管理の文脈でいえば，一部のハイテク分野については厳しい管理を導入してデカップルするがそれ以外の経済活動は自由に展開していける環境を整える，つまりデカップリングは部分的なものにとどめる，ということである．ワシントンDCではさまざまな意見のせめぎ合いが行われているのであろうが，表面には出てきにくい中国とのビジネスを重視する経済界の声も反映していきたいとの意向を示した発言と考えられる．

　欧州勢は，2022年11月の独ショルツ首相を皮切りにビジネスマンを引き連れて次々に訪中しており，ある種政経分離で対中企業進出を拡大しようとしている．実は米国も中国との緊密な経済関係を継続しており，22年には，年後半の中国経済の減速にもかかわらず，1年を通して輸出入とも史上最高を記録した．ハイテク分野の輸出管理は特に先端的なイノベーションの行方を左右するものであってその影響はもちろん無視できないが，世界全体が真っ二つに分断される危険性は低い．中国との対決は継続しつつ，リスクは十分に考慮に入れながら当面の経済利益はしっかりと取っていく，そういう現実的なアプローチが明確になってきている．

　日本および日本企業は，最悪の事態に備えるとの安全保障の議論に引っ張られすぎて，思考停止に陥ってはいないだろうか．輸出管理に関しても，政府と民間のあうんの呼吸に頼りすぎて，過剰な忖度で自由な経済活動を自ら限定してしまっていないだろうか．確かに中国との関係では，2023年3月の日本の要人拘束などもあって，日本企業としては積極的に動き始めるのは難しいのかも知れない．しかしそれこそは西側を分断しようとする中国の戦略であることをよく理解すべきである．また，対中戦略が難しいからといって，日本企業は東南アジア諸国連合（ASEAN）をはじめとする世界の諸地域への活動拡大に乗り出しているといえるだろうか．経済を忘れてはならない．競争相手がどこに線を引いて経済活動を活発化させようとしているのか見極めな

がら，政府は経済環境を整え，企業は企業戦略を展開していく必要がある．

(2) 日本のデカップリング政策

　経済安全保障関連政策と呼ばれる一連の政策の中にはさまざまな目的と手段によるものが混在しているが，ここでは特にサプライチェーンのデカップリングという視点から日本のデカップリング関連政策を概観しておこう．

　まず，超大国間に挟まれている日本のようなミドルパワーについては，当面の目的に照らしてディフェンシブ・デカップリング政策とオフェンシブ・デカップリング政策を区別して考えるべきである．ここでいうディフェンシブ・デカップリング政策とは，地政学的緊張の文脈で重要物資の供給が突然途絶する危険性がある時，特定国への依存度を減らすために国内供給あるいは第3国からの供給を増やしておこうとする政策である．一方，オフェンシブ・デカップリング政策とは，相手国側にダメージを与えることを意図して，相手国にとっての重要物資の供給を制限する政策である．

　日本の場合，これまで採られてきた政策のほとんどはディフェンシブ・デカップリング政策である．一定のリスク管理は民間ベースでまず進められてきた．特に中国に関しては「チャイナ＋1戦略」，すなわち中国オペレーションとその他世界オペレーションを切り分ける戦略が早くから採用され，特に2010年の尖閣問題と中国のレアアース輸出規制以降，慎重な再検証が行われた．

　2020年以降，新型コロナ禍とともに高まった地政学的緊張を背景に，日系企業向けの2種のMETI補助金，「サプライチェーン対策のための国内投資促進事業費補助金」と「海外サプライチェーン多元化等支援事業」が設けられた．公式には明記されていないものの，前者は中国に立地する生産拠点の国内回帰，後者は中国からASEAN等への生産拠点の分散を意図するものであった．一定の成果を挙げつつある政策であるが，それらが中国に立地する日系企業の大脱出を引き起こしたわけではない．

　さらに，2022年5月に成立・公布された経済安全保障推進法では，4つのうちの第一の柱に重要物

資の安定的な供給の確保を掲げている．同年12月には11の重要物資（抗菌性物質製剤，肥料，永久磁石，工作機械・産業用ロボット，航空機の部品，半導体，蓄電池，クラウドプログラム，天然ガス，重要鉱物，船舶の部品）を指定し，金融支援を行う方針を打ち出している．重要物資の中には一種の産業政策を意図したものもあるが，ほとんどはディフェンシブ・デカップリング政策であることがわかる．

　日本が関係しているオフェンシブ・デカップリング政策のほとんどは米国の輸出管理の域外適用への対応という形をとってきた．日本自身も2018年と21年に輸出管理品目を拡大しているが，大きな影響はもたらされていない[1]．23年3月末，米国と歩調を合わせて発表された半導体製造装置23品目への輸出管理導入（7月施行予定）が新たな一歩となる．

　ディフェンシブ・デカップリング政策は，コストとの兼ね合いでどこまでリスクをケアするかを考えるものであるため，全面的なデカップリングを志向するというよりはむしろ限定的な範囲にとどめようとの歯止めがかかるものと考えられる．一方，オフェンシブ・デカップリング政策は，日本のようなミドルパワーとしては自らの戦略でどこまでやるかを決めるというよりは，同盟国である米国と歩調を合わせていくということであろう．いずれのデカップリング政策も，市場メカニズムに反する形で施行される限り，一定のコストが発生し，それを誰が負担するかという問題が生じてくる．特にオフェンシブ・デカップリング政策の場合には，日本が国際競争力を有する産業・企業がコストを負うこととなる可能性が高いことに注意したい．

(3) 米国の輸出管理の日本への影響

　米国のハイテク分野に関する輸出管理は，米国にしてみればまさにオフェンシブ・デカップリング政策に当たるわけであるが，それはターゲットとなる中国のみならず米国と協力関係にある日本等にも影響を及ぼしうる．その効果はどれくらいの大きさになっているのだろうか．

　まず，産業・業種レベル（一般機械，電気機械，

---

1)　Hayakawa, Ito, Fukao, and Deseatnicov（2023）は2018年と2021年に日本が新たに輸出管理の下に置いた品目について輸出が減少したかどうかを計量経済学を用いて分析したが，統計的に有意な減少は認められなかった．

輸送機器，精密機械）では，少なくとも2022年末までの国際貿易データに基づく限り，明確なオフェンシブ・デカップリングの影響は検出されない（Ando, Hayakawa, and Kimura 2023a, 2023b）．東アジアの機械輸出はCOVID-19からの回復も早く，成長軌道に戻っている．これは北米，欧州とは大きく異なる点である．22年後半はやや減速気味ではあった．新型コロナに伴う巣ごもり需要による特需の一段落，スマホ市場の減速，半導体ブームの終焉，中国のゼロコロナ政策，ロシア・ウクライナ戦争による輸送費上昇などがその原因としてあげられる．それらに加えて地政学的緊張の影響もあるかも知れないが，産業・業種レベルでは明らかでない．特に日本についてみると，中国は引き続き重要な貿易相手国である．米中関税戦争への対応で生産ネットワークの組み替えが一定程度起きた形跡はある．たとえば迂回地としてのベトナムやメキシコでは，対米輸出が増えたり中国企業を含む外資による直接投資が入ったりということが観察される．しかし，輸出管理の影響ははっきりとみえない．

　輸出管理の効果はもっと細かい品目レベルあるいは企業を単位として検出される．Ando, Hayakawa, and Kimura（2023a）は特に2020年8月のHuaweiに対する米国の輸出管理強化に注目し，細品目レベルの日本の対中輸出データを用いて数量化を試みた．そこでは，米国による米国技術輸出の域外適用の影響というよりはHuaweiの通信機器生産の縮小が通信機器に用いられるさまざまな部品等の需要を減らすという形で，日本の輸出を減少させたことがわかった．その大きさは日本の年間対中全輸出の3%程度の減少と推計された．またAndo, Hayakawa, and Kimura（2023b）は，米国の対中輸出データを用いて22年11月からの米国の半導体製造装置についての輸出管理の効果を分析し，同品目についての米国の対中輸出を16-36%程度減少させたとの結果を得た．23年7月に導入予定の日本の半導体製造装置についての輸出管理によって同等の減少額が日本の対中輸出にもたらされるとすると，同品目についての5-11%程度の輸出減となる．

　このように，細品目・企業レベルの貿易では統計的に有意な影響が観察された．しかしその規模はマクロレベルでみればそれほど大きくない．今後さらにオフェンシブ・デカップリングやその他安全保障を名目とする経済活動の制限が増えてくるかも知れない．しかし，サプライチェーンの完全なデカップリングには至らない可能性が高い．最終的には部分的なデカップリングを生むにとどまると考えるのであれば，政府も企業もそれなりの対応を考えていかねばならない．

2. 活力を維持するアジア経済

(1) 伸びる東南アジア・南アジア

　2023年，先進諸国は不況とまではいわないまでも顕著な経済の減速に見舞われている．IMF（2023）によれば，先進諸国の経済成長率は，22年の2.7%から，23年1.3%，24年1.4%に減速すると予測されている．日本は相変わらずの低成長であり，世界全体が不況風に吹かれているといったトーンのマスコミ報道も多い．しかし，アジア経済はたくましく成長を続けている．

　中国は2022年後半から不調に陥っており，自らの経済構造上の問題も抱えつつ，新型コロナ禍からの回復に手間取っている．以前の成長軌道には戻れ

表2-1-1	アジア発展途上地域経済の経済成長率（実績・予測）(%)			
	2021	**2022**	**2023(f)**	**2024(f)**
東アジア計	**7.9**	**2.8**	**4.6**	**4.2**
中国	8.4	3.0	5.0	4.5
韓国	4.1	2.6	1.5	2.2
台湾	6.5	2.5	2.0	2.6
東南アジア計	**3.5**	**5.6**	**4.7**	**5.0**
ブルネイ	-1.6	-0.5	2.5	2.8
カンボジア	3.0	5.2	5.5	6.0
インドネシア	3.7	5.3	4.8	5.0
ラオス	2.3	2.5	4.0	4.0
マレーシア	3.1	8.7	4.7	4.9
ミャンマー	-5.9	2.0	2.8	3.2
フィリピン	5.7	7.6	6.0	6.2
シンガポール	8.9	3.6	2.0	3.0
タイ	1.5	2.6	3.3	3.7
ベトナム	2.6	8.0	6.5	6.8
南アジア計	**8.4**	**6.4**	**5.5**	**6.1**
バングラデシュ	6.9	7.1	5.3	6.5
インド	9.1	6.8	6.4	6.7

注）東アジア計，東南アジア計，南アジア計は別記した国以外も含む．
出所）ADB（2023）

ないとの見立ても多いが，それでもADB（2023）は23年の経済成長率を5.0%，24年4.5%と予測している（**表2-1-1**）．大きな経済がこれだけの成長率で成長するのだから，まだまだ多くのビジネスチャンスが生み出す潜在力を有している．

東南アジア，南アジアはすでに以前の成長軌道に戻り，さらに伸びている．2022年，東南アジアは全体として5.6%の成長を記録した．特にマレーシア，ベトナム，フィリピンはそれぞれ8.7%，8.0%，7.6%と好調，インドネシア，カンボジアも5.3%，5.2%であった．23年は先進国経済の不調もあってやや減速が予測されているが，生産拠点としても市場としても魅力を増している．南アジアは，伸びしろの大きさを享受し，全体として22年に6.4%と成長している．23年以降も成長が継続されそうだ．

日本・日本企業としても，アジア経済とより深いお付き合いを志向していくのは必然である．

（2）日本の相対的な立ち位置

それと同時に，日本・日本企業がアジア諸国からみてどのような立ち位置にあるのかもよく自覚する必要がある．

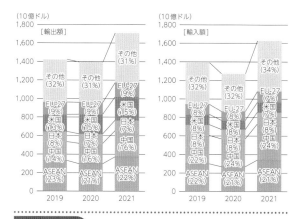

図2-1-1　ASEAN諸国の相手国・地域別輸出入額

出所）ASEAN事務局HP

図2-1-1は，ASEAN10カ国の貿易相手国・地域別の輸出入額を図示したものである．新型コロナ禍の影響がもっとも大きかった2020年でもASEANの貿易，とりわけ輸出の減少は極めて小さかった．これは，ASEAN諸国が新型コロナの感染拡大をかなりの程度緩和することに成功したこと，さらに新型コロナによる自宅勤務・自宅滞在が生み

出した正の需要ショックをASEAN諸国が享受できたことが大きい．そして21年には輸出入とも力強く成長している．

さらに注目してもらいたいのは輸出入に占める中国のシェアである．ASEAN諸国相互の貿易が20%強である一方，中国は，ASEANの輸出では16%，輸入では24%を占めている（2020年，21年）．特に輸入側は日米欧の合計を上回るようになってきている．貿易額だけで経済的関与の深さを測ることはできず，対ASEAN直接投資や技術の流れなども考慮しなければならないが，それでもASEAN諸国にとって中国との関わりが深化していることは疑いない．一方，日本は輸出入とも約8%，米国も輸出側は15%，輸入側は7-8%にとどまっている．米中どちらの味方なのかなどと踏み絵を迫るといった状況にないことは明らかである．

熊谷他（2023）は，アジア経済研究所のIDE-GSMモデルを用い，西側陣営と東側陣営が互いに25%関税をかけ合うというサプライチェーンのデカップリングを始めた場合の世界各国への影響をシミュレーションしている．それによれば，両陣営は当然のこととして負の影響を被るが，どちらにも属さない第3国，たとえばASEAN諸国は，両陣営と貿易を継続できるので，正の影響を受けるとの結果を得ている．第3国，とりわけ東アジア生産ネットワークに深く関与している国が中立を保とうとする経済的インセンティブは確かに存在する．

（3）日本・日本企業の対ASEAN戦略

オフェンシブ・デカップリングが最終的にはサプライチェーンの一部にとどまるならば，日本にとって対ASEAN経済外交は極めて重要な意味を持つこととなる．なぜなら，ASEANは中国と並んで東アジアで展開される機械産業の核となる国際的生産ネットワークが展開される地域であり，しかも中国のような意味での政策リスクは小さい．ASEANにとっては日本だけが友好国ということではないが，しかし日本企業のこれまでの実績が積み上げられてきており，日本は多大な信頼を勝ち得ている．地政学的緊張の解消が短期的には難しい中，輸出管理の外にある「その他経済」の経済活力を維持していくために，ASEANは貴重なカウンターパートである．

日本・日本企業が採用すべき対ASEAN戦略は次

の3点である．第一に，先進諸国で採用されている サプライチェーンのデカップリング政策を ASEAN 諸国にもよく説明し，特にディフェンシブ・デカッ プリング政策の対象となっている業種・品目では， ASEAN も供給元の分散化などに関与していく余地 があることを理解してもらうことが大切である．ま た，米国によるハイテク分野の輸出管理の域外適用 についても，即座に対応しなければならない案件は ASEAN にはほとんどなく，むしろ今後ハイテク関 連投資を受け入れる可能性を開くものであることを しっかりと説明すべきである．

第二に，日本が ASEAN における突出したプレー ヤーであった時代は終わったが，それでも ASEAN 諸国との経済関係をさらに深めていく努力を続けて いかねばならない．日本はこれまで ASEAN におけ る経済インフラ開発や製造業を中心とする国際的生 産ネットワークの構築に大きく貢献してきた．それ らの重要性はこれからも減ずることはないが， ASEAN における経済発展戦略の比重はサービス業， 都市アメニティへと移りつつある．日本からの直接 投資もサービス業のものが増えてきているが，今後 どのような面で彼らの経済発展に貢献できるか，よ く考えねばならない．ASEAN 側が特に関心を抱い ているのはデジタルとサステイナビリティである．

第三に，日本は ASEAN とともに，ルールに基づ く国際貿易秩序をできる限り保全し，その重要性を 世界に訴えていかねばならない．東アジアでは 1990 年代以降，世界に先駆けて機械産業を中心に タスクを単位とする国際分業が発達したが，その前 提条件にはルールに基づく国際貿易秩序と長く続い た平和があった．今後，技術進歩によってさらに精 緻な国際分業が可能となってくるであろうが，それ を有効に用いていくためには引き続きこの2つの前 提条件が満たされる必要がある．

現在の地政学的緊張をめぐる政策対応の1つの大 きな問題点は，先進諸国が安全保障等を理由に自ら 既存の貿易ルールを公然と破ってしまっているとこ ろにある．先端半導体等ハイテク分野における国内 優先の補助金はその顕著な例である．安全保障の論

理あるいは超大国間の対立の構図を正面から押し返 すのは難しいかも知れないが，だからといってルー ルに基づく国際貿易秩序を大きく毀損してしまうこ とは何とか避けたい．安全保障等を目的とする政策 の貿易ルールとの整合性を可能な限り担保しつつ， その他の経済活動についてはできるだけ広範に貿易 ルールの下に置いておくことが肝要である．中国 も，貿易ルールの内容そのものには賛同していない かも知れないが，国際的な場においてルールを守る 立派な国として尊敬されたいという強い願望は抱い ている[2]．まだまだ国際ルールの使い道はある．

ルールに基づく国際貿易秩序の重要性を訴えてい く際に ASEAN は貴重なパートナーとなりうる．な ぜなら過去 40 年間，国際ルールに守られながらグ ローバリゼーションをもっとも有効に経済発展に活 かしてきたのは，まさに ASEAN だからである． ASEAN も，これまでのように世界の政策ガバナン スにフリーライドするのではなく，自らの責任を果 たすようになっていかねばならない．

日本と ASEAN がルールに基づく国際貿易秩序の 保全のために協力していけることはたくさんある． まず，世界貿易機関（WTO）の関連では，紛争解 決の第二審，上級委員会が米国のブロックにより委 員が0名となって機能を停止している．そのため， 第一審のパネルにおいて結論が出ても動いていない 上級委員会に上訴するといういわゆる空上訴のケー スが積み上がってきている[3]．2023 年3月，日本は， 上級委員会の機能の一時的な代替を目的とする多数 国間暫定上訴仲裁アレンジメント（MPIA）への参 加を表明した．しかし MPIA には ASEAN ではまだ シンガポールしか入っておらず，他の ASEAN 諸国 にも参加を促していきたい．また，日本は有志国に よる電子商取引会合の共同議長国となっているが， 自らもルール作りに踏み出している ASEAN と連携 していくことも考えられる．

日本が ASEAN 諸国とともに結んでいるメガ FTAs（自由貿易協定）の活用も進めたい．特に地 域的な包括的経済連携（RCEP）協定は中国を含む 東アジア全体をカバーするものであり，定期会合な

2）　渡邉，加茂，川島，川瀬（2021）参照．
3）　たとえば EU がインドネシアを訴えたニッケル鉱石の輸出禁止措置および国内加工要件（DS592），日本がインドを訴えた ICT 製品に対する関税引き上げ（DS584）などが，パネル判断の後に空上訴されている．経済産業省通商政策局（2023），WTO ホームページ参照．

どの場を積極的に利用して域内の政策リスクを減らしていくことが期待される[4]. また，現在交渉中のインド太平洋経済枠組み（IPEF）では，貿易，供給網，クリーンな経済，公正な経済という4分野のうち2番目の供給網に関し，2023年5月に実質的な合意に達した[5]. 半導体や重要鉱物といった重要物資の突然の供給途絶に備えて協力を進めるとの内容である. どの程度有効性を発揮するものとなるかはわからないが，どちらの陣営につくか意思表示を強制するようなことにはなっていないのは当然の成り行きであろう.

　地政学的緊張は自由な経済活動にとって大きな逆風であるが，それが世界全体を覆い尽くしてしまっているわけではない. 健全なルールと旺盛な経済活動をできる限り広く確保すべく，バランスのとれた経済外交，企業戦略を進めていかねばならない.

参考文献

木村福成（2022）「RCEPの意義と役割」. 木村福成，西脇修編『国際通商秩序の地殻変動：米中対立・WTO・地域統合と日本』，頸草書房：207-228.

熊谷聡，早川和伸，後閑利隆，磯野生茂，ケオラ・スックニラン，坪田健明，久保裕也（2023）「グローバルな『デカップリング』が世界経済に与える影響―IDE-GSMによる分析（概要版）」，アジ研ポリシーブリーフ，No. 1（2月6日）.

経済産業省通商政策局編（2023）『2023年版不公正貿易報告書：WTO協定及び経済連携協定・投資協定から見た主要国の貿易政策』，経済産業省.

渡邉真理子，加茂具樹，川島富士雄，川瀬剛志（2021）「中国のCPTPP参加意思表明の背景に関する考察（改訂版）」，RIETI Policy Discussion Paper Series 21-P-016（9月11日）.

Ando, M., K. Hayakawa, and F. Kimura (2023a) "Supply Chain Decoupling: Geopolitical Debates and Economic Dynamism in East Asia", submitted to *Asian Economic Policy Review*. Forthcoming in the JCER Discussion Paper Series.

Ando, M., K. Hayakawa, and F. Kimura (2023b) "The Threat of Economic Deglobalization from Cold War 2.0: A Japanese Perspective", submitted to *Asian Economic Papers*.

Asian Development Bank (ADB) (2023) Asian Development Outlook, April 2023, Manila: ADB.

Hayakawa, K., K. Ito, K. Fukao, and I. Deseatnicov (2023), "The Impact of the Strengthening of Export Controls on Japanese Exports of Dual-use Goods", *International Economics*, 174, pp. 160-179.

International Monetary Fund (IMF) (2023) *World Economic Outlook April 2023: A Rocky Recovery*, Washington, DC: IMF.

慶應義塾大学経済学部 教授
木村 福成

---

4)　RCEPが果たしうる役割については木村（2022）参照.
5)　日本貿易振興機構（ジェトロ）「ビジネス短信：米商務省，IPEFサプライチェーン協定の実質妥結を発表，ビジネス上の利益実現する施策も提示」，2023年5月29日参照.

Section 2
「ビジネスと人権」を考える：普遍的人権とは何か

1.　はじめに

　2022年9月，日本政府は企業による人権尊重の取組を促進する目的として『責任あるサプライチェーン等における人権尊重のためのガイドライン』を公開した．またその1カ月前には，この業種横断的な指針とは別に『繊維産業における責任ある企業行動ガイドライン』が経済産業省の後押しの下，日本繊維産業連盟によって策定された．後者は繊維産業に特化したものだが，その産業は川上から川下まで多くのサブセクターを含み，担い手の規模も零細から巨大企業と様々である．繊維産業バリューチェーンの中の立ち位置も異なり，それぞれが直面する経営課題も多様なステークホルダーを巻き込みながら，労使対話を通じて同ガイドラインが作られたことは画期的であった[1]．

　これらのガイドラインは，いずれも経済協力開発機構（OECD）の「多国籍企業行動指針」や国際労働機関（ILO）の「多国籍企業及び社会政策に関する原則の三者宣言（多国籍企業宣言）」，さらには国連の「ビジネスと人権に関する指導原則（指導原則）[2]」といった企業と人権に関わる主要な国際スタンダードをベースとしている．こうした動きは，岸田政権の発足とともに顕著となった「ビジネスと人権」に関わる政府内の議論の高まりを背景にしている．

　この日本政府の動きが顕在化する少し前に，人権重視の姿勢を打ち出した米国のバイデン政権が誕生した．積極的な人権尊重責任が求められるような流れの中で活動する企業としては，まずは人権の本質的価値とその重要性をより強く認識することが肝要であることは言を俟たない．他方，バイデン政権がアジア政策の目玉の1つとして打ち出した「インド太平洋経済枠組み（IPEF）」といったような，これまでの地域貿易協定とは異なり価値軸を重視した枠組みがこの地域で議論されるようになったことなど，背景に脈動するより広い国際政治経済学的なダイナミズムを念頭に置くことも，事業の長期的な方向性を検討する際には有効となるかもしれない[3]．

　こうした「ビジネスと人権」に関する技術的な対応の必要性が認識されていく中で，そもそも人権というイシューが持つ本質的な意義，その普遍性が何であるかについての議論と理解は，少なくとも日本のビジネス界においては成熟していないように思われる．そこでSection 2では，グローバル・バリューチェーン（GVC）の展開において，なぜ企業や国の枠組みを超えて人権を問題としないといけないのか，「ビジネスと人権」について一歩引いた視点から考えてみたい．つまり自国，あるいは自社の人権問題にとどまらず，なぜ日本に立地する企業が遠い他国の取引先企業とその従業員，さらにはその取引先企業が操業する地域住民の人権にまで関心を向けなければならないのか．GVCの文脈でいえば，直接の契約や取引関係がない企業に関わる人々の人権にまで責任を持たなければならないという論理の源泉にあるのは，どのような思想なのか．こうした疑問に接近するため，Section 2では「ビジネスと人権」が重要視されるようになった経緯をGVCという視点から簡単に振り返った後，普遍的人権に焦点を当てながらその概念的特徴を概観する．そしてそれがグローバル化時代の企業にどのような課題を突き付けるのかを，アジアの文脈に引き付けながら最後に若干の検討を加えてみよう．

2.　GVCの展開と人権

　「ビジネスと人権」は古くて新しい問題である．その起源は半世紀以上も前，特に企業の影響力が国家の枠を超えた広がりを見せ始める1960年代にまで遡る．戦後の自由貿易体制の拡大は先進国企業の

---

1)　労働者は全国繊維化学食品流通サービス一般労働組合同盟（UAゼンセン）によって代表された．同ガイドラインの策定には，国際労働機関（ILO）駐日事務所の技術支援があった．筆者はそのILOサイドのアドバイザーの1人として，この策定プロセスに参加する機会を得た．

2)　正式名称は「ビジネスと人権に関する指導原則：国際連合『保護，尊重及び救済』枠組実施のために（Guiding Principles for Business and Human Rights: Implementing the United Nations "Protect, Respect and Remedy" Framework)」である．

3)　筆者は2022年度の『関西経済白書』で「ビジネスと人権」の日本における実情を，制度及び実態の双方から概観し，それにまつわる経営課題などを議論している．詳細は後藤（2022a）をご覧いただきたい．

ビジネスの国際化を進め，その関わりの中で途上国の環境や社会問題が出現したと認識されるようになった．またこの時代には，例えばアパルトヘイトのような人権侵害を行う南アフリカのような国家が問題視されるようになり，そうした国と取引する企業についても批判が高まっていた．先述の「多国籍企業行動指針」（策定1976年）と「多国籍企業宣言」（策定1977年）は，このような時代に認識されるようになった企業の人権尊重に対する責任への国際社会の対応だった（吉村，2021）.

しかしながら経済のグローバル化の波はその後も勢い付き，1980年代の新自由主義の台頭から90年代のポスト冷戦期を経て隆盛を極める．そして21世紀に入ると国境を越えた複雑な生産・流通体制，いわゆるGVCの展開が顕著となる．GVCの大きな特徴は，異なる生産要素賦存条件を持つ国々の企業が，そこに複雑に接続しているという点にある．労働集約的な工程に比較優位を持つ途上国企業も，そうした工程を担う形でGVCに接続するようになった．このGVCを組織し，管理する先進国の統括企業の意思決定が，それに接続する他国の企業やそれらが立地する地場経済に強い影響を及ぼす．そのため，GVCに接続する途上国企業で人権上の問題があった際には，GVCを統括する先進国企業の第一義的な責任が問われるようになったのである．こうしたGVCの展開が世界で最も複雑に，そして深く発達したのがアジアである（後藤，2019）.

「ビジネスと人権」はさらに注目を集め，先述の「指導原則」が2011年に人権理事会決議で支持される．これが策定された背景には，日本を含む先進国の企業がGVCの展開を通じて競争力を向上させていく過程で，人権侵害を助長もしくはそれに加担するケースが増えているとの見方が広まったことがある．同原則には，①人権及び基本的自由を尊重・保護・充足するという国家の義務，②全ての適用可能な法令の遵守と人権を尊重するという企業の責任，そして③人権の侵害やその遵守の違反があった場合，適切で実効的な救済メカニズムを備え，そこへのアクセスを保障する，という3つの要請がある．人権の保護あるいは伸長は従来国家の役割と考えら

れていたが，これに企業の責任も明記されたことを改めて確認することは重要である（後藤，2022a）.

「指導原則」では企業の人権尊重責任を国内の本社を含む事業所のみならず海外の自社事業所，そして資本関係のない国内外のサプライヤーの労働者の人権にまで配慮することが求められている．さらにサプライヤーについても，契約関係を持つ「直接取引先」だけでなく，取引契約のない「間接取引先」に対する人権尊重責任も規定されている．多くの場合，日本企業はアジアに広がるGVCを統括する立場にあり，そうした統括企業が持つ相対的な交渉力の強さを念頭に，その取引関係の適正化に向けて努力することを求められるのは理解できる．ただし，取引先の従業員の労働条件，さらにはその企業が立地する地域の政治状況からくる人権問題にまで日本企業が配慮し，一定の責任を持たなければならないという考えは，いったいどこからくるのだろうか.

3. 普遍的人権という思想

人権とは何か．1948年の世界人権宣言（Universal Declaration of Human Rights）は，「すべての人間は，生れながらにして自由であり，かつ，尊厳と権利とについて平等である」（第一条）とし，「人種，皮膚の色，性，言語，宗教，政治上その他の意見，国民的若しくは社会的出身，財産，門地その他の地位又はこれに類するいかなる事由による差別をも受けることなく，この宣言に掲げるすべての権利と自由を享有することができる」（第二条，第一項）と規定している[4]．同宣言からも理解できるように，人権は本来的に「国際的」であり（横田，2021），普遍性を持つものなのである．そこでSection 2では，この普遍的人権という思想について，主に筒井（2022）に沿って見ていきたい.

人権と似たような概念に人道主義がある．弱者救済や平等，正義，自由，尊厳などといった価値観だが，こうした発想に基づく制度は古くから存在した．例えば，紀元前に作られたメソポタミア文明におけるハンムラビ法典などにもそうした価値観が反映されている．しかし筒井は，現在の人権理念がこれらの人道主義的な観念を，普遍性という特徴に

---

4)　外務省HPの「世界人権宣言（仮訳文）」より（https://www.mofa.go.jp/mofaj/gaiko/udhr/1b_001.html，2023年6月26日アクセス）.

よって超越していると捉えている．そして，この違いの本質を理解する有力な第一の鍵概念が内集団と外集団の区別である．

人は生まれながらにして固有の権利を持つという自然権（natural rights）の考え方は古代ギリシャ以来存在し，その後啓蒙思想の広がりとともに西欧で根付いていった．しかしこうした自然権は，特定の社会的文脈の中で想定された「社会の構成員」に適用され，社会・政治・文化的要因によって規定されたその構成員は多くの場合限定的に理解されていた．つまり，人は生まれながらにして権利を持つという考え方はあったものの，「人」の範囲が「その国の住民」や「その中の成人男性」といったような内集団に限定されており，女性や外国人といった特定の属性を持つ人々は排除されていたのである．そうした内集団に入らない人々が恣意的に扱われてきたことは，これまでの日本を含めた世界の歴史を振り返れば明らかだろう．もちろん，内集団と外集団の区別は人間社会に広く見られる特質である．内集団を優先し，その構成員の生活や権利を守るのが国家の役目とも考えられてきた．しかし，普遍的人権の考え方は，内集団と外集団の区別にかかわらず，一定の人権は誰にでも保障されなければならないとするものであり，そういった意味で画期的である．

このような，人は人であるというだけで基本的な人権を保障されなければならないという普遍的権利としての人権の考え方が確立されたのは，第二次世界大戦後である．具体的にこの普遍的権利として人権を国際社会で最初に規定したのは，先にその定義を引用した世界人権宣言である．筒井は，この時に生まれた普遍的人権（universal human rights）が思想としてはかなり革命的で，人類の歴史の中でも画期的であったと評価する．そして普遍的人権の展開に重要な節目として，国際社会での急激な関心の高まりを見せた1970年代と，冷戦後に人権制度が実効性を持ち始めた90年代を挙げている．人権をこうした意味で普遍的な概念と捉えると，企業や国家といったバウンダリーで規定される内集団・外集団の区別が人権尊重を要求しない理由にならないことが理解できよう．

筒井はさらに，現代の普遍的人権とそれまでの人道主義を区別する第二の鍵概念として，内政干渉肯定の原理を挙げている．例えば他国においてその国

民の一部に，すなわち外集団の構成員に対して人権侵害があった場合，それを内政問題として無視してはならないというのが内政干渉肯定の原理である．もちろん1648年のウェストファリア条約によって国家主権が定式化されて以降，それは聖域と捉えられることが多く，現実の国際政治の世界において内政干渉肯定論は理論上の可能性に過ぎないと筒井も指摘する．それでも普遍的人権思想の下では，少なくとも理論の上では国家の主権の名の下での国内の人権侵害は許されず，この考え方自体が画期的である．「ビジネスと人権」の普遍的人権の概念基盤に内政干渉肯定原理が通底しているとすれば，GVCを統括する企業は自らのバリューチェーンに間接的にしかつながっていない遠い国のサプライヤーの人権問題に対しても，能動的な態度で対応する必要性が生じることとなる．つまり日本企業が統括主体としてアジア域内で組織するGVCにおいて，直接契約がない経済主体の労働実態に人権違反があった際にも，状況の改善に向けた何らかの働きかけは，普遍的人権の観点からすれば必須なのである．

4. 日本企業にとっての課題

2023年5月27日，米国のデトロイトでIPEFの閣僚級会合が開かれた．日本を含む14カ国が参加するこの米国主導の経済圏構想は，アジアの主要な地域貿易協定である「環太平洋パートナーシップに関する包括的及び先進的な協定（CPTPP）」や「地域的な包括的経済連携（RCEP）協定」とは異なり，関税の引き下げなどの市場アクセスに関わる事項は議題にされていない．その代わり「公正で強靭な貿易（Pillar I）」「強靭なサプライチェーン（Pillar II）」「クリーンエネルギーや脱炭素などのクリーン経済（Pillar III）」「租税回避と腐敗の抑制を含む公正な経済（Pillar IV）」の4分野で協議が進められている．同枠組みの議論では，「価値軸」がかなり前面化しているのが特徴的である．そしてこのデトロイトの会合では，Pillar IIに関して「IPEFサプライチェーン協定（IPEF Supply Chain Agreement）」が実質的に合意に至ったことが発表され，話題となった．

このPillar IIの実質合意の中で，日本のメディアからあまり注目されていない論点がある．それはこ

の合意された協定に，労働者の権利の尊重と促進を担保するメカニズムとして，政労使の3者構成に基づく「IPEF Labor Rights Advisory Board（IPEF労働者の権利に関する諮問委員会）」の設置が定められていることである．労働者の権利は「ビジネスと人権」課題の本丸であり，その際に尊重されるべき最低限の権利としてはILOの中核的労働基準（「結社の自由・団体交渉権の承認」，「強制労働の禁止」，「児童労働の禁止」，「差別の撤廃」，そして「安全で健康的な労働環境」の5分野10条約）が参照されることが一般的である．しかし，アジアでは人権の問題については多様な反応があるのが実態であり，今後の実効化に向けた交渉では様々な難局が予想される．

企業の人権尊重に対しては，日本では今のところボランタリーな要請にとどまっている．しかし欧州を筆頭に，その義務化が進んでいるという実態がある（後藤，2022a）．今後IPEFの交渉が進み，枠組みが協定として合意されたとしても，メンバー国が枠組みを批准し，国内法として制定しない限り，強制力を持つことはない．しかし，こうした企業が人権尊重責任を負うことに対する法律的な措置は，今後日本でも進む可能性が高い．

一定の強制力を持った法的枠組みの整備に向けた流れがあるからそれに対応する，というのは自然の流れであるかもしれない．しかし，企業が人権を尊重する形で操業することは，その社会における影響力の大きさを勘案すれば本来当然の責務のはずである．またSection 2で見てきたように，人権の普遍性に照らせば，人権尊重の要求やその侵害の批判を特定の国や企業との関係において恣意的に利用するわけにはいかないし，日本もまた普遍的人権の視点から同じ軸で評価される対象でもある．そうした中で，GVCにおける労働者の権利の尊重責任を，アジアに広がるバリューチェーンで，普遍的人権の原則にしたがって着実に担保するメカニズムを，多様なステークホルダーを包摂する形で実装していくことが課題となる．

こうした事態を前に，日本企業がアジアで示すことのできる知見は何か．ビジネスの現場では，フォーマルな規制やルール以外にも，人権尊重に合致するような実践が，競争力を追求する過程で出現することも多々ある．規制による強制力を伴わない

形の，人権尊重と整合的なビジネス実践である．経済学的にいえば，インフォーマルな均衡としての制度である．例えば長期的で安定的な企業間関係や雇用を重視してきた日本企業の実践の中に，整合的な実践が埋もれている可能性は高い（Goto and Arai, 2018；後藤，2022b）．そうした個別具体的な好事例の外的妥当性（特定の事例から得られた知見が一般的に応用可能であるかどうか）については当然検討の余地はある．しかし，このような「デファクト型」のグッドプラクティスは多くの場合暗黙知として日本企業の中に埋もれていることが多く，競争力の源泉となる可能性は否定できない．それを発掘して普遍的人権の観点から再評価することの意義は大きいのではないだろうか．

参考文献

後藤健太．2022a.「グローバル化時代の「ビジネスと人権」」『アジア太平洋と関西―関西経済白書〈2022〉』アジア太平洋研究所，46-51頁.
後藤健太．2022b.『アジアにおける責任あるサプライチェーン：日本の電子産業の事例』（日本語版）国際労働機関（ILO）
後藤健太．2019.『アジア経済とは何か―躍進のダイナミズムと日本の活路―』中央公論新社.
筒井清輝．2022.『人権と国家―理念の力と国際政治の現実』岩波書店.
横田洋三．2021.「国際人権の意味と意義」横田洋三（編）『新国際人権入門』法律文化社，8-25頁.
吉村祥子．2021.「経済活動と国際人権」横田洋三（編）『新国際人権入門』法律文化社，182-198頁.
Goto, Kenta and Yukiko Arai. 2018. *More and Better Jobs through Socially Responsible Labour and Business Practices in the Electronics Sector of Viet Nam*. International Labour Office, Geneva: ILO.

関西大学経済学部 教授
後藤 健太

Section 3
アジア諸国における家計債務問題と住宅市況

1. はじめに

(1) コロナ禍による債務問題の深刻化

　米国の有力な研究機関である国際金融研究所（IIF）によると，2022年に世界の総債務額が300兆ドル（世界GDPの3倍）を突破し，史上最高額を記録した．債務増加の大部分は債務総額の約39％を占める公的債務の急増によるもので，ロックダウンなどの新型コロナウイルス感染拡大防止対策による経済的な悪影響を緩和するために，各国の政府が劇的な財務政策を行ったためである．しかし，コロナ禍で，公的債務だけでなく，債務総額の約38％を占める企業債務と約23％を占める家計債務も大幅に増大した．特にアジア諸国では，家計債務の対GDP比が世界のどの地域よりも大きく増加した．

表2-3-1	コロナ禍における家計債務の変化（上位10カ国）			
国名	家計債務対GDP比2019年	家計債務対GDP比2021年	変化2019-2021（％ポイント）	変化規模世界順位
香港	81.7％	93.1％	＋11.4	1
韓国	95.0％	105.8％	＋10.8	2
タイ	79.9％	90.0％	＋10.2	3
ネパール	29.9％	37.8％	＋7.9	4
ベトナム	58.5％	66.2％	＋7.7	5
ニュージーランド	91.7％	98.8％	＋7.1	6
日本	62.5％	68.8％	＋6.3	7
中国	55.8％	62.1％	＋6.3	8
スイス	126.3％	131.9％	＋5.6	9
マレーシア	68.1％	73.1％	＋4.9	10

出所）国際決済銀行（BIS, 2023），ベトナムに関するデータはCEIC（2023）とThuong and Minh（2022）

　表2-3-1で確認できるように，家計債務が最も拡大している上位10カ国のうち8カ国がアジア諸国であることがわかる．[1] そして，韓国とタイをはじめ一部の国では，家計債務残高が非常に高く，金利も上昇しているため，債務の持続可能性や金融制度の安定性についての懸念が浮上している．これに鑑みて，Section 3では，アジア諸国における家計債務の増大が経済成長と金融制度の安定性に与えるリスクを明らかにすることを目的とする．そして，このリスクをどのように軽減できるかについての政策を提案する．

(2) 家計債務が経済に与える影響

　家計債務残高の対GDP比は，1人当たりのGDPが増えるほど高くなる．これには，主に3つの要因がある．第一に，高所得国では金融制度が発展しており，貸付への需要を満たすための資金供給が豊富である．第二に，高所得国では債権者の権利の保護や倒産処理のための効率的な制度や枠組みが整っており，金融機関が大きなリスクを負わずに貸出を行うことができる．第三に，顧客が所有している資産（すなわち担保）が多いため，ローンが組みやすい．高所得国の場合でも，ほとんどの債務は高収入の世帯が保持している．

　2021年時点で家計債務残高が国のGDPを超えているのは，世界で6カ国（スイス，デンマーク，オランダ，オーストラリア，カナダ，韓国）だけで，うち5カ国は昔から家計債務が多い欧米の高所得国である．これらの国の家計債務残高の対GDP比は，米国のリーマンショック発生寸前（07年は99.2％）ですら上回っている．

　家計債務残高が高いことは，必ずしも懸念すべきことではない．家計がローンを組むことで住居，教育などに投資するため，国内の総投資額を増やし，経済を押し上げることから，経済の成長にとって家計債務は不可欠である（Punzi, 2022）．しかし，家計債務残高が高すぎると，長期的に経済成長は低くなることを示している論文が多い．

　国際金融基金（IMF）は，25カ国の過去30年間のデータに基づき，家計債務残高が高い時に不況になった場合，不況はより長くて深刻になり，失業率はより上昇することを明らかにした（Leigh et al., 2012）．また，より具体的に，Cecchettiら（2011）

---

1) データがある国のみ．世界人口の84％を占める70カ国は家計債務に関するデータがあるが，低所得国はデータが非常に少ない．アジアの一部であるカンボジア，ラオス，ミャンマー，ネパール，ブータンなどはIMFによって低所得国に分類され，金融制度の発展度，及び銀行貸出の普及度が低く，家計債務が非常に低い（GDPの10％未満）．データの希少性に加えて，低所得国では都市部に住んでいる人口の割合が低い（3分の1以下）ため，中所得国や高所得国との比較の妥当性が低く，本稿の分析の対象に含まれない．

は，家計債務残高の対GDP比が85％程度を超えると，経済成長にマイナスの影響を与えることを明らかにした．

また，家計債務残高が高ければ，可処分所得（税金や社会保険料などを除いた所得で，自分で自由に使える手取り収入）の多くが債務返済に向けられるため，緊急事態があれば，多くの家計は対処するための資金が不足する．したがって，経済全体としてはショックに対してより脆弱になり，景気後退は深刻化し，景気回復が弱まる恐れがある（Zabai, 2017）．

コロナ禍で急増したにもかかわらず，韓国，香港，タイを除けば，アジア諸国の家計債務残高はまだ85％以下であるから，経済成長の鈍化などに関する懸念がないかのようにみえる．しかし，家計債務が経済や金融制度にどの程度のリスクをもたらすかを判断するためには，その残高をみるだけでは不十分である．考慮すべき要因として4つのカテゴリーが挙げられる．

① 家計債務の所得調整残高と伸び率
② 家計債務の決定要因
③ 家計債務の構成，担保価格と金利
④ 家計資産と可処分所得の変化で決まる借金返済の可能性

以下では，これらの要因について見ていく．

2. 家計債務の所得調整残高と増加率

(1) 家計債務の所得調整残高

家計債務の経済への影響を分析する際，家計債務残高の対GDP比とその相対的な水準を区別することが重要である．前述のとおり，家計債務残高の対GDP比は，1人当たりのGDPが増えるほど高くなる．したがって，1人当たりのGDPが低い国は，家計債務残高の対GDP比も低いのは当然だ．実際に，ほとんどの高所得国は，家計債務残高の対GDP比は60～120％であるが，ほとんどの低所得国は10％以下である．しかし，アジアのいくつかの国（中国，タイ，ベトナム，マレーシア）は，中所得国であるにもかかわらず，多くの高所得国（ドイツ，日本，イタリアなど）の家計債務残高の対GDP比を上回る．すなわち，これらの国の発展レベルで期待される対GDP比よりも高い比率になっている．

これは高所得国の韓国にも当てはまる．IMFによると，家計債務残高が国のGDPを超えている欧米諸国における2023年の1人当たりの平均名目GDPは約7万ドルであるのに対して，家計債務残高の対GDP比がこれらの国と同じ韓国は，1人当たりGDPは約3万ドルである．したがって，韓国の実際の家計債務残高は，所得レベルで期待される家計債務残高よりもはるかに高いことがわかる．

つまり，アジア諸国の多くは，いわゆる「所得調整家計債務残高」が非常に高いといえる．図2-3-1は，各国の家計債務残高の対GDP比と1人当たりの名目GDPの散布図である．真ん中の回帰直線は，家計債務残高の対GDP比の期待値，すなわち所得調整家計債務残高を示している．この直線から右下の方へ乖離すればするほど，所得レベルに対して家計債務残高の対GDP比が高くなる．赤色のデータは特に大きく乖離している国であるが，すべてアジア諸国である．

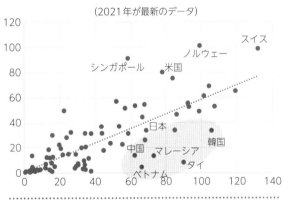

図2-3-1　1人当たりGDP（横軸）と家計債務の対GDP比（縦軸）

出所）国際通貨基金（IMF, 2023），国際決済銀行（BIS, 2023）

(2) 家計債務の増加率

家計債務の急増は経済不況の先行指標として見なされており，経済的なリスクをもたらす恐れがある．例えば，米国では，リーマンショック前の10年間で，家計債務残高の対GDP比が69％から99％に，30％ポイント上昇した．アジア諸国に関しては，Punzi（2022）が2010年から19年までのアジア9カ国（香港，中国，インド，インドネシ

| 表2-3-2 | 各国における債務の増減率（2010年―2021年，単位：2021年の米ドル） | | | | | |

国名	大人1人当たり債務額（2021年の米ドル）		増減率	家計債務対GDP比		増減幅（%ポイント）	増減率
	2010年	2021年	2010-21年	2010年	2021年	2010-21年	2010-21年
スイス	121,834	151,230	24%	107.7%	131.9%	△24.2	22%
米国	74,654	69,533	-7%	92.1%	78.0%	▲14.1	-15%
香港	46,591	53,928	16%	59.2%	93.1%	△33.9	57%
デンマーク	142,283	89,476	-37%	133.9%	104.4%	▲29.5	-22%
ニュージーランド	52,922	52,957	0%	90.3%	98.8%	△8.6	9%
オーストラリア	105,800	102,558	-3%	111.0%	119.3%	△8.3	7%
カナダ	71,376	69,323	-3%	94.9%	107.5%	△12.6	13%
オランダ	94,030	76,551	-19%	119.8%	105.8%	▲14.0	-12%
スウェーデン	69,070	73,759	7%	75.9%	92.5%	△16.5	22%
シンガポール	47,743	54,532	14%	52.3%	58.4%	△6.1	12%
台湾	30,939	37,304	21%	91.2%	91.5%	△0.3	0%
日本	45,490	29,233	-36%	61.2%	68.8%	△7.6	12%
韓国	29,708	44,309	49%	73.2%	105.8%	△32.6	45%
中国	679	8,991	1,225%	27.6%	62.1%	△34.6	125%
マレーシア	4,649	12,034	159%	58.8%	73.1%	△14.3	24%
タイ	1,362	5,593	311%	59.3%	90.0%	△30.8	52%
インドネシア	329	1,120	241%	13.6%	17.3%	△3.6	27%
フィリピン	262	1,206	360%	4.9%	10.1%	△5.2	106%
ベトナム	255	1,402	450%	25.0%	66.2%	△41.2	165%

出所）Credit Suisse（2022），国際通貨基金（IMF, 2023），国際決済銀行（BIS, 2023）

ア，日本，韓国，マレーシア，シンガポール，タイ）の家計債務データを用いてパネル回帰分析を行った結果，家計債務残高の対GDP比が1％ポイント増加すると，短期的に実質GDPが0.5％増加するが，このプラス効果は7年後に逆転し，1.5％減少してしまうことを示している．

したがって，家計債務の増加率に注目する必要がある．**表2-3-2**では，2010年から21年にかけて，アジア諸国における大人1人当たりの債務額の残高や増減率と家計債務残高の対GDP比の伸び（縦軸）が確認できる．比較のために，21年時点で家計債務残高が国のGDPを超えている欧米の国も示されている．

大人1人当たりの債務額の増加率をみれば，韓国とアジアの中所得国が目立っている．中所得国については，そもそも絶対値として2010年の債務額が低い（1,000ドル未満）ので増加率が高くなるのは当然であるといっても，非常に高いことは否めない．

また，過去10年で家計債務残高の対GDP比が30％ポイント以上上昇したのは，韓国，中国，香港，タイ，ベトナムという5カ国であることがわかる．この増加率は米国のリーマンショック直前の増加率に似ている．うち，韓国，香港，タイは，経済成長にマイナスの影響を与えるとされる85％を超えている．そして，金額でみると，中国は8,000ドル以上の増加額となり，スイスと韓国を除けば，高所得国を含むどの国よりも上回っている．

ここまでの議論をまとめると，韓国，中国，タイ，ベトナムを中心としたアジア諸国における家計債務状態をみた場合，2つの特徴が目立っている．第一に，所得水準に対する家計債務の相対的残高が世界で最も高いこと．第二に，コロナ禍前の10年間も一貫して債務が大幅に増加していること．この2つの特徴は家計債務残高が高い高所得欧米諸国との大きな違いであり，これからアジア諸国の経済成長に大きなリスクをもたらすと考えられる．

3. 家計債務の決定要因

そもそもなぜ債務が増えるのか，つまり貸付への需要に起因しているのか，それとも貸出の供給に起因しているのかを確認することが重要である．家計債務の主な決定要因が貸付への需要であれば，家計

の消費の増加により総需要が増え，経済成長を押し上げるが，決定要因が貸出の供給であれば，総需要が変化せず，総供給のみ増えるので，いずれはデフレ効果が発生する．

(1) 需要側の要因

アジア諸国の多くでみられるような家計債務残高の対GDP比の急激な上昇は，貸付への需要の結果であると考えられている．貸付への需要は，基本的に住宅ローンへの需要である．住宅を所有することは，ほとんどの社会で不可欠で，アジア諸国では特にそうである．すべての国のデータはないが，最近の持ち家志向に関する調査では，他の地域に比べて，アジア諸国で自分の家を所有したいと考えている人口の割合が圧倒的に多い．例えば，「自分の家を持ちたい」と回答した人の割合は，インドネシアが95％，韓国が89％，シンガポールが84％，中国が82％．これに対して，アメリカが68％，デンマークが66％，フランスが62％，ドイツが48％にとどまる．

そして，韓国と中国をはじめ，高齢化社会では老齢年金保障などへの不安もあり，自分の家を所有したい人の割合は，若年層においてさらに顕著である．例えば，韓国の就職ウェブサイトJobKoreaとAlbamonの共同調査によると，20代の韓国人の95％が「マイホームが欲しい」と考えており，全年齢の89％を上回る．そして，20代の韓国人の78％が「ローンを組んででも住宅を購入する予定がある」と回答した（Korea JoongAng Daily, 2020）．

アジア諸国では，住宅ローンへの需要が大きいことが明らかであるが，この需要を満たす貸出の供給がなければ，家計債務は増えないだろう．しかし，アジア諸国の銀行資産は豊富であり，家計債務の急増を支えていると主張する研究者もいる．

(2) 供給側の要因

Punzi（2022）の実証分析によると，アジア9カ国（香港，中国，インド，インドネシア，日本，韓国，マレーシア，シンガポール，タイ）における近年の家計債務の大幅な拡大は，主に貸出の供給に起因しており，貸出制約の緩和や銀行部門の規制緩和により，低金利でローンを組みやすくなったことは2つの大きな経済リスクをもたらすという．1つは，低金利期に発行された貸出が借金返済しにくい家計に流れ，不履行のリスクを引き起こすことである．もう1つは，家計債務の決定要因が需要よりも供給である場合，債務の伸び率が所得の伸び率よりも大きければ，不履行や経済不況のリスクが高まることである．

表2-3-3　銀行資産と銀行貸出に関するデータ

国名	民間部門に対する銀行の貸出 Q3 2022		銀行の貸出が総貸出に占める割合 Q3 2022		銀行資産 2021	
	対GDP比	世界の順位	対総債務比	世界の順位	対GDP比	世界の順位
香港	275%	1	74%	9	269%	1
中国	185%	2	84%	5	214%	3
韓国	163%	3	73%	11	182%	5
スイス	155%	4	56%	28	NA	NA
ニュージーランド	142%	5	85%	3	154%	9
スウェーデン	137%	6	51%	32	146%	13
シンガポール	135%	7	73%	12	NA	NA
デンマーク	135%	8	62%	18	170%	6
オーストラリア	134%	9	76%	8	148%	12
マレーシア	126%	10	98%	1	153%	10
タイ	125%	11	72%	13	152%	11
日本	122%	12	66%	15	170%	7
インドネシア	33%	40	82%	7	43%	95
米国	51%	35	33%	41	NA	NA
ベトナム	NA	NA	NA	NA	136%	14
フィリピン	NA	NA	NA	NA	71%	59

出所）国際決済銀行（BIS, 2023）

アジア諸国で貸出供給が豊富である理由は，アジア諸国の銀行が大規模の資産を有することである．国際決済銀行（BIS）のデータによると，アジア諸国の銀行の民間部門（＝家計＋企業）への銀行貸出の対GDP比が非常に大きく，世界最高水準となっており，中国と韓国が世界のトップ2である．**表2-3-3**をみると，ほぼすべての国では銀行貸出がGDPを上回っていることがわかる．一方，米国ではこの比率は50％に過ぎない．コロナ禍にその比率が最も上昇したのは，韓国，中国，香港，タイである（ベトナム，フィリピンについてはデータがない）．

この背景には，20世紀後半まで住宅ローンが利用できなかったため，アジアでは住宅購入には多額の貯蓄が必要であったが，経済の発展に伴って，貯蓄額が高まり，金融機関の資産が蓄積し，貸出も増えたことがある．

4. 家計債務の構成と担保価格

住宅を所有することの重要性を立証した上で，住宅ローン（モーゲージ）が家計債務に果たす役割について議論することが不可欠である．そのためには，家計債務の構成に関する詳細なデータが必要である．残念ながら，アジア諸国について，家計債務の内訳に関するデータはほとんど入手できない．しかし，世界の家計債務のほとんどが住宅ローンによるものであることは，よく知られている．一般に，1人当たりの所得が高い国ほど，家計に占める住宅ローンの割合が大きくなる．経済協力開発機構（OECD）加盟国では，この割合は家計債務総額の60％～90％の間であり，新興国では同30～50％である．つまり，たとえ住宅ローンが家計債務全体の半分程度かそれ以下であっても，住宅ローンは家計債務の最大の構成要素である．したがって，担保価格を分析する際，住宅価格の動向に注目するに越したことはない．

(1) 住宅価格の動向

欧米の場合，リーマンショック後の長いブームでは，住宅価格の上昇が止まらないかのようにみえた．超低金利と住宅供給不足による物件獲得競争の激化により，販売額は急増した．しかし，コロナ禍の後，これは大きく変わった．高所得国では，中央銀行が過去40年間で最も急激な金融引き締めに乗り出したため，住宅ローンを組みにくくなった結果，販売が激減し，住宅価格も激減している．OECDによると，スウェーデンとニュージーランドでは，ピーク時から14％，オーストラリアでは約9％も価格が下落している．

これに対して，アジア諸国における住宅価格の動向は大きく異なっている．**図2-3-3**が示すように，過去10年間，マレーシアとフィリピンを除いたら，アジア諸国の実質住宅価格はわずかな伸びにとどまっている．コロナ禍の一時的な上昇も欧米に比べてかなり小さい．比較のために，2021年時点で家計債務残高が国のGDPを超えている欧米の国も示されている．

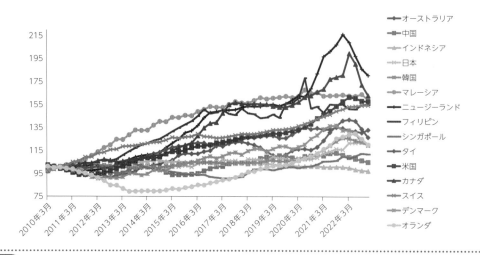

凡例：
- オーストラリア
- 中国
- インドネシア
- 日本
- 韓国
- マレーシア
- ニュージーランド
- フィリピン
- シンガポール
- タイ
- 米国
- カナダ
- スイス
- デンマーク
- オランダ

図2-3-2　実質住宅価格の動向

出所）国際決済銀行（BIS, 2023）

しかし，このような一見良好な傾向には，構造的な問題が隠されている．アジア諸国（特に中国）の住宅価格が他の地域と比べてそれほど上昇していないのは，もともと住宅価格が非常に高く，これ以上上昇する余地があまりないからである．むしろ，高所得国のような住宅価格の下方修正がある可能性が高い．

(2) 住宅価格の高水準

前述のとおり，アジア諸国では住宅への需要が大きい．この需要に追いつかない住宅供給と銀行の豊富な貸出により，都市部を中心に，アジア諸国における住宅価格は，世界的に見ても極めて高い．そもそも，何をもって住宅価格が手頃であると判断するかというと，世界銀行と国際連合が推奨しているいわゆる「中央値倍率」法を使用するのが普通である．この倍率は，住宅価格の中央値を，世帯総年収の中央値で割ることで算出される．倍率が3倍以下の場合は「手頃な価格」，4倍以上の場合は「手が届きにくい」と見なされる．

世帯総年収と住宅価格の中央値の代わりに，世帯の可処分所得と住宅価格の平均値を使用する場合，倍率は高くなる．住宅の平均価格が，世帯の平均可処分所得の10年分を超えると「手が届きにくい」

と見なされる．

Numbeoのデータに基づいた**表2-3-4**を見ると，アジア諸国の都市部の住宅は，非常に手が届きにくい状況にあることがわかる．比較のために，家計債務残高が国のGDPを超えている欧米の国も示されている．90平方メートルという平均的な住宅を購入する場合，香港では平均可処分所得の約45年間分，中国とフィリピンでは約30年間分を全て貯蓄する必要がある．続いて，韓国では26年間分と，高所得国の中では最も高い値である（高所得国の平均は5〜10年間分程度である）．タイ，台湾，ベトナム，インドネシアも約21〜23年間分と，韓国に似たような状況にある．マレーシアと日本は，倍率が9〜11年間分の範囲にあり，アジア諸国で唯一比較的手頃な住宅価格である．

可処分所得のすべてを貯蓄に回すことは不可能であるため，香港，中国，フィリピン，韓国などでは，既存の資産を持たない平均収入の労働者が1人世帯の場合，生きている間に都市部の平均的な住宅を購入することは難しい．都市部の平均的な住宅を購入するための最低限の条件として，平均収入の共働き世帯で40年間の勤労生活において，貯蓄率は中国で45%，韓国・タイ・ベトナムで30%以上である必要がある．

(3) 住宅ローンの金利

以上のシミュレーションでは，金利がゼロであることを前提としているが，住宅ローンには金利がつくので，不動産を所有することがさらに難しくなる．そして，金利の上昇は債務の持続可能性に大きなリスクをもたらす．コロナ禍前の10年間，アジア諸国の金利はかなり低く，家計債務の増加の一因となっていたが，アジア諸国の政府は，欧米と同様，インフレ抑制のために金利引き上げを図っていた．現時点では，アジア諸国のほとんどでは，欧米諸国ほどの金利引き上げはなかったが，これから政策金利の引き上げが懸念される．そして，世界各国では，政策金利よりも住宅ローンの金利の方が高い．

図2-3-3は，コロナ禍の家計債務の増加と2023年4月の住宅ローン金利を比較したものである．比較のために，家計債務残高が国のGDPを超えている欧米の国も示されている．中国，ベトナ

表2-3-4	住宅価格の対可処分所得比		
国名	2021-2023年の平均	2011-2013年の平均	変化
香港	45.7	25.5	79%
中国	30.9	28.1	10%
フィリピン	29.9	16.4	83%
韓国	26.3	14.6	80%
タイ	22.6	18.4	23%
台湾	21.8	17.8	23%
ベトナム	21.5	15.9	35%
インドネシア	20.8	24.7	-16%
シンガポール	17.5	19.7	-11%
日本	11.4	12.1	-6%
マレーシア	9.3	5.7	64%
スイス	8.8	6.3	40%
ニュージーランド	8.4	6.7	25%
カナダ	8.1	5.3	54%
オーストラリア	7.4	7.3	1%
オランダ	7.3	6.0	20%
デンマーク	6.7	7.1	-6%
米国	4.2	2.6	58%

出所）Numbeo（2023）

ム，韓国，タイは家計債務が増大した上に金利も割と高く，注意が必要である．フィリピンもそうみえるが，家計債務残高の対GDP比は非常に低く（2021年に10％），以上の4カ国に比べてリスクが低いと考えられる．ちなみに，金利の高いインドネシアでも，家計債務残高の対GDP比が低い（2021年に17％）．

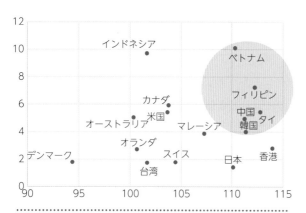

図2-3-3　コロナ禍の家計債務残高の対GDP比の変化（2019=100）と2023年の住宅ローン金利

出所）国際決済銀行（BIS, 2023），Numbeo（2023）

さらに，欧米では固定金利が主流であるのに対して，アジア諸国の住宅ローンの大半（韓国の場合，約6割）が変動金利であり，金利の上昇は非常に大

きな問題である．金利が上昇すると，家計は圧迫される．最悪のシナリオは，住宅ローンを返済できない人が，担保である住宅を売却することを強いられてしまい，住宅価格が下落することである．そして，住宅価格の下落によって，家計債務が家計資産を上回る世帯が増加し，国内の消費が低下し，債務不履行リスクが高まる．そこで，家計資産の構成と状況に目を向ける必要がある．

5.　家計資産の構成と可処分所得

（1）家計資産の構成

アジアにおける住宅価格と家計債務の高さという表裏一体の現象は，家計資産の構成に反映されている．**表2-3-5**では，アジア諸国の家計資産は非金融資産，すなわち不動産が中心であることがわかる．比較のために，家計債務残高が国のGDPを超えている欧米の国も示されている．オーストラリアを除く欧米高所得国では，非金融資産が家計資産全体の30～50％を占めているのに対し，アジアでは60～80％という非常に高い割合となっている．

アジア地域の家計資産は流動性が極めて低いだけでなく，金融資産（現金や預貯金，株式，投資信託など）も高所得国の水準を大きく下回っている．高

表2-3-5　家計資産の内訳と推移（単位：2021年の米ドル）

	大人1人当たり金融資産額	2010－21年増減率	大人1人当たり非金融資産額	2010－21年増減率	大人1人当たり債務額	2010－21年増減率	非金融資産が総資産に占める割合	住宅の所有率
スイス	475,140	27%	372,694	39%	151,230	24%	44%	36%
米国	468,295	83%	180,290	44%	69,533	-7%	28%	66%
香港	393,130	251%	213,729	125%	53,928	16%	35%	51%
デンマーク	350,452	51%	165,517	-8%	89,476	-37%	32%	59%
ニュージーランド	272,410	345%	252,700	47%	52,957	0%	48%	65%
オーストラリア	254,419	48%	398,248	14%	102,558	-3%	61%	66%
カナダ	241,785	19%	236,835	47%	69,323	-3%	49%	69%
オランダ	257,224	22%	220,155	117%	76,551	-19%	46%	71%
スウェーデン	292,931	83%	162,796	-23%	73,759	7%	36%	65%
シンガポール	238,070	29%	174,666	5%	54,532	14%	42%	88%
台湾	232,920	63%	102,249	26%	37,304	21%	31%	84%
日本	169,080	-10%	105,391	-15%	29,233	-36%	38%	61%
韓国	97,177	49%	184,775	234%	44,309	49%	66%	56%
中国	38,248	227%	47,382	321%	8,991	1,225%	55%	90%
マレーシア	12,479	-39%	26,633	40%	12,034	159%	68%	77%
タイ	10,027	89%	20,205	334%	5,593	311%	67%	80%
インドネシア	6,883	175%	12,770	11%	1,120	241%	65%	84%
フィリピン	6,024	183%	9,684	79%	1,206	360%	62%	64%
ベトナム	3,232	161%	12,416	162%	1,402	450%	79%	90%

出所）Credit Suisse（2022）のデータより作成

所得国である韓国でさえ，家計資産は他の高所得国の3〜4分の1に過ぎない．純金融資産の低さは経済的なリスクを高めるので，これは問題視すべき点である．前述のとおり，家計債務残高が高い場合，可処分所得の多くが債務返済に向けられるため，緊急事態があれば，多くの家計は対処するための資金が不足し，経済が不況に陥る恐れがある．

アジア諸国は，ここ数十年，世界の経済成長の中心であり，高い経済成長率と貯蓄率によって家計の金融資産が蓄積されているはずであるが，純金融資産は依然として低い水準にある．この背景には，3つの要因が挙げられる．第一に，家計債務が多いというのは無論のことで，第二に，日本を除けば，アジア諸国の経済成長率が高いとはいえ，ごく最近のことであり，金融資産が蓄積されていない．第三に，GDPと可処分所得とがかなり乖離している．この点について，以下で詳しくみていく．

（2）GDPと可処分所得の乖離

これまでの議論では，家計債務をその国のGDPに占める割合でみてきたが，一部の分析（例えばOECDによる報告書）では，家計債務を家計の可処分所得に占める割合でみている．所得税率が国によって大きく異なるため，GDPよりも可処分所得の方がより適切と主張する研究者がいる．また，国によって労働分配率（国内生産された付加価値全体のうち，賃金が占める割合）も異なる．例えば，労働分配率が低い国では，家計債務の対可処分所得比がその対GDP比よりも高い．これは，多くのアジア諸国に当てはまる．

残念ながら，家計債務の対可処分所得比に関するデータは，高所得国（アジアの場合，韓国と日本だけ）に限られているので，Section 3では，対GDP比を使用する．このため，本分析の結果は下界の推定値に過ぎないかもしれない．つまり，アジア諸国における家計債務問題は，実際に2倍ほど深刻である可能性が高い．例えば，OECDによると，2021年の韓国の家計債務は可処分所得の206%以上であったのに対し，家計債務の対GDP比はその半分の105%であった．

GDPに占める労働分配率も税率も，定常的なものではなく，時間とともに変化する．したがって，可処分所得がGDPに占める割合も変化する．その結果，GDPが減少しても可処分所得が上がる，もしくは変化しない場合がある．逆に，GDPが増加しても可処分所得がそれほど変わらない場合もある．OECDによると，OECD加盟国の中で，1人当たりのGDP成長率と可処分所得の成長率が最も乖離しているのは韓国である．1995年から2013年までの間に，韓国の1人当たりのGDPの平均成長率は3.8%であったが，1人当たりの可処分所得の成長率は約2.0%と，半分にとどまっている．このような状況であると，債務の伸び率が所得の伸び率を上回る可能性が高く，不履行や経済不況のリスクも高まる．

他のアジア諸国でも，韓国と同様，可処分所得の伸び率がGDP伸び率を下回る可能性が高い．他方，2021年時点で家計債務残高が国のGDPを超えている欧米の国と米国では，同じ期間で，1人当たりの可処分所得の増加率は1人当たりのGDPの増加率よりも高い．よって，アジアにおける1人当たりのGDPと家計の可処分所得の乖離は，欧米との大きな相違点である．

6. 今後の展望

Section 3の分析では，アジア諸国の家計債務の特徴（決定要因，動向，構成など）は，欧米高所得国の家計債務の特徴とはかなり異なっており，持続可能性や経済成長に対する深刻な懸念があることがわかる．本稿で取り上げた指標をまとめると，家計債務によるリスクが高い国は韓国と中国，そしてある程度タイとベトナムである．これらの4カ国では，家計債務によるリスクは，金利の引き上げと住宅価格の下落によってさらに深刻化する恐れがある．

韓国の場合は，金利の引き上げ幅も大きい．他方，住宅価格がすでに下がり始めており，2023年4月の住宅価格は11カ月連続で下がっている．4月までの落ち幅は9%程度と，データが公表され始めた03年以来最悪となった．特に，ソウルの分譲マンション価格は，21年10月のピーク時から24%も下落している．中国でも，同様の傾向が見られ，引き金となったのは20年に起きた中国最大の不動産開発会社である恒大集団の債務不履行事件で，一時的にすべての物件を3割引で販売していた．

アジア諸国では，人口減少や移民の少なさといっ

た人口動態的な要因からみても，住宅価格は下がり続けると考えられる．国際連合のデータによると，韓国と中国の人口はすでに減少しており，タイは2029年に，ベトナムは51年に人口減少が始まると予想されている．また，中国とベトナムは移民が少ない国で，外国生まれの人の割合は世界で最も低い（0.07％）．これは家計債務残高が国のGDPを超えている欧米諸国との大きな違いである．オーストラリア，スイス，ニュージーランドでは，外国生まれは総人口の約30％，カナダでは25％近く，デンマークとオランダでは約15％と，世界平均の3.5％を大きく上回り，移民が住宅価格上昇の大きな要因となっている．

今後，アジア諸国の都市部の住宅価格の異常な高さを考慮すると，価格下落は続くと考えられる．住宅価格の下落により，債務が資産を上回る世帯が増加し，そもそも家計資産は流動性が低いため，失業や可処分所得の減少などの経済ショックに対して家計が非常に脆弱になる．これにより，社会的不平等が拡大し，経済成長が減速する可能性が高い．結局，アジア諸国の多くは日本の「失われた30年」に似たような事態に陥る恐れがある．1989年から90年にかけて，日本の株価と不動産価格は低迷し始め，数十年にわたる好景気に終止符が打たれた．80年代後半の貸出ブームで担保になった土地や建物の価値が下落し，消費者や企業の節約志向が強まり，経済成長が停滞してしまった．

住宅価格の下落の可能性に加えて，アジア諸国（特に中国，韓国，台湾，タイ，ベトナム）と日本の過去30年間の経験とのもう1つの類似点は，急速な高齢化である．高所得国の韓国は2044年に世界で最も高齢化が進んだ国になると予想されており，60年以降には65歳以上の人口の割合が45％に達すると予想されている．一方，中所得国の中国，タイ，ベトナムは，他の国よりも経済発展の早い段階で急速に高齢化が進んでいる．50年には，定年退職後の中国人の割合が総人口の40％になるという予測があり，中国の一部の銀行では，住宅ローンの年齢上限をすでに80〜95歳まで延長している．住宅ローンの年齢制限の延長により，50歳になっても30〜40年の住宅ローンを組むことが可能になる．これにより，将来的に定年退職後の年齢層の債務負担が大きくなり，債務不履行のリスクが

高まり，家計債務の持続可能性が損なわれる恐れがある．

住宅ローンと家計債務の増加を抑制するために対策を講じざるを得ない．近年アジア諸国では，総資産に占める住宅ローンの割合制限（LTV）の削減や住宅ローン返済期間の延長といった需要側を中心とした政策が行われた．しかし，これよりも，家計債務が減少している，あるいは維持可能な水準で推移している欧米諸国における供給側と需要側両方の政策を参考にした方がいい．

前述のように，欧米諸国の多くでは持ち家志向が割と低く，賃貸が広く使用されている．ドイツ，スイス，スカンジナビア諸国などで持ち家志向が低い理由として，不動産税が高く，持ち家に対する住宅ローン金利控除がないことに加えて，供給側の政策として，公営住宅と公営賃貸住宅が豊富に存在し，使用されていることが挙げられる．

表2-3-6	住宅価格対賃貸料倍率の過去10年間の変化		
国名	2011-2013年の平均倍率	2021-2023年の平均倍率	倍率の変化
韓国	52.4	102.3	△ 49.8
台湾	50.6	63.1	△ 12.6
中国	28.0	62.5	△ 34.5
香港	31.8	61.3	△ 29.5
日本	31.9	40.4	△ 8.5
スイス	24.7	32.9	△ 8.2
シンガポール	25.6	32.7	△ 7.1
フィリピン	15.4	30.4	△ 15.0
タイ	17.8	30.4	△ 12.6
マレーシア	21.1	24.6	△ 3.6
ベトナム	12.3	24.4	△ 12.2
デンマーク	23.1	23.1	▲ 0.0
インドネシア	19.3	22.7	△ 3.4
オーストラリア	21.0	22.5	△ 1.5
ニュージーランド	20.2	22.2	△ 2.0
カナダ	17.4	21.4	△ 4.1
オランダ	17.7	19.2	△ 1.6
米国	8.8	11.1	△ 2.3

注）住宅価格対賃貸料倍率は平均住宅価格が平均年間住宅賃貸料で割ったものである
出所）Numbeo（2023）

表2-3-6で示されているように，韓国，中国，フィリピン，タイ，ベトナムをはじめとしたアジア諸国では，過去10年の平均住宅賃貸料の増加率は住宅価格の増加率よりかなり低く，住宅価格と賃貸料の手の届きやすさが乖離し，賃貸料は相対的に安

くなった．他方，欧米高所得諸国では住宅価格と賃貸料の増加率はほぼ同程度であり，このような傾向はみられない．

　このことから，アジア諸国は，賃貸を促進する必要があるといえよう．賃貸の拡大は，長期的には家計債務が減少し，経済成長の見通しを向上させ，他の経済分野にも広く波及する可能性がある．例えば，転勤や移住がしやすくなると労働市場の柔軟性が高まると考えられる．

　賃貸を拡大させるには，手が届きやすい公営賃貸住宅を中心とした公営住宅の供給を促進することがカギとなると考えられる．実際，アジア諸国における公営住宅開発は第二次世界大戦まで遡って，長い歴史がある．シンガポールでは人口の8割が公営住宅に住んでいるが，他の国では，公営住宅の供給は低い水準にとどまっている．良いことに，これはこれから少しずつ変化していくという兆候がある．

　中国の場合は，2021年5月に，住宅都市農村建設部は公営賃貸住宅の開発を呼びかけ，2カ月も経たないうちに，国務院は「公営賃貸住宅の発展加速」という方針を宣言した．結果，中国の第14次5カ年計画期間中，公営賃貸住宅の開発が優先されることになった．韓国，タイ，ベトナム，フィリピンにも同様の傾向がみられる．これは，アジア諸国が正しい方向に進んでいることを示している．

　しかし，IMFによると公営住宅建設のような供給側の政策は，需要側の政策に比べて効果が出るまでにはるかに時間がかかる（Deb et al., 2022）．加えて，公営住宅の建設資金をどのように調達すべきかについては，依然として大きな課題である．

　公営住宅の建設は採算が合わず，そもそも建設会社は手を出さないため，政府は建設に必要な資金繰りを行う必要がある．シンガポール国立大学の東アジア研究所は，中国に関しては年金基金を活用して公営住宅の開発を加速すべきであると指摘している．しかし，ベトナムとタイをはじめ，アジアの中所得国の多くは年金基金が少ないため，資金調達は困難である．したがって，この問題への解決については，さまざまなステークホルダーを巻き込んで公開討論を行う必要がある．

　最後に，高齢化が進んでいるアジア諸国では，多くの人が老後生活のために住宅を購入することを考慮すると，老人ホームの利用に対するスティグマも解消すべきであると考えられる．老人ホームや福祉施設のような高齢者向け住宅への投資を促進すれば，一般の住宅に対する需要が減る可能性がある．

　良いことに，このような社会的変化はすでに始まっている兆しもある．ロイター通信によると，中国の高齢者向け住宅市場が2025～28年頃に活況を呈すると予想され，投資が加速している．最近，パナソニック株式会社でも中国の江蘇省に1,170戸の高齢者向け複合施設を開設した．手頃な価格の賃貸住宅への投資は，入居者と投資家の双方にウィンウィンの関係をもたらし，それによって家計債務の減少や経済成長の向上といった好循環を生み出す可能性がある．

参考文献

Allianz A.G. (2022) Allianz Global Wealth Report 2022. Allianz Research, 12 October 2022.

Bank of International Settlement (2023) Bank of International Settlement Statistics < https://www.bis.org/statistics/index.htm>【国際決済銀行】

Cecchetti, S.G., M.S. Mohanty and F. Zampolli (2011) "The Real Effects of Debt." *BIS Working Paper. No. 352.* Basel: Bank for International Settlements.

Credit Suisse (2022) *Global Wealth Databook 2022.* Credit Suisse Research Institute.

Deb, P. Finger, H., Kashiwase, K., Kido, Y., Kothari, S., Papageorgiou, E. (2022) "Housing Market Stability and Affordability in Asia-Pacific," IMF DP/2022/020. International Monetary Fund, Washington, DC.【国際通貨基金】

International Institute of Finance (2023)" Global Debt Monitor: Cracks in the Foundation," 17 May 2023.【国際金融研究所】

International Monetary Fund (2023) World Economic Outlook April 2023.【国際通貨基金】

Korean Herald (2022) "14 years a miser...to be a home owner in Seoul," 21 December 2022: <https://www.koreaherald.com/view.php?ud=20221221000504>

Korea JoongAng Daily (2020) "95 percent of young Koreans think owning a home is essential," 6 October 2020: <https://koreajoongangdaily.joins.com/2020/10/06/business/economy/Realestate-house-apartment/20201006184600378.html>

Leigh, D., D. Igan, J. Simon and P. Topalova (2012) "Dealing with Household Debt," in *IMF World Economic Outlook: Growth Resuming, Dangers Remain.* Washington, DC.

Numbeo (2023) Property Prices Index by Country; Mortgage Interest Rate in Percentages: <https://www.numbeo.com/cost-of-living/>

OECD (2016) "Chapter 3.From GDP to average household income," in *Economic Policy Reforms 2016.*【経済協力開発機構】

Punzi, M.T. (2022) "Chapter 8: Household debt: supply-driven sugar rushes," in *The Sustainability of Asia's Debt*, edited by B. Ferrarini, M. M. Giugale, and J. J. Pradelli, Edward Elgar Publishing.

Reuters (2023) "Analysis: As China ages, investors bet they can beat retirement home stigma," 4 March 2023: <https://www.reuters.com/world/china/china-ages-investors-bet-they-can-beat-retirement-home-stigma-2023-03-03/>【ロイター通信】

Thuong D.T.H. and Minh P.T.T. (2022) "The Effect of Household Debt on the Stability of the Banking System in Vietnam," South Asian Journal of Finance, 2 (2), 86–97.

United Nations (2022) World Population Prospects 2022: <https://population.un.org/wpp/>【国際連合】

Zabai, A. (2017) "Household debt recent developments," *Bank of International Settlement Quarterly Review*, December 2017.

京都文教大学 講師

Karavasilev Yani

Section 4
新たな人口ダイナミクス: WPP2022から

2022年7月に国際連合は「世界人口推計2022（World Population Prospects 2022）」（以下，WPP2022）を発表した[1]．WPP2022と前回の推計（以下，WPP2019）を比較すれば，世界人口が80億人に到達する時期は前者の方が後者より早くなっている．また，次の節目となる90億人に達するのは2037年と，15年を要する見通し（中位推計）となった．70億人から80億人にいたるまで12年を要したことを考えれば，人口の増加ペースは幾分緩慢になっている．この背景には世界の出生率の低下が挙げられている．地域別にみれば，これまで人口が大きく増加していたアジアでは中国が人口減少局面に入る一方，インドでは着実に人口が増加しているなど，変化の兆しがみられている．

そこでSection 4ではアジアのみならず世界的な人口動態をWPP2022に基づいて整理する．議論の展開は以下の通りである．Section 4.1では世界の主要地域別に人口動態を確認する．Section 4.2では主要国の人口動態の特徴を明らかにする．そして，最後に分析からの含意を示す．

1. 主要地域別人口動態

(1) 世界人口の推移

WPP2022によれば，2022年11月に世界人口は80億人に達し，23年にはインドが中国を抜いて世界で最も人口の多い国になると予測している[2]．これまで人口増加がどのエリアで起きていたのか，また今後の人口減少がどのエリアを中心に進んでいくのか興味のあるところである．地域別の分析に入る前に，世界人口予測が前回結果からどの程度変化したかを確認しておこう（図2-4-1）．WPP2019では，2100年までの世界人口は，緩やかな増加が予測されていた．しかし，今回の推計結果では

2086年の104.3億人をピークに世界人口は減少に転じると予測されている．2100年時点の予測人口はWPP2019では108.8億人，WPP2022では103.5億人と，5.3億人の差が生じているが，この背景には世界の出生率と死亡率の推計見通しの変化がある．

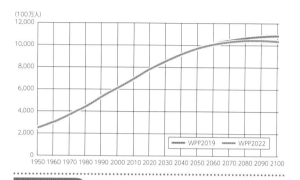

図2-4-1 世界人口の予測推移比較

注)　WPP2019は2020年まで実績値，21年以降中位推計値．WPP2022は2021年まで実績値，22年以降中位推計値．
出所)　WPP2019及びWPP2022

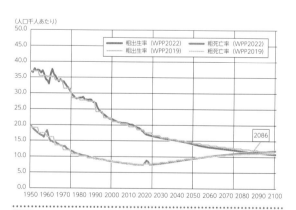

図2-4-2 世界の粗出生率と粗死亡率（推計値）

注)　2020年まで実績値，25年以降中位推計値
出所)　WPP2019及びWPP2022

図2-4-2は人口千人当たりの世界における粗出生率と粗死亡率の推移を示している[3]．WPP2019の予測では，2100年まで粗出生率が粗死亡率を下回ることはなかった．しかし，WPP2022の予測において2086年に粗死亡率が粗出生率を上回ると改定された．今回粗出生率が下方修正され，粗死亡

---

1) WPP2022は1950年から2022年の間に実施された1,758件の人口センサス及び人口動態登録システム，2,890件の世界的な標本調査に基づいて推計された世界的な人口推計である．
2) インドでは国勢調査が10年に1度行われているが，2021年に予定されていた調査はCOVID-19の流行のため延期され，次回は24年が予定されている．そのため，インドの人口がいつ中国の人口を上回るかは未だ推定段階である．
3) 粗出生率と粗死亡率は，その年の出生数及び死亡数をその年の人口で除した割合を表す．WPPにおいてはその年の人口1,000人に対する出生数及び死亡者数の割合を算出している．なお，WPP2019年については5年毎の値となっている．WPP2022については各年の値を示している．

率が上方修正された背景には，20年のCOVID-19の世界的拡大が考えられる．

(2) 主要地域別人口の比較

次に世界人口を地域別にみよう（図2-4-3）．1950年における各地域が世界人口に占めるシェアを降順にみれば，アジア55.2%，ヨーロッパ22.0%，アフリカ9.1%，中南米6.7%，北米6.5%，オセアニア0.5%であった．特にアジア地域のシェアが一貫して多くを占めており，2003年に60.8%とピークを迎えた．しかし，以降，シェアは低下傾向を示し，足下21年は59.4%となり，50年は54.5%，2100年は45.2%まで低下すると予測されている．

アジア地域のシェアが低下する一方，アフリカ地域のシェアが上昇する．足下2021年におけるアフリカ地域のシェアは，17.6%であるが，50年には25.6%，2100年には37.9%と大幅な上昇が予測されている．

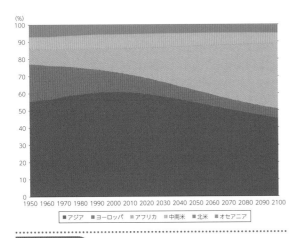

図2-4-3　地域別人口の推移（推計値：シェア）

注）2021年まで実績値，22年以降中位推計値
出所）WPP2022より筆者作成

このようにこれまでアジア地域を中心に人口が増加していた時代から，人口増加の中心地がアフリカ地域へと変わりつつある．以降，主要地域（アジア，ヨーロッパ，北米，アフリカ）における人口動態を確認する．

【アジア】

図2-4-4はアジア地域における年齢階級別人口と粗出生率及び粗死亡率の推移を示している．総人口の推移をみれば，足下2021年は46億9,458万人であり，55年には53億528万人とピークに達する．しかし，以降は減少傾向を示し，2100年には46億7,425万人まで減少すると予測されている．

うち，15～64歳人口（以下，生産年齢人口）は，1980年代から2030年代にかけて着実に増加するが，40年以降は緩やかな減少が予測されている．また，0～14歳人口（以下，年少人口）は1950年以降，緩やかに増加していたが，1990年代に微増傾向を示すと，2000年代に入り減少に転じた．2010年代は微増ないしほぼ横ばいで推移し，20年以降は再び減少に転じると予測されている．一方，65歳以上人口（以下，高齢者人口）は10年代から徐々に増加しており，30年代以降，大幅な増加が見込まれている．この背景には後述する中国における少子高齢化が影響している．

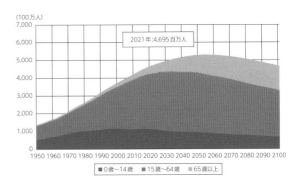

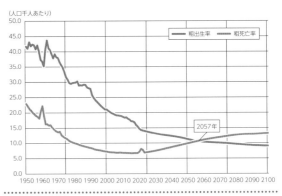

図2-4-4　アジアの人口（上段）及び粗出生率・粗死亡率（下段）の推移

注）2021年まで実績値，22年以降中位推計値
出所）WPP2022より筆者作成

粗出生率の推移をみれば，1950～60年代においては人口千人当たり40人の水準であったが，1970年以降，徐々に低下傾向を示している．また，粗死亡率をみれば，中国の大飢饉やCOVID-19感染拡大の影響を除くと，1950～2020年にかけて，概ね低下傾向で推移している．30年以降は緩やかに

上昇し，57年には粗出生率を上回ると予測されている．

【ヨーロッパ】

　図2-4-5は，ヨーロッパ地域における年齢階級別人口と粗出生率及び粗死亡率の推移を示したものである．総人口は2020年の7億4,623万人がピークとなり以降は緩やかな減少が予測されている．足下21年は7億4,517万人であるが，2100年には5億8,652万人まで減少すると見込まれている．

　うち生産年齢人口は1950年以降，着実に増加していたものの，2010年の5億196万人をピークに，以降減少が予測されている．また，年少人口は1965年に1億6,776万人と早期にピークに達し，以降減少傾向を示している．一方，高齢者人口は1950年以降，増加傾向で推移し，2057年以降，減少傾向に転じると予測されている．

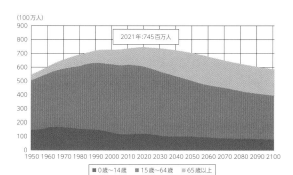

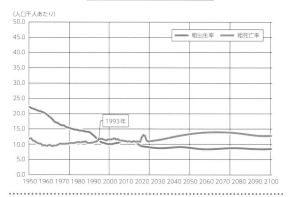

| 図2-4-5 | ヨーロッパの人口（上段）及び粗出生率・粗死亡率（下段）の推移 |

注）2021年まで実績値，22年以降中位推計値
出所）WPP2022より筆者作成

　次に，粗出生率の推移をみれば，1950年代では人口千人当たり20人程度の水準で推移していたが，1960年以降徐々に低下傾向を示した．1993年に粗死亡率を下回り，2010年代前半に一時粗死亡率を上回ったものの，以降再び減少に転じている．一

方，粗死亡率は1970年代から上昇傾向を示し，2020〜22年はCOVID-19の流行により大きく上昇している．23年以降，粗出生率を常に上回って推移することが予測されている．

【北米】

　図2-4-6は，北米地域における年齢階級別人口と粗出生率及び粗死亡率の推移を示している．

　総人口は1950年以降，増加傾向で推移しており，足下2021年では3億7,528万人となっている．22年以降は緩やかに増加し，2100年には4億4,803万人まで増加すると予測されている．

　うち生産年齢人口は1950年以降，総人口と同様に増加傾向で推移している．2053年の2億5,607万人をピークに減少に転じるが，他地域と比して減少ペースは緩やかになることが予測されている．次に年少人口をみれば，2018年の6,879万人をピークに減少に転じると，以降緩やかに減少すると予測されている．一方，高齢者人口は1950年以降，増加傾向で推移し，2023年には年少人口を上回る見込みである．更に2050年には1億人を超え，高齢化が一層進むことが予測されている．

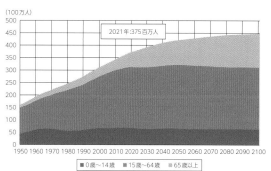

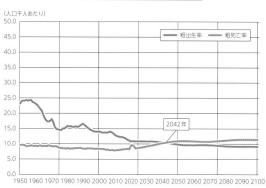

| 図2-4-6 | 北米地域の人口（上段）及び粗出生率・粗死亡率（下段）の推移 |

注）2021年まで実績値，22年以降中位推計値
出所）WPP2022より筆者作成

　次に粗出生率の推移をみれば，1950〜60年代前半までは人口千人当たり20〜24人程度の水準で推移していた．1960年代後半から1970年代にかけて低下傾向で推移したものの，1980〜90年代では幾分上昇傾向を示した．しかし，1991年以降，徐々に低下傾向となり，2048年以降は平均9人程度の水準で推移すると予測されている．一方，粗死亡率は，1950年から2000年代にかけて幾分低下したが，10年以降緩やかに上昇している．42年には粗出生率を上回ると予測されているが，他エリアに比べ比較的緩やかな上昇率となっている．

【アフリカ】

　図2-4-7はアフリカ地域における人口推移及び粗出生率と粗死亡率の推移を示したものである．図が示すようにアフリカ地域は1950年以降，総人口は右肩上がりで推移しており，足下の2021年は13億9,368万人となっている．以降，増加傾向で推移し，2100年は39億2,442万人となり，北米地域と同様に人口が減少に転じることが予測されていないのが特徴的である．

　年齢階級別にみれば，生産年齢人口は着実に増加しており，2100年までの間総人口の多くを占める

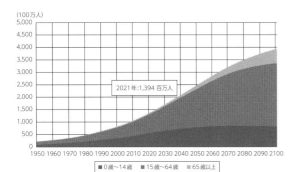

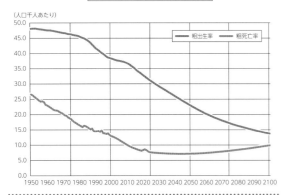

図2-4-7　アフリカの人口（上段）及び粗出生率・粗死亡率（下段）の推移

注）2021年まで実績値，22年以降中位推計値
出所）WPP2022より筆者作成

ことが予測されている．また，高齢者人口は生産年齢人口と比して2040年以降，緩やかな増加が見込まれている．一方，年少人口は増加傾向で推移しているものの，80年以降は緩やかに減少に転じると予測されている．

　次に粗出生率と粗死亡率の推移をみれば，粗出生率は1950年〜90年代まで人口千人当たり概ね40人程度の高水準で推移し，2000年以降緩やかな低下が見込まれている．一方，粗死亡率は1950〜70年代まで20人程度の水準で推移していたが，1980年以降，低下傾向を示し，2020年代以降は横ばいないしは微増傾向が予測されている．このようにアフリカ地域では粗出生率が粗死亡率を常に上回っていることが特徴と言えよう．

2. 主要国別人口推移

(1) 主要アジア国の人口推移

　Section 4.1で述べたように今後，世界人口が減少する中で，特にアジア地域において大幅減少が予測されている．ここではアジア地域の主要な国を取り上げ，各国の人口動態を確認する．また，ヨーロッパ地域のみならず中国やインドなどアジア地域と関係が深いロシアの人口動態についても整理する．

【日本】

　図2-4-8は日本における年齢階級別人口，粗出生率及び粗死亡率の推移を示している．

　総人口は2009年の1億2,812万人をピークに減少に転じており，足下21年は1億2,461万人となっている．

　うち，生産年齢人口は，1994年の8,712万人（総人口に占めるシェア：69.6%）をピークに減少傾向が続き，足下2021年は7,282万人（58.4%）となっている．以降，50年は5,331万人（51.4%），2100年は3,687万人（50.1%）と，2021年から半減することが予測されている．一方，高齢者人口が総人口に占める高齢化率をみれば1950年は4.9%であったのが，足下2021年は29.8%と大きく上昇している．以降，50年は37.5%，2100年は38.7%と予測されており，高齢化が一層進展する見込みである．

粗出生率の推移をみれば，いわゆる「第1次ベビーブーム[4]」後，1950年前半は人口千人当たり平均24人の水準で推移した後，61年まで低下傾向を示した．「第2次ベビーブーム[5]」の期間が含まれる1962年から1974年にかけて再び上昇傾向を示すが，1975年以降は低下傾向に転じている．一方，粗死亡率は1950年以降，上昇傾向で推移し，2005年に粗出生率を上回っている．

を除けば1950年～60年代において人口千人当たり平均40人程度の水準で推移していた．1970年以降，徐々に低下傾向を示したものの，1980年代は幾分上昇している．しかし，1990年以降，再び低下傾向で推移し，2023年に粗死亡率を下回ると予測されている．

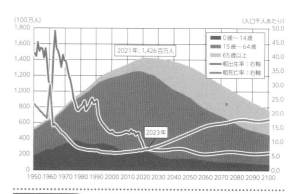

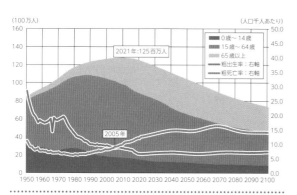

図2-4-8　日本の人口（年齢階層別）及び粗出生率・粗死亡率の推移

注）2021年まで実績値，22年以降中位推計値
出所）WPP2022より筆者作成

図2-4-9　中国の人口（年齢階層別）及び粗死亡率の推移

注）2021年まで実績値，22年以降中位推計値
出所）WPP2022より筆者作成

【中国】

　図2-4-9は中国における年齢階級別人口，粗出生率及び粗死亡率の推移を示している．

　これまで総人口は増加傾向で推移していたが，2021年の14億2,589万人をピークに，以降，減少が予測されている．

　うち，生産年齢人口は2015年の9億9,823万人（71.6%）をピークに減少に転じ，足下21年は9億8,646万人（69.2%）となっている．以降，減少傾向で推移し，50年は7億6,737万人（58.5%），2100年は3億7,806万人（49.3%）と予測されている．一方，高齢化率をみれば，1950年には5.0%，2021年に13.1%，50年には30.1%と大幅な上昇が予測されている．2100年には40.9%と日本を上回る高齢化率が予測されており，今後，高齢化社会への対応が急務となろう．

　粗出生率の推移は，中国における大飢饉[6]の影響

【韓国】

　図2-4-10は韓国における年齢階級別人口，粗出生率及び粗死亡率の推移を示している．

　図が示すように総人口は2020年の5,185万人をピークに，2100年には2,410万人まで減少すると予測されている．

　うち，生産年齢人口は2017年の3,764万人（73.1%）がピークであり，以降減少傾向で推移し，足下の21年は3,704万人（71.5%）となっている．以降，50年には2,398万人（52.4%），2100年には1,116万人（46.3%）と一層の減少が予測されている．一方，高齢化率をみれば，1950年は2.7%であったが，2021年は16.7%と大幅上昇している．高齢化率は更に上昇傾向を示し，50年には39.4%と，81年の47.5%がピークとなり，以降高水準での推移が続く．このように韓国は今後60年で人口の約半分が高齢者となるため，日本や中国に比して高齢化社会への対策を早急に取り組むことが必要となろう．

4)　「第1次ベビーブーム」とは1947年から49年までの間に毎年260万人以上が生まれたことに着目した呼び方である．
5)　「第2次ベビーブーム」とは1971年から74年までの間に毎年200万人以上が生まれ，「第1次ベビーブーム」の子ども世代に着目した呼び方である．なお，66年に一時的に出生率が低下しているが，この要因としては「ひのえうま」の年に生まれた女性は気性が激しいという迷信から，この年に子どもを生むのを避けた夫婦が多いと考えられている．
6)　1959～61年において中国では自然災害の発生に加え，当時行われた「大躍進」政策の影響で大規模な飢饉が発生していた．

粗出生率をみれば，1950年代は人口千人当たり概ね40人程度の水準で推移していたものの，1960年以降，急速に低下している．一方，粗死亡率は朝鮮戦争（1950〜53年）の影響で非常に高かったものの，以降急速に低下している．2000年代に入り，再度上昇に転じ，19年には粗出生率を上回って推移している．

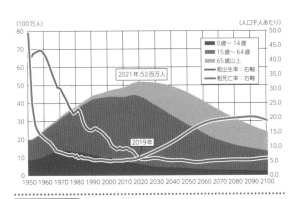

図2-4-10 韓国の人口（年齢階層別）及び粗出生率・粗死亡率の推移

注）2021年まで実績値，22年以降中位推計値
出所）WPP2022より筆者作成

【インド】

図2-4-11はインドにおける年齢階級別人口，粗出生率及び粗死亡率の推移を示している．

総人口は1950年以降着実に増加し，足下2021年は14億756万人となり，23年には中国を抜いて世界第1位の人口になることが予測されている．

うち，生産年齢人口は2048年の11億1,940万人（67.4％）をピークに，以降，減少傾向で推移すると予測されている．また，高齢化率をみれば，1950年は3.1％であり，足下2021年は6.8％と依然として1桁台である．2100年には29.8％まで上昇するが，前述した日本，中国，韓国と比べれば低い．

粗出生率をみれば，1950〜70年において人口千人当たり概ね40人程度の水準で推移し，以降緩やかな減少傾向を示している．一方，粗死亡率をみれば，1950年から緩やかに低下していたものの，

2018年以降は再び上昇に転じ，66年には粗出生率を上回る予測となっている．

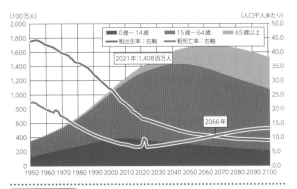

図2-4-11 インドの人口（年齢階層別）及び粗出生率・粗死亡率の推移

注）2021年まで実績値，22年以降中位推計値
出所）WPP2022より筆者作成

【ロシア】

これまでアジアの主要国の人口動態についてみてきた．ここではアジアとの関係が深いロシアの人口動態についてみてみよう．**図2-4-12**はロシアにおける年齢階級別人口，粗出生率及び粗死亡率の推移を示している．

総人口は1993年の1億4,890万人をピークに減少傾向で推移した．2010年以降，幾分増加するものの，20年には再び減少に転じ，足下21年は1億4,510万人となっている．50年は1億3,313万人，2100年は1億1,207万人まで減少すると予測されている．

粗出生率をみれば，1991年のロシア連邦発足以来，粗死亡率が粗出生率を上回る状況が続いていた[7]．2010年以降，粗出生率が幾分上昇するものの[8]，20年以降，再び低下し，人口千人当たり概ね10人程度の水準で推移が続くと予測されている．粗死亡率をみれば，ウクライナ侵攻の影響もあり22年に高い粗死亡率となっているが，その前年からすでに急上昇していたことが読み取れる．

---

7) 雲（2022）によれば，「1990年代以降の出生率の急減は，ソ連時代に極めて安価であった保育園や幼稚園などの社会的育児支援施設の廃止・有料化や体制転換に伴う所得の急減で，将来展望が暗転したことなど」が要因として挙げられている．また，「死亡率の上昇については，社会的ストレスの増大とアルコール消費の拡大・社会不安の深刻化と事故・犯罪の広範化等」が挙げられている．
8) 雲（2022）では，2007年から開始された「母親基金」が出生率の一時的な上昇に影響した点を指摘している．同基金は2人以上の子を持つ親に対し，住宅購入の費用・子どもの教育費・年金基金への積立のいずれかへの補助として25万ルーブル（120万円程度，当時）を支給するものとして創設されたものであり，07年9月時点におけるロシアの月額平均所得が1万2,000ルーブルであったことを勘案すれば，この給付額は非常に大きなものであると考えられている．

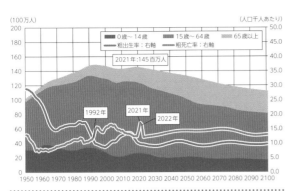

図2-4-12 ロシアの人口（年齢階層別）及び粗出生率・粗死亡率の推移

注）2021年まで実績値，22年以降中位推計値
出所）WPP2022より筆者作成

(2) 合計特殊出生率の比較分析

　これまで主要国・地域の年齢階層別人口，粗出生率と粗死亡率についてみたが，ここでは人口予測にとって重要な変数である合計特殊出生率[9]に注目し，分析を行う．

　WPP2022の中位推計によれば，2022年時点で世界全体の合計特殊出生率は2.31となっている（**図2-4-13**）．59年には人口置換水準（2.07）を下回り，2100年には1.84まで減少すると予測されている．主要地域別にみればヨーロッパは1975年と早い段階で人口置換水準を下回るが，アジアは2019年に，アフリカは91年と，地域によって大きく差が生じている．以下ではアジアの主要な国における合計特殊出生率をみてみよう（**図2-4-14**）．

　はじめに日本の合計特殊出生率をみれば，1950年以降低下傾向で推移し，前述の「ひのえうま」の迷信により1966年に人口置換水準を大きく下回るものの再び上昇し，2.00近傍を推移した．1974年に2.06と人口置換水準を下回ると，以降2.00を下回る水準が続いている．2022年時点では1.31，50年時点では1.47，2100年時点では1.55と予測されている．

　次に中国の合計特殊出生率をみれば，前述の大飢饉などの影響を除けば，1950～70年まで平均6.00の水準で推移していた．しかし，1970年以降「一人っ子政策」の導入もあり，低下傾向で推移し，2020年には1.28と日本を下回る水準となっている[10]．50年には1.39，2100年には1.48と幾分上昇すると予測されているものの，人口置換水準を下回る状況である．

　韓国の合計特殊出生率をみれば，1950年代は平均6.06の水準で推移していた．しかし，1960年以降，低下傾向を示し，1984年には1.93と人口置換水準を下回った．2001年には1.30と同時期の日本（1.33）を下回る水準となり，足下21年は0.88と低水準となっている．50年には1.17，2100年には1.43と幾分上昇すると予測されているが，人口置換水準を下回っている．

　インドの合計特殊出生率をみれば，1950～70年代は平均5.66の水準で推移していた．1980年以降は緩やかな低下傾向を示したものの，2019年まで

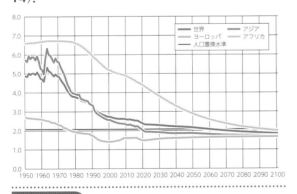

図2-4-13 世界主要地域の合計特殊出生率の推移

注）2021年まで実績値，22年以降中位推計値
出所）WPP2022より筆者作成

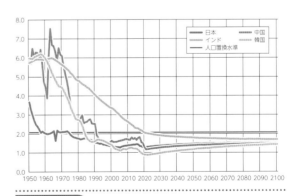

図2-4-14 アジア各国の合計特殊出生率の推移

注）2021年まで実績値，22年以降中位推計値
出所）WPP2022より筆者作成

---

9) 合計特殊出生率とは，女性が一生の間に産む子供の平均的な数に当たる．また，人口が増加も減少もしない均衡状態になる合計特殊出生率は「人口置換水準」と呼ばれており，この水準は2022年時点において2.07とされている．前述の水準を下回ると，少子化が進展し，人口減少につながる．
10) 中国の合計特殊出生率の動向についてはChapter 1 Section 1においても指摘されている．

人口置換水準を上回る水準で推移している．足下21年に2.03と人口置換水準を下回り，以降低下傾向を示すが，日本，中国，韓国を上回る水準で推移する．

3．小括

世界経済の将来の展望を示すためには，成長会計的には全要素生産性，人口及び資本の伸びに関する展望が重要となる．Section 4では新たな人口推計に基づいて将来の世界人口，地域別及び主要国の人口動態をみた．以下，WPP2022から得られた重要なポイントを指摘しておこう．

今後の世界人口増加の中心はこれまでのアジアからアフリカへと変わりつつある．

この背景には，アジアにおいては，これまで世界で最も人口の多い中国が減少に転じる一方で，インドでは着実な増加が予測されていることがある．アジア全体として人口増加は減速する．

また，日本や韓国ではこれまでの少子高齢化社会がより一層進展することで生産年齢人口の減少が予測されている．

世界の人口ダイナミクスの中で新たにみえてきた諸問題の1つは，労働力不足への対応である．特に日本経済にとっては大きな課題となっている．生産性の向上に加え，女性や高齢者の労働参加率を上げることが重要である．このためにはバランスの取れた働き方の改革が重要となる．

参考文献

雲和弘（2022），「ロシアの人口減少と外国人労働の受容 ロシアからみた移民政策」（https://www2.jiia.or.jp/kokusaimondai_archive/2020/2022-08_004.pdf?noprint，最終閲覧日：2023年7月9日），国際問題2022年8月 No.708　日本国際問題研究所

日本総研　経済・政策レポート「コロナ禍を経てアジアの人口動態の見通しはどう変わったか」（2022年11月11日）（https://www.jri.co.jp/page.jsp?id=103853）

三井住友信託銀行 調査月報 2022年11月号No.127『国連「世界人口推計」からみえる未来』（https://www.smtb.jp/-/media/tb/personal/useful/report-economy/pdf/127.pdf）

JETRO 地域・分析レポート「中国の人口が減少，2023年にはインドが世界首位：国連予測」（2022年9月27日）（https://www.jetro.go.jp/biz/areareports/2022/db12433a352ecc90.html）

United Nations Department of Economic and Social Affairs, Population Division (2019), "World Population Prospects 2019", (https://population.un.org/wpp2019/Publications/，最終閲覧日：2023年7月10日)

United Nations Department of Economic and Social Affairs, Population Division (2022), "World Population Prospects 2022", (https://population.un.org/wpp/Publications/，最終閲覧日：2023年7月10日)

アジア太平洋研究所 研究推進部員
吉田 茂一

アジア太平洋研究所 副主任研究員
野村 亮輔

Part II Introduction

2022年は物価と賃金の好循環に注目が集まった歴史的な年であったといえよう.

世界金融危機であるリーマンショックでは，需給ギャップの大幅拡大により名目及び実質賃金がともに下落し両者が乖離することはなかったが，コロナ禍後の回復過程では，名目賃金が緩やかな上昇にとどまり，それを上回る物価高騰により実質賃金の下落幅は拡大したのである.

図0-1はこの間の事情を明らかにするために，リーマンショック期とコロナ禍後のコア消費者物価指数と輸入物価指数（契約通貨ベースと円ベース）の動きをみたものである.

| 図0-1 | 契約通貨ベース輸入物価指数，円ベース輸入物価指数，コア消費者物価指数：前年同月比（%） |

出所）日本銀行『国内企業物価指数』及び総務省『全国消費者物価指数』より筆者計算

両期間において，原油価格の高騰は輸入物価の急騰につながった．リーマンショック期においては，契約通貨ベースの輸入物価指数は2008年7月（前年同月比+34.7%）に，円ベースの輸入物価指数は08年8月（同+27.2%）に，インフレのピークを打った．ところが為替レートは急速な円高が進行したため，コア消費者物価指数は09年1月には下落に転じる．一方，コロナ禍後の回復過程においては，契約通貨ベースの輸入物価指数は21年11月（同+34.0%）にピークを打つが，円ベースの輸入物価指数のピークは22年7月（同+49.2%）となる．この間為替レートは114.13円から136.63円へと円安が急速に進行したため，円ベースの輸入物価指数のピークは契約通貨ベースに比して8カ月遅れたのである．輸入物価インフレはタイムラグを伴

い，国内企業物価（22年12月ピーク）に伝播し，消費者物価（23年1月ピーク）に転嫁されていった．結果，23年1-3月期の実質賃金は4四半期連続の前年比マイナスとなった．このような急速な所得環境の悪化ゆえに，賃上げの必要性に，また物価と賃金の好循環に国民的な注目が集まったのである.

Chapter 3 Section 1では，物価と賃金の好循環についての理論的・実証的なフレームを示した．それによれば，第一に，賃金が持続的に上昇するためには，まず経済全体の活況度を高め物価を上昇させていくことが基本となる．そのためには家計消費及び企業設備投資を柱とする民間需要の旺盛な伸びが不可欠である．第二は，賃金上昇には労働生産性の向上が欠かせない．その際鍵となるのは設備投資に伴う生産設備の増強である，とした.

日本の資本設備増加には勢いが感じられない．ただし過去10年間にわたる大規模な緩和的金融環境にも後押しされ，特に大企業では業績は改善し設備投資は堅調に推移している．今後はこれが，中小企業にも波及することによって，マクロ経済全体の資本設備や生産性の一層の上昇の実現につながっていくことが鍵となる．そして旺盛な設備投資の源となるのは家計消費の持続的成長である．このためには賃上げは必須である.

物価と賃金の好循環とは，マクロ経済の需要サイドと供給サイドが相互に好影響を及ぼし合うメカニズムに他ならない．目下我が国では人手不足や人工知能（AI）の向上などに伴うデジタルトランスフォーメンション化（DX）を背景に，設備投資が伸びている．こうした状況が，コロナ禍後の消費回復とも相まって続くことによって，生産性及び賃金の持続的上昇を生み出し，物価と賃金の好循環を実現させていくはずである．加えて，生産性の向上を考える場合，高付加価値製品の創出，また付加価値のプレミアム化が重要となる．Part II関西経済編では，関西企業の儲かる産業への転換を意識して分析を展開している.

甲南大学 名誉教授

稲田 義久

Part II 関西経済反転に向けての正念場

Part IIでは，対象地域をPart Iの世界及びアジア太平洋から関西へ移し，関西経済反転に向けての正念場というテーマを基に様々な角度から分析を行った．

以下，Part IIの各章の内容を要約してみよう．

Chapter 3では日本・関西経済の回顧と予測のテーマでマクロ分析を行っている．

日本経済が今後持続的に成長するためには，物価と賃金の上昇が好循環していくプロセスが不可欠である．特に2022年はこのプロセスに注目が集まった年である．Section 1では，後の分析のために好循環メカニズムについて理論的な枠組みを示した．

Section 2では日本経済を分析の対象としている．2022年度の日本経済は，社会経済活動の正常化により，サービス消費支出を中心に緩やかに持ち直した．しかし，世界貿易の停滞による外需の下押し圧力や国内の物価高騰による所得環境悪化の影響で，景気回復は緩慢となっている．結果，22年度の実質GDPは前年度比＋1.2%と2年連続のプラス成長となったが，19年度の水準には達していない．新たに，23年1-3月期GDP1次速報を追加し，外生変数の想定を織り込み，23-24年度の日本経済の見通しを改定した（23年度＋0.9%，24年度＋1.4%）．

Section 3では関西経済を分析対象としている．2022年度の関西経済は，日本経済と同じくコロナ禍からの正常化に伴い，総じて持ち直した．対面型サービスを中心に非製造業は持ち直した一方，製造業では物価高と世界経済の先行きが下押し要因となり弱含みとなった．現況を部門別に整理すれば以下の通りである．①家計部門は，緩やかに持ち直した．しかし，多くの品目で値上げが進み，家計は消費者物価の上昇に直面したことで，実質賃金は悪化が続いた．②製造業が伸び悩んだ一方で，非製造業は堅調に持ち直した．③対外部門は，財の貿易は輸出・輸入とも2年連続で増加し，サービスの輸出は

水際対策の緩和で顕著な回復がみられた．④公的部門（公共工事）は，全国に比して堅調に推移している．各経済指標の動態を反映した結果，関西の実質GRP成長率は23年度を＋1.3%，24年度を＋1.7%と予測している．

Section 4では2022年に加速したインフレの影響の分析を関西の家計に注目し行った．結果，物価高は主に食料やエネルギーといった基礎的な費目によるもので，その支出割合が高い低所得層の負担が大きいことを確認した．また，地域によって物価上昇による負担の程度が大きく異なるという結果も明らかにした．

Section 5では関西2府4県の2020-22年度GRP早期推計を示し，各府県のコロナ禍からの回復過程について比較した．21年度以降の回復過程をみれば，兵庫県，京都府，大阪府，和歌山県では順調な回復の兆しがみえている．一方，滋賀県，奈良県では他府県と違い，コロナ禍からの打撃を回復しきれていないことを明らかにした

Chapter 4では関西経済の課題と展望というテーマで，コロナ禍で明らかとなった関西経済の主要な論点について，分析・考察を行っている．

Section 1では関西における労働市場の現状と課題について考察している．コロナ禍で打撃を受けた関西の労働市場は緩やかに持ち直しているものの，性別，年齢別にみれば回復度合いは異なる．直近では非製造業で高まっている人手不足感が課題であり，将来労働力不足による供給制約が起こることも懸念されている．これらの課題を克服するために新技術の導入は重要で，労働環境の改善は当該産業における入職率と定着率を上げられよう．

Section 2では関西・大阪におけるDXの活用について「量的な改善効果」と「質的なビジネス転換」の2つの側面から考察している．夢洲コンスト

ラクションや保育園向けのサブスクリプション事業など具体的な事例を取り上げ，DXの経済効果について述べている.

Section 3では新型コロナウイルスが関西の地方自治体の財政に与えた影響について分析している.コロナ禍2年の関西の地方自治体の財政収支尻をみれば，当初懸念された財政悪化は起こらず，むしろ国からの財源移転を背景に財政状況は改善されている.今後，地方自治体のコロナ対策事業に関しては，その内容の見える化を行うとともに，当初期待した成果があがっているかの事後検証も実施していくべきであろうと指摘している.

Section 4では関西における地域金融機関の取組から人材支援と人材育成について考察している.ポストコロナにおいて，中小企業は新しい挑戦に取り組むことが不可欠であるが，そのための人材が不足している.関西の地域金融機関では，それぞれの特徴を活かし，顧客企業に対する人材支援の質と幅を拡充してきた.今後，地域金融機関による金融を超えた支援によって，関西の地域企業の力強い成長が実現することが期待されると結論付けている.

Chapter 5では，コロナ禍以降急回復するインバウンド需要に加え，国内観光も含めた観光業全体の回復に光を当てるとともに，明らかとなった課題について分析を行った.

Section 1では主要統計を用いて，急回復するインバウンド需要及び国内旅行需要について分析を行った.今後の観光戦略について，①1人当たりの消費単価の向上と持続性，②地方への誘客，周遊の促進，③観光産業における収益力向上と労働供給制約の改善，が課題であると指摘している.

Section 2ではコロナ禍を経て関西の各自治体において改定された観光戦略を取り上げ，各地域におけるDMOの観光誘客策の分析を行った.また，関西の特徴のある観光地における魅力の源泉を定量的に把握するためにAPIRが試作した「ブランド力の見える化指標」の分析結果を取り上げた.

Section 3では10年間の観光戦略を国，民間の視点から振り返り，今後に向けた観光戦略の課題を明らかにした.具体的には，観光庁の過去の予算推移からこれまでの戦略の特徴を明らかにするとともに，関西におけるホテル建設の動きをミクロベースで整理した.また，持続可能な観光に取り組むためにUNWTOや観光庁が作成したガイドラインを取り上げ，コロナ禍後を見据えた戦略について考察している.

最後に，Column AではSection 3の議論の基となる2022年度にAPIRが行ったシンポジウムの概要を掲載した.シンポジウムで展開されたパネルディスカッションは，①コロナ禍から得た教訓と今後の課題，②地域のブランド力向上への取組（プレイス・ブランディング），③SDGs，D&Iを含む持続可能なツーリズム，以上3つのテーマに分けて議論を行った.

Chapter 6では基礎データから関西経済の産業構造を整理し，成長産業（儲かる産業）を洗い出し，将来の産業構造を検討した.

Section 1では儲かる産業の発掘に向けて基礎データを用いた成長産業の洗い出しを行った.具体的には，経済センサスを用いて，関西と他地域との産業構造や生産性を比較することで，関西経済の立ち位置を明らかにしている.

Section 2ではSection 1の分析を受け，投資・人材を呼び込むための戦略を検討し，関西の新たな強みとなる産業を考察した.その際，関西の課題解決型の事業や業種とDXビジネスの考え方を掛け合わせることにより，既存の産業分類にこだわらない"儲かるビジネス"の発掘を行った.

Section 3では，これらの議論を踏まえ，「儲かる産業」，「儲かる地域」を関西ですでに着手されている事例を取り上げて経済に与えるインパクトを示す.昨年推計した拡張万博の経済効果をupdateするとともに，各自治体が取り組んでいる拡張万博の概念に沿った具体的な取組を紹介しつつ，付加価値の高い周遊型ツアーの経済効果を推計した.

〔稲田 義久・野村 亮輔〕

Chapter 3
日本・関西経済の回顧と予測

2022年度は物価と賃金の好循環について注目された年である．21年夏場以降目立ってきた円安や輸入物価高騰の影響が22年度に入りタイムラグを伴い，国内企業物価や消費者物価に大きく表れた．これまで低インフレないしゼロインフレになれていた企業や家計にとって変化のスピードが大きかった．名目賃金が伸びない環境では，消費者物価の急上昇は実質賃金の下落をもたらし，家計の消費を抑制した．企業は輸入物価高騰による収益の圧迫，価格への転嫁という問題に直面した[1]．本年度の白書では，これまでにない大きな変化の背景にあるメカニズムに注目した．

Chapter 3の展開は以下のようになる．Section 1では，物価と賃金の好循環メカニズムについて理論的な枠組みを示す．Section 2とSection 3では，2022年度の日本及び関西経済の回顧と現況を前半で述べ，後半では23-24年度についてそれぞれの経済見通し（予測）を示す．Section 4では，物価高の関西家計に対する影響について説明する．加えて，Section 5では関西2府4県の20-22年度GRP早期推計（予測）を示し，コロナ禍からの調整の特徴を比較・概観する．

Section 1
物価と賃金の好循環メカニズムについて

1. はじめに

日本経済が今後持続的に成長するためには，物価と賃金の上昇が好循環していくプロセスが不可欠で

ある．Section 1では好循環のメカニズムを丁寧に整理し，好循環が成立するポイントについて詳細に検討する．構成は以下の通りである．Section 1.2では好循環の基本的枠組みを素描する．Section 1.3では物価上昇のメカニズムについて，Section 1.4では賃金上昇のメカニズムについて整理する．Section 1.5では消費増加の要因を紹介する．Section 1.6では労働生産性上昇について詳しく検討し，Section 1.7では労働生産性と深く関連する資本設備の増加について解説する．Section 1.8ではSection 1での考察に基づいて，物価と賃金の好循環が実現するためのメカニズムに関するポイントが整理される．

2. 好循環メカニズムの基本

一国経済が持続的かつ安定的に成長していくためには，経済全体の需要と供給がバランスよく伸びていくことが基本となる．その際最大の需要項目である家計消費が順調に伸びていくことが極めて重要である．消費決定の基本的要因は現在及び将来の所得であり，所得水準のベースとなる賃金である．

では賃金はどのような要因によって変動するのだろうか．詳細は後ほど説明するが，鍵となるのは経済の持続的成長に伴い物価が上昇し，企業の売上や雇用者報酬が増加している状況が続くことである．こうしたメカニズムを整理すれば以下のようになる．

Step①：消費を中心とする経済全体の需要増加によって物価が上昇する．

Step②：物価上昇に伴い，企業の売上及び利益

---

1) この点に関してはChapter 3 Section 2の記述を参考.

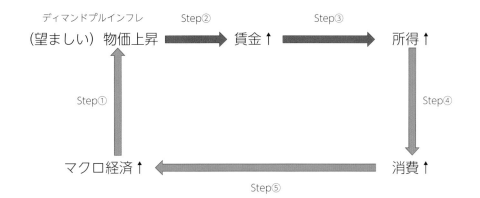

図3-1-1 物価と賃金の好循環メカニズム（基本形）

出所）筆者作成

が増加すると，賃金が上昇する．

　Step③：賃金の上昇を通じて所得が増加する．

　Step④：所得の増加によって消費が増える．

　Step⑤：消費の増加によって好景気が持続する．

　Step①からStep⑤までのメカニズムが繰り返されることによって，経済全体で好ましいサイクル（好循環）が生み出される．こうした好循環のメカニズムは，図3-1-1のように表すことができる．

　図3-1-1に示されるメカニズムにおいて鍵となるのは，Step①における物価の上昇と，Step②の賃金の上昇である．「物価と賃金の好循環」と呼ばれるのはこうした状況に基づいている[2]．

　図3-1-1は，いわば好循環メカニズムの基本形であるが，現実の経済では同メカニズムは補足，修正がなされる必要がある．こうした補足，修正を1つ1つ丁寧に検討していくことによって，日本経済の現状と課題を浮き彫りにすることができるはずである．以下ではこうした検討を，データによる説明を踏まえながら適宜行っていくことにする[3]．

3. 物価上昇のメカニズム

　最初にStep①における物価上昇のメカニズムについて見ていく．

　図3-1-2には，2000年1月から23年4月までの消費者物価指数（総合指数，生鮮食品及びエネルギーを除く総合指数（コアコア指数））の変化率が示されている[4]．

　2000年から12年までは一部の年を除いて，消費者物価は概ね下落傾向にあり，デフレ基調が続いていた[5]．13年以降物価上昇率は概ねプラスで推移しておりインフレ基調となっている．足下の23年4月時点では総合指数は3.5％，コアコア指数では4.1％の上昇率となっている．

　ここで物価が上昇する主なメカニズムを整理しておく．

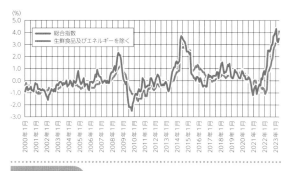

図3-1-2 消費者物価の推移：対前年同月比

出所）総務省統計局『全国消費者物価指数』より作成

---

2)　図3-1-1においてStep⑤とStep③に注目すれば，「成長と分配の好循環」と称される．またStep⑤と，Step②における賃金上昇に注目し，「賃上げと成長の好循環」と呼ばれる場合もある（日本経済新聞（2023a））．いずれの表現においても，図3-1-1のメカニズムをベースとしている点は変わりない．

3)　以下の整理は，メカニズムを構成する各チャンネルに関する理論，実証分析の先行研究や，情勢判断に関する各種レポートや記事をベースに行われている．なおメカニズムに影響を及ぼす可能性のある各種政策や制度変更については詳しくは触れていない．

4)　消費者物価の総合指数は調査対象となる全品目を用いた指数である．生鮮食品及びエネルギーを除く総合指数は，天候や市況等によって激しく変動すると考えられる生鮮食品とエネルギー関連品目を除いたものであり，コアコア指数とも呼ばれている．

5)　2007年末から08年にかけての総合指数の急速な上昇（＋2.3％（08年7月））は，同時期における燃料価格の高騰によるところが大きく，同時期のコアコア指数では＋1.0％となっている．

　第一は，経済全体の需要が増加し景気が良くなることによって生じる物価上昇で，「ディマンドプル・インフレーション」と呼ばれている．

　第二は，原材料価格など企業が生産する際のコスト上昇に伴う物価上昇で，「コストプッシュ・インフレーション」と呼ばれている．原材料費の高騰が主因であるため，Section 1では「原材料インフレ」と呼ぶことにする．

　第三は，賃金すなわち人件費（コスト）の上昇に伴う物価上昇で，第2のメカニズムと同様に「コストプッシュ・インフレーション」と呼ばれている．ただし賃金上昇が主因であるため，Section 1では「賃金インフレ」と呼ぶことにする．

　第四は，家計や企業が抱く将来の物価上昇に対する期待（通常「インフレ期待」と呼ばれる）が高まることによって，現実の物価が上昇するというメカニズムである[6]．

　物価と賃金の好循環が持続するためには，図3-1-1のStep①のプロセスであるディマンドプル・インフレーションによる物価上昇が生じるか否かがポイントとなる．そこで図3-1-3には，マクロ経済全体の活況度（GDPギャップによって表示）と物価上昇率の関係が描かれている[7]．

図3-1-3　GDPギャップと消費者物価上昇率の推移：前年同月比

出所）総務省統計局『全国消費者物価指数』及び内閣府『月例経済報告』より作成

　GDPギャップと物価上昇率の間には緩やかにプラスの相関がありそうである．ただし2021年から物価上昇率は急速に上昇しているものの，GDP

ギャップはマイナスであり，経済全体の活況度が足下の物価上昇の主因となっているとは言い難い．これは，図3-1-4にみられるように，鉱物性燃料を中心とするエネルギー価格高騰によるところが大きく，原材料インフレの様相が強いといえる[8]．

図3-1-4　消費者物価とエネルギー価格上昇率の推移：前年同月比

出所）総務省統計局『全国消費者物価指数』より作成

4. 賃金上昇のメカニズム

　先に見たように，現在の物価上昇は，経済全体が活況を呈することによってもたらされているというよりも，エネルギー価格の高騰が主因となっている．

　次に図3-1-1のStep②：賃金上昇のメカニズムについてみていく．賃金が上昇する要因は以下の4点に整理できる．

　要因(1)：労働供給（家計が所得を獲得するために労働力を提供すること）と，労働需要（企業が労働力を雇い入れること）が一致せず，労働市場が逼迫し賃金が上昇するケースである．

　要因(2)：経済全体が活況を呈することによって物価が上昇し（ディマンドプル・インフレーションの発生），企業の売上及び利益が増加することによって労働者への支払いである賃金が上昇するケースである．

　要因(3)：労働者1人当たりの付加価値（粗利益）で示される企業の労働生産性が上昇することによっ

---

6)　家計や企業のインフレ期待が高まり，将来購入しようとする物の値段が上がるであろうと予想している場合には，消費や投資を前倒しで行うことになり，結果的に現在の物価の上昇をもたらすことになる．このメカニズムは，厳密には実質金利（＝名目金利―期待インフレ率）の下落を通じて需要を喚起することになる．

7)　GDPギャップとはマクロ経済全体の需要（総需要）と潜在的に達成可能な供給（潜在供給あるいは潜在GDPと呼ばれる）の乖離度であり，内閣府から定期的に公表されている．

8)　内閣府（2023）では，本文で示した物価上昇要因がどの程度現実の物価上昇率に影響しているのかを，回帰分析によって要因分解している．

て，労働者の報酬である賃金が上昇するケースである．

　要因(4)：原材料インフレによる物価の高騰により，実質所得が減少する可能性がある（原材料インフレから消費者物価への転嫁のプロセスはSection 2.1を参照）．こうした状況のもとでは，労働者（家計）と経営者（企業）の労使交渉や協議（日本では春闘）において賃金引上げの要求が活発化し，結果的に名目賃金が上昇する場合がある．

　ここで図3−1−5に日本の名目賃金上昇率の推移を示しておく[9]．

出所）厚生労働省『毎月勤労統計調査』より作成

図3−1−5　名目賃金上昇率の推移：前年同月比

　2000年から名目賃金はほぼ伸びておらず，プラスに転じるのは14年以降である．ただし伸び率は極めて緩慢で22年は辛うじて＋1.1％となっている[10]．

　なお，5月10日の連合調査によれば，2023年の春闘賃上げ率は＋3.67％と，1993年（＋3.90％）以来の高い値となった．このため，2023年度の所定内給与は比較的高い上昇が見込まれる．長らく上昇が見られなかった賃金が上昇の兆しを見せつつあ

るのは，先に整理した要因のうち，主に要因（4）によるところが大きい．すなわち資源高と円安を起因とする原材料インフレによって家計の実質所得が減少を余儀なくされており，賃金上昇を迫られている[11]．

　いずれにせよ，図3−1−1で示したように，物価上昇から賃金上昇へのメカニズム（賃金上昇の要因（2））が生じている可能性は低い．現在の物価上昇は原材料インフレの様相が強く，図3−1−1のStep②が成立するための前提そのものが生じていないことになる．中長期的な視点から我が国の賃金を上昇させるためには，要因（3）のメカニズムを実現させていくことが鍵となる．

　ここで企業の労働生産性の基本形を（1）式で示しておく．

$$労働生産性＝企業の付加価値額／従業員数$$
$$＝粗利益／従業員数$$
$$＝（売上高−売上原価）／従業員数$$
$$＝（人件費＋営業純益＋その他）／従業員数　　（1）$$

　（1）式より，粗利益に占める人件費の割合（労働分配率）が大きく変化しなければ，労働生産性が上昇すると従業員1人当たりの人件費である賃金は上昇することになる．したがって労働生産性を伸ばしていくことが，中長期的に見て賃金を上昇させる有効な手段といえる．労働生産性を上昇させるメカニズムについてはより詳細な検討が必要であり，後ほど詳しく解説する[12]．

9）　名目賃金上昇率の系列は，「1人当たり所定内給与」（就業形態計5人以上）の前年同月比である．
10）2022年の伸びは，毎月勤労統計調査におけるサンプル入れ替えと，ベンチマーク更新に起因している点もある．このような統計面での特徴や足元の賃上げの状況については斎藤（2023）が丁寧に説明している．なお我が国の名目賃金が長らく伸び悩んでいる点については様々な要因が指摘されている．例えば大久保他（2023）では，1）労働市場における二重構造，2）企業の賃金設定行動，3）業種別（特に非製造業）の要因や業種間，企業間の雇用流動性，などを指摘している．企業の賃金設定行動と関連し，我が国では企業が収益が増加した場合，賃金引上げよりも雇用者数の増加を優先する可能性がある（浜田・安達（2015））．
11）中長期的要因としては要因（1）も存在していると考えられる．労働市場の逼迫は好景気によってもたらされるため，要因（2）と要因（1）は同時に起こり得る．ただ昨今の我が国では高齢化の進展や人材のミスマッチなどによって，労働供給が労働需要に達しておらず人手不足が構造化しつつあり，要因（1）が中長期的要因として顕在化しつつある．なお人手不足と賃金については玄田編（2017）が包括的に検討している．
12）（1）式において生産性を上昇させる方策は，1）分子の付加価値（粗利益）を増加させる，2）分母の従業員数を減らすの2つである．従業員数の大胆な減少は現実的ではないとすれば，生産性上昇の鍵は付加価値の増加，より平易に表現すれば企業がより一層利益を生み出すということに尽きるかもしれない．したがって「生産性を上昇させることによって賃金を上昇させる」という表現は，「付加価値を顕著に増加させることによって，結果的に生産性が伸び賃金が上昇する」と表現した方がわかりやすいかもしれない．この点はアジア太平洋研究所（2022）においても議論された．

5. 消費増加のメカニズム

次に賃金上昇が物価上昇に結びつく経路（図3-1-1 Step③，④）の鍵となる消費増加のメカニズムについてみていくことにする．

図3-1-6には日本，米国及びドイツの2007年から22年までの実質家計消費支出（2007年＝100）の推移が示されている．

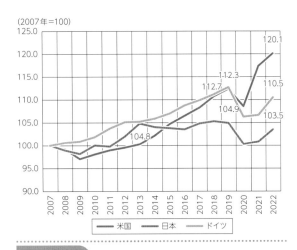

図3-1-6　実質家計消費支出の推移

出所）OECDより作成

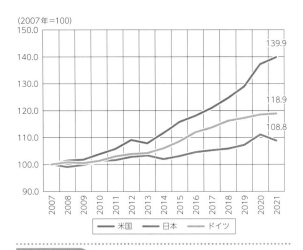

図3-1-7　実質家計可処分所得の推移

出所）OECDより作成

米国とドイツは約15年間，コロナ禍の一時的落ち込みを除けば着実な増加傾向を示している．すなわち，2022年で米国は120.1，ドイツは110.5であるのに対して日本は103.5と低調である．

家計消費の最大の決定要因は所得である．具体的には毎期の可処分所得の水準が基本となる．そこで図3-1-7には3カ国の実質家計可処分所得（2007年＝100）の推移が描かれている．

米国とドイツでは趨勢的に伸びているが，日本では伸びは極めて緩やかであり，2021年時点で108.8となっており，約15年間で，10%以下の伸びに過ぎない．このように日本における消費低迷の根本的要因は，可処分所得あるいは賃金の伸び悩みにある点は明瞭である．

消費行動は今期の所得だけではなく，将来的に稼得できる生涯所得にも依存する．例えば自動車や耐久消費財の購入，教育費の支出に際しては，就業期間中の所得プロフィールをもとに将来所得を予想したもとで，消費決定を行うはずである．

もちろん生涯所得は現実には観察できない変数であるが，計測を工夫することによって観察可能な系列を作成することができる[13]．

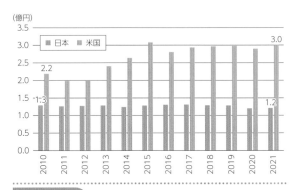

図3-1-8　生涯所得の日米比較

出所）筆者作成

図3-1-8には日米両国の2010年から21年までの生涯所得が示されている．10年における日本の生涯所得の約1.3億円に対して，米国は円換算すると約2.2億円となっており，約1.7倍の違いがある．その後米国では生涯所得は増加傾向にあったが，日本では低迷が続いていた．結果，21年には米国は約3億円，日本は1.2億となっており，2倍以上の格差が生じることになった．こうした背景には，日本では賃金がほとんど上昇していないために

---

13) 毎期の1人当たり実質労働所得の確率過程を特定化し，家計の予想する所得プロフィールに関して合理的期待形成を仮定することによって計測が可能となる．計測の詳細は小川（1992），松林（2007）に解説がなされている．

毎期の所得が伸びておらず，家計は生涯所得に関する予想を低い水準に抑えている点がある．

以上みてきたように我が国の家計消費の低迷の主因は，毎期の所得および将来所得の伸び悩みにある[14]．

6.　生産性上昇のメカニズム

このように賃金が上がりにくい状況のもとでは，消費の顕著な増加は望めない．そこで賃金が持続的に上昇していくメカニズムとして労働生産性上昇（先に整理した要因（3））の可能性について，再度丁寧に検討していく．

(1)式で示した労働生産性は(2)式のように書き換えることができる．

$$労働生産性 = \frac{資本設備}{従業員数} \times \frac{売上高}{資本設備} \times \frac{粗利益}{売上高} \quad (2)$$

(2)式の右辺第一項は，従業員1人当たりに対してどれだけ生産設備が装備されているかを表しており，「資本装備率」と呼ばれている．資本装備率が高いほど，資本設備が充実しており労働生産性は高くなる．右辺第二項は生産設備1単位当たりの売上で，「資本係数」と呼ばれる．資本係数が大きいほど効率的に生産が行われていることを意味し，労働生産性は上昇する[15]．右辺第三項は，売上高に対する利益で，「売上高収益率」と呼ばれている．売上高収益率が高いほど，労働生産性は高くなる．

ここで2000年以降の我が国の労働生産性の推移を，3つの項目に分解しながら見ていくことにする[16]．

労働生産性（図3-1-9）は大企業に比して中小企業の方が一貫して低い．大企業はリーマンショッ

ク以降緩やかな上昇傾向にあるものの，2000年代の水準を超える程の勢いはない．一方，中小企業は10年代以降低下傾向にある．

図3-1-9　労働生産性の推移

出所）財務省『法人企業統計』より作成

次に資本装備率（図3-1-10），資本係数（図3-1-11），売上高利益率（図3-1-12）を見ると，いずれもほぼ横ばい，ないしは緩やかに低下していることがわかる．特に大企業における資本装備率の低下は明瞭であり，生産設備が十分に蓄積されていない点が労働生産性の低迷に繋がっていると考えられる．

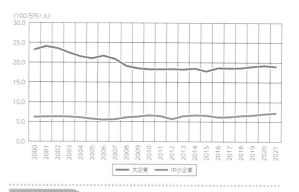

図3-1-10　資本装備率の推移

出所）財務省『法人企業統計』より作成

---

14) COVID-19ショックによって大きく落ち込んでいた家計消費は，2022年の春先から夏頃にかけて回復の兆しを見せていた．ただし消費者物価の高騰によって実質所得が目減りしており，コロナ禍による消費の落ち込みの回復がどの程度明確なものとなるかは定かではない．Section 1の考察に基づけば，物価高騰が長期化し，賃金上昇が一時的なものであると家計が認識すれば，家計は生涯所得について悲観的に予想し，消費の中長期的な低迷に繋がる可能性がある．こうした点を含め，通時的な家計行動理論（ライフサイクル仮説）に基づく詳細な分析は，例えば宇南山（2023）においてなされている．

15) 設備投資を行う際，設置される機械設備は新しい技術を伴っている場合が多い（「体化された技術（embodied technology）」と呼ばれる）．したがって資本装備率や資本係数は資本設備の規模のみならず質の向上によって上昇する．

16) 「法人企業統計年報」に基づき，各変数を以下のように計測している．付加価値額＝人件費＋支払利息等＋動産・不動産賃貸料＋租税公課＋営業純益，労働生産性＝付加価値額／従業員総数，従業員総数＝従業員数＋役員数，資本設備率＝有形固定資産／従業員総数，資本係数＝売上高／有形固定資産，売上高利益率＝付加価値額／売上高．大企業は資本金1億円以上，中小企業は1億円未満で分類している．なお日本生産性本部（2020）は，本稿と同様の計測方法に基づいてより詳細な計測を行っている．また白書Chapter 6 Section 1では，(2)式を簡略化した形で，関西企業における労働生産性の特徴を，詳細に分析している．

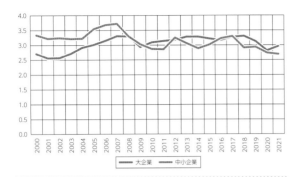

図3-1-11 資本係数の推移

出所）財務省『法人企業統計』より作成

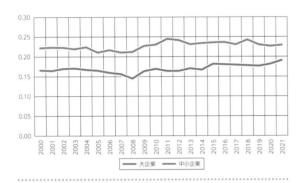

図3-1-12 売上高利益率の推移

出所）財務省『法人企業統計』より作成

7. 資本設備増加のメカニズム

労働生産性の向上は中長期に賃金を上昇させていく原動力であり，その要となるのは資本設備の増加，すなわち旺盛な設備投資である．

設備投資に影響を与える要因は多岐にわたるが，鍵となるのは企業が予想する将来収益である．中長期に将来収益が上昇すると予想すれば，企業は既存の資本設備の増強を意図して，設備投資を増加させるはずである．ここで将来収益を予想する際の基本となるのは，経済成長に関する長期予想である．具体的的には3年後，5年後に日本経済がどの程度成長するのかという見通しは，短期的な売上予想とは異なり，高額な資金を必要とする設備投資決定において重要な情報となる[17]．

内閣府は企業の中長期的な経済成長率に関する見通しについて，「企業行動に関するアンケート調査」という形でアンケートを公表している[18]．

図3-1-13には本アンケートから得られた1983年から2021年までの実質経済成長率予想（3年後）と，設備投資伸び率予想（3年後）の関係が示されている．

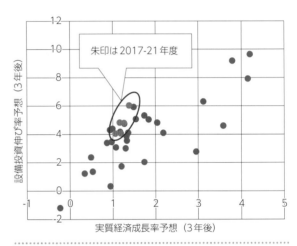

図3-1-13 実質経済成長率予想（3年後）と，設備投資伸び率予想（3年後）：単位（％）

出所）内閣府『企業行動に関するアンケート調査』より作成

図からわかるように，中長期な経済成長期待が高いほど，設備投資の伸び率の予想も高くなっている[19]．過去5年間（2017-21年）の推移を見ると，経済成長予想は高くはないが，設備投資予想は幾分上昇している．

ここで経済成長の見通しの鍵となる要因について説明しておく．需要項目において家計消費が総支出（GDP）に占める割合は最も高く，現実の消費の成長が中長期の経済成長の見通しに与える影響は極めて大きいと考えられる．

この点を確認するために図3-1-14には，現実の家計消費の成長率と，3年後の経済成長率見通しを示している．図からも明らかなように企業の抱く経済成長予想は，現実の家計消費の成長と強く関係している．表現を変えれば消費の中長期的低迷は，

---

17) Keynes（1936）は，企業経営の基礎となる期待について，短期期待と長期期待の二つに分類している．短期期待は生産を行う際の売上高に関する期待である．他方，長期期待は企業が新たに生産設備を購入する際，設備を据え付けることに伴う将来収益に関する期待である．今後3年から5年の間に日本経済がどの程度成長するのかという見通しは，まさに企業の長期期待形成の鍵となる要因である．この点は小川（2021）においても指摘されている．
18) 同アンケート調査では，経済成長に関する見通しの他，設備投資の伸び率，雇用者数，海外現地生産比率，採算円レートなどの見通しに関するアンケートが実施されている．
19) この点は内閣府（2023）においても詳細に説明されている．

企業の抱く経済成長見通しを引き下げ，設備投資の伸びを鈍化させることに繋がる[20]．

図3-1-14　実質家計消費成長率（現実値）と実質経済成長率予想（3年後）

出所）内閣府『企業行動に関するアンケート調査』より作成

　ここで日本の設備投資の状況をより詳しく見ておくため，ドイツ，韓国との比較を行ってみる．ドイツ及び韓国は，日本と同様に製造業主導型の経済であり，設備投資の動向を精査する上でも格好の比較対象となる．

　図3-1-15には，個別企業の財務データに基づく2005年から20年にかけての設備投資率（設備投資額の対資本ストック比）の推移が描かれている[21]．各年の計測値は中央値を示している．

　日本はドイツや韓国と比べ，大企業，中小企業ともに標本期間中一貫して投資率が低い．ドイツと韓国は2000年代後半から投資率は緩やかに上昇しているが，日本での上昇傾向はそれほど大きくはない[22]．

　図3-1-16には，期待収益率（トービンの限界q）の推移が示されている．トービンの限界qは設備投資決定の主要因である期待収益率の代理変数である[23]．

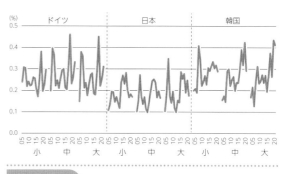

図3-1-15　設備投資率の日米独比較[24]

出所）萩原（2023）より作成

　図3-1-16からもわかるように，日本の限界qの水準はドイツや韓国と比べ低く，この特徴が図3-1-15の投資率の低迷に反映されていると考えられる．

　図3-1-17には資本設備の平均的年齢であるヴィンテージ指数の推移が示されている．同指数は値が小さい程，資本年齢が若いことを意味し，資本設備の更新が積極的に行われていることを意味する．一般的に新しい技術は新たな資本設備に体化されており，生産性向上という観点から見れば，ヴィンテージ指数は小さい方が望ましい．

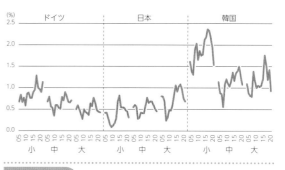

図3-1-16　期待収益率の日米独比較

出所）萩原（2023）より作成

　図3-1-17からも明らかなように，日本のヴィンテージ指数はドイツや韓国と比べると2倍近く高く，資本の更新が滞っていることが確認できる．こ

20）企業の抱く経済成長予想は，家計消費だけでなく他の様々な要因にも影響を受けるはずである．ただし中長期的には，国内総支出において最もシェアの高い家計消費の動向（すなわち内需の動向）が企業の経済成長予想に与える影響が大きいと考えられる．この点は小川（2021）においても指摘されている．

21）図3-1-15から図3-1-17までの計測方法の詳細は萩原（2023），Hagiwara and Matsubayashi（2019）に整理されている．計測の際のデータベースはビューロー・ヴァン・ダイクから提供されている「Orbis」（グローバル財務データ）に基づいている．なおHagiwara and Matsubayashi（2019）では，脚注15で述べた体化された技術の検証も行っている．

22）我が国の設備投資の中長期的動向については，内閣府（2022）においても詳細に検討されている．

23）トービンのqは，期待収益率に関するすべての情報が内包された変数で，統計的には十分統計量（sufficient statistics）と呼ばれている．したがって先に示した内閣府のアンケート調査に基づく企業の期待成長率の情報も，トービンのqに含まれていると考えられる．

24）図3-1-15から図3-1-17の「大」，「中」，「小」は，大企業，中堅企業，中小企業を示す．

れは図3-1-15，図3-1-16で見たように，期待収益率の低下に伴う投資率の低迷が背景にあるといえよう．

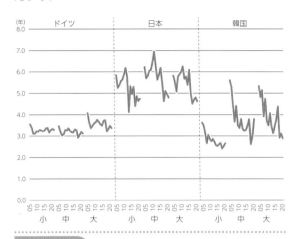

図3-1-17   ヴィンテージ指数の日米独比較

出所）萩原（2023）より作成

8. 物価と賃金の好循環のメカニズム実現のために

本sectionでは，物価と賃金の好循環が持続するためのメカニズムについて丁寧に検討してきた．

図3-1-1で示したメカニズムのひな形（基本形）は，これまでの検討を通じて図3-1-18のように修正することができる．ポイントは以下の3点である．

第一は，賃金が持続的に上昇するためには，まず経済全体の活況度を高め物価を上昇させていくこと

が基本となる．そのためには家計消費及び企業設備投資を柱とする民間需要の旺盛な伸びが不可欠である．

第二は，賃金上昇には労働生産性の向上が欠かせない．その際鍵となるのは設備投資に伴う生産設備の増強である．

第三は，設備投資は経済全体の需要を増やすだけでなく，生産設備の増加を通じて生産性及び供給力を高めることになる[25]．つまり需要供給の両面から経済を活性化させるという意味で極めて重要な役割を演じることになる．

先に見たように各国との比較で見ると，日本の資本設備増加には勢いが感じられない．ただし過去10年間にわたる大規模な緩和的金融環境にも後押しされ，特に大企業では業績や設備投資は堅調に推移している[26]．また図3-1-9に示されるように，労働生産性は大企業においては上昇しつつある．今後はこうした改善傾向が，中小企業にも波及することによって，マクロ経済全体の資本設備や生産性の一層の上昇の実現に繋がっていくことが鍵となる．そして旺盛な設備投資の源となるのは，最大の国内需要の項目である家計消費の持続的成長である．

以上の整理より，物価と賃金の好循環とは，マクロ経済の需要サイドと供給サイドが相互にリンクしながら好影響を及ぼし合うメカニズムに他ならないことを確認した．目下我が国では人手不足や人工知能（AI）の向上などに伴うデジタルトランスフォー

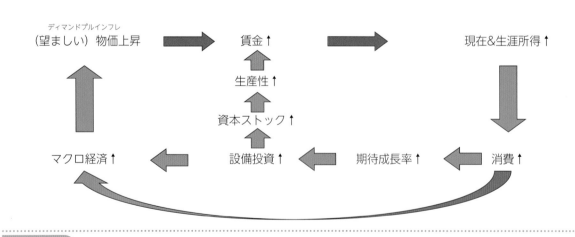

図3-1-18   物価と賃金の好循環のメカニズム（修正形）

出所）筆者作成

---

25) 生産性を上昇させる上では，有形固定資産のみならず無形固定資産（ソフトウェアやのれんなど）の蓄積も重要である．
26) この点は図3-1-5，図3-1-12，図3-1-15から図3-1-17までから確認できる．

メーション化（DX）を背景に，設備投資が伸びている[27]．こうした状況が，コロナ禍後の消費回復とも相まって続くことによって，生産性及び賃金の持続的上昇を生み出し，物価と賃金の好循環を実現させていくことが期待される．

　Section 1で整理したメカニズムを念頭に，次のSection以降では日本経済，関西経済のより詳細な分析が展開される．

参考文献

アジア太平洋研究所（2022）「景気討論会2022（日本経済編)」

宇南山卓（2023）『現代日本の消費分析　ライフサイクル理論の現在地』慶応義塾大学出版会．

大久保友博・城戸陽介・吹田昂大郎・高富康介・幅俊介・福永一郎・古川角歩・法眼吉彦（2023）「わが国の賃金動向に関する論点整理」日本銀行ワーキングペーパーシリーズ23-J-1．

小川一夫（1992）「わが国における家計行動の実証分析」，『フィナンシャル・レヴュー』第25号，pp.112-134．

小川一夫（2021）『日本経済の長期停滞　実証分析が明らかにするメカニズム』日本経済新聞出版．

玄田有史編（2017）『人手不足なのになぜ賃金が上がらないのか』慶応義塾大学出版会．

斎藤太郎（2023）「春闘賃上げ率は30年ぶりの高水準へ―今後の焦点は賃上げの持続性とサービス価格の上昇ペース―」ニッセイ基礎研究所『Weeklyエコノミスト・レター』2023-4-14．

内閣府（2022）『令和4年度経済財政白書』第3章．

内閣府（2023）『日本経済2022-2023-物価上昇下の本格的な成長に向けて-』

日本経済新聞（2023a）「賃上げと成長の好循環へ改革を加速せよ」2023年3月16日社説．

日本経済新聞（2023b）「設備投資　最高31兆円」2023年6月22日．

日本生産性本部（2020）「労働生産性の推移に係る要因分析の報告」

萩原泰治（2023）「トービンの限界qと生産性に関する日独韓比較」『国民経済雑誌』第227巻第1号,pp.1-11．

浜田宏一・安達誠司（2015）『世界が日本経済をうらやむ日』幻冬舎．

松林洋一（2007）「資産効果の有効性と限界：日米消費行動の再検証」『国民経済雑誌』第196巻第3号,pp.17-35．

T.Hagiwara and Y.Matsubayashi, (2019). "Capital Accumulation, Vintage, and Productivity: The Japanese Experience," *The Singapore Economic Review*, 64 (3), pp.747-771.

Keynes .J.M, (1936) The General Theory of Employment, Interest and Money, Harcourt Brace, London, 塩野谷祐一訳（1995）『雇用・利子および貨幣の一般理論』東洋経済新報社．

神戸大学大学院経済学研究科教授

松林 洋一

甲南大学 名誉教授

稲田 義久

---

27) 例えば直近の状況は，日本経済新聞（2023b）に紹介されている．なお現下の設備投資の盛り上がりは，主に企業の潤沢なキャッシュフローに基づいている．今後はSection 1で説明した中長期的要因（期待経済成長や期待収益）に基づく持続的増加が期待される．

Section 2
日本経済の回顧と短期予測

1. 2022年度日本経済の回顧

　原油価格（WTI，ドバイ，北海ブレントの1バレル当たりの平均価格）は，COVID 19による世界経済の急減速と需要蒸発で2020年4月に21.96ドルへ急落した（コロナ前のピーク：18年10月76.90ドル）．以降，景気回復と原油供給制限の持続から原油価格は上昇基調に転じ，21年秋口には80ドル台を超えた．原油価格の上昇はロシアのウクライナ侵攻（22年2月24日）を契機に一層加速し，22年6月には114.94ドルを記録した．原油価格は22年4-6月期をピークに下落に転じたが，足下70ドル台で高止まりしている．

　原油価格の高騰は資源価格や食料価格に波及し輸入物価（契約通貨ベース）の急上昇につながった．加えて急速な円安の進行（2022年1月：114.83円→22年10月：147.01円）により円ベースの輸入物価は22年夏場には前年同月比50%近い上昇となった．輸入物価インフレはタイムラグを伴い，国内企業物価（22年12月ピーク）に伝播し，消費者物価（23年1月ピーク）に転嫁されていった（図3-2-1）．

　消費者物価高騰（2022年1月：前年同月比+0.3%→4月：同+2.1%→23年1月：同+4.2%）は家計に大きな影響をもたらした．確かに，現金給与総額（名目賃金）は緩やかながら回復したが，物価高騰により23年1-3月期の実質賃金は4四半期連続の前年比マイナスとなった．急速な所得環境の悪化により，賃上げの必要性に国民的な注目が集まった．このため，23年の賃上げ率は1993年以来の高い値となった（連合5月10日プレスリリース）．このように22年度は，日本経済の物価と賃金の好循環に注目が集まった年であった．

　まずは2022年度の日本経済の状況について，部門別に概観しよう．

（1）家計部門

　内閣府によれば，1994年から2014年平均の家計貯蓄率（四半期ベース）は5.2%であったが，15年から19年平均は1.2%にまで低下した．コロナ禍や定額給付金により，貯蓄率は20年1-3月期に5.0%，4-6月期に21.3%と急上昇した．以降，22年10-12月期には2.4%にまで低下しているが，依然15-19年平均貯蓄率より高い（図3-2-2）．社会経済活動の正常化に伴い，コロナ禍で蓄積されていた強制貯蓄[1]は徐々にサービス消費支出に向かっている．

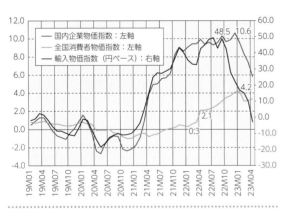

図3-2-1	輸入物価，国内企業物価，全国消費者物価指数：2020年=100：前年同月比：%

出所）日本銀行『国内企業物価指数』及び総務省『全国消費者物価指数』より筆者計算

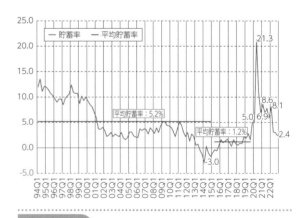

図3-2-2	家計貯蓄率：SNAベース：%

出所）内閣府『家計可処分所得・家計貯蓄率四半期別速報』

　足下貯蓄率が低下する（消費性向が回復する）中，顕著となっている消費者物価インフレの加速は

---

1) 強制貯蓄については，『経済・物価情勢の展望』（2021年4月）（Box3）「ワクチンの普及と個人消費の先行きについて」が参考になる．

実質可処分所得の伸びを抑制する．Section 1.5で
みたように，家計消費の持続的な回復（経済成長の
回復）には可処分所得の伸びが必要であり，賃上げ
が決定的に重要となる．

厚生労働省の毎月勤労統計調査（確報，調査産業
計，事業所規模5人以上）によれば，3月の現金給
与総額は前年同月比+1.3%と15カ月連続で増加し
た．一方，現金給与総額を消費者物価指数（持ち家
の帰属家賃を除く総合）で除した実質現金給与総額
は同-2.3%と12カ月連続で減少した．結果，1-3
月期の現金給与総額は前年同期比+0.9%と5四半
期連続の増加だが，実質現金給与総額は同-3.2%
減少し，4四半期連続のマイナスとなった．2022
年度の現金給与総額は前年度比+1.9%増加し2年
連続のプラス，実質現金給与総額は同-1.8%減少
し2年ぶりのマイナス．マイナス幅は消費増税の影
響があった14年度（-2.9%）以来の大きさである．

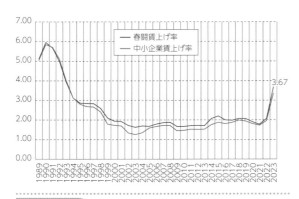

図3-2-3　春闘賃上げ率：%

出所）連合2023年5月10日『プレスリリース』

日本労働組合連合会（連合）の調査結果（5月
10日）によれば，2023年の賃上げ率は+3.67%
（22年+2.10%）となり1993年（+3.90%）以来
の高い値となった．うち，大企業は+3.35%，中小
企業は+3.70%といずれも高い値である（図3-2-
3）．2023年については，高い賃上げ率と消費者
物価インフレの一服から，実質賃金の伸びはプラス
反転が期待できる．

国土交通省によれば，民間住宅投資をよく説明す
る建築工事費予定額[2]は，3月に前年同月比
+0.2%，3カ月連続の増加．季節調整値（APIR推

計）は前月比-6.1%と2カ月連続の減少．結果，
1-3月期は前期比+4.8%増加した．2四半期ぶり
のプラス．2月の住宅工事費デフレータ（2015年
平均＝100）は前年同月比+2.2%と25カ月連続の
上昇となったが，インフレ率は一桁台前半までに
ピークアウトしている．このため，実質ベースの建
築工事費は緩やかな回復となっている．

（2）企業部門

足下，財の生産（鉱工業指数）は輸出の低迷もあ
り緩やかな回復にとどまっているが，経済社会活動
の再開でサービス生産（第3次産業活動指数）は着
実に回復している．

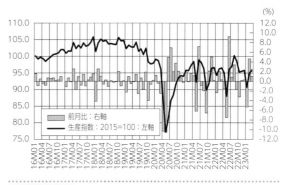

図3-2-4　鉱工業生産指数の推移：2015＝100

出所）経済産業省『鉱工業指数』

経済産業省の鉱工業指数（確報）によれば，3月
の鉱工業生産指数（季調済み：2015＝100）は前
月比+1.1%上昇し95.9となった．2カ月連続のプ
ラスだが，生産水準は依然19年平均（101.0）を
下回っている．結果，1-3月期は前期比-1.8%低
下し，2四半期連続のマイナスとなった（図3-2-
4）．なお，製造工業生産予測調査によると，4月
の製造工業生産は前月比+4.1%（補正値：同
+1.8%）の上昇，5月は同-2.0%低下が見込まれて
いる．4-6月期は緩やかな回復にとどまろう．

3月の第3次産業活動指数（季調済み：2015年
平均＝100）は前月比-1.7%と3カ月ぶりの低下．
結果，1-3月期は前期比+1.2%上昇し，3四半期
ぶりのプラスとなった．経産省は基調判断を「持ち
直し傾向にある」と前月から据え置いた．うち，3

---

2)　GDPの1項目である民間住宅は，建設工事費予定額のうち居住用と居住産業併用の7割の合計が推計の基礎となっている．

月の対面型サービス業指数（2015年平均＝100）は前月比-10.2％低下し3カ月ぶりのマイナス．結果，1-3月期は前期比＋3.1％上昇し，6四半期連続のプラスとなった（図3-2-5）．

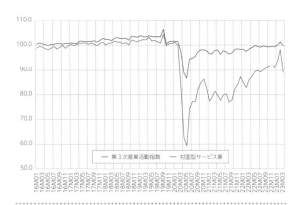

| 図3-2-5 | 第3次産業活動指数の推移：2015年＝100 |

出所）経済産業省『第3次産業活動指数』
注）対面型サービス業指数は，運輸業，宿泊業，飲食店，飲食サービス業，その他の生活関連サービス業及び娯楽業指数の加重平均値．2015年平均＝100.

2023年1-3月期の法人企業統計調査によれば，同期の全産業ベースの経常利益（季節調整済，金融業，保険業を除く）は前期比＋6.2％増加し，3四半期ぶりに改善した．製造業は同＋5.0％増加し2四半期ぶりのプラス，非製造業は同＋6.8％増加し，2四半期連続のプラスとなった．内需を中心とする非製造業の業績は好調である．企業のキャッシュフローは最高水準を維持しており，投資拡大のポテンシャルは強い（図3-2-6）．下押しリスクは，海外経済の減速による先行き景気の不透明感の高まりである．

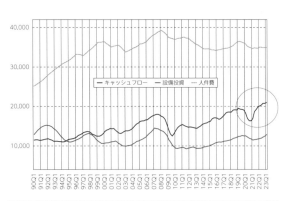

| 図3-2-6 | キャッシュフロー，設備投資，人件費：10億円：4四半期平均 |

出所）財務省『法人企業統計調査（令和4年10〜12月期）』より作成.

民間企業設備投資の先行指標であるコア機械受注額（船舶・電力を除く民需：季調済み）は，3月に前月比-2.8％と3カ月連続の減少となった．結果，1-3月期は前期比-8.7％減少し，3四半期連続のマイナス．このため，内閣府は機械受注の基調判断を前月の「足踏みがみられる」から据え置いた．なお3月末時点の調査によれば，4-6月期の民需は前期比＋2.8％，官公需は同＋9.3％といずれも2四半期連続の増加が見込まれている．外需は同＋8.7％と2四半期ぶりの増加，代理店は同-5.0％と3四半期ぶりの減少が見込まれている．

（3）対外部門

財務省の国際収支状況（速報，季節調整値）によると，3月の経常収支は1兆90億円と5カ月連続の黒字となり，前月比-17.8％縮小した．結果，1-3月期の経常黒字は前期比＋2.9％拡大し，2四半期連続のプラスとなった（図3-2-7）．

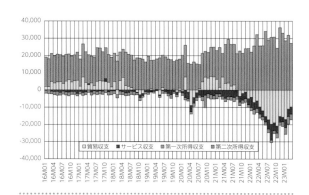

| 図3-2-7 | 経常収支と項目：億円 |

出所）財務省『国際収支状況』

3月の貿易収支は-9,706億円と20カ月連続の赤字となり，前月比-11.0％縮小した．結果，1-3月期貿易赤字は前期比-27.2％縮小し，2四半期連続のマイナス．輸出は前月比＋0.2％と2カ月連続の増加．輸入は同-1.2％と5カ月連続の減少．1-3月期を前期と比較すれば，輸出は-7.2％と11四半期ぶり，輸入は-10.6％と2四半期連続の減少となった．

3月のサービス収支赤字は前月比-2.9％と2カ月連続で縮小した．インバウンドの回復により「旅行収支」の黒字幅が大幅拡大したことが影響．1-3月期サービス赤字は前期比＋29.9％と2四半期ぶり

の拡大.

　財務省発表の貿易統計（通関ベース，速報，季節調整値）によると，4月の貿易収支は-1兆172億円と21カ月連続の赤字を記録し，前月比-16.2%と6カ月連続で縮小した．結果，4月の貿易赤字は1-3月平均比-27.6%縮小した．

　4月の輸出は前月比+2.5%，2カ月ぶりの増加．輸入は同+0.1%，6カ月ぶりの増加となった．4月を1-3月平均と比較すると，輸出は+3.2%増加し，輸入は-1.4%減少した（図3-2-8）.

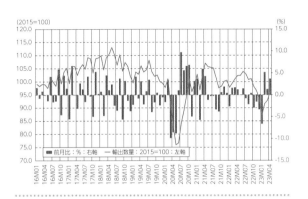

図3-2-8　　輸出の推移：数量ベース

出所）財務省『貿易統計』

　数量ベースでみると，4月の輸出数量指数は前月比+3.5%と3カ月連続の上昇．輸入数量指数は同-2.3%と2カ月ぶり低下となった．4月を1-3月平均と比較すれば，輸出数量指数は+6.1%上昇，輸入数量指数は-0.6%低下した（図3-2-8）.

図3-2-9　　地域別輸出数量指数の推移：2015=100

出所）財務省『貿易統計』

　地域別貿易動向（数量ベース，季節調整値：APIR推計）をみれば，4月の対アジア輸出は前月

比-2.7%，対中輸出は同+2.8%，対米輸出は同+7.4%，対EUは同+15.6%となった（図3-2-9）.4月を1-3月平均と比較すれば，対アジアは-1.3%，対中国は+6.6%，対米は+9.1%，対EU+12.3%となった．

　一方，4月の対アジア輸入は前月比-7.1%，対中輸入は同-12.0%，対米輸入は同-15.6%，対EU輸入は同+0.2%となった．4月を1-3月平均と比較すれば，対アジアは-2.6%，対中国は-4.1%，対米は-4.0%，対EUは-2.0%となった．

（4）物価の動向

　日本銀行によれば，4月の国内企業物価指数（2020年平均＝100）は前年同月比+5.8%と26カ月連続の上昇となったが，4カ月連続で減速した．インフレ率はすでにピークを打ったといえよう（図3-2-10）.

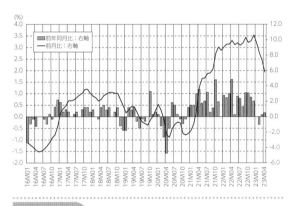

図3-2-10　　国内企業物価指数の推移：2020=100

出所）日本銀行『国内企業物価指数』より筆者計算

　4月の輸出物価指数（円ベース）は前年同月比+1.8%と26カ月連続で上昇した．輸入物価指数（円ベース）は同-2.9%と26カ月ぶりの低下．結果，交易条件指数（輸出物価指数／輸入物価指数*100）は80.2（2020年平均＝100），前年同月差+3.7ポイント上昇し，26カ月ぶりの改善となった（図3-2-11）.

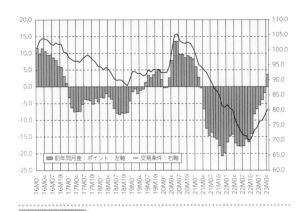

図3-2-11　交易条件の推移：2020＝100

出所）日本銀行『国内企業物価指数』より筆者計算

　総務省によれば，4月の全国消費者物価総合指数（2020年平均＝100）は前年同月比＋3.5％と20カ月連続の上昇．コア指数（除く生鮮食品）は同＋3.4％と20カ月連続の上昇．コアコア指数（除く生鮮食品及びエネルギー）は同＋4.1％と13カ月連続の上昇となった．注目すべきは，政策効果もありエネルギー価格が下落し，コアコア指数インフレ率が3カ月連続でコア指数インフレ率を上回ったことである．

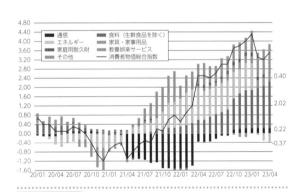

図3-2-12　費目別消費者物価指数：寄与度：％

出所）総務省『全国消費者物価指数』より筆者計算

　総合指数の費目別動向をみると，エネルギーは前年同月比-4.4％と3カ月連続の低下．寄与度は-0.37％．うち，政府の電気・ガス料金抑制策により，電気代は同-9.3％と3カ月連続で低下．寄与度は-0.36％．非エネルギーは前年同月比＋4.3％と13カ月連続の上昇．寄与度は＋3.87％となった．うち，生鮮食品を除く食料は同＋9.0％となり，22カ月連続の上昇．1981年1月以降で最も高い上昇率となった．寄与度は＋2.02％となった（図3-2-12）．

　財・サービス分類でみれば，財は前年同月比＋5.1％と24カ月連続の上昇．寄与度は2.66％．サービスは同＋1.7％と9カ月連続の上昇となった．寄与度は＋0.80％．賃金と連動するサービスは2％を目指す動きであり，2015年3月（同＋1.8％）以来の伸びとなった．サービス支出関連では，宿泊料は同＋8.1％と7カ月ぶりの上昇．寄与度は＋0.08％．移動電話通信料は同＋2.6％と7カ月連続の上昇．寄与度は＋0.07％．

（5）世界貿易の動向

　世界貿易は停滞色を強めている．オランダ経済分析局によれば，2023年1-3月期の世界貿易（数量ベース：2010年＝100）は前期比-0.9％減少した．2四半期連続で減少しており，23年前半の回復は期待薄である．地域別にみれば，先進国は同-1.7％と2四半期連続のマイナス，新興国は同＋0.8％と2四半期ぶりのプラスとなった（図3-2-13）．先進国での貿易停滞の背景には，工業生産の回復の遅れがある．

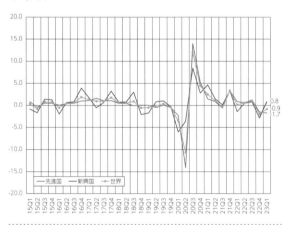

図3-2-13　世界貿易の変化：前期比：％

出所）CPB World Trade Monitor, 25 May 2023

　オランダ経済分析局によれば，1-3月期先進国の工業生産指数は前期比-0.5％と2四半期連続のマイナスを記録したが，新興国の工業生産は同＋1.1％と2四半期ぶりのプラスとなった．先進国向けの財輸出のウェイトが高い日本にとって厳しい状況が続こう．

　2023年に入り，世界経済は減速が予測されている．米国経済は22年の2.1％から23年には1％台半ばに，EU経済は3.5％から1％程度にいずれも減速が予測されている．一方，中国経済は22年の

3.0％から23年は5％を超える成長が予測されている（IMF World Economic Outlook, April 2023）．欧米経済は不況ないし停滞の可能性が高く，中国経済の回復も不確実性が高い．そのため，23年の世界貿易の停滞は避けられず，反転は年後半から翌年となろう．世界経済の減速により外需下押し圧力が高まるリスクが強い．

（6）足下の日本経済：1–3月期実質GDP

【1–3月期GDPと項目の動向】

GDP1次速報によれば，2023年1–3月期の実質GDPは前期比年率＋1.6％（前期比＋0.4％）増加し3四半期ぶりのプラス成長となったが，均してみれば回復は緩やかである．半期ベースでみると，22年度前半の回復（4–9月期：前期比＋0.8％）に対して，後半（10–3月期）はほぼ横ばいとなっている（同＋0.1％）．

1–3月期の実質GDP成長率（前期比＋0.4％）への寄与度を見ると，国内需要は同＋0.7％ポイントと2四半期ぶりのプラスとなった．うち，民間需要は同＋0.6％ポイントと2四半期ぶりのプラス寄与．民間最終消費支出（同＋0.6％），民間住宅（同＋0.2％），民間企業設備（同＋0.9％）がいずれも増加したためである．公的需要は同＋0.1％ポイントと4四半期連続のプラス寄与．一方，純輸出は同-0.3％ポイントと2四半期ぶりのマイナス寄与となった（表3-2-1）．

| 表3-2-1 | | | | 実質GDP成長率と寄与度：前期比：％ | | | | |

	GDP年率	GDP	国内需要	民間需要	民間在庫変動	公的需要	公的在庫変動	純輸出	GDI
20Q1	1.7	0.4	0.5	0.5	-0.4	0.0	0.0	-0.1	0.6
20Q2	-28.3	-8.0	-5.2	-5.4	0.4	0.2	0.0	-2.8	-6.9
20Q3	24.7	5.7	2.8	2.3	-0.5	0.5	0.0	2.8	5.4
20Q4	7.7	1.9	1.4	1.2	-0.1	0.2	0.0	0.5	1.8
21Q1	-0.7	-0.2	-0.3	-0.3	0.4	0.0	0.0	0.1	-0.8
21Q2	1.3	0.3	0.6	0.3	-0.1	0.3	0.0	-0.2	0.0
21Q3	-1.3	-0.3	-0.5	-0.6	0.3	0.1	0.0	0.2	-1.1
21Q4	4.7	1.2	1.1	1.5	-0.1	-0.4	0.0	0.0	0.4
22Q1	-1.9	-0.5	-0.4	-0.3	0.7	0.0	0.0	-0.5	-0.8
22Q2	4.7	1.1	1.1	0.9	-0.3	0.3	0.0	0.0	0.5
22Q3	-1.0	-0.2	0.4	0.4	0.1	0.0	0.0	-0.6	-1.0
22Q4	-0.1	0.0	-0.4	-0.5	-0.5	0.1	0.0	0.4	0.2
23Q1	1.6	0.4	0.7	0.6	0.1	0.1	0.0	-0.3	1.0

出所）内閣府『2023年1-3月期四半期別GDP速報』

GDPに交易条件の変化から生じる交易利得を加えた国内総所得（GDI）成長率は前期比＋1.0％となり，2四半期連続で実質GDPの伸び（同

＋0.4％）を上回った．交易条件は2四半期連続で改善しており，家計や企業の所得流失は和らいだといえよう．

民間最終消費支出は前期比＋0.6％と4四半期連続で増加した．消費者物価インフレは前期から加速したが，COVID-19の感染第8波が落ち着き消費者の慎重姿勢が和らぎ，また全国旅行支援等政府の家計支援政策もあり，民間最終消費支出はサービス支出を中心に引き続き堅調な伸びとなった．

固定資本形成のうち，実質民間住宅は前期比＋0.2％と2四半期連続の増加となった．民間住宅デフレータの2四半期連続の下落が影響している．実質民間企業設備は同＋0.9％と2四半期ぶりに増加した．前期のマイナス成長からの反動と思われる．均してみれば，投資需要はさほど強いとはいえず，緩やかな回復にとどまっている．実質民間在庫変動の実質GDP成長率への寄与度は前期比＋0.1％ポイント，2四半期ぶりのプラスとなった．

| 表3-2-2 | | | | 実質GDP項目の成長率：前期比：％ | | | | |

	民間最終消費支出	民間住宅	民間企業設備	民間在庫変動	政府最終消費支出	公的固定資本形成	公的在庫変動	輸出	輸入
20Q1	0.6	-5.0	4.7	-0.4	0.1	0.0	0.0	-4.7	-4.1
20Q2	-8.8	0.4	-7.0	0.4	0.0	4.0	0.0	-17.3	-0.7
20Q3	5.5	-4.8	-0.2	2.3	2.3	0.0	0.0	9.8	-7.3
20Q4	2.0	-0.2	1.5	-0.1	0.8	1.6	0.0	9.5	6.1
21Q1	-1.7	1.4	0.6	-0.1	-0.3	0.0	0.0	2.7	1.9
21Q2	0.3	1.5	1.4	-0.1	1.9	-2.1	0.0	3.1	4.7
21Q3	-1.1	-1.7	-1.7	0.3	1.3	-3.0	0.0	-0.4	-1.5
21Q4	3.2	-1.2	0.5	-0.1	-1.1	-2.9	0.0	0.5	0.4
22Q1	-1.1	-1.8	-0.2	0.7	0.7	-4.0	0.0	1.2	3.7
22Q2	1.7	-1.8	2.1	-0.3	0.7	0.6	0.0	1.5	1.0
22Q3	0.1	-0.5	0.0	0.3	0.0	1.1	0.0	2.5	5.6
22Q4	0.2	0.2	-0.7	-0.5	0.2	1.2	0.0	2.0	0.0
23Q1	0.6	0.2	0.9	0.1	0.0	2.4	0.0	-4.2	-2.3

出所）内閣府『2023年1-3月期四半期別GDP速報』

公的需要のうち，実質政府最終消費支出は前期比-0.0％と5四半期ぶりの減少．実質公的固定資本形成は同＋2.4％と4四半期連続の増加となった．補正予算の影響が出ている．

財貨・サービスの実質輸出は前期比-4.2％と6四半期ぶりに減少した．財貨の輸出は同-6.5％と6四半期ぶりの減少，サービス輸出（含む非居住者家計の国内での直接購入）は同＋5.6％と4四半期連続の増加となった．水際対策の緩和の影響もあり，イ

ンバウンド需要である非居住者家計の国内での直接購入は同＋67.0％と3四半期連続で増加した．一方，財貨・サービスの実質輸入は同-2.3％と2四半期連続で減少した．うち，財貨の輸入は同-4.1％と6四半期ぶりの減少．一方，サービス輸入（含む居住者家計の海外での直接購入）は同＋5.2％増加した．2四半期ぶりのプラス（表3-2-2）．

結果，2022年度の実質GDP（547.7兆円）は前年比＋1.2％と2年連続のプラス成長となったが，19年の水準（550.1兆円）は未達である．

デフレータをみると，国内需要デフレータは前期比＋0.6％と9四半期連続のプラス．うち，民間最終消費支出デフレータは同＋1.1％と9四半期連続の上昇となり前期から加速した．一方，民間住宅デフレータは同-0.5％と2四半期連続の下落となり，ピークアウトした．外需デフレータでは，財貨・サービスの輸出デフレータが同-2.8％（9四半期ぶり），輸入デフレータが同-5.0％（2四半期連続）と，それぞれ下落した．後者の下落率が前者を上回り，交易条件は2四半期連続で改善した．結果，GDPデフレータは同＋1.3％と2四半期連続の上昇（10-12月期：同＋1.1％）となった．

このため，名目GDPは前期比＋1.7％，同年率＋7.1％となり，2四半期連続の増加となった．2022年度の名目GDP（570.1兆円）は前年比＋1.7％と2年連続のプラス成長となった．

2023年1-3月期の実質GDPは3四半期ぶりのプラス成長となったものの，回復の過程は緩慢である．コロナ禍前の実質GDPのピーク（2019年7-9月期）からの回復過程をGDP及び項目別にみよう．1-3月期GDPの水準はピークから依然1.5％低いことがわかる．民間最終消費支出（-2.5％），民間資本形成（-4.9％）の回復の遅れが主要因である．一方，インバウンドの急回復もありサービス輸出（-0.7％）はほぼ戻りつつある（表3-2-3）．

2. 日本経済予測：2023-24年度

(1) 主要海外外生変数の想定

今回予測において，主要な海外外生変数を以下のように想定した．原油価格は22年4-6月期をピーク（109.41ドル）に下落に転じるが，23年以降は高止まりで推移し24年1-3月期には80.14ドル，25年1-3月期83.77ドルと見込む．このため，23年度85.47ドル，24年度83.45ドルと想定する．前回から，23年度＋0.6ドル，24年度＋0.8ドル，いずれも上方修正した．

なお実質世界貿易の先行きについては，S&P GlobalのGlobal Economic Outlook, April 2023の見方を参考にした．実質世界（財貨・サービス）輸出の伸びは，22年の前年比＋5.8％から23年は同＋2.8％と急減速する．24年は同＋3.8％と回復に向かう．前回の見通し（January 2023）から，23年は＋0.1％ポイント小幅上方修正，24年は横ばいとなった．

米国FRBが2022年3月以降金融引き締めのスタンスに転じ，23年5月には5.00-5.25％にまで政策金利を引き上げた．しかし，インフレを十分抑え込んだとはいえず，FRBは依然引き締めモードを維持している．一方，日本は金融緩和策を維持すると想定している．このため，為替レートは，23年度132.6円，24年度125.2円と想定した．前回予測から，23年度＋5.2円，24年度＋3.3円，それぞれ円安修正した．

| 表3-2-3 | コロナ禍からの回復過程 ピーク＝100 |

	国内総生産	財貨輸入	サービス輸入	民間最終消費支出	民間資本形成	政府支出	財貨輸出	サービス輸出
19Q3	100.0	100.0	100.0	100.0	100.0	100.0	100.0	100.0
19Q4	97.2	98.7	96.1	96.6	94.6	100.3	98.3	100.2
20Q1	97.7	93.9	94.9	97.3	95.2	100.4	95.6	88.6
20Q2	89.9	94.8	89.0	89.1	91.5	101.1	78.1	76.8
20Q3	95.0	87.1	84.9	94.0	88.4	103.1	88.9	73.3
20Q4	96.7	94.3	84.3	95.8	88.8	104.0	98.8	75.0
21Q1	96.6	96.3	85.6	94.1	92.1	103.9	101.0	78.9
21Q2	96.9	99.2	93.9	94.3	92.9	105.0	104.5	80.1
21Q3	96.6	98.3	91.1	93.3	93.4	105.5	103.8	80.6
21Q4	97.7	99.2	90.1	96.1	92.4	104.0	104.6	80.1
22Q1	97.2	102.9	92.4	95.1	95.3	103.7	106.7	78.2
22Q2	98.3	104.9	90.7	96.7	95.2	104.4	107.5	82.3
22Q3	98.1	106.8	108.0	96.7	96.8	104.5	109.4	86.9
22Q4	98.1	108.2	102.2	96.9	93.9	104.0	110.1	94.1
23Q1	98.5	104.1	107.5	97.5	95.1	105.3	103.0	99.3

出所）内閣府『2023年1-3月期四半期別GDP速報』から筆者計算

(2) 予測結果：実質GDP成長率は，23年度 +0.9％，24年度+1.4％

表3-2-4	日本経済の予測概要				

	2020	2021	2022	2023	2024
実質国内総生産（％）	-4.1	2.6	1.2	0.9	1.4
民間需要　（寄与度）	-4.3	1.4	1.7	1.0	1.2
民間最終消費支出（％）	-5.1	1.5	2.4	1.6	1.5
民間住宅（％）	-7.6	-1.1	-4.4	0.5	1.0
民間企業設備（％）	-5.7	2.1	3.0	2.3	2.4
民間在庫変動（寄与度）	-0.2	0.1	0.1	-0.3	0.0
公的需要　（寄与度）	0.8	0.4	0.1	0.3	0.1
政府最終消費支出（％）	2.7	3.4	1.1	0.5	0.5
公的固定資本形成	4.9	-6.4	-2.6	3.0	0.7
公的在庫変動（寄与度）	0.0	0.0	-0.0	-0.0	0.0
外需　（寄与度）	-0.6	0.8	-0.6	-0.4	-0.0
財貨サービスの輸出（％）	-9.9	12.4	4.4	-1.2	2.1
財貨サービスの輸入（％）	-6.3	7.1	7.1	0.8	2.1
名目国内総生産（％）	-3.5	2.4	1.9	3.7	2.6
国内総生産デフレータ（％）	0.7	-0.2	0.7	2.8	1.2
国内企業物価指数（％）	-1.5	7.1	9.4	2.0	0.3
消費者物価コア指数（％）	-0.4	0.0	3.1	2.5	1.3
鉱工業生産指数（％）	-9.6	5.8	-0.2	-0.1	2.2
住宅着工戸数：新設住宅（％）	-8.1	6.6	-0.6	0.1	0.8
完全失業率（％）	2.9	2.8	2.6	2.6	2.4
経常収支（兆円）	16.9	20.2	9.2	9.4	11.7
対名目GDP比（％）	3.2	3.7	1.6	1.6	2.0
原油価格（ドル／バレル）	44.1	78.3	92.5	85.5	83.5
為替レート（円／ドル）	106.0	112.4	135.4	132.6	125.2
米国実質国内総生産（％，暦年）	1.5	5.9	2.1	1.1	1.0

注）前年度比伸び率．民間需要，公的需要，民間在庫変動，公的在庫変動，外需は寄与度ベース．原油価格はWTI，ドバイ，北海ブレント原油価格の平均値．その他は注記．シャドーは実績値．

2023年1-3月期のGDP1次速報を追加し，外生変数（財政金融政策及び海外経済関連の変数）の新たな想定を織り込み，23-24年度の日本経済の見通しを改定した．今回，実質GDP成長率を，23年度+0.9％，24年度を+1.4％と予測した（表3-2-4）．

実質GDP成長率（予測）への寄与度を主要項目別にみると，2023年度は民間需要+1.0％ポイントと前年度から減速，公的需要+0.3％ポイントと小幅加速する．一方，純輸出はマイナス幅が縮小するが-0.4％ポイントと景気抑制的となる．24年度は民間需要+1.2％ポイント，公的需要+0.1％ポイントと景気を押し上げるが，純輸出は-0.0％ポイントと依然マイナス領域にとどまる（図3-2-14）．

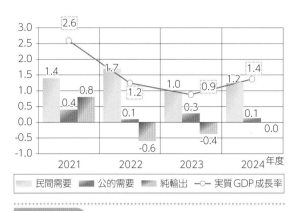

図3-2-14	実質GDP成長率と寄与度：%

注）各項目の修正幅の合計は，四捨五入の関係で必ずしもGDP成長率の修正幅に一致しない．

民間需要の中身をみると，2023年度は，実質民間最終消費支出+0.9％ポイント，実質民間住宅+0.0％ポイント，実質民間企業設備+0.4％ポイント，実質民間在庫変動-0.3％ポイントと，民間在庫変動を除きプラス寄与となる．24年度は，実質民間最終消費支出+0.8％ポイント，実質民間住宅+0.0％ポイント，実質民間企業設備+0.4％ポイント，実質民間在庫変動+0.0％ポイントと，すべての項目がプラス寄与となる（図3-2-15）．

図3-2-15	民間需要の項目別寄与度：%

実質GDP（実績及び予測）を四半期ベースでみれば，COVID-19の5類移行に伴い社会経済活動が一層正常化することから，先行き，サービス支出を中心に民間最終消費支出主導の回復が期待できる．一方，海外経済は欧米を中心に低迷することから純輸出のマイナス寄与は避けられず，また民間需要の寄与度が減速するため，2023年度の成長率は

前年から低下と予測する．このため，実質GDPが
コロナ禍前のピークを超えるのは24年7-9月期以
降となろう（前回予測から1四半期後ずれ）．回復
に5年（20四半期）を要することになる．ちなみ
に，リーマンショックはピークからの回復に22四
半期を要している（図3-2-16）．

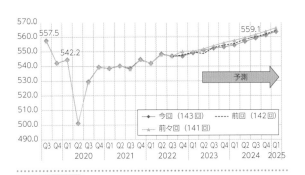

図3-2-16　四半期別実質GDPの推移：兆円

注）2023年1-3月期までは実績値，以降は予測値．

　2023年には強制貯蓄が取り崩され，賃上げ効果
が出てくるため，サービス支出を中心に民間最終消
費支出主導の回復が期待できる．結果，23年度の
実質民間最終消費支出は前年度比＋1.6％，24年度
同＋1.5％と予測する．サービス消費支出拡大を反
映し，23年度を上方修正した．

　足下の住宅建設コストインフレのピークアウトを
反映し，2023年度の実質民間住宅は前年度比
＋0.5％，24年度は同＋1.0％と緩やかな回復を予測
する．

　輸出が停滞することから，2023年度の鉱工業生
産指数を前年度比-0.1％，24年度同＋2.2％と予測
した．23年度を下方修正．また23年度実質民間企
業設備は同＋2.3％，24年度同＋2.4％と予測した．
足下を反映し，23年度を上方修正し，24年度を下
方修正した．

　2023年度の財貨・サービス実質輸出は前年度比
-1.2％，24年度同＋2.1％と予測する．一方，23年
度の財貨・サービス実質輸入は同＋0.8％，24年度
同＋2.1％と予測．23年度の財貨・サービス実質輸
出を前回予測から下方修正した．

　金額ベースでは，交易条件が改善するため貿易収
支の赤字幅は縮小傾向を示す．またインバウンド需
要の回復が期待できるが，その他サービス収支の赤
字幅は拡大するため，サービス収支の赤字幅は横ば

いとなる．また，高水準の第一次所得収支は前年か
ら減少するため，2023年度の経常収支は＋9.4兆
円，24年度＋11.7兆円と予測する．前回予測から
23-24年度を下方修正した．

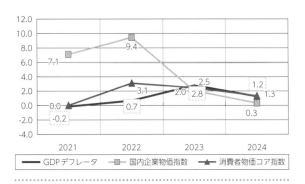

図3-2-17　物価の動向：前年比：％

　足下の状況を考慮して，2023年度の国内企業物
価指数は前年度比＋2.0％，24年度同＋0.3％と予
測する．ヘッドラインインフレの指標である消費者
物価コア指数は足下前年比4％を伺う勢いとなって
いるが，政府の経済政策の影響もあり，しばらくは
エネルギー価格が消費者物価指数基調のかく乱要因
となる．23年度後半は原材料高と円安が落ち着き
を見せ，インフレ率は減速する．結果，消費者物価
コア指数のインフレ率を，23年度は前年度比
＋2.5％，24年度同＋1.3％と予測する．前回予測か
ら，足下の状況を反映し，23年度を＋0.3％ポイン
ト上方修正し，24年度を据え置いた．またGDPデ
フレータは，23年度同＋2.8％，24年度同＋1.2％
と予測する．交易条件の改善を反映して，22-23
年度を上方修正した（図3-2-17）．

参考文献

アジア太平洋研究所（2022），『APIRシンポジウム景気討論
　　会レポート2022』，apir_keiki_2022_12p
アジア太平洋研究所（2023a），第143回『景気分析と予
　　測』，第143回景気分析と予測_20230530詳細版_
　　final.pdf（apir.or.jp）
アジア太平洋研究所（2023b），第142回『景気分析と予
　　測』，APIR_EAFQ_No142.pdf
日本銀行（2021），（Box3）ワクチンの普及と個人消費の先
　　行きについての考え方，『経済・物価情勢の展望』2021
　　年4月，経済・物価情勢の展望（2021年4月）（boj.
　　or.jp）
日本労働組合連合会（2023），「中小組合の奮闘で「賃上げ
　　の流れ」の広がりが明らかに～2023春季生活闘争第5
　　回回答集計結果について～」連合プレスリリース，
　　2023年5月10日，press_no5.pdf（jtuc-rengo.

or.jp)
International Monetary Funds（2023）"World Economic Outlook, April 2023: A Rocky Recovery" April, 2023, press_no5.pdf（jtuc-rengo.or.jp)

甲南大学 名誉教授

稲田 義久

日本アプライドリサーチ研究所 主幹研究員

下田 充

Part Ⅰ

Part Ⅱ

Part Ⅲ

Part Ⅳ

Section 3
関西経済の現況と短期予測

1. 2022年度の関西経済の回顧

　2022年度の関西経済は，社会経済活動の正常化に伴い，総じて持ち直した．COVID-19の新規陽性者数は22年度中に第6波・第7波を迎えたものの，緊急事態宣言など厳格な行動制限は課されなかった．このため対面型サービスを中心に非製造業は持ち直した．一方製造業では物価高と世界経済の先行きが下押し要因となって弱含みとなった．

　部門別に概観すると，**家計部門**は，緩やかに持ち直した．センチメント，大型小売店販売，雇用環境，住宅市場などいずれも堅調に推移した．ただし多くの品目で値上げが進み，家計は消費者物価の上昇に直面したことで，実質賃金は悪化が続いた．**企業部門**は，製造業が伸び悩んだ一方で，非製造業は堅調に持ち直した．**対外部門**のうち，財の貿易は輸出・輸入とも2年連続の増加となった．サービス輸出については，水際対策の緩和により訪日外国人客数が増加したことで，顕著な回復がみられた．**公的部門**（公共工事）は，堅調に推移した．

　以下Section 3では，月次経済指標を中心に，2022年度の関西経済を部門別に回顧する．

(1) 家計部門

　2022年度の関西の家計部門は，緩やかに持ち直した．センチメント，大型小売店販売，雇用環境，住宅市場などいずれも堅調に推移した．COVID-19感染拡大に対する行動制限が前年に比べると緩和的だったことが一因と考えられる．ただし食料品やエネルギーを中心に幅広い品目で値上げが進み，家計は消費者物価の上昇に直面することとなった．このため実質賃金は悪化が続いた．

　消費者センチメントは，悪化が続いていたが秋口から回復に転じた（図3-3-1）．2022年度の消費者態度指数は31.6で，前年度比-4.4ポイントとなり2年ぶりに悪化した．コロナ禍が始まった20年度（29.7）に比べると水準は高いものの，第6波・第7波を迎え新規陽性者数の増加に伴って，センチメントは悪化した．しかしその後は政府が経済

社会活動の維持を重視して行動制限を課さなかったことなどから，回復に転じた．22年12月以降，23年4月まで5カ月連続で改善しており，コロナ禍前に近い水準まで戻した．

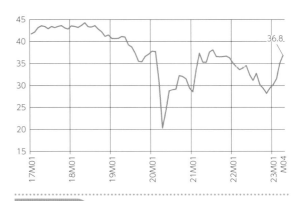

図3-3-1　消費者態度指数

出所）内閣府『消費動向調査』

　大型小売店販売は，客足の回復や物価高を背景に回復し，コロナ禍前の水準を上回った（図3-3-2）．2022年度の関西の大型小売店販売額は3兆7,448億円で，前年度比＋7.2％となり，2年連続で前年比増となった．

　内訳をみると，百貨店販売額（全店ベース）は1兆4,298億円で，前年度比＋20.5％と2年連続で増加した．数次にわたり緊急事態宣言等が発令された2021年度に比べて，22年度は行動制限が緩やかであったため，客足が戻り売上が伸びた．また後述するように訪日外国人観光客の回復も下支えとなった．月次ベースでは22年3月以降，23年3月まで13カ月連続で前年を上回っている．また，スーパー

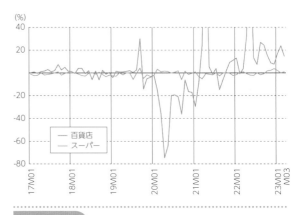

図3-3-2　百貨店・スーパー販売額（前年同月比）

注）全店ベース．
出所）近畿経済産業局『百貨店・スーパー販売状況』

販売額は2兆3,074億円で，前年度比＋0.3％と7年ぶりに前年を上回った．

　所得環境は，名目ベースでは堅調な伸びが続いているが，物価高により実質ベースでは減少が続いた（図3-3-3）．2022年度の関西における現金給与総額（APIR推計）は，月平均で31万9,462円となった．前年度比＋2.2％の増加で，2年連続で前年を上回った．全国値（32万6,092円）に比べると水準はやや下回っている．また物価変動の影響を除いた実質賃金（消費者物価指数により実質化）は前年度比−1.5％だった．関西でも消費者物価の急上昇に直面しており，物価の伸びに賃金上昇が追いついていない（消費者物価の動向や家計への負担についてはSection 2及びSeciton 4を参照）．

　月次ベースの推移をみると，現金給与総額は2021年3月以降23年3月まで25カ月連続で前年を上回っている．実質賃金は，22年3月以降は前年同月比でマイナスが続いている．

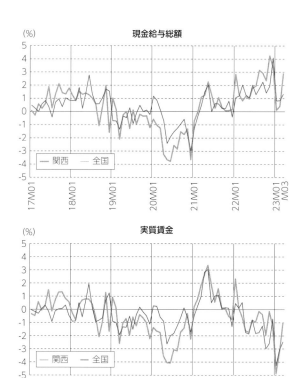

図3-3-3　現金給与総額と実質賃金（前年同月比）

注）各府県現金給与総額を常用労働者数で加重平均し算出．
出所）厚生労働省『毎月勤労統計調査』等より作成

　雇用環境は，社会経済活動の正常化に伴い，持ち直した（図3-3-4）．2022年度の関西の有効求人倍率は1.19倍で前年から0.11ポイント上昇し，2年ぶりの改善となった．全国では関西に先がけて回復しており22年度の有効求人倍率は1.31倍となった．なお月次ベースでみると関西では21年11月以来14カ月連続で改善していたが，23年1月以降は3カ月連続で悪化している．宿泊・飲食や小売などで求人が伸びている一方，コスト増に直面している製造業や建設業では求人を抑える動きがみられるなど，業種によって傾向に幾分差異がある．

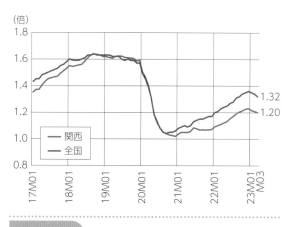

図3-3-4　有効求人倍率（季節調整値）

出所）厚生労働省『一般職業紹介状況』

　住宅市場は，新設着工が2年連続で増加するなど，堅調だった（図3-3-5）．2022年度の新設住宅着工戸数は142,245戸で，前年度比＋4.6％であった．2年連続のプラスとなった．利用関係別にみると，資材価格の高騰から持家が同−10.2％と低調であったが，貸家と分譲はそれぞれ同＋14.2％，同＋4.1％と堅調だった．

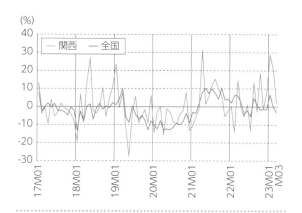

図3-3-5　新設住宅着工戸数（前年同月比：％）

出所）国土交通省『住宅着工統計』

（2）企業部門

　2022年度の関西の企業部門は，業種間で明暗が分かれた．製造業は原材料価格の高騰や海外経済の減速などから生産・景況感ともに弱い動きだった．一方，非製造業は経済活動再開に伴い，宿泊・飲食・小売など対面型サービスを中心に総じて復調した．23年度の設備投資計画は，増勢となった前年度の水準を維持し，業種問わず底堅い．

　景況感は，緩やかに回復となったが，業種別では明暗が分かれる結果となった．日本銀行大阪支店が2023年4月に発表した短観調査（調査期間2月27日～3月31日）によると，業況判断DI（近畿地区，全規模・全産業）は+5となった（**図3-3-6**）．21年12月調査（+5）以降，22年度中はプラス圏で推移したとはいえ，製造業の伸び悩みから回復の足取りは重い．原材料価格の高騰，中国のゼロコロナ政策によるロックダウン，世界的な半導体市場の停滞などを受けて，製造業の業況判断DIは0近傍で推移し，23年3月調査では-3と3四半期ぶりのマイナスとなった．一方非製造業は，22年6月調査以降4四半期連続でプラス圏を維持し，堅調に回復した．23年3月調査ではコロナ禍前の水準を超えて+13となった．社会経済活動の正常化により，

宿泊・飲食サービス，対個人サービス，小売など対面型サービス分野で回復が顕著だった．

　鉱工業生産は，世界的な半導体不足や原材料価格の高騰などから伸び悩んだ（**図3-3-7**）．2022年度通年でみた生産指数は93.6（15年＝100，季節調整値）で，前年度比-2.1％と2年ぶりの減産となった．電子部品・デバイス工業や窯業・土石製品工業，プラスチック製品工業などが全体の減産に寄与した．月次ベースでは概ね一進一退となったが，22年5月（前年同月比-6.8％），23年1月（同-6.1％）は中国のロックダウンの影響により大きな落ち込みとなった．

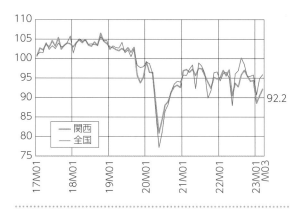

図3-3-7　鉱工業生産指数

注）季節調整値，2015年＝100
出所）近畿経済産業局『近畿地域鉱工業生産動向』

　また関西企業の**設備投資計画**は，日銀短観2023年3月調査によると，23年度（全規模全産業ベース）は前年度比+0.4％となっている（**表3-3-1**）．22年度に比して小幅であるが，大きく伸びた前年度に続いて底堅い．業種別では製造業同+0.5％，非製造業同+0.4％と，大きな違いはみられない．全国の23年度設備投資計画（全規模全産業ベース）は同+3.9％と，関西以上の増勢が見込まれている．

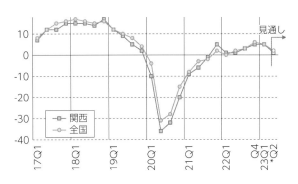

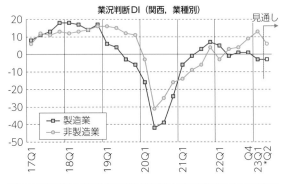

業況判断DI（関西，業種別）

図3-3-6　日銀短観の業況判断DI（全規模・全産業）

注）*は見通しであることを示す．
出所）日本銀行大阪支店『全国企業短期経済観測調査（近畿地区）』

表3-3-1　設備投資計画（前年度比：%）

	関西			全国		
	全産業	製造業	非製造業	全産業	製造業	非製造業
21年度	**-8.9**	-4.9	-11.5	**-0.8**	1.1	-1.9
22年度	**13.4**	19.7	9.3	**11.4**	15.7	8.9
23年度	**0.4**	0.5	0.4	**3.9**	6.3	2.4

注）21年度は実績ベース，22年度・23年度は計画ベース．
出所）日本銀行大阪支店『全国企業短期経済観測調査（近畿地区）』

（3）対外部門

対外部門については，財の貿易とサービス輸出（インバウンド需要）に着目する．財の貿易は輸出・輸入とも2年連続の増加となった．年度内の推移をみると年度前半には価格上昇を受けて高い伸びとなったが，年度後半になると輸出では世界的な需要の低迷，また輸入では原油価格の下落から，伸びは縮小した．またサービス輸出については，入国者数の上限撤廃など水際対策の大幅緩和に伴い，訪日外国人客数が増加したことで，顕著な回復がみられた．

財の貿易については，輸出入ともに2年連続で年度別過去最高額を更新した（**図3-3-8**）．資源価格の上昇と円安の進行により輸出入とも価格面の変化が大きかった．輸出は21兆7,288億円で，前年度比＋13.0%と2年連続で増加した．鉱物性燃料や鉄鋼が増加に寄与した．ただし全国の輸出の伸び（同＋15.5%）に比べると小幅だった．関西では全国に比べて中国向け輸出のウエイトが高く，ゼロコロナ政策の影響が大きく出たと考えられる．

輸入は20兆9,578億円で，前年度比＋26.2%と輸出と同様に2年連続で前年を上回った．原油及び粗油，天然ガス及び製造ガスが増加した．貿易収支は＋7,710億円で8年連続の黒字となったが，前年度（＋2.6兆円）に比べると黒字幅は縮小した．

月次ベースでみると，輸出・輸入とも年度前半は二桁増が続いていたが，輸出は世界的な需要の減速，輸入は原油価格の下落により，年度後半から失速した．直近（23年4月）では輸出が前年同月比＋0.8%，輸入が同-3.4%となり，弱い動きとなっている．

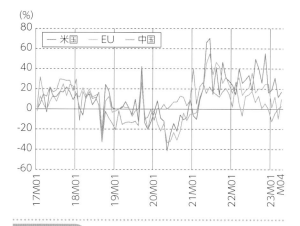

図3-3-9　　地域別輸出（前年同月比：%）

出所）大阪税関『近畿圏貿易概況』

2022年度の輸出を地域別にみると，米国向けが前年度比＋29.4%，EU向けが同＋16.1%，中国向けが同＋4.0%といずれの地域に対しても前年度比増となった（**図3-3-9**）．欧米向けは比較的堅調であったが，中国向けはゼロコロナ政策に伴うロックダウンの影響から，プラス幅は徐々に縮小した．23年1月・2月は春節の影響もあるとみられるが，それぞれ前年同月比-12.4%，同-4.4%と2カ月連続のマイナスとなった．

サービスの輸出（インバウンド需要）は，入国者数の上限撤廃など水際対策の大幅緩和に伴い，訪日外国人客数が増加したことで，顕著な回復がみられた．

法務省『出入国管理統計』によると2022年度の訪日外国人客数は全国では902.9万人で，うち関空からの入国者数は204.2万人であった（**図3-3-10**）．22年10月以降，日本政府によるCOVID-19水際対策が大幅に緩和されたことで，訪日外国人数は急増した．足下4月単月では47.2万人となり，コロナ禍前の19年4月（76.6万人）の6割超まで戻っている．国籍別（3月単月）では韓国が全体の35.2%を占め，以下台湾，香港（それぞれ16.4%，11.3%）と続く．一方中国本土からは4.3%にとどまっている．

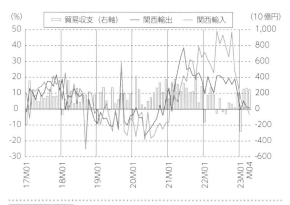

図3-3-8　　輸出入（前年同月比）と貿易収支

出所）大阪税関『近畿圏貿易概況』

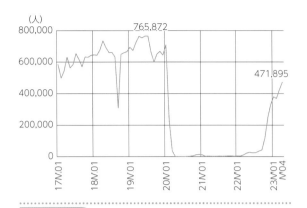

図3-3-10　関空経由の訪日外国人数

出所）法務省『出入国管理統計』

　百貨店免税売上も持ち直しの動きが続いている（**図3-3-11**）．日本銀行大阪支店によると，2022年度の関西の百貨店免税売上高は前年度比＋201.8％とほぼ3倍となった．化粧品や高額品等が売上を押し上げた．19年度と比較すると–39.5％で，コロナ禍前の水準には及ばないものの，堅調な回復が続いている．

図3-3-11　百貨店免税売上

注）2013年4月の水準を100として指数化．
出所）日本銀行大阪支店『百貨店免税売上（関西地区）』

（4）公的部門

　関西の公的部門（公共工事）は，全国に比べて堅調に推移した．

　2022年度の関西の出来高ベースの公共工事費は3兆165億円で，前年比では＋9.4％であった（**図3-3-12**）．遡及可能な19年度から4年連続で前年比増となっている．月次ベースでみても，関西は21年7月以来，23年3月まで21カ月連続で前年を上回った．万博会場となる夢洲の土地開発をはじめ

新名神高速道路・淀川左岸線など大型公共投資案件が進んでおり，堅調に推移している．なお全国は21兆7,837億円で，前年比同＋1.1％だった．月次ベースでは22年8月以降，8カ月連続で前年比プラスとなっている．全国でも22年度末以降底打ちして持ち直しているものの，関西に比べると回復ペースは緩やかである．

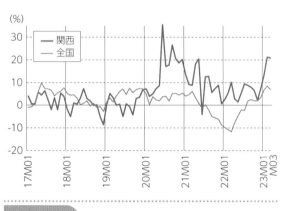

図3-3-12　公共工事出来高（前年同月比）

出所）東日本建設業保証株式会社『公共工事前払金保証統計』

2.　関西経済予測：2023-24年度

　次に，2023年1-3月期GDP1次速報値や関西域内外の最新経済指標，Section 2で示した日本経済予測の結果を反映した23-24年度の関西経済予測を示す．

　予測は，関西各府県の最新版となる『県民経済計算』を反映した関西経済予測モデルにより行っている．なお実績見通しについては，Section 5で示す関西内各府県のGRP早期推計の結果を参考としている．

（1）予測結果：2023年度＋1.3％，24年度＋1.7％

　関西の実質GRP成長率を2023年度＋1.3％，24年度＋1.7％と予測する（**表3-3-2，図3-3-13**）．なお過年度の実績見通しについては20年度–4.1％，21年度＋2.0％，22年度＋1.3％としている．19年度・20年度の2年連続のマイナス成長から，21年度以降は1～2％のプラス成長が続き，23年度にはコロナ禍前のGRP水準を回復する．

表3-3-2　関西経済予測の結果表

年度	2020	2021	2022	2023	2024
民間最終消費支出	▲ 5.4	1.9	2.3	1.4	1.5
民間住宅	▲ 3.0	▲ 4.2	▲ 4.2	1.5	0.7
民間企業設備	▲ 6.8	1.7	3.4	3.0	3.1
政府最終消費支出	2.8	3.0	1.1	0.9	0.9
公的固定資本形成	8.3	▲ 1.5	1.0	1.6	2.1
輸出	▲ 2.1	7.2	1.3	1.2	2.1
輸入	▲ 2.4	5.8	4.1	1.7	2.7
実質域内総生産	▲ 4.1	2.0	1.3	1.3	1.7
民間需要（寄与度）	▲ 4.9	0.8	2.0	1.1	1.4
公的需要（寄与度）	0.7	0.4	0.2	0.2	0.2
域外需要（寄与度）	0.1	0.8	▲ 0.8	0.0	0.1
名目域内総生産	▲ 3.3	1.9	2.1	4.3	2.6
GRPデフレータ	0.8	▲ 0.1	0.7	2.9	0.9
消費者物価指数	▲ 0.3	0.0	2.8	2.6	1.6
鉱工業生産指数	▲ 8.3	5.2	▲ 2.2	0.0	1.8
完全失業率	3.1	3.0	2.9	2.7	2.7

注）単位％，完全失業率以外は前年度比伸び率．2019-21年度は実績見通し，
　　22-23年度は予測値．

図3-3-13　GRP予測結果と成長率に対する寄与度

注）2019-21年度は実績見通し，22-23年度は予測値．

成長に対する寄与度をみると，民間需要は2023年度＋1.1％ポイント，24年度＋1.4と成長の牽引役となる．また公的需要も23年度・24年度ともに＋0.2％ポイントと成長を下支える．域外需要は，アジア向け輸出が弱い動きにとどまることなどから，成長に対する寄与はほとんどない．

Section 2で示した日本経済予測の結果（以下全国と記す）と比較しよう．2023年度日本経済予測では欧米経済の停滞で輸出の失速を見込むが，関西の輸出はウエイトの高いアジア向けの持ち直しにより，小幅増を見込む．24年度も民間部門・公的部門とも設備投資が堅調に推移し，日本経済を上回る成長となる．

(2) 部門別のポイント

① 民間部門：経済活動正常化で民間消費が成長のメインエンジンとなる

民間需要は，家計部門と企業部門によって構成され，うち家計部門は，実質民間最終消費支出と実質民間住宅からなる．実質民間最終消費支出の伸びを2023年度前年比＋1.4％，24年度同＋1.5％と予測する．民間消費は，サービスを中心に成長全体を押し上げる．家計を取り巻く環境は，足下で本格的な経済活動の再開，物価高に起因する賃上げ，マインドの回復など好条件が揃ってきている．

実質民間住宅は，2023年度前年比＋1.5％，24年度同＋0.7％と予測する．家計部門の実質GRP成長率に対する寄与度は，23年度＋0.8％ポイント，24年度＋0.8％ポイントとなる．

企業部門では，実質民間企業設備の伸びについて2023年度前年比＋3.0％，24年度同＋3.1％と予測する．足下で設備投資計画は引き続き増勢となっており，国内需要の底堅さや輸出の回復を背景に，3％台での堅調な推移を見込む．企業部門の実質GRP成長率に対する寄与度は23年度＋0.3％ポイント，24年度＋0.6％ポイントとなる．

② 公的部門：底堅く推移，成長を下支える

公的需要の実質GRP成長率に対する寄与度は2023年度＋0.2％ポイント，24年度＋0.2％ポイントとなる．

実質政府最終消費支出の伸びは，2023年度前年比＋0.9％，24年度同＋0.9％と見込む．コロナ対策関連支出による押し上げ効果が剥落し，伸び率は徐々に縮小するが，底堅く成長を下支える．

また実質公的固定資本形成は，2023年度は前年比＋1.6％，24年度同＋2.1％と予測する．25年の大阪・関西万博開催に向けた整備の進捗を想定している．日本経済予測に比して関西での公共投資は安定的に推移する（日本経済予測では23年度同＋3.0％，24年度同＋0.7％）．

③ 対外部門（海外・域外）：輸出の伸び悩みもあり成長への寄与は僅少

対外部門は，海外経済（輸出額から輸入額を差し引いた純輸出）と域外経済（国内他地域との経済取引，移出額から移入額を差し引いた純移出）からなる．域外需要の実質GRP成長率に対する寄与度は2023年度＋0.0％ポイント，24年度＋0.1％ポイン

トとなり，成長に対する寄与はごく小さいと見込む．

　実質輸出の伸びを2023年度前年比＋1.2％，24年度同＋2.1％と予測する．なお日本経済予測では，23年度の輸出の伸びを同-1.2％と前年割れを見込んでいる（24年度は同＋2.1％）．関西では日本全体に比べて欧米経済の影響が比較的軽微であるため，小幅プラスとしている．

　実質輸入の伸びは，2023年度＋1.7％，24年度＋2.7％と予測する．結果，実質GRP成長率に対する純輸出の寄与度は23年度-0.1％ポイント，24年度-0.1％ポイントとなる．

　また国内他地域との取引である実質純移出の寄与度は2023年度＋0.1％ポイント，24年度＋0.2％ポイントと予測する．

④ 雇用・所得環境：緩やかな改善を見込む

　完全失業率は2023年度2.7％，24年度2.7％と，徐々に改善していくと予測する．22年度に3％台を下回り，先行きも緩やかな改善を見込む．

　1人当たり雇用者所得の伸びは，2023年度前年比＋3.2％，24年度同＋2.3％と緩やかな伸びを見込む．物価の伸びを取り除いた実質賃金ベースでは23年度同＋1.2％とプラスに転じ，24年度同＋0.8％とプラスを維持すると予測する．

（3）今後の展望とリスクシナリオ

　最後に，2023年度の足下の状況と，これを踏まえた標準予測に対するリスク要因を指摘しておく．

　2023年度に入り，コロナ禍に伴う行動制限の解除や賃上げの動きの広がりにより，関西経済は家計部門を中心に緩やかに持ち直している．一方，企業部門や海外部門では，原材料価格の高騰，海外経済の減速などの不安要因から，弱い動きがみられる．Section 1にもあるように，今後，消費の復元を起点として民間部門全体に好影響が波及し，投資増や賃上げの継続につながるかが，関西経済においても先行きを左右するポイントとなる．特に関西では，25年の大阪・関西万博をはじめ，都市部を中心に投資案件が数多く予定されており，これらを契機とした民間部門の活性化に期待がかかる．

　こうした状況を踏まえ，標準予測に対するリスク要因を3点指摘しておく．第一に，物価高と賃上げの行方である．消費者物価は，生鮮食品を除く食料を中心に幅広い品目で値上がりが続いている．足下では物価上昇に賃上げが追いついておらず，実質賃金の低下が続いている．2023年の春闘賃上げ率は高い伸びとなったが，中小企業まで賃上げが波及するかどうかが焦点となる（Chapter 4参照）．第二に，世界経済，特に中国経済の動向である．世界的な半導体不足や需要低迷により，関西でも製造業の回復が遅れている．関西は中国向け輸出のウエイトが全国他地域に比して高いことから，良くも悪くも中国経済の動向に左右されるリスクに晒される．また23年6月時点ではいまだ中国からの団体旅行が解禁となっておらず，インバウンド需要においても本格回復には至っていない（Chapter 5参照）．第三に，前述したように大阪・関西万博の機運醸成が進むかどうかである．短期的にも中長期的にも，万博を呼び水として投資を呼び込み，関西経済全体の成長につなげることが重要である．また万博会場となる大阪都心部だけでなく広域での取り組みが求められよう（Chapter 6参照）．

近畿大学短期大学部商経科 教授
入江 啓彰

甲南大学 名誉教授
稲田 義久

Section 4
インフレと家計の負担

Section 4では2022年に加速したインフレの影響を関西の家計についてみる．Section 4.1では，22年におけるインフレがどのようなものであったかを，費目別消費者物価指数の動きからみる．Section 4.2ではインフレによる家計の負担額を推計する．インフレは食料及び光熱において大きかったことを考慮し，この2費目に限定して家計の負担額を推計する．所得階層によりこれらの費目の支出割合は異なるから負担の程度も異なるはずである．そのため，所得階層別に負担額と負担割合を推計した．Section 4.3では，インフレによる家計負担増の地域的特性をみた．Section 4.4では，コロナ禍においてインフレの影響を受けた家計消費の動態を可処分所得，消費性向の動きから整理した．

1. 2022年のインフレ動向

2022年の全国消費者物価総合指数（20年=100）は102.3となり，前年比+2.5%上昇した．これは，14年消費税増税（同+2.7%）以来の高い伸びである．足下物価上昇の1つの特徴は，サービス価格の上昇率が低い一方，食料とエネルギーなどの財を中心に物価の上昇率が高いことである．

Section 2.1で説明したように2022年の消費者物価インフレの加速には，さまざまな要因がある．まずは，原油価格の高騰が資源価格や食料価格に波及し輸入物価（契約通貨ベース）の急上昇につながったことである．この背景には，ロシアのウクライナ侵攻がある．ロシアの地政学的不安定さはエネルギー価格の急上昇につながった．また，ロシアとウクライナは小麦などの主な輸出国であり，紛争により世界の食糧価格の上昇ともなった．輸入物価の上昇は企業の生産コストを押し上げ，国内企業物価に伝播した．そのコストを消費者に転嫁した結果，消費者物価の上昇となった．

加えて，急激な円安の進行は消費者物価の一層の

押し上げ要因となった．これまでの景気の局面において，輸入価格上昇と円安の併存は起こらなかったが，今回の同時併存は消費者に大きな影響を及ぼした．

全国消費者物価指数は，全国の世帯が購入する財及びサービスの価格変動を測る代表的な生計費指標である．物価総合指数の変化率は消費者物価全体の動きを反映する数字であり，具体的な内容については，費目別物価の動向を調べる必要がある．

表3-4-1は，2022年平均の全国消費者物価指数の動向をみたものである．総合指数及び10大費目の伸び率（前年比）と寄与度を示している[1]．食料は前年比+4.5%，光熱・水道は同+14.8%上昇した．一方，交通・通信は同-1.5%，保健医療は同-0.3%下落した．しかし，各費目のウエイトを考慮した寄与度をみると，それぞれ1.17%，1.04%，-0.22%，-0.01%となっている．このことから22年の消費者物価インフレ（+2.5%）の中心は食料と光熱・水道であったことがわかる．

表3-4-1	10大費目指数の前年比と寄与度（2022年平均）				
	全国前年比（%）	全国寄与度（%ポイント）	関西前年比（%）	関西寄与度（%ポイント）	ウエイト
総合	2.5	—	2.3	—	10000
食料	4.5	1.17	4.6	1.22	2626
住居	0.6	0.14	0.5	0.10	2149
光熱・水道	14.8	1.04	11.7	0.83	693
家具・家事用品	3.8	0.15	4.5	0.18	387
被服及び履物	1.6	0.06	1.4	0.05	353
保健医療	-0.3	-0.01	-0.3	-0.01	477
交通・通信	-1.5	-0.22	-2.1	-0.31	1493
教育	0.9	0.03	0.5	0.01	304
教養娯楽	1.1	0.10	1.0	0.10	911
諸雑費	1.1	0.07	1.1	0.07	607

注）全国，関西ともに寄与度は全国のウエイトで推計
出所）総務省統計局『消費者物価指数』

図3-4-1は，全国消費者物価指数の10大費目の総合指数伸び率への寄与度を月次ベースでみたものである．光熱・水道の支出は消費全体に占めるウエイトは7%未満であるが，2021年春頃から同物価の上昇率は前年比プラスに転じ，秋頃からは光熱価格が急上昇し，消費者物価総合指数の押し上げの主要因となった．また，食料（除く生鮮食品）の価

---

1) 消費者物価指数の作成方法や見方についての詳細は，総務省統計局の「消費者物価指数のしくみと見方-2020年基準消費者物価指数-」と「2020年（令和2年）基準 消費者物価指数の解説」を参照．

格は徐々に上昇し，22年10月からは光熱・水道を抜いて主な押し上げ要因となった．22年の消費者物価総合指数への寄与度をみると，食料と光熱・水道 が9割近くを占めている（(1.17+1.04)/2.5*100=88.4）．つまり，22年の消費者物価上昇は，主に食料と光熱・水道の価格の上昇によるものだと考えられる．以下のSection 4.2と4.3では，食料と光熱の値上げによる家計の負担を考察する[2]．

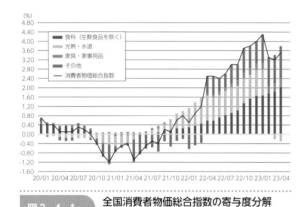

<table>
<tr><td>図3-4-1</td><td>全国消費者物価総合指数の寄与度分解
（2020年1月〜23年4月）</td></tr>
</table>

注）寄与度を計算する際のウエイトは2020年を基準とする
出所）総務省統計局『消費者物価指数』より筆者推計

2. インフレと家計の負担

（1）所得階層別のインフレによる家計の負担増

　物価高による家計への影響をみる前に，まず「家計調査」について説明する．家計調査は，総務省統計局が全国約9千世帯を抽出し，家計の収入や費目別消費支出などを毎月調査するものである．ここでは，家計調査の中で，可処分所得が利用可能な二人以上の勤労者世帯のデータを用いた．

　物価の上昇率が同じであっても，全ての世帯に同じ影響を及ぼすわけではない．消費者物価指数と家計調査のデータを利用し，食料または光熱の価格変動が，年間収入五分位階級別にどれほどの負担となっているかを調べる．全世帯を年間収入の低い順から並べ5つに等分し，第Ⅰ，第Ⅱ，第Ⅲ，第Ⅳ，第Ⅴ階級とする．**表3-4-2**には，インフレが加速する前の2021年の全世帯と年間収入五分位階級別に平均実収入，食料と光熱の支出金額などが示されている．表からわかるように，食料と光熱の支出金

額は，所得が高い世帯ほど食料と光熱の支出額が多くなっているが，それぞれの支出総額に占める比率は高所得世帯ほど低くなっていることが確認できる．

<table>
<tr><td>表3-4-2</td><td colspan="6">2021年実収入と消費支出（単位：円，%）</td></tr>
<tr><td></td><td>実収入
（年）</td><td>消費支出
（月）</td><td>食料支出
（月）</td><td>光熱支出
（月）</td><td>食料/消費
支出
（%）</td><td>光熱/消費
支出
（%）</td></tr>
<tr><td>全国平均</td><td>7,263,789</td><td>309,469</td><td>78,576</td><td>15,844</td><td>25.4</td><td>5.1</td></tr>
<tr><td>第Ⅰ階級</td><td>4,089,008</td><td>221,435</td><td>61,718</td><td>15,039</td><td>27.9</td><td>6.8</td></tr>
<tr><td>第Ⅱ階級</td><td>5,420,871</td><td>258,599</td><td>70,361</td><td>15,226</td><td>27.2</td><td>5.9</td></tr>
<tr><td>第Ⅲ階級</td><td>6,567,262</td><td>288,274</td><td>77,706</td><td>15,698</td><td>27.0</td><td>5.4</td></tr>
<tr><td>第Ⅳ階級</td><td>8,208,987</td><td>338,708</td><td>82,990</td><td>16,203</td><td>24.5</td><td>4.8</td></tr>
<tr><td>第Ⅴ階級</td><td>12,032,814</td><td>440,328</td><td>100,102</td><td>17,052</td><td>22.7</td><td>3.9</td></tr>
</table>

出所）総務省統計局『家計調査』より作成

　収入階級別の消費数量に関するデータがないので，家計の消費パターンの変化について把握することはできない．そのため，2022年の消費パターンが21年と同じであるという前提をもとに，物価高による家計の負担を試算した．物価高による家計の毎月の生計費用がどれだけ増加したかを，以下の式で求める．

　　当期の費目iの負担増額
　　＝ 前期の費目iの支出額
　　×当期の費目iの物価指数の前年同月比

　例えば，2022年1月の食料の負担増額は，1年前の21年1月食料に使った金額をベースとし，食料価格の伸び率をかけて求める．

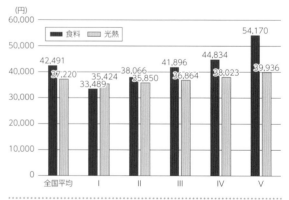

<table>
<tr><td>図3-4-2</td><td>2022年物価上昇による食料と光熱費の負担増額（収入階級別）</td></tr>
</table>

出所）総務省統計局『消費者物価指数』と『家計調査』より筆者推計

---

2)　水道価格の伸び率はほぼゼロであるため，光熱だけに限定する．

図3-4-2では，2022年物価高による毎月の負担増額を12カ月合算し，収入階級別にそれぞれ計算したものである．二人以上の勤労者世帯が21年と同じ生活水準を維持するには，平均的に一世帯当たり食料の負担額が42,491円増加し，光熱の負担額が37,220円増えた．表3-4-2と図3-4-2からわかるとおり，高所得世帯ほど，食料と光熱の支出金額が大きいため，物価高による負担増額が大きくなっている．第Ⅰ階級から第Ⅴ階級まででは，一世帯当たり食料費が33,489円，38,066円，41,896円，44,834円，54,170円とそれぞれ増加した．光熱費の負担増額は，第Ⅰ階級から第Ⅴ階級までそれぞれ35,424円，35,850円，36,864円，38,023円，39,936円となった．

(2) 所得階層別のインフレによる家計の負担割合

Section 4.2(1)では，物価上昇による負担増額を試算した．しかし，物価上昇が家計に及ぼす影響を見る際に，負担増額だけでは十分ではない．同じ負担増額であっても，高所得世帯のほうは実収入が高いため，低所得世帯より負担感は低い．家計への影響をより正確に把握するために，所得水準，世帯人数などさまざまな世帯属性も考慮する必要がある．ここでは，物価上昇による家計への負担増額が可処分所得に占める割合を，収入階級別に分けて，以下のようにそれぞれ試算する．

当年の費目iの負担割合（％）

$$= \frac{\text{当年の費目iの負担増額}}{\text{前年の可処分所得総額}}$$

例えば，2022年の食料の負担割合は，Section 4.2(1)で求めた22年の食料の負担増額を，21年の可処分所得で割ったものである．

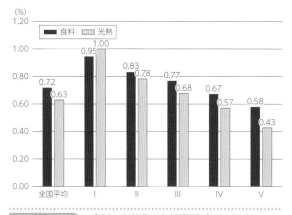

図3-4-3 食料と光熱費の負担増額が可処分所得に占める割合（収入階級別）

出所）総務省統計局『消費者物価指数』と『家計調査』より筆者推計

図3-4-3では，2022年物価高による二人以上の勤労者世帯負担増額が可処分所得に占める割合を，収入階級別にそれぞれ計算したものを示している．全国平均では，物価高で増えた食料の負担は，可処分所得総額の0.72％を占めた．また，光熱費の負担増額は，可処分所得総額の0.63％となった．表3-4-2からわかるとおり，低所得世帯ほど，食料と光熱費が消費支出に占める割合は大きい．その結果，食料と光熱価格の上昇による負担の割合は，低所得世帯が高所得世帯より大きくなっている．

図3-4-3より，第Ⅰ階級から第Ⅴ階級まででは，食料の負担割合が0.95％，0.83％，0.77％，0.67％，0.58％となった．光熱費も，第Ⅰ階級から第Ⅴ階級まで1.00％，0.78％，0.68％，0.57％，0.43％と所得が高い世帯ほど少なくなっていることがみて取れる．2022年の物価上昇は，主に食料と光熱価格の上昇によるものであるため，食料と光熱の支出割合が大きい世帯（低所得世帯）の負担割合が高いという結果が確認できた．

3. 地域別にみたインフレと家計の負担

(1) インフレと家計の負担額（地域別）

Section 4.2では全国の平均的な消費者物価インフレの負担増を試算した．ところで人々が消費するモノやサービスの組み合わせは，地域ごとの特徴をもっている．地域により消費の組み合わせが異なるため，また費目別の物価上昇率も同じでないため，物価上昇による実際に感じる負担も異なる．

表3-4-3		地域別実収入，消費支出と価格上昇率（単位：円，%）							
	実収入 （年）	消費支出 （月）	食料支出 （月）	光熱支出 （月）	食料/消費支出 （%）	光熱/消費支出 （%）	食料価格 22年前年比 （%）	光熱価格 22年前年比 （%）	世帯数
全国平均	7,263,789	309,469	78,576	15,844	25.4	5.1	4.5	14.8	10,000
北海道	6,530,397	277,611	68,917	21,301	24.8	7.7	5.3	13.6	419
東北	6,404,911	276,346	72,910	18,816	26.4	6.8	4.5	13.0	636
北陸	7,526,233	320,353	77,698	18,998	24.3	5.9	4.4	11.4	432
関東	7,907,560	331,623	85,172	14,927	25.7	4.5	4.6	17.9	3,719
東海	7,298,845	320,332	79,105	15,799	24.7	4.9	4.2	18.6	1,220
関西	7,095,559	300,294	77,823	15,072	25.9	5.0	4.6	11.7	1,585
中国	6,434,141	284,646	71,462	16,171	25.1	5.7	4.5	14.1	606
四国	6,986,485	285,062	67,175	16,046	23.6	5.6	3.9	9.4	296
九州	6,530,397	277,611	71,049	14,726	24.8	5.2	4.5	9.2	970
沖縄	5,224,277	253,374	70,486	15,734	27.8	6.2	5.2	12.4	118

注) 実収入，消費支出は2021年のデータをとり，食料と光熱価格の前年比上昇率は2022年のデータである．
出所) 総務省統計局『消費者物価指数』と『家計調査』より作成

　ここでは，地域別にインフレによる家計の負担増額を試算してみよう．表3-4-3は，全国10地域それぞれの実収入，消費支出，食料と光熱価格の上昇率などを示している[3]．表3-4-3より，地域別に食料価格の上昇率には大きな差がないが，光熱価格の上昇率は大きく異なっていることがわかる．例えば，九州では2022年光熱価格が前年比9.2%上昇したが，東海では18.6%となった．Section 4.2と同じように，まず物価上昇による負担増額を以下のように求める．

　　当期地域Aで費目iの負担増額
　　＝前期地域Aの費目iの支出額
　　×当期地域Aの費目iの物価指数の前年同月比

　例えば，2022年北海道の食料の負担増額は，1年前の北海道の食料支出額（月次ベース）を基準とし，それに22年毎月北海道の食料価格の上昇率を乗じて，集計したものである．
　図3-4-4では，2022年物価上昇による毎月の負担増額を12カ月合算し，地域別にそれぞれまとめている．関東地方では22年物価上昇による食料支出が合計44,923円増加し，もっとも負担増額が高いことがわかる．食料価格の平均上昇率だけをみると，関東は全国平均（前年比＋4.5%）とほぼ同

じ水準で，むしろ北海道の上昇率（＋5.3%）のほうが高い．しかし，関東では，もともと21年食料支出額が一番高かったため，食料の負担増額が全国で一番高いところとなった．一方，四国地方は，食料支出が少ないうえ，食料価格の平均上昇率が一番低い水準である．その結果，四国の食料の負担増額が一番低く，同31,474円となった．関西地方は，食料支出と，食料価格の平均上昇率も全国とほぼ同じなので，食料の負担増額が43,487円と全国並みの水準となった．

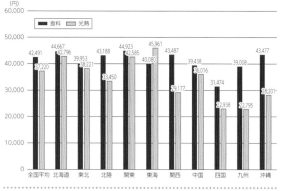

| 図3-4-4 | 2022年物価上昇による食料と光熱費の負担増額（地域別） |

出所) 総務省統計局『消費者物価指数』と『家計調査』より筆者推計

　次に，光熱の負担増額をみてみよう．表3-4-3からわかるとおり，北の地方では，もともと光熱に

---

3) ここでは，便宜上光熱・水道価格の上昇率を光熱価格の上昇率と示している．22年の価格上昇率は，毎月の前年同月比を均したものである．

かかる支出額が高い．しかし，2022年光熱価格の平均上昇率をみると，東海地方が18.6％と一番高い伸びとなった．その結果，東海地方では，光熱費の負担が45,961円増加し，全国でもっとも大きかった．それに対して22年光熱の負担増額が一番低いところは九州で，同22,795円となり，東海のわずか半分しかない．九州地方は，もともと光熱の費用が少ないことに加え，光熱価格の平均上昇率が一番低い水準のためである．

　関西地方では，光熱の負担額が29,177円増えた．2021年関西の光熱支出額が全国と同じ水準であるが，22年関西の光熱価格の上昇率が11.7％と全国平均より低かったので，負担額は全国平均より8千円程度少なくなった．関西電力と九州電力は，原発を稼働していることもあり，電気代が相対的に抑えられた．このため関西と九州では光熱の負担増額が全国平均より低くなったといえよう．

(2) インフレと家計の負担割合（地域別）

　ここでは，地域別にインフレによる家計の負担増額の割合をみる．地域別に所得の高低があるので，同じ負担増額でも所得が低い地域では負担感が高い．ここでは地域別の所得として可処分所得をベースにし，インフレによる家計への負担増額の割合を，地域別にそれぞれ試算する．

$$当年地域Aの費目iの負担割合（％）$$
$$= \frac{当年地域Aの費目iの負担増額}{前年地域Aの可処分所得総額}$$

　図3−4−5では，2022年負担が増えた部分が21年の可処分所得に占める割合を，地方別にそれぞれ計算している．沖縄では，物価高で増えた食料の負担割合が一番高くなり，可処分所得総額の0.98％を占めた．負担増額だけをみると沖縄は4番目に高いが，沖縄の可処分所得が低いため，負担割合が一番高くなった．なお，光熱の負担増額の割合が一番高いところは北海道で，光熱費の負担増額が可処分所得総額の0.79％を占めた．北海道も可処分所得が低いため，光熱負担の割合をみると，一番高く

なった．関西では，食料の負担増の割合が同0.75％，光熱は0.50％となった．全国と比べると，食料の負担割合が少し高いものの（全国：0.72％），光熱のほうはかなり低いことがわかった（全国：0.63％）．

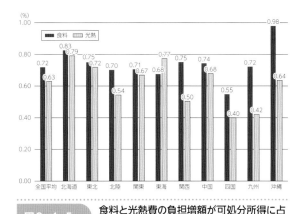

図3−4−5　食料と光熱費の負担増額が可処分所得に占める割合（地域別）

出所）総務省統計局『消費者物価指数』と『家計調査』より筆者推計

4. コロナ禍における全国と関西の家計消費の動態−可処分所得，消費性向を中心に−

　Section 4.3ではインフレが家計にどのような負担をもたらしたかを，食料と光熱に限定し全国と地域別に推計した．Section 4.4においては，コロナ禍における家計消費支出の動態を全国と関西で比較し，整理してみよう．その際，可処分所得や消費性向の動きから家計消費支出の動態を特徴づける．

　2020年のCOVID-19の感染拡大は正常な社会経済活動を大幅に抑制した．21-22年にかけては8波にわたる感染の波を断続的に経験しながら消費需要は抑制的に推移した．これに対して，政府は20年5-6月に定額給付という需要拡大策を打ち出した．その後は旅行支援という形でサービス消費喚起策を実施した．結果，緩やかながら回復傾向を示してきた民間消費にとって，22年のインフレの加速は実質可処分所得の抑制となり，民間消費の持続的な回復に至らなかった[4]．Section 4.4の分析の力点はここにある．

　図3−4−6には世帯当たりの家計消費ではなく，

---

4)　Chapter 3 Section 1でも強調したように，家計の消費決定については，今期の所得のみならず将来的に稼得できる将来所得の予想にも依存する．このため，物価と賃金の好循環が満たされない場合は消費の増加は持続可能ではない．

家計の総消費（以下，消費総合指数）の推移を全国
と関西で比較している．

　2017年から19年にかけて，消費総合指数は消
費増税前に急上昇した（駆け込み需要）．しかし，
19年の第3四半期をピークに，消費増税の反動も
あり消費は下落し始めた．加えて，COVID-19の
感染拡大により，消費は大幅に減少した．一方で，
一時的な定額給付金などの政策効果もあり，20年
後半から消費の回復がみられ，21年はほぼ95％の
水準まで回復した．22年は，インフレ加速の影響
がありながらも強制貯蓄の取り崩しで，消費は回復
してきているが緩やかな動きとなっている．

図3-4-7 全国と関西の可処分所得

注）季節調整値の四半期平均をとり，2017年1四半期を100とする．
出所）総務省統計局『家計調査』より筆者作成．

　平均消費性向とは，可処分所得に対する消費支出
の割合である．平均消費性向の上昇は，可処分所得
から消費支出に回される金額の増加を示し，一般的
に消費意欲が高くなることを意味する．ここでは家
計調査ベースの平均消費性向と国民経済計算（SNA）
ベースの平均消費性向を四半期ごとに比較してい
る[5]（図3-4-8）．

図3-4-6 全国と関西の消費総合指数

注）季節調整値の月次系列を四半期化し，2017年1四半期を100とする．
出所）内閣府『地域経済動向』より筆者作成．

　次に，家計消費の動態を可処分所得と平均消費性
向の動きから説明する．実質可処分所得は消費増税
前に緩やかに上昇したが，消費増税による物価上昇
により，実質可処分所得は減少した．特に関西の落
ち込みが大きい．2020年5月に政府が新型コロナ
ウイルス対策として実施した国民1人当たり10万
円の定額給付金の影響で，可処分所得は20年の第
2四半期に一時的に急上昇した．しかし，22年に
入って消費者物価の高騰が続き，実質的な可処分所
得の低下につながった（図3-4-7）．22年第2四
半期の全国の実質可処分所得の下落幅は関西のそれ
より大きい．インフレ加速の程度が全国に比して関
西は相対的に低いが，それが影響している可能性が
ある．

図3-4-8 全国と関西の平均消費性向

注）家計調査の平均消費性向は季節調整値の四半期平均をとったものである．
出所）内閣府『国民経済計算』，総務省統計局『家計調査』より筆者作成．

　SNAベースの全国平均消費性向をみると，
COVID-19の感染拡大で2020年第2四半期には
急落した．行動が制限され消費に回らなかった強制
貯蓄に加え，政府の緊急経済対策により1人当たり
10万円が給付されたため，平均消費性向が大幅に
下落した．20年後半に平均消費性向が上昇する動

　5）　家計調査ベースの平均消費性向とSNAの平均消費性向は定義と対象範囲が異なる．SNAベースでは，持家の帰属家賃など
　　　に加え，医療保険からの給付金が消費支出に加算される．また，SNAベースの対象範囲は家計調査よりもっと広い．

きがあったが，21年まで90％台で止まった．22年物価上昇の背景のもとで，平均消費性向は再び上昇する傾向にあったが，依然19年増税前の水準を下回っている．

　家計調査ベースの平均消費性向をみてみよう．2019年消費税増税する前に，全国と関西の平均消費性向は75％程度であった．家計調査ベースの平均消費性向も20年後半に上昇する動きがあったが，21年秋頃まで少し低下基調となった．その後，消費性向は再び上昇する傾向にあったが，22年後半インフレ加速のもとで，平均消費性向は低下した．足下では，エネルギー価格の負担緩和策の効果もあり，上昇する傾向がみられた．

　全国と関西の平均消費性向を比較すると，これまでほとんどの期間で全国が関西より高い水準となっていたが，2022年春に入って関西が全国を上回る動きがみられる．足下では，関西が73％と高い水準となった一方，全国は69％であり，まだ19年増税前の水準を下回っている．

図3-4-9　**全国と関西の消費者態度指数**

注）季節調整値の四半期平均をとったものである．
出所）内閣府『消費動向調査』

　図3-4-9は，2017年以降全国と関西の消費者態度指数の推移を示している．消費者態度指数は，内閣府が毎月約8,400世帯を抽出し，今後の消費動向を予測する指標として作成している．同指数は「暮らし向き」，「収入の増え方」，「雇用環境」，「耐久消費財の買い時判断」と4つの構成指標からなり，その平均が消費者態度指数である．22年は光熱や食料など生活必需品価格上昇の影響もあり，指数を構成する4指標が全て悪化した．特に，「耐久消費財の買い時判断」は，月次調査を始めてから過去最

低の水準となった．Section 4で分析してきたように，ここにインフレ加速の影響が表れている．消費者態度指数は22年末に底打ちし，足下では構成指標の全てが改善し，「雇用環境」と「耐久消費財の買い時判断」は高い伸び率を示している．23年4月内閣府は，消費心理の基調判断を，「弱い動きがみられる」から「持ち直しの動きがみられる」と上方修正した．春闘の賃上げの動きに加え，新型コロナ感染症の5類への移行とマスク着用ルールの緩和などがプラスに作用したと考えられる．消費性向や消費者態度指数の改善には，物価と賃金の好循環が欠かせない．

　全国と関西の消費者態度指数を比較すると，全国が関西を上回る傾向が強かったが，足下では関西の「雇用環境」が全国よりよく改善する動きがみられ，関西の消費者態度指数は全国とほぼ同じ水準となっている．

5.　小括

　これまでの分析が示すように，最近の物価高は主に食料やエネルギーといった基礎的な費目によるもので，その支出割合が高い低所得層の負担が高いことが確認できた．また，地域によって物価上昇による負担の程度が大きく異なるという結果がみられた．足下では約40年ぶりの物価高が家計に大きな負担をかけているものの，消費は緩やかに回復している．特に，関西の平均消費性向や消費者態度指数をみると，2023年に入ってから回復する傾向になっている．

　先行きについては，物価の上昇が一服し，安定する可能性が高まっている．国際商品市況が下落し，輸入物価の上昇が価格転嫁への影響が減衰するため，今年度半ばにかけては，消費者物価の上昇幅が縮小するとみられる．

　雇用面では，今後労働需給の引き締めが進んでいくと，賃金上昇率が上がる可能性が高いことから，実質賃金はマイナスからプラスに転じると考えられる．また，行動制限により貯め込まれた貯蓄が取り崩され，家計消費は緩やかに増加すると見込まれる．

参考文献

熊野英生（2022），「エナジー・エンゲル係数が示す家計の
　　負担増」，2022年8月5日，
　　（https://www.dlri.co.jp/report/macro/200547.
　　html），最終閲覧日2023年5月16日.
斎藤太郎（2022），「世帯属性別にみた物価高の負担と過剰
　　貯蓄」，2022年7月15日，
　　（https://www.nli-research.co.jp/report/detail/
　　id=71802?site=nli），最終閲覧日2023年5月16日.
酒井才介，南陸斗（2023），「日本の高インフレはいつまで
　　続くのか」，2023年1月25日，
　　（https://www.mizuho-rt.co.jp/publication/report/
　　research/express/2023/express-jp230125.html），
　　最終閲覧日2023年5月30日.
総務省統計局（2021），「消費者物価指数のしくみと見方
　　-2020年基準消費者物価指数-」，2021年8月，
　　（https://www.stat.go.jp/data/cpi/2020/mikata/
　　index.html），最終閲覧日2023年5月16日.
日本銀行（2023），「経済・物価情勢の展望（2023年4
　　月）」，2023年4月28日，
　　（https://www.boj.or.jp/mopo/outlook/gor2304a.
　　pdf），最終閲覧日2023年6月20日.
日本経済新聞（2023），「電力来月値上げ，夏控え家計負担
　　さらに」，2023年5月17日付，
　　（https://www.nikkei.com/article/DGKKZO7
　　1067470X10C23A5EA2000/），最終閲覧日2023年
　　5月30日.
中田 一良（2022），「所得階層別にみた個人消費の特徴」，
　　2022年10月20日，
　　（https://www.murc.jp/wp-content/uploads/
　　2022/11/report_221020_01.pdf），最終閲覧日
　　2023年6月12日.

アジア太平洋研究所 研究員

盧 昭穎

甲南大学 名誉教授

稲田 義久

Section 5
関西経済の府県別動向

1. 関西各府県のコロナ禍からの回復過程

コロナ禍から3年が経過した．パンデミックに突入した2020年度に関西2府4県はいずれも景気後退を余儀なくされた．その後，各府県はどのような回復を辿ってきたのだろうか．ここでは，各府県のGRPの実績値（19年度と20年度）とAPIRによる早期推計値（21年度と22年度）をもとに回復過程をレビューする．（なお，早期推計値の手法に関する解説は，「関西2府4県GRPの早期推計NO.1」（23年5月30日）のAppendixを参照．）

図3-5-1は，2019年度における府県別GRP（実績）を100とした場合の20-22年度の推移である．22年度の全国（GDP）は99.6と，緩やかな回復にとどまっており，コロナ禍前の水準は未達である．一方，関西は98.0と全国に比して更に回復が遅れていることがわかる．以下では各府県の

GRPの回復過程についてより詳しく確認してみる．

コロナ禍が始まった2020年度では，全国のGDPは19年度に比して-4.1ポイントの低下，関西（2府4県計）は-4.4ポイントの低下と，どちらも同ペースの大幅な落ち込みであった．うち，和歌山県（-6.6ポイント）が最もGRPの減少が大きく，他の府県は京都府（-6.1ポイント），大阪府（-4.6ポイント），兵庫県（-3.5ポイント），奈良県（-3.3ポイント），滋賀県（-2.6ポイント）と続く．

2021年度以降の回復の推移をみれば，兵庫県，京都府，大阪府，和歌山県には順調な回復の兆しがみえる．特に京都府や和歌山県では22年度において急な反転がみられている．その一方で，滋賀県，奈良県においては他府県と異なり回復軌道に乗っているようにはみられず，コロナ禍によるダメージから未だ回復しきれていない現状がみえる．

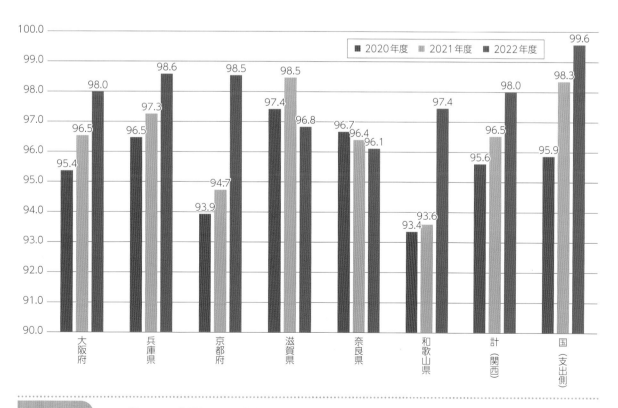

図3-5-1　コロナ禍からの回復過程：2019年度＝100

表3-5-1	関西2府4県の早期推計のモデルの適合度と推計値

	大阪府	兵庫県	京都府	滋賀県	奈良県	和歌山県	関西	国（支出側）
モデルの推計期間	2006－20	2006－20	2006－20	2006－20	2006－19	2006－20		
モデルの適合度								
自由度修正済決定係数	0.82	0.95	0.81	0.78	0.77	0.83	-	
GRP水準のMAPE（%）	0.86	0.40	1.13	2.10	0.59	0.96	-	
GRP成長のMAPE（%）	1.15	0.74	1.67	2.89	0.75	1.53	-	
ダービンワトソン比	1.85	3.02	2.08	1.78	1.32	2.61	-	
実質GRP（兆円）								
2019年度（実績）	40.78	22.21	10.68	6.98	3.89	3.70	88.24	550.1
2020年度（実績，奈良は推計）	38.89	21.42	10.03	6.80	3.76	3.46	84.36	527.4
2021年度（早期推計）	39.37	21.60	10.12	6.87	3.75	3.47	85.17	541.0
2022年度（早期推計）	39.96	21.89	10.52	6.76	3.74	3.61	86.48	547.7
実質成長率（%）								
2020年度（実績，奈良は推計）	-4.6	-3.5	-6.1	-2.6	-3.3	-6.6	-4.4	-4.1
2021年度（早期推計）	1.2	0.8	0.9	1.1	-0.3	0.3	1.0	2.6
2022年度（早期推計）	1.5	1.4	4.0	-1.7	-0.3	4.1	1.5	1.2
実質成長率（%）：寄与度								
2020年度（実績，奈良は推計）	-2.1	-0.9	-0.7	-0.2	-0.1	-0.3	-4.4	
2021年度（早期推計）	0.6	0.2	0.1	0.1	0.0	0.0	1.0	
2022年度（早期推計）	0.7	0.3	0.5	-0.1	0.0	0.2	1.5	

注）MAPEはMean Absolute Percentage Error（平均絶対誤差率）の略．実質GRPは生産側の連鎖価格表示．日本経済の実質成長率（支出側）の出所は内閣府．2006年度から2010年度のGRPは旧基準値を用いて新基準値に変換接続．

2. 関西各府県の予測：2021－22年度

(1) 関西

　関西2府4県の実質GRP（生産側）の合計でみた実質成長率は，2021年度が+1.0%，22年度が+1.5%と予測される．2年連続のプラス成長となり，コロナ禍による経済不況から立ちなおりかけている様子がうかがえる．

(2) 大阪府

　大阪府の実質GRPは，2021年度が39.37兆円，22年度が39.96兆円となる．実質成長率でみると，

21年度が+1.2%，22年度が+1.5%となる．コロナ禍前（19年度）の水準にはまだ戻っていないが，着実に回復していることが予測される．

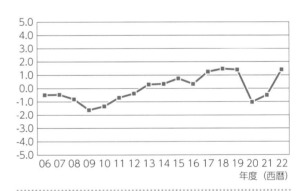

図3-5-3	大阪府の大型小売店販売額（対従業者数）

注）月次値を年度平均値にした後に標準化（平均値を0，標準偏差を1に変換）している．2022年度の月次値は，2023年2月までを利用．

　大阪府の月次統計で今回のコロナ・ショックからの回復を象徴する動きを示しているのが，大型小売店販売額（対従業者数）になる．図3-5-3をみると，2020年度の落ち込みはリーマン・ショック期と比べて激しいことがわかる．一方，その後，特に22年度で反転し，コロナ禍前の水準に戻っている．

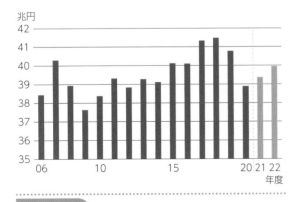

図3-5-2	大阪府の実質GRP

（3）兵庫県

兵庫県の実質GRPは，2021年度が21.6兆円，22年度が21.89兆円となる．実質成長率は21年度が+0.8%，22年度が+1.4%となる．コロナ禍前の水準にもうすぐ届くようなペースで堅実に回復していることが予測される．

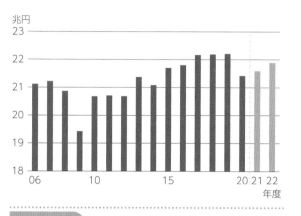

兆円

図3-5-4 兵庫県の実質GRP

兵庫県でも大型小売店販売額（対従業者数）に着目してみる．図3-5-5をみると，2020年度の落ち込みはリーマン・ショック期と比べて激しいのがわかるが，21年度はほぼ横ばいとなり，そして22年度になって反転したことがわかる．ただし，まだコロナ禍前の水準には戻っていない．

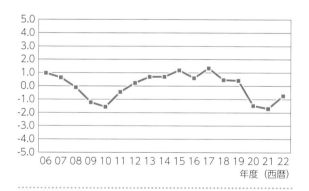

図3-5-5 兵庫県の大型小売店販売額（対従業者数）

注）月次値を年度平均値にした後に標準化している．2022年度の月次値は，2023年2月までを利用.

（4）京都府

京都府の実質GRPは，2021年度が10.12兆円，22年度が10.52兆円となる．実質成長率は21年度が+0.9%，22年度が+4.0%となる．22年度に大きく反転することが予測される．

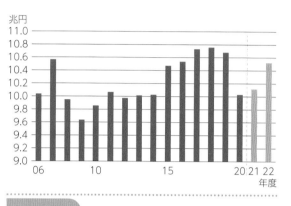

兆円

図3-5-6 京都府の実質GRP

京都府の月次統計でも大型小売店販売額（対従業者数）に着目してみる．図3-5-7をみると，2020年度の落ち込みはリーマン・ショック期と比べて激しいのがわかるが，21年度から回復が始まり，特に22年度になって大きく反転しコロナ禍前の水準に戻っていることがわかる．

図3-5-7 京都府の大型小売店販売額（対従業者数）

注）月次値を年度平均値にした後に標準化している．2022年度の月次値は，2023年2月までを利用.

Part I

Part II

Part III

Part IV

（5）滋賀県

　滋賀県の実質GRPは，2021年度が6.87兆円，22年度が6.76兆円，実質成長率は21年度が+1.1%，22年度が-1.7%となる．21年度はプラス成長となるが，22年度はマイナス成長に戻る．

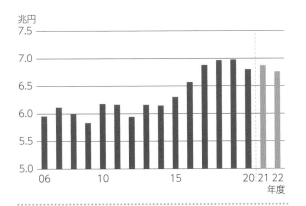

図3-5-8　　滋賀県の実質GRP

　滋賀県の月次統計では，鉱工業生産指数に着目する．コロナ・ショックによりリーマン・ショック期のときのような落ち込みが2020年度にあった．そのあと21年度にコロナ禍前の水準に戻ったものの，再び22年度に下落したことがわかる．

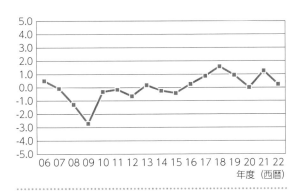

図3-5-9　　滋賀県の鉱工業生産指数

注）月次値を年度平均値にした後に標準化している．2022年度の月次値は，2023年2月までを利用．

（6）奈良県

　奈良県の実質GRPは2020年度が3.76兆円，21年度が3.75兆円，22年度が3.74兆円となる．実質成長率は，20年度が-3.3%，21年度が-0.3%，22年度が-0.3%となる．リーマン・ショック期（2008-09年度）の各年度で-3.5%，-3.2%のマイナス成長であり，20年度ではこれらを超えるほど

のマイナス成長率の程度であった．21年度と22年度ではほぼ横ばいの動きが予想される．

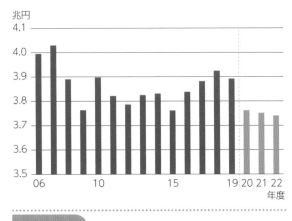

図3-5-10　　奈良県の実質GRP

　奈良県の月次統計では，有効求人倍率に着目する．コロナ・ショックによりリーマン・ショック期のときのような落ち込みが2020年度にあった．そのあと緩やかな回復がみられるが，コロナ禍前の水準にすぐ届くような回復ペースではないこともわかる．

図3-5-11　　奈良県の有効求人倍率

注）月次値を年度平均値にした後に標準化している．2022年度の月次値は，2023年2月までを利用．

（7）和歌山県

　和歌山県の実質GRPは，2021年度が3.47兆円，22年度が3.61兆円となる．実質成長率は21年度が+0.3%，22年度が+4.1%となる．21年度は横ばいと見込まれ，22年度は回復傾向になると予想される．

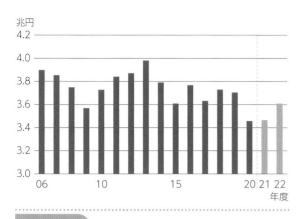

兆円

図3-5-12　和歌山県の実質GRP

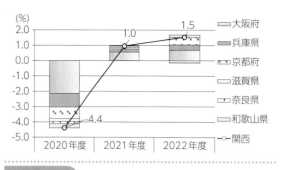

(%)

図3-5-14　関西の実質成長率への府県別寄与度

大阪公立大学経済学研究科 教授
小川 亮

甲南大学 名誉教授
稲田 義久

アジア太平洋研究所 研究推進部員
吉田 茂一

　和歌山県については鉱工業生産指数に着目する．2020年度の落ち込みがリーマン・ショック期に比べて大きい．21年度は横ばいとなり，22年度に回復が予想されている．

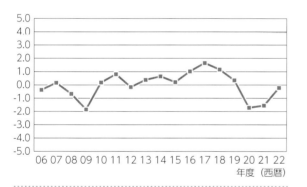

図3-5-13　和歌山県の鉱工業生産指数

注）月次値を年度平均値にした後に標準化している．2022年度の月次値は，2023年2月までを利用．

(8) 府県別のまとめ

　最後に，図3-5-14に2020-22年度の関西経済の成長率に対する府県別寄与度を示した．

　2020年度のGRPは，奈良県のみが早期推計値で他府県は実績値であったが，COVID-19の経済的影響のもと，関西各府県のマイナスの寄与度が大きく増し，国全体（-4.1％）に近いマイナス成長になったと見込まれる．21年度には，大阪府と兵庫県を中心とした反転により関西全体で+1.0％のプラス成長であったが，同年度の国は+2.6％であり，関西の回復力は国を下回っている．そして，22年度では+1.5％となり回復の傾向を強めたと予想される．

Chapter 4
関西経済の課題と展望

関西労働市場の現状と課題

2022年後半以降，コロナ禍から徐々に経済社会活動が正常化しつつある．一方で，コロナ禍で受けた経済的打撃は大きく，特に非製造業を中心に労働市場の回復が遅れている．また，中長期的にみれば，日本の人口は減少傾向で推移しており，今後，生産年齢人口の減少から慢性的な労働力不足が課題となる．特に関西は全国を上回るペースで将来人口の減少が見込まれているため，今後の人手不足への対応が喫緊の課題となる．

そこで，Section 1 では関西における労働市場の現状を確認するとともに，課題を抽出し，今後の労働供給制約への対応について考察を行う．Section 1.1 では関西における労働市場の現状と課題について統計データを用いて分析する．Section 1.2 では今後の労働力不足の対応について民間企業が取り組んでいる事例を紹介する．Section 1.3 ではSection 1 での分析から得られた内容を整理する．

1. 関西労働市場の現状と課題

(1) 現状

2019年以降の関西主要労働統計指標の動向から判断すれば，労働市場はコロナ禍による打撃からほぼ回復したといえよう．総数をみると（表4-1-1），コロナ禍前の19年と比較して，20年は就業率の低下と失業率の上昇がみられ，雇用情勢が悪化したが，21年と22年にかけて雇用は持ち直した．22年平均では，就業率は19年の水準を超えており，失業率は19年の水準を上回りつつも前年より低下

した．ただし，直近23年第1四半期では，就業率は前年より低下し，失業率は19年を超えた水準で前年から横ばいとなっており，回復が一服しているようである．なお，コロナ禍による打撃があったにもかかわらず，労働力人口比率は19年から直近の23年第1四半期まで上昇傾向を維持している．

表4-1-1　関西主要労働統計指標の動向

総数			
	労働力人口比率	就業率	失業率	平均月間就業時間
2019	59.8	58.3	2.6	37.3
2020	60.0	58.2	3.0	36.1
2021	60.4	58.5	3.1	36.0
2022	60.9	59.1	2.9	36.0
2023Q1	60.5	58.8	2.9	35.7
男性			
	労働力人口比率	就業率	失業率	平均月間就業時間
2019	69.2	67.3	2.8	42.4
2020	69.7	67.5	3.2	40.7
2021	70.0	67.8	3.2	40.6
2022	70.3	68.2	3.1	40.7
2023Q1	70.0	67.8	3.1	40.2
女性			
	労働力人口比率	就業率	失業率	平均月間就業時間
2019	51.5	50.2	2.3	30.9
2020	51.2	49.8	2.8	30.1
2021	51.7	50.2	2.9	30.2
2022	52.4	51.0	2.6	30.4
2023Q1	52.0	50.6	2.6	30.1

注）2019年から2022年の数値は四半期データの年平均を示す．平均月間就業時間の単位は時間で，それ以外の単位はすべて％である．
出所）総務省統計局「労働力調査」

男女に分けてみると，COVID-19が経済活動に及ぼす影響が最も大きかった2020年には，対面接

客が必要であるサービス業で働く非正規労働者の多くを占める女性の労働力人口比率と就業率は低下した．特に雇用形態がアルバイトであることが多い15〜24歳の年齢層ではその低下が著しく，表には示されていないが労働力人口比率と就業率はそれぞれ19年水準より-1.8％ポイントと-2.1％ポイント低下した．それに対して，男性の労働力人口比率と就業率はともに上昇し，コロナ禍による労働市場への悪影響は女性と比べて限定的である．

ただし，失業率は男女ともに2019年水準より0.4〜0.5％ポイント上昇しており，男女いずれにおいても雇用情勢が悪化した．男性は，35〜44歳で失業率の上昇が最も大きく，19年差+0.8％ポイントとなった．一方，女性は，正規労働者の多くを占める25〜34歳の年齢層（29.2％）における失業率の上昇が最も大きく，同+1.4％ポイントとなった．次いで15〜24歳と55〜64歳ではともに同+0.7％ポイントであった（表4-1-2）．

表4-1-2　性別年齢階級別失業率の2019年差（関西）

男性					
15〜24歳	25〜34歳	35〜44歳	45〜54歳	55〜64歳	65歳以上
2020 +0.5	-0.1	+0.8	+0.4	+0.7	0.0
2021 +0.4	+0.2	+0.3	+0.7	+0.9	+0.2
2022 +0.3	+0.3	+0.4	+0.5	+0.2	+0.0
2023Q1 -1.2	+2.0	+0.5	+0.5	+0.1	-0.8

女性					
15〜24歳	25〜34歳	35〜44歳	45〜54歳	55〜64歳	65歳以上
2020 +0.7	+1.4	0.0	+0.3	+0.7	-0.2
2021 +1.4	+1.0	-0.3	+0.4	+1.1	+0.3
2022 +1.2	+0.5	+0.2	0.0	+0.6	-0.2
2023Q1 +0.3	+0.8	-0.1	+0.1	+0.5	-0.1

注）2019年の失業率の四半期データの年平均との差を示す．単位は％ポイントである．
出所）総務省統計局「労働力調査」

2021年と22年には，労働力人口比率と就業率は男女ともに上昇傾向を示し，19年水準を超える水準まで回復した（15〜24歳の女性を除く）[1]．ただし，失業率は男女ともに22年に前年より低下したが，依然19年水準を超えている．男性は，45〜54

歳において失業率の19年差が最も高く+0.5％ポイントとなっており，それ以外の年齢層はすべて同+0.4％ポイント以下である．一方，女性は，15〜24歳において失業率の19年差が+1.2％ポイントとなり，25〜34歳と55〜64歳でもそれぞれ同+0.5％ポイントと同+0.6％ポイントとなっている．

2023年第1四半期には，男女ともに労働力人口比率と就業率は前年より低下し，失業率は19年を超えた水準で前年平均から横ばいとなり，雇用情勢の回復が一服している．男性は，特に働き盛りの年齢層（25〜34歳，35〜44歳，45〜54歳）でこの傾向がみられるが，高年齢層（55〜64歳，65歳以上）では回復が続いている．一方，女性は，15〜24歳と65歳以上で労働力人口比率と就業率の低下が目立っている．

なお，就業時間をみると，男女ともに2020年は19年より大きく低下した．20年以降，男性の平均月間就業時間は40.7時間前後で推移し，23年第1四半期にさらに40.2時間まで低下した．女性は22年までの間に回復がみられたが，23年第1四半期に再び低下した．労働環境が回復したにもかかわらず，就業時間が減少した理由は主に2つある．第一に，休業率はコロナ禍が発生した20年に大幅上昇し，その後低下したが，直近では依然として19年水準を大きく上回っている（表4-1-3）．第二に，働き方改革の一環で20年4月から中小企業に時間外労働の上限規制が適用され，時間外労働の上限は原則として月45時間・年360時間となった．

表4-1-3　休業者数及び休業率の推移（関西）

	総数		男性		女性	
	休業者	休業率	休業者	休業率	休業者	休業率
2019	27.8	2.6	10.5	1.8	17.3	3.6
2020	42.3	4.0	15.8	2.7	26.3	5.6
2021	33.8	3.2	13.0	2.3	20.5	4.3
2022	33.5	3.2	13.8	2.4	19.5	4.0
2023Q1	36.0	3.4	13.0	2.3	22.0	4.6

注）2019年から2022年の数値は四半期データの年平均を示す．休業者数と休業率の単位はそれぞれ万人と％である．
出所）総務省統計局「労働力調査」

---

1)　15〜24歳の女性の労働力人口比率と就業率は，2022年に依然として19年水準よりそれぞれ-0.1％ポイントと-0.6％ポイント低くなっている．

(2) 課題

コロナ禍から雇用は回復してきたが，新たな課題が浮上している．1つは非製造業での人手不足感の高まりである．もう1つは今後生産年齢人口の減少の進展により，労働供給の制約が厳しくなることが予想されていることである．

①非製造業での人手不足感の高まり

日本銀行大阪支店『全国企業短期経済観測調査-近畿地区-』より，関西の雇用人員判断D.I.（全規模）を業種別に示したのが図4-1-1である．雇用人員判断D.I.（過剰－不足）がプラスであることは，人手が過剰と考えている企業の割合の方が高く，マイナスであることは，人手が不足していると考えている企業の割合の方が高いことを示している．図が示すように，製造業，非製造業のいずれもコロナ禍の影響がある2020年を除けば，低下傾向で推移している．特に非製造業をみれば，12年以降，人手不足感が強まり，製造業との間の差が拡大している．足下の23年3月調査では，非製造業における雇用人員判断D.I.は-36で，製造業の-21を大きく下回っている．

図4-1-1　業種別雇用人員判断D.I.の推移（2004年3月－23年3月，関西）

出所）日本銀行大阪支店『全国企業短期経済観測調査-近畿地区-』

非製造業で労働需要が大きく増大している産業を確認するために，産業別新規求人数の動向をみる．ただし，新規求人数の多さは当該産業の労働市場の規模の影響を受けるため，産業別新規求人数対産業別就業者数の比を産業別に計算し，その推移をみる

（図4-1-2）．

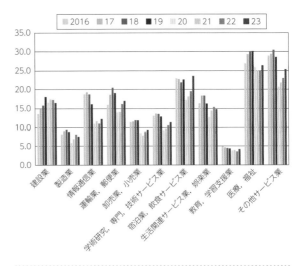

図4-1-2　産業別新規求人数対産業別就業者数比の推移（関西）

注）産業別新規求人数は月次データ（2016年1月～2023年4月）の年平均，産業別就業者数は四半期データの年平均を利用する．
出所）厚生労働省「職業安定業務統計」，総務省統計局「労働力調査」

コロナ禍前の2016～19年における新規求人数対就業者数比の上位6位は医療・福祉，その他サービス業，宿泊業・飲食サービス業，情報通信業，運輸業・郵便業と生活関連サービス業・娯楽業である．また，16年から19年まで一貫して上昇傾向を維持したのは医療・福祉と建設業のみである．

2020年はコロナ禍による影響で企業が採用活動を縮小・停止する動きが広がり，ほぼすべての産業において新規求人数対就業者数比が大幅に低下した（前年比-11％～-33％）．唯一例外となったのは建設業であり，前年比の減少幅は-8％にとどまっている．

その後，多くの産業では求人数が徐々に回復した．特に宿泊業・飲食サービス業では，2022年10月に水際規制が緩和されて以降訪日外客が急増したことによる影響もあり，23年に新規求人数対就業者数比は前年比+21.0％と大幅に上昇した．結果，23年に新規求人数対就業者数比が19年水準まで回復したのは宿泊業・飲食サービス業のみである．

なお，直近の2023年第1四半期における新規求人数対就業者数比の上位6位は医療・福祉，その他サービス業，宿泊業・飲食サービス業，建設業，運輸業・郵便業と生活関連サービス業・娯楽業になっている．

以上を要約すると，医療・福祉，対面型サービス

業と運輸業・郵便業はコロナ禍前から労働需要が強く，特に直近では宿泊業・飲食サービス業での求人の伸びが大きい．また，建設業では労働需要が堅調に増加しており，コロナ禍の中でも大きな減少がみられなかった．

②労働供給制約の現状と将来

関西における15歳以上人口は2012年をピークに減少に転じたが，労働力人口は反対の動きを示し，11年以降増加傾向になっている（図4-1-3）．その主な原因は女性と高齢者の労働市場参加の増加である．

図4-1-3 15歳以上人口と労働力人口の推移（関西）

注）2019年から2022年の数値は四半期データの年平均を示す．23年の数値は
　　23年第1四半期のデータである．
出所）総務省統計局「労働力調査」

表4-1-4は労働力人口比率（性別年齢階級別）のそれぞれの時点における5年前と比較した場合の差を示している．

まず女性の方からみる．25歳から64歳までの年齢層はここ20年間に労働力人口比率は一貫して上昇傾向を維持している．そのうち，25～34歳の女性は2000年代前半から労働市場への参加が大幅増加し，05年の労働力人口比率は5年前と比べて＋7.3％ポイント上昇した．その背景には1990年代から始まった育児・介護休業法の施行・改正及び保育所の整備による影響があるとみられる（樋口ほか2016, Yamaguchi, Asai and Kambayashi 2018）．出産・育児を経た女性の就業継続が促進された結果，35～44歳と45～54歳の女性労働力人口比率は2000年代後半から大幅上昇した．その後，育児・介護休業法のさらなる改正や女性活躍推進法の

施行，企業の女性活躍に対する理解の進展などによる影響もあり，25～54歳女性の労働力人口比率は上昇し続けた．

一方，55～64歳と65歳以上の女性は2000年代後半に労働市場への参加が増加傾向を示し，特に10年代には飛躍的な増加がみられた．この傾向は55～64歳と65歳以上の男性にもみられている．その背景には1994年と2000年の年金制度改正及び12年の高齢者雇用安定法改正があるとみられる（山田2017, Kondo and Shigeoka 2017）．年金制度の改正により，特別支給の老齢厚生年金の定額部分は01年から13年までの間に，報酬比例部分は13年から25年までの間に，支給開始年齢が段階的に60歳から65歳まで引き上げられた．支給年齢の引き上げにより支給年齢までの年金収入が減少するため，就業を促進する効果があるとみられる．さらに12年に行われた高齢者雇用安定法の改正は，65歳までの高齢者の雇用を企業に義務付けた．労働者が希望した場合には65歳まで働くことが可能となった．

表4-1-4	労働力人口比率（性別年齢階級別）の5年前比（関西）				

男性					
	15～24歳	25～34歳	35～44歳	45～54歳	55～64歳	65歳以上
2005	-10.1	-2.9	-0.7	-0.4	-2.1	-16.5
2010	-1.2	+1.2	-0.4	-0.4	+0.1	+0.2
2015	+1.8	-1.9	-1.1	-0.7	+3.1	+8.5
2020	+17.1	+1.1	-0.6	-0.6	+6.8	+13.1

女性					
	15～24歳	25～34歳	35～44歳	45～54歳	55～64歳	65歳以上
2005	-5.8	+7.3	+2.5	+1.5	+0.8	-8.3
2010	-4.3	+6.9	+5.2	+6.7	+5.9	+4.4
2015	+0.5	+4.6	+7.1	+6.7	+14.2	+21.3
2020	+16.8	+9.9	+8.8	+4.9	+19.5	+15.0

注）計算に利用した数値は四半期データの年平均である．単位はすべて％である．
出所）総務省統計局「労働力調査」

しかし，図4-1-3からわかるように，労働力人口の増加ペースは2020年以降鈍化している．直近23年第1四半期には女性の労働力人口比率は19年水準を上回るまで回復したが，19年水準と比べてわずか＋1.1％の上昇にとどまっている．コロナ禍後の女性の労働力参加の回復は緩慢である．また，55～64歳と65歳以上人口の労働力人口比率の伸

びも低下しており，高齢者の労働市場参加は頭打ちになったとみられる（図4-1-4）．

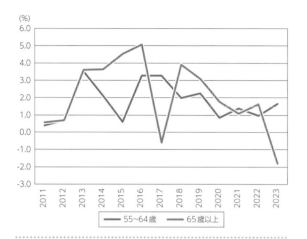

図4-1-4　労働力人口比率の前年比推移（関西）

注）2011年から2022年の数値は四半期データの年平均を示す．23年の数値は23年第1四半期のデータである．
出所）総務省統計局「労働力調査」

　女性と高齢者の労働参加が足踏みしていることに加えて，今後少子高齢化による生産年齢人口の減少は加速していくと予想される．このため，将来労働力不足による供給制約が起こる可能性が高い．その影響を受ける産業を特定するために，各産業の年齢構成をみる．

　表4-1-5は2023年第1四半期に各産業におい

	15～34歳	35～64歳	65歳以上
建設業	15.9	66.7	17.4
製造業	27.3	64.2	8.6
情報通信業	35.7	60.7	3.6
運輸業・郵便業	17.2	72.4	10.3
卸売業・小売業	26.2	62.2	11.6
学術研究・専門・技術サービス業	22.9	62.9	14.3
宿泊業・飲食サービス業	43.1	44.8	12.1
生活関連サービス業・娯楽業	30.3	48.5	21.2
教育・学習支援業	31.0	58.6	10.3
医療・福祉	23.1	65.3	11.6
その他サービス業	13.7	63.0	23.3

表4-1-5　各産業における就業者の年齢構成（2023年第1四半期，関西）

注）単位は％である．
出所）総務省統計局「労働力調査」

て各年齢層の就業者が全体に占める割合を示している．15～34歳の若年層が占める割合が下位3位である産業はその他サービス業，建設業と運輸業・郵便業で，いずれも20％未満となっている．一方，65歳以上の高齢層が占める割合が上位3位である産業はその他サービス業，生活関連サービス業・娯楽業と建設業である[2]．その他サービス業，生活関連サービス業の高齢層割合は20％を超えており，建設業は17.4％である．

　高度成長期に整備された社会インフラの老朽化は今後急速に進むため，インフラを整備・維持するために建設業では労働需要が急増すると予想される（国土交通省2021a）．当該産業では高齢化が進んでおり，技能を継承しその産業を将来にわたって担っていく若年層が不足している．このことは，近い将来に生活機能を維持するサービスと公共投資に供給制約が起こることを意味しよう．

　また，運輸業・郵便業では現時点で中年層の割合が高いため，高齢層の退職による影響は小さいが，若年層の不足から20年後の就業者激減が予想される．

2. 今後予想される人手不足問題への対応

　前述したように医療・福祉，宿泊業・飲食サービス業など対面型サービス業，建設業と運輸業・郵便業は現時点で労働需要の増加による人手不足に直面しているだけでなく，一部では将来生産年齢人口減少による労働供給制約の問題も避けられない．これらの課題を克服するために，働き方を含めた労働環境の改善によって従事者を増やす努力は必要不可欠である．また，労働生産性を向上させる新技術の導入が極めて重要である．

（1）労働環境の改善による入職率と定着率向上
　図4-1-5は2022年上半期の産業別入職率と離職率（全国データ）を示している．建設業と運輸業・郵便業は新規求人が多いにもかかわらず，入職

---

2)　その他サービス業と生活関連サービス業・娯楽業で高齢化が進んでいる産業を確認するために，令和2年国勢調査の産業（小分類）別就業者数のデータを用いる．その他サービス業のうち，35.5％の就業者が従事する建物サービス業と警備業では，65歳以上である就業者の割合はそれぞれ42.8％と38.3％である．そして，生活関連サービス業・娯楽業のうち，約5割の就業者が従事する洗濯・理容・美容・浴場業では，65歳以上である就業者の割合は20.7％である．

率は最下位クラスにある．一方，宿泊業・飲食サービス業（20.3%），生活関連サービス業・娯楽業（14.2%）とその他サービス業（11.3%）など対面型サービス業はコロナ禍からの回復途中にあることもあり，入職率は上位3位を占めている．しかし，離職率（それぞれ15.0%，10.0%，11.1%）も上位にあることは，これらの産業で労働者の定着率が低いことを物語っている．なお，医療・福祉の離職率も上位5位にあり，定着率が低い．

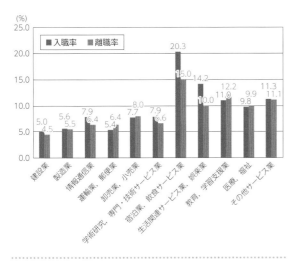

図4-1-5　産業別入職率と離職率（2022年上半期，全国）

注）2011年から2022年の数値は四半期データの年平均を示す．23年の数値は23年第1四半期のデータである．
出所）厚生労働省「令和4年上半期雇用動向調査」

これらの産業における入職率と定着率の低さの主な原因は労働環境の厳しさにある．まず，労働条件の悪さが指摘される．図4-1-6は各産業の労働者1人平均年次有給休暇取得日数と週所定労働時間を示している．宿泊業・飲食サービス業をはじめとする対面型サービス業，建設業，運輸業・郵便業，医療・福祉は，他の産業と比較して有給休暇の取得日数が少ないことに加えて，労働時間が長い傾向がある．この背景には，医療業界，宿泊業・飲食サービス業と運輸業では中抜け勤務という勤務体制をとることが多いと指摘されている．職場で業務量が少ない時間帯に長時間の休憩（中抜け）が与えられるが，拘束時間が長く，休暇が取りにくい場合が多い．また，建設業では工期を優先するために，休日

出勤と長時間労働が常態化している[3]．

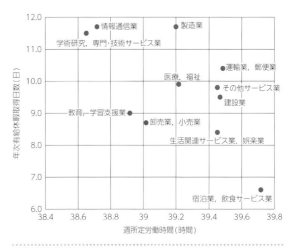

図4-1-6　労働者1人平均年次有給休暇取得日数と週所定労働時間（2021年，全国）

出所）厚生労働省「令和4年就労条件総合調査」

そして，賃金の低さも一因である．図4-1-7は主に正社員・正職員が占める一般労働者及び主に非正社員・非正職員が占める短時間労働者の賃金を示している．宿泊業・飲食サービス業，生活関連サービス業・娯楽業，その他サービス業と運輸業・郵便業は，いずれの就業形態においても，賃金は全産業の平均を下回っている．特に宿泊業・飲食サービス業は，いずれの就業形態においても賃金は最下位で

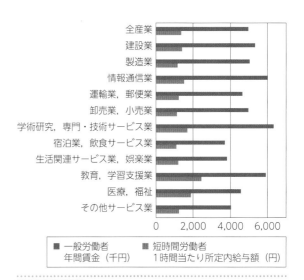

図4-1-7　産業別就業形態別賃金（2022年，全国）

注）「短時間労働者」とは，同一事業所の一般の労働者より1日の所定労働時間が短い又は1日の所定労働時間が同じでも1週の所定労働日数が少ない労働者をいう．なお，一般労働者の年間賃金は，「きまって支給する現金」×12＋「年間賞与その他特別給与額」として算出されている．
出所）厚生労働省「賃金構造基本統計調査」

3）国土交通省（2021b）によれば，2020年度の建設業における就業者の年間の総実労働時間は，全産業と比べて364時間（約2割）長い．また，建設工事に携わる技術者の約4割が4週間に休日が4日間以下という状況で就業している．

ある．コロナ禍から経済活動が正常化してきたなか，対面型サービス業では人手不足感が強まった結果，賃金が2022年に大幅上昇した（西岡2022）．しかし，他の産業と比べて依然として低賃金である．

総じて，これらの産業における入職率と定着率を向上させるためには，働き方と賃金を含めた労働環境の改善は必要不可欠であるといえよう．

（2）新技術の導入による生産性向上

新技術の導入による業務効率化と省人化・省力化は生産性を向上させ，人手不足の問題を緩和させることが可能である．過去にも1980年代にマイクロエレクトロニクス（ME）技術の発展により，製造現場で産業用ロボットや工作機械が普及し，事務作業にもオフィス・コンピュータやワードプロセッサなどの機械が導入され，オフィス・オートメーション（OA）が進んだ．その結果，省力化が実現され，製造業では多くの生産工程で配置人員の減少や無人化が進展し（中山1987），従業員数の拡大を伴わずに生産量拡大と生産効率向上が実現された（新エネルギー・産業技術総合開発機構2014）．

近年では，情報通信技術（Information and Communication Technology, 以下，ICT）の成熟によって情報機器，LANやインターネットの活用が拡大し，様々な業務のシステム化，RPA（ロボティック・プロセス・オートメーション）による事務作業の自動化，AI（人工知能）とIoT（インターネット・オブ・シングズ）を駆使したスマートファクトリーの実現などの事例が盛んになった．そして，情報機器に蓄積された情報を有効に管理・分析することによって業務プロセスを改善し，新たなビジネスモデルや顧客価値を創造する動きもみられるようになっている．

このような新技術の導入は限られた人材を効率的に活用し，生産性を向上させるだけでなく，技能伝承を円滑にし，働き方を含めた労働環境の改善にもつながる．

（3）事例

ここでは医療・福祉，宿泊業・飲食サービス業，運輸業・郵便業と建設業における労働環境改善及び新技術導入によって人手不足問題に対応する事例を紹介する（表4-1-6）．

①医療・福祉－SOMPOケア

SOMPOケアは，2022年7月に複数の介護施設で介護ロボットや情報機器を導入し，職員の業務削減やサービスの質の変化を検証するための実証実験を始めた[4]．検証の結果，介護ロボットの導入によって，職員の業務時間が削減されたと同時に，介護の質を向上させる対応をする時間が増加した[5]．

この取り組みの背景には介護業界の深刻な人手不足がある．厚生労働省はこの実証事業の結果をもとに利用者3人につき1人の職員を配置する現在の基準を緩和することを検討している．

また，SOMPOケアはセンサー付きの機械を導入し，職員に負担をかけずに利用者の状態を細かく把握する取り組みも行っている．さらに利用者の介護データを過去に蓄積した延べ3万人以上のデータと照合することで，利用者の数カ月後の状態を予測するアプリを開発した．これは熟練職員の暗黙知に頼って行われている利用者の状態に対する観察と予測を，介護データの活用によって実現させる試みである．利用者の状態悪化を防ぐことは職員の負担軽減，ひいては離職の予防にもつながると期待されている[6]．

②宿泊業－株式会社陣屋

株式会社陣屋は神奈川県の鶴巻温泉に位置する小規模旅館である．2009年に顧客管理から勤怠管理と経営分析までの情報を一元的に管理することが可能なクラウド型のシステムを導入し，業務の効率化と従業員間で接客に必要な情報を共有することを図った．また，センサーやカメラなどの機器とIoT技術を活用して，来館した自動車ナンバーの自動読み取りや，大浴場の利用者数や水温，タオル残数の

4）「介護のDXは夢物語か　導入実験「以前の状態に戻れぬ」瀬戸際の介護（2）」日本経済新聞，2022年11月22日（https://www.nikkei.com/article/DGXZQOUA1102L0R11C22A1000000/ 2023年6月23日最終閲覧）
5）「介護ロボット等による生産性向上の取組に関する効果測定事業　報告書」第216回社会保障審議会介護給付費分科会資料，2023年4月27日（https://www.mhlw.go.jp/content/12300000/001091715.pdf 2023年6月23日最終閲覧）
6）「変わらぬ生活の支援をデジタル×専門性で実現〜「予測する介護」への変革〜」SOMPOホールディングス ニュースリリース，2022年4月18日（https://www.sompo-hd.com/-/media/hd/files/news/2022/20220418_1.pdf?la=ja-JP 2023年6月23日最終閲覧）

| 表4-1-6 | 労働環境改善及び新技術導入の事例 |

会社名	取り組み
SOMPOケア	入居者の睡眠状況を遠隔確認する「睡眠センサー」や床ずれ予防の「自動体位交換器」などの介護ロボットを利用して職員の業務を削減するための実証実験を行った．また，利用者の介護記録などのデータを過去に蓄積した延べ3万人以上のデータと照合し，利用者の状態を予測できる「自立支援アプリ」を開発した．熟練職員の暗黙知に頼って行われていた利用者の状態に対する観察と予測を，介護データの活用によって実現させる試みである．
株式会社陣屋	顧客管理から勤怠管理と経営分析までの情報を一元的に管理するクラウド型のシステムを導入し，業務の効率化と従業員間の情報共有を図った．また，センサーなどの機器とIoT技術を活用することで，サービスの質を向上させた．そして，仕事の配分を完全分業制からマルチタスクに変更したことで，無駄な手待ち時間を削減し，従業員の拘束時間を短縮させた．さらに週休3日制を実施することで，従業員満足度が高まり，離職率が大幅に低下した．
積水ハウス株式会社	部門ごとに独立したシステムとデータベースを統合・再構築することで，情報活用と業務効率化が実現され，大幅なコストダウンと生産性向上につながった．また，iPadの全社活用を推進したことで，現場にいる従業員はiPadを経由してシステムに入って作業し，直行直帰が可能になり残業時間が大幅に減少した．さらに現場の労働環境を改善するために，建築施工ロボットの開発と導入に取り組んでいる．
ヤマト運輸株式会社	2020年から「データに基づいた経営への転換」という戦略を掲げて，データ解析やAI活用で現場業務の効率化を進めてきた．例えば，機械学習の技術を応用し，配送センターにおける3～4カ月先の荷物量を予測し，その予測に基づいて従業員のシフトや車両の配置を最適化する．他に仕分け・積み込み作業などの省人化・効率化を図るために物流支援ロボットを導入するなどの取り組みも行っている．

把握を行い，サービスの質を向上させた．

それと同時に，仕事の配分は業務ごとに専従する従業員が配置される完全分業制から，1人の従業員がフロント業務から客室清掃まで複数の業務を行うマルチタスクに変わった．この変化によって無駄な手待ち時間が削減され，従業員にとっても拘束時間が短縮された．さらに週に3日の休館日を設け，2020年から1日10時間実働の変形労働制を導入して週休3日制を実施した．その結果従業員の満足度が高まり，離職率が大幅に低下した[7),8)]．

③建設業－積水ハウス株式会社

積水ハウスは2010年から部門ごとに独立したシステムとデータベースを全社最適の視点から統合・再構築する「邸情報プロジェクト」を実行した．分散された情報を一元的に管理することで，情報の活用と業務プロセスの効率化が実現され，大幅なコストダウンと生産性の向上につながった（宍倉2019）．また，13年からiPadの全社活用を推進した．現場にいる従業員はiPadを経由してシステムに入って作業することで，直行直帰が可能になり残業時間が

大幅に減少した[9)]．

さらに施工従事者の高齢化及び女性・若年層の入職に向けて現場の労働環境を改善するために，建築施工ロボットの開発と導入に取り組んでいる．2018年に身体への負担が大きい天井石膏ボード張り施工の作業を分担するロボットを発表し，将来実用化のために開発を進めている．ロボットの導入により施工従事者の負担は最大7割程度軽減されると見込まれている[10)]．

④運輸業－ヤマト運輸株式会社

ヤマト運輸は2020年から「データに基づいた経営への転換」という戦略を掲げて，データ解析やAI活用で現場業務の効率化を進めてきた．例えば，機械学習の技術を応用し，配送センターにおける3～4カ月先の荷物量を予測するシステムを導入した．予測に基づいて従業員のシフトや車両の配置を最適化することが可能となる[11)]．また，荷物輸送時の事故防止と仕分け・積み込み作業などの省人化・効率化を図るため，仕分け現場に物流支援ロボットを導入した．さらに22年11月に北海道石狩市で無人自

7) 「『週休3日』で働く－働くスタンダードはどう変わる？－」リクルートワークス研究所，2023年4月3日（https://www.works-i.com/research/works-report/item/4dayww_2023.pdf 2023年6月23日最終閲覧）
8) 「中小旅館業の経営実態調査」独立行政法人中小企業基盤整備機構，2017年3月（https://www.smrj.go.jp/doc/research_case/h28_ryokan_full.pdf 2023年6月23日最終閲覧）
9) 「iPad1万7千台を全社員が活用　アプリ内製，月15時間残業減らす」日経コンピュータ，2019年1月10日号
10) 「作業の負担を最大7割軽減し　施工現場の環境を改善住宅施工現場にロボット技術導入へ」積水ハウス株式会社プレスリリース，2018年5月16日（https://www.sekisuihouse.co.jp/library/company/topics/datail/__icsFiles/afieldfile/2018/05/16/20180516_2.pdf 2023年6月23日最終閲覧）
11) 「ヤマト運輸，MLOpsで経営リソースの最適配置を実現」株式会社エクサウィザーズ，事例集，2022年8月3日（https://exawizards.com/works/20297 2023年6月23日最終閲覧）

動配送ロボットを活用した個人向け配送サービスの
実証実験を行った．

3. 小括

　関西における労働市場はコロナ禍から着実に戻り
つつあるものの，性別，年齢別にみれば回復度合い
は異なる．対面型サービス業における非正規労働者
の多くを占める女性は，コロナ禍でより深刻な打撃
を受けたが，足下はほぼ回復している．一方，男性
にとってコロナ禍による打撃は女性と比べて限定的
であったが，働き盛りの年齢層において雇用情勢の
回復が一服している．

　直近では非製造業で高まっている人手不足感が課
題となっている．医療・福祉，対面型サービス業と
運輸業・郵便業はコロナ禍前から求人が多く，建設
業はコロナ禍の中でも大きな減少がみられず，労働
需要が堅調に増加してきた．また，一部のサービス
業，運輸業・郵便業及び建設業において，将来労働
力不足による供給制約が起こることも懸念されてい
る．

　これらの課題を克服するために，まず労働環境の
改善によって前述した産業における入職率と定着率
を上げることが不可欠である．その改善にあたって
新技術の導入は重要である．技術革新は労働生産性
を向上させるだけでなく，労働条件や働き方なども
改善できる．このことは複数の事例で確認されてい
る．今後このような動きがさらに広まることが期待
される．

参考文献

新エネルギー・産業技術総合開発機構（2014）『NEDOロ
　ボット白書2014』https://www.nedo.go.jp/
　content/100567345.pdf（2023年6月20日最終閲
　覧）
国土交通省（2021a）『国土交通白書2021』https://www.
　mlit.go.jp/hakusyo/mlit/r02/hakusho/r03/html/
　n1221000.html（2023年6月14日最終閲覧）
国土交通省（2021b）「建設業の働き方改革の現状と課題」
　https://www.kensetsu-kikin.or.jp/news/57a4237
　9796b2a6c1d23286d40ea5b611f163364.pdf
　（2023年6月14日最終閲覧）
宍倉正人（2019）「積水ハウスのIT部門が考える企業内デー
　タ活用術」UNISYS TECHNOLOGY REVIEW 142,
　pp.19-25
中山孝男（1987）「マイクロエレクトロニクス化の進展とそ
　の生産過程・雇用へのインパクト」一橋研究11（4），
　pp. 43-57
西岡慎一（2022）「深刻な人手不足でわが国賃金に上昇圧力

―労働参加率の停滞で失業率2%割れも視野―」日本総
　研Research Focus No.2022-051. https://www.jri.
　co.jp/MediaLibrary/file/report/researchfocus/
　pdf/13880.pdf（2023年6月14日最終閲覧）
樋口美雄・坂本和靖・萩原里紗（2016）「女性の結婚・出
　産・就業の制約要因と諸対策の効果検証：家計パネル調
　査によるワーク・ライフ・バランス分析」『三田商学研
　究』58（6），pp. 29-57
山田篤裕（2017）「年金支給開始年齢引き上げに伴う就業率
　上昇と所得の空白：厚生労働省『中高年者縦断調査
　（2014年）』に基づく分析」労働政策研究・研修機構編
　『人口減少社会における高齢者雇用』pp.194-216.
Kondo, A., and H. Shigeoka（2017）"The Effectiveness
　of Demand-side Government Intervention to
　Promote Elderly Employment: Evidence from
　Japan," *ILR Review* 70（4），pp.1008-1036
Yamaguchi, S., Y. Asai, and R. Kambayashi（2018）
　"Effects of Subsidized Childcare on Mothers'
　Labor Supply under a Rationing Mechanism"
　Labour Economics, 55, pp.1-17

アジア太平洋研究所 研究員
郭 秋薇

アジア太平洋研究所 副主任研究員
野村 亮輔

Section 2
関西・大阪におけるDXの活用

1. DXが及ぼす2種類の経済効果

　2022年4月の内閣府のスーパーシティ型国家戦略特区に「大阪府市スーパーシティ構想」が採択されたことを契機として，都市OSといわれるデータ連携基盤（ORDEN）の社会実装に向けて動き始めている．ここでいう，スーパーシティとは，DXを活用し，従来よりも高いレベルで持続可能な都市開発を進める取組みであり，都市OSは，センサー，ネットワーク，ビッグデータ，人工知能（AI）などを活用し，都市全体を効率的に運営する，スーパーシティのデジタルプラットフォームである（図4-2-1）．大阪府市スーパーシティ構想では，夢洲（夢洲コンストラクション，大阪・関西万博）とうめきた2期の2つのグリーンフィールドがあり，一からまちづくりを行うグリーンフィールドの性質を活かして，速やかな先端的サービスの実証や社会実装を進めている．

　ここでは，スーパーシティにおけるDXの適用効果について，内閣府「スマートシティガイドブック」に定義される「スマートシティは，都市や地域が抱える諸課題の解決を行い，また新たな価値を創出し続ける」に基づいて分析する．“諸課題の解決”とは，データの可視化・分析による既存ビジネスの効率化を指し，「量的な改善効果」の側面である．また，“価値を創出”とは，データから生み出される新たな価値・新たなビジネスを指し，「質的なビジネス転換」の側面である．

　以降では，DXを用いたサービス事例について，「量的な改善効果」と「質的なビジネス転換」の2つの側面から紹介する[1]．

2. 量的な改善効果

　ここでは，既存ビジネスにデータの分析・可視化を取入れ，プロセスの効率化を図った2つの事例について紹介する．1つめは，三菱UFJ信託銀行が情報銀行サービス「Dprime」を用いて，企業の商品開発プロセスの中にユーザーコミュニケーションを取入れ，パーソナルデータやアンケートデータを取得・分析した結果に基づき，最終商品化に至った事例である．2つめは，2025年の大阪・関西万博に向けて，万博会場や関連インフラの建設工事を円滑に行うため，工事車両の渋滞対策や作業員の円滑な移動などにDXを活用する「夢洲コンストラクション」の事例である．

(1) ユーザーのパーソナルデータ分析による商品開発

　2022年7月，三菱UFJ信託銀行では，「フードロスの課題提起のため，一緒にビールを作りましょ

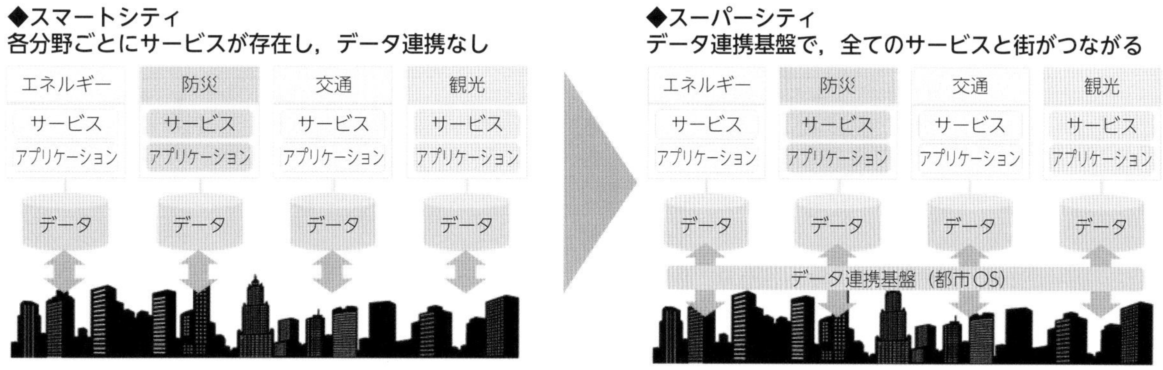

◆スマートシティ
各分野ごとにサービスが存在し，データ連携なし

エネルギー	防災	交通	観光
サービス	サービス	サービス	サービス
アプリケーション	アプリケーション	アプリケーション	アプリケーション
データ	データ	データ	データ

◆スーパーシティ
データ連携基盤で，全てのサービスと街がつながる

エネルギー	防災	交通	観光
サービス	サービス	サービス	サービス
アプリケーション	アプリケーション	アプリケーション	アプリケーション
データ	データ	データ	データ

データ連携基盤（都市OS）

図4-2-1　スマートシティとスーパーシティの違い

出所）IoT News『都市のDXが進む「スーパーシティ」構想とは？』を基に作成

---

1) 　紹介事例は，アジア太平洋研究所「関西・大阪における都市ぐるみ，都市レベルのDX」研究会報告書（2022年度）から引用．

う」というコンセプトを基に，「あなたのデータと廃棄食材で作るビール開発プロジェクト」を始めた．ユーザーが自分のデータを使って商品誕生のプロセスを体験し，企業側はユーザー視点で商品開発しつつ社会的意義を共有し，ユーザーの共感を得ながら物事を進めていく．個人と企業をデータでつなぐ情報銀行ならではのサービスである．

本プロジェクトでは，Dprimeアプリで参加者を募集し，企業側で，参加者1,400名分の個人データとアンケートデータを綿密に分析して，パイロット版を開発した．参加者へのフィードバックは，シンプルにしなければ共感が得られず，見てもらえないため，参加者向けの分析結果の提示方法は，4つの切り口を置き，ビールの嗜好・味の好みデータに合わせて，分かり易くグラフ化している．例えば，ビールが苦手な人には，ユーザーの分かり易さという観点で，ちょっと甘め，かつ苦味が出ないフルーティなものを作った．他の分析についても，参加者への伝え方を都度決めて，ホームページや動画で公開し，データの活用方法を分かり易く伝えている．実際に4種類のビールを作り，600名に4種類セットで飲んでもらい，その後にアンケート回収するという流れでビール開発が行われた．

今回のビール開発における「フードロス対策」は，農家で廃棄予定であったグレープフルーツと，チョコレート加工の際に廃棄するカカオの皮（カカオハスク）を使用している．グレープフルーツは宮崎県の"緑の里りょうくん"という会社と協力し，カカオハスクは"ダンデライオンチョコレート"と協力して進めた．これら協力企業の悩みや思いを動画やホームページを通じて，フードロス問題を伝えることで，ビール作りに加えて，社会課題への取組みでもユーザー共感を得ている．

試飲前のアンケート結果では，「社会課題解決に向けた商品を積極的に選ぶ」と答えた人は少なく，「積極的に選びたい」が24%であったが，試飲後のアンケート結果では，「積極的に選びたい」へと態度変容した方が26%アップの50%となり，プロジェクトの意義とした「共感の達成」が示されている．

今回，商品開発プロジェクトでDprimeを用いた

結果，開発プロセスの開示により顧客接点を構築できるだけでなく，ユーザーから得た多数のデータを商品開発に逐次反映すると共に，ユーザーの共感も得られた事例である．

（2）夢洲コンストラクション

大阪・関西万博の大規模工事では，大量の工事車両が夢洲に来ることが予想されており，工事車両に加えて，コンテナ車両や一般車両の走行も想定され，大規模渋滞が懸念されている．夢洲には北側の舞洲から来るルートと，南側の咲洲から来るルートの大きく2ルートがあり，この2ルートがスムーズに流れたとしても，ルート上に工事現場に入るゲートが存在し，このゲート付近で遅延するとルートの渋滞に繋がる．ゲートを通過できても，万博工事の敷地面積も有限であるため，駐車台数に限界があり，これらを加味した対応が必要となる．（図4-2-2）

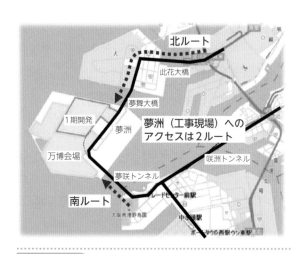

図4-2-2　夢洲のアクセスルート

出所）大阪スーパーシティ協議会「大阪スーパーシティ全体計画」p24の図をAPIRで加工

このため，渋滞を起こさない工事車両数の計画が求められるが，計画は月単位で調整すればいいわけではなく，工程による変化もあり，週単位や日単位で工事車両計画を調整する必要がある．さらに，大阪・関西万博工事では，複数の建設会社間の調整が加わるため，膨大な調整工数が発生する．この調整工数を削減する手段として，数理最適化を活用した「工事現場のDX」を用いる．

従来，例えば各工事エリアのデータは，各工区を

管理する会社が個別管理していたが，夢洲コンストラクションの「データ標準化・可視化システム」では，各建設会社の持つ車両管理データを一元管理し，ダッシュボードに表示することで，ワンストップで把握できる．

　具体的には，工事車両運行計画の調整台数を見積もるため，南北の各ルートの運行計画の総計を出す．過去の交通量データから一般車両の台数も推計して，各ルートの車両通行数の総和を算出する．この各ルートの車両通行数の総和が交通工学を用いた各ルートの上限交通量を超過する車両数を求める．また，計画作成時に必要となる条件として，ゼネコン各社からの車両調整条件，車両調整時の判断に必要となる気象情報データがある．例えば，生コン車は雨の日に搬入しても作業ができないので，明日は雨と分かっていれば，この生コン車を前日か，もしくは翌日か，雨が降らない時間帯にシフトさせる必要がある．

　夢洲コンストラクションのダッシュボードでは，調整工数の最小化と，調整前後で移動した時間の最小化を目的関数とした数理最適化により，工事車両の運行計画修正案を表示する．本システム導入による稼働時間の削減効果は，仮説のシミュレーション

ではあるが，1日の工事車両調整台数が300台ぐらいあると想定し，1台当たり2分を要するとした場合，月420時間程度の調整工数の削減と見積もられている．

　この夢洲コンストラクションは，2023年4月から始まる建設工事に活用し，25年の大阪・関西万博の開催期間中には，交通マネジメントシステムとして運用し，万博終了後の26年以降は，システムの海外進出や他のまちづくりへの活用（2期開発や都市OSとのデータ連携など）を予定している．（図4-2-3）

3. 質的なビジネス転換

　ここでは，DXを活用して新たなサービスを構築するBABY JOB社の保育所のサブスクリプション事業「手ぶら登園」と，バーチャル空間（メタバース）を活用して，地方での新たな産業，雇用，活躍機会の創造に取組むパソナ社の事例について紹介する．

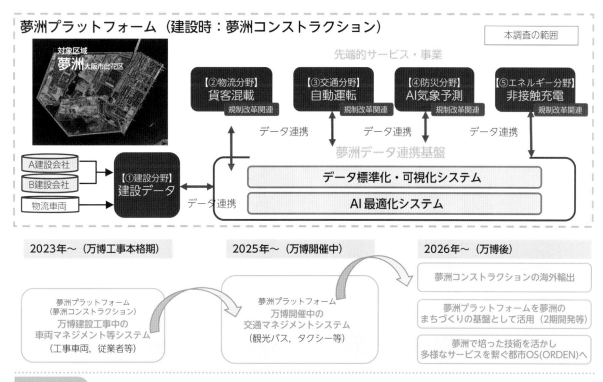

図4-2-3　夢洲コンストラクションのシステム構成とロードマップ

出所）スーパーシティ・スマートシティフォーラム2022 講演会資料『「夢洲コンストラクション」から始まる関経連の夢洲まちづくりへの取り組み』P21

(1) 保育園向けサブスク事業

保育市場には，過去の布おむつ時代の名残があり，保護者に負担を強いる慣習が現在も存在している．保護者は，子供1人当たり月100枚程度のおむつを保育園に持込み，おむつ全てに自分の子供の名前を1つ1つ書く必要がある．加えて，使用済みおむつは家庭に持ち帰るルールもある．

そこで，BABY JOB社は，保育施設に紙おむつとお尻ふきを直接届ける月定額制サービス「手ぶら登園」の提供をスタートした．保護者はBABYJOB社と直接契約すれば，おむつ持込みに関して，何も考えなくて良いというサービスである．（図4-2-4）

おむつのコストは，大きなサイズになると単価が上がるため，大きなサイズが多く使用されると価格コントロールが難しくなる．しかし，おむつの利用状況や園児のデータを収集・分析し，この程度なら大丈夫という価格を特定することで，全てのサイズで一律料金のサービス提供を可能としている．これにより，保護者はおむつ持込みに煩わされず，保育士も個人別の使用枚数の管理が不要になる．この結果，本サービスの解約率は，平均0.1〜0.2％と低い値を維持している．

サブスクは，マーケティングマネージメントの重点が，売切りサービスとは，大きく異なる．売切りの場合は，物を売る瞬間・契約をした瞬間がピークであり，ここに時間とコストを使う．サブスクの場合は，ライフタイムバリューを長くすることにあり，契約後に投下できるリソースボリュームの話に変わる．このため，BABY JOB社では，契約後の「保育園の満足度」と「保護者の満足度」の向上をKPIに置き，施設契約後の導入説明を磨くため，カスタマーサクセスチームを作った．

ユーザーインターフェース（以降，UIと記載）の使い易さが顧客満足度を大きく左右するため，保育園の管理画面のUIにも拘っている．例えば，保護者が自分ですぐに解決できることが，満足度向上の理由の1つであり，最も見つけやすいところにQ＆Aを置くことを徹底して考えている．また，保育士が操作する発注画面では，保育士が未開封のおむつパック個数を入力すると，必要な発注数が表示される．BABY JOB社では，保育園毎に子供の月齢，年齢と人数を予め登録しているデータから「1人当たりの使用量」を算出し，園児の人数から必要となる発注数を，リアルタイムで見積り表示している．

保護者と保育士のゆとりを創出するために
保育施設向けの定額制サービス

図4-2-4　BABY JOB社の「手ぶら登園」サブスク事業

出所）日本のサービスイノベーション2022『「手ぶら登園」から始める，子育てを楽しむ仕組みづくり』

さらに，BABY JOB社では，オンライン商談やWeb申込みで完結する等，デジタル活用を徹底している．営業では，保育園に直接行くことは殆ど無く，オンラインで全て完結させている．

(2) 淡路島で実現するパソナ メタバース

2020年9月，パソナは，淡路島に本社機能を一部移転した．本社機能の一部移転は，単にBCPの観点ではなく，地方や農業の衰退，少子高齢化，待機児童，介護離職，心身の環境も含めて，東京一極集中を止めるという選択肢に価値があると考えた結果である．淡路島は東京23区やシンガポールと同程度の大きさがあり，人口12万人が住む島である．

パソナは，淡路島の活動をメタバースと掛け算することで，新たな産業や雇用・活躍機会の創造を目指している．メタバース上で働く機会や業務を生み出すため，「100のコミュニティ（タウン）」による新しいコミュニティ産業を創出し，淡路島で，働く環境や施設，価値観を提示した．（図4-2-5）

コミュニティでは，利用者が淡路島でリアル・コンテンツに参加でき，「人が不足している，施設の反応が悪い」という時には，相互に送客する仕組みを設けている．車を利用する時は，従来は淡路島に行ってからカーシェアをする，もしくは新神戸・三宮などでレンタカーを借りて行くが，パソナのメタバースでは，淡路島に行く前からメタバース空間上に自分の車を所有し，淡路島に来たタイミングで，自分がバーチャル空間に持っている車にリアルに乗ることができるように，シェアリングの仕組みを作っている．

パソナでは，アバター人材創出プロジェクトをスタートし，淡路アバターセンターを淡路島に作った．これにより，接客したいスタッフに販売や受付業務といった働く機会を提供している．例えば，淡路島には，ニジゲンノモリというテーマパークがあり，入口に動画が流れる大きなデジタルサイネージがある．このディスプレイの前で「こんにちは」というと，アバターセンターで担当者が受け答えを行う．アバターには顔が出ず，音声変換もできるため，年齢や性別が異なる担当者でも，20代の女性のように違和感なく接客できる．利用イメージとしては，Web上のチャットボットからアバターコンシェルジュに繋がるものである．例えば，夜間営業しても来客人数が分からないため，夜は閉店する店舗に設置すると，淡路島からWebで対応できる．またイベント受付や，新規顧客の発掘，専門人材の活用にも利用可能である．デジタルマーケティングの分野では，ネット上にアバターの相談員を置くと，コンバージョン率が上がり，問合わせが増えるといった効果がある．現在は，淡路島のアバターセンターで対応しているが，将来的には自宅対応を検討している．この方法であれば，1カ所が混雑すると別の場所からの対応も可能になるなど，スキルを持つ人材を全国で幅広く活用することができる．

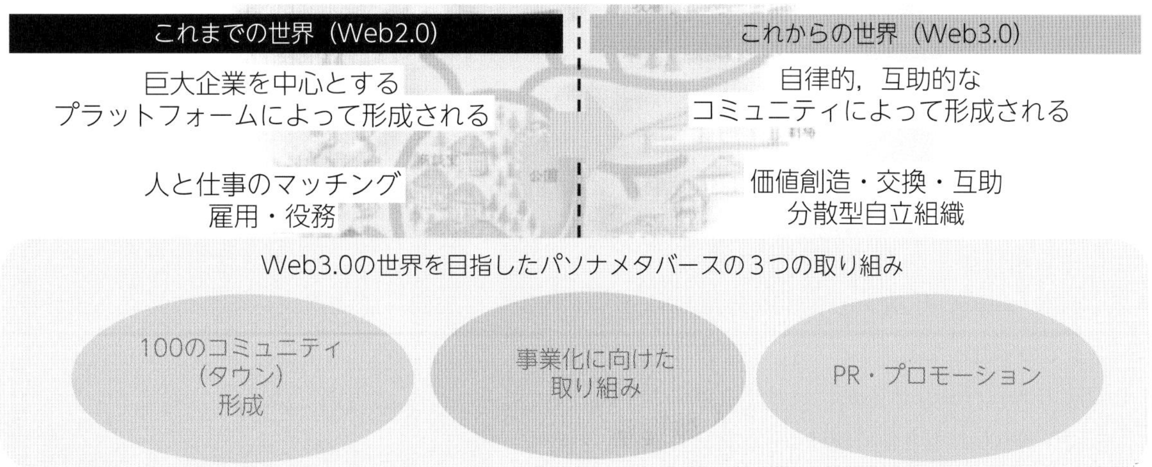

図4-2-5　パソナ メタバースの取組み

出所）地方創生SDGs国際フォーラム2023「2022年度 地方創生SDGs官民連携優良事例 取組紹介」p14

4. スーパーシティ（都市のDX）の在り方

『大阪府市スーパーシティ構想』の整備計画が，将来においても都市を持続的に発展させるためには，生活者や来訪者の課題を解決して生活の質（QoL）を高めるサービスを提供し，彼らの満足度を維持し続ける必要がある．

都市が住民や利用者に対して，持続的にサービスの魅力を高め，進化させ続けるという点では，サブスクリプション型[2]のビジネスモデルと共通する点がある．Tzuo（2018）は，サブスクリプションをサービス提供側の視点から，「特定の顧客のウォンツ（欲求）のニーズ（必要）に着目し，そこに向けて継続的な価値をもたらすサービスを創造すること」としており，このサブスクリプションの考え方を都市に応用すれば，まちの中に潜んでいる不便（誰が何に困っているか）を分析し，その不便を満たすサービスを提供することで，「QoLの高い状態」が実現できる．

サブスクリプションにおいて顧客にとってのサービス価値を上げる方法は2つある．アップセルとクロスセルである．アップセルとは現状に新たな価値をもたらす新しいサービスを提案することである．また，クロスセルとは，他のサービスとの連携によって新しい価値をもたらすことである．

サービスの質を持続的に高めていくには，利用者の反応や評価データを用いて，個々の利用者に向けてサービスを最適化（パーソナライゼーション）することが，住民の住み続ける意向を強めることになる．それに加えて，アップセルやクロスセルによって新たなサービスを生み出し，顧客にとっての価値を上げることが求められる．今回示した4つの事例では，リアルとバーチャルの双方でユーザー接点を持ち，データを活用したサービス提供によって高いQoLを生み出し続けている点で共通しており，コミュニティに対するエンゲージメントの獲得方法を考える上での示唆となる．

大阪府市スーパーシティがサービスを充実させて，住民を増やし，引き留め続けることは，世界の各都市が人口をめぐって競争する環境において，今後ますます重要になっていく．

参考文系

大阪スーパーシティ協議会「大阪スーパーシティ全体計画」
https://www.pref.osaka.lg.jp/attach/22971/00428630/01_zentaikeikaku.pdf
スーパーシティ・スマートシティフォーラム2022 講演会資料『「夢洲コンストラクション」から始まる関経連の夢洲まちづくりへの取り組み』
https://www.chisou.go.jp/tiiki/kokusentoc/supercity/supercityforum2022/Forum2022_3-10.pdf
日本のサービスイノベーション2022『「手ぶら登園」から始める，子育てを楽しむ仕組みづくり』
https://www.service-js.jp/uploads/fckeditor/072_si2022_v1.pdf
地方創生SDGs国際フォーラム2023「2022年度 地方創生SDGs官民連携優良事例　取組紹介」
https://future-city.go.jp/sdgs-event/assets/pdf/2023/20230207_1700_awaji_jp.pdf
アジア太平洋研究所「関西・大阪における都市ぐるみ，都市レベルのDX」研究会報告書（2022年度）
https://www.apir.or.jp/research/11175/

青森大学ソフトウェア情報学部 教授
大阪大学 名誉教授
下條 真司

アジア太平洋研究所 総括調査役・研究員
足利 朋義

---

2)　経済産業省（2020）では，サブスクリプションの定義を「定額の利用料金を消費者から定期的に徴収し，サービスを提供するビジネスモデルを指す」としている．

Section 3
新型コロナウイルスが関西の地方自治体の財政に与えた影響

1.　はじめに

2020年度以降，国と地方自治体は，新型コロナウイルス感染症に対して，感染拡大の防止や経済社会への影響を緩和・軽減する対策事業を実施してきている．

感染拡大の当初は，特例公債（いわゆる赤字公債）制度を前提に補正予算の編成ができない地方自治体において，経済活動へのダメージによる税収減，コロナ対策事業の実施による歳出拡大によって，財政収支の赤字化や財政調整基金[1]の枯渇などの財政悪化が懸念されていた．

実際は，地方自治体の様々なコロナ対策事業に対して，国から多額の財源措置（国からの交付金）が講じられた．2020年度，国は3次にわたる補正予算編成を行い，地方自治体に対する交付財源が確保された．21年度は，国の当初予算と補正予算の両方にコロナ対策経費が計上され，地方自治体に対する財源措置が継続されている．

それでは，コロナ禍の中で，地方自治体の財政は悪化したのだろうか，あるいは国の財源措置で回避されたのだろうか．この疑問に答えるため，総務省が公表している地方財政状況調査の決算統計データを使い，2020～21年度の財政状況の分析を行うこととした．ただし，全国の都道府県，市町村を分析対象にするのは膨大な作業となることから，関西の地方自治体（2府4県，198市町村）に対象を絞ることとした．

しかし，地方財政状況調査で公表されている決算データからは各地方自治体のコロナ対策事業経費を抽出することはできない．歳入面でも，国から交付された国庫支出金の数項目がコロナ対策事業の財源として把握できるのにすぎない．要するに，コロナ対策の歳入と歳出に関して，地方自治体ごとに，最終的に国の財源がコロナ対策事業の何に振り向けられたかの全体像が把握できないのである[2]．残念ながら，このようなデータの制約はあるが，関西の地方自治体に関して，利用可能な範囲で分析を行っていく．

2.　関西の地方自治体の財政収支

(1)　集計値で見た決算状況

関西の地方自治体に関して，府県と市町村に分けて，6府県と198市町村それぞれの集計値で，コロナ禍前（2019年度），コロナ禍中（20，21年度）の3期の決算状況を見る．表4-3-1がそれを整理したものである．

歳入総額について，府県および市町村ともにコロナ禍前の2019年度に比べて大きく増加している．21年度の歳入総額は，19年度比で，府県計では4兆3,692億円の増，市町村計では1兆6,112億円の増となっている．歳入総額で最も増加しているのは，国庫支出金である．19年度比増加額の寄与率は，府県計で52.3％，市町村計で64.0％である．

特にコロナ関連の国庫支出金は，19年度比国庫支出金増加額の9割強を占めており，歳入増加額の寄与率は府県計で48.3％，市町村計で57.8％である．コロナ対策事業の財源措置として，国からの手厚い交付金があったことがわかる．

ただし，国の政策決定により交付された特別定額給付金（国民1人に10万円給付）や子育て世帯等臨時特別支援事業費補助金（高校3年生までの子供たちに1人10万円相当を給付）については，ほぼ同額が給付金として歳出に計上される（財政収支上は中立）ので，見かけ上，歳入総額を押し上げている点には注意が必要である．

地方自治体の多様なコロナ対策事業の財源として大きく貢献したのは，新型コロナウイルス感染症対応地方創生臨時交付金（以下，地方創生臨時交付金と略称）である．

地方創生臨時交付金は，地方単独事業分以外には

---

1)　地方自治体の年度間の財源の不均衡を調整するための基金であり，災害など危機的事態で赤字になった年度に取り崩して財源とすることができる．
2)　石川達哉・赤井伸郎（2022）の6頁，19頁にも，この問題が強く指摘されている．地方財政状況調査とは別に，唯一公表されているのは，総務省の地方財政白書（令和4年版187～89頁，令和5年版135～37頁）が，性質別歳出内訳の特別集計として，普通会計のコロナ対策事業の経費とその財源の内訳について，都道府県計と市町村計で示しているだけである．

表4-3-1 関西の地方自治体の決算状況

【府県計】

単位：億円	2019年度	2020年度	2021年度	2019年度比増加額	同増加額寄与率
歳入総額	68,850	95,153	112,543	43,692	
地方税	28,055	27,952	30,423	2,369	5.4%
地方譲与税	3,462	3,102	3,457	△ 5	△ 0.0%
市町村たばこ税都道府県交付金	2	3	0	△ 2	△ 0.0%
地方特例交付金等	244	129	122	△ 122	△ 0.3%
地方交付税	11,469	11,840	14,883	3,414	7.8%
国庫支出金	6,086	17,812	28,943	22,856	52.3%
（うちコロナ関連国庫支出金）	0	10,648	21,118	21,118	48.3%
新型コロナウイルス感染症対応地方創生臨時交付金	0	2,493	13,084	13,084	29.9%
新型コロナウイルス感染症緊急包括支援交付金	0	5,177	5,888	5,888	13.5%
その他の新型コロナウイルス感染症対応の国庫支出金	0	2,978	2,146	2,146	4.9%
地方債	8,283	9,752	10,553	2,270	5.2%
その他	10,581	24,563	24,161	13,580	31.1%
歳出合計	67,907	93,883	111,085	43,178	
人件費	17,982	17,831	17,676	△ 306	△ 0.7%
物件費	1,847	2,260	3,218	1,371	3.2%
維持補修費	502	507	531	29	0.1%
扶助費	1,357	1,412	1,554	197	0.5%
補助費等	19,429	30,720	43,152	23,723	54.9%
普通建設事業費	8,276	8,964	9,523	1,247	2.9%
災害復旧事業費	387	152	101	△ 286	△ 0.7%
公債費	10,508	10,917	12,718	2,210	5.1%
その他	7,621	21,119	22,614	14,993	34.7%
歳入歳出差引	943	1,269	1,457	514	

【市町村計】

単位：億円	2019年度	2020年度	2021年度	2019年度比増加額	同増加額寄与率
歳入総額	97,776	124,375	113,888	16,112	
地方税	36,701	35,960	36,050	△ 650	△4.0%
地方譲与税	551	535	571	20	0.1%
各種交付金	4,424	5,476	6,299	1,875	11.6%
地方特例交付金等	503	231	631	128	0.8%
地方交付税	10,965	10,897	13,259	2,294	14.2%
国庫支出金	18,313	43,475	28,629	10,316	64.0%
（うちコロナ関連支出金）	0	24,284	9,307	9,307	57.8%
新型コロナウイルス感染症対応地方創生臨時交付金	0	2,449	1,472	1,472	9.1%
特別定額給付金	0	20,741	0	0	0.0%
子育て世帯等臨時特別支援事業費補助金	0	0	3,035	3,035	18.8%
その他の新型コロナウイルス感染症対応の国庫支出金	0	1,094	4,800	4,800	29.8%
都道府県支出金	6,139	6,699	6,735	596	3.7%
（うちコロナ関連支出金）		414	313	313	1.9%
国庫財源を伴う支出金		384	294	294	1.8%
国庫財源を伴わない支出金		30	19	19	0.1%
地方債	8,535	9,338	8,846	311	1.9%
その他	11,645	11,764	12,868	1,223	7.6%
歳出合計	96,226	122,142	111,032	14,806	
人件費	16,496	17,481	17,600	1,104	7.5%
物件費	10,719	11,390	13,138	2,419	16.3%
維持補修費	907	922	915	8	0.1%
扶助費	26,062	26,874	32,234	6,172	41.7%
補助費等	8,523	30,812	10,196	1,673	11.3%
普通建設事業費	10,515	11,568	10,988	473	3.2%
災害復旧事業費	392	156	90	△ 302	△2.0%
公債費	10,127	9,810	10,235	108	0.7%
その他	12,484	13,128	15,636	3,152	21.3%
歳入歳出差引	1,550	2,233	2,856	1,306	

注）△はマイナスの値という意味である.
出所）総務省「地方財政状況調査」のデータより作成.

大きな目的ごとに枠（検査促進枠，協力要請推進枠など）が設定されている．

地方創生臨時交付金の特徴としては，単独事業と補助事業の両方に充当ができ，「新型コロナウイルスの感染拡大の防止及び感染拡大の影響を受けている地域経済や住民生活の支援等」[3] を通じた地方創生を図る事業であれば，医療提供体制の整備，コロナでダメージを受けた事業者や生活者の支援をはじめ，使途が幅広いことがある．単独事業は補助率100%であり，コロナがなければ自主財源を充てていただろう事業にも使えることで，機能的に一般財源に近いものがある[4]．

新型コロナウイルス感染症緊急包括支援交付金[5] などの国からの他の交付金が地方自治体の財政収支にほぼ中立的であったのに対して，地方創生臨時交付金が一般財源に近い機能を持ったことから，地方自治体の財政収支がコロナ禍の中でどうなったかを見る上で大きなポイントになる．

なお，都道府県の市町村への財源移転として，都道府県支出金があるが，国庫財源を伴うものがほとんどであり，市町村の歳入増加額の寄与率もわずか3.7%と小さい．コロナ関連支出金だけでみれば，歳入増加額の寄与率は1.9%にすぎない．

次に歳出面を見る（経済的な性質別歳出）．歳出の詳細は明らかではないが，2019年度比増加額の寄与率から，府県計では補助費等，市町村計では扶助費の歳出増が大きいことがわかる．市町村では，扶助費に次いで，物件費や補助費等の歳出増加も多い．

府県の主なコロナ対策事業は，営業時間短縮要請等に応じた事業者に対する協力金の給付事業，制度融資等の貸付事業，病床確保支援事業，生活福祉資金貸付事業であったことから，増加の大きい補助費等はこれらの歳出を反映しているとみられる．

一方，市町村の主なコロナ対策事業は，扶助費にかかる特別定額給付金給付事業と子育て世帯等臨時特別支援事業，補助費等にかかる制度融資等の貸付

事業と中小企業等への支援事業，物件費にかかるワクチン接種事業であったことを反映しているとみられる．

表4-3-1の「歳入歳出差引」の額を見ると，コロナ禍の中でも増加してきている．ただ，これは歳入総額と歳出総額の差額である形式収支である．この中には翌年度への繰越財源が含まれている．これだけで，単純に地方自治体の財政収支尻の実態は判断できない．

地方自治体の普通会計決算における収支尻を測る指標としては，まず，実質収支がある．形式収支から翌年度への繰越額を控除したものである．通常，「黒字団体」，「赤字団体」という場合は，実質収支の黒字，赤字により判断される．地方財政健全化法[6] の健全化判断指標の1つにもなっている．

また，実質収支は前年度以前からの収支の累積であるので，その影響を控除した単年度収支がある．つまり，当該年度の実質収支から前年度の実質収支を差し引いた額となる．さらに，単年度収支から，実質的な黒字要素を加え，赤字要素を差し引いた額である実質単年度収支がある[7]．

本稿における関西の地方自治体の決算データによる財政収支尻の分析にあたっては，単年度収支に財政調整基金残高の純増額のみを加算した「修正実質単年度収支」[8] を採用する．純剰余金の処分の地方自治体の選択として，収支の黒字化（あるいは黒字を増やす）を優先する場合と財政調整基金残高を増やす場合がありうるからである．

(2) 関西の府県の財政収支尻の動向

図4-3-1は，関西2府4県について，集計値ベースで，「修正実質単年度収支」を「単年度収支」と「財政調整基金残高の変化額」に分けた上で，この3指標の推移を見たものである．

関西2府4県の集計値ベースで見た修正実質単年度収支は，2017年度以降，黒字を計上していたが，21年度は大幅な黒字を計上している．内訳を見る

---

3)　内閣府「新型コロナウイルス感染症対応地方創生臨時交付金制度要綱」の交付金の目的記載（2～3頁）による．
4)　2020～21年度の国の予算では，計15.2兆円措置されている．
5)　新型コロナウイルス感染症への対応として緊急に必要となる病床確保などの医療提供体制の整備等について，都道府県の取り組みを包括的に支援するための交付金である．
6)　正式名称は，「地方公共団体の財政の健全化に関する法律」である．
7)　黒字要素は財政調整基金への積立額及び地方債の繰上償還額であり，赤字要素は財政調整基金の取崩し額である．
8)　石川達哉・赤井伸郎（2022）の20頁の「修正実質単年度収支」の定義と考え方を参考にした．財務省の財政制度等審議会財政制度分科会の分析資料（2022年10月13日付け）にも「修正実質単年度収支」が援用されている．

図4-3-1   **関西２府４県の修正実質単年度収支の推移（集計値ベース）**

出所）総務省「地方財政状況調査」のデータより作成.

と，21年度，単年度収支は小幅な黒字にとどまっているが，財政調整基金残高は過去に例がない規模での大きな積み上げがある．ただし，個別の府県を見ると状況に差異がある．

2021年度の修正実質単年度収支について，大阪府・兵庫県・滋賀県は黒字になっているが，和歌山県・京都府・奈良県は赤字である（黒字額，赤字額の大きさは府県名の記載の順）．さらに，単年度収支を見ると，兵庫県・滋賀県・奈良県は黒字であるが，京都府・大阪府・和歌山県は赤字である（黒字額，赤字額の大きさは府県名の記載の順）．財政調整基金残高の変化を見ると，いずれの府県も増加しており，大阪府の基金残高増加額が最も大きい．

総じていえば，各府県とも，純剰余金の処理については，単年度収支の改善よりも，財政調整基金残高の積み上げを優先させたとみられる．

（3）関西の市町村の財政収支尻の動向

図4-3-2は，関西の198市町村について，集計値ベースで，「修正実質単年度収支」を「単年度収支」と「財政調整基金残高の変化額」に分けた上で，この3指標の推移を見たものである．

関西の198市町村の集計値ベースで見た修正実質単年度収支は，コロナ禍前の2016〜18年度は赤字が続き，19年度にようやくわずかな黒字に転じた．ところが，一転して，20年度から黒字幅が急

図4-3-2   **関西の市町村の修正実質単年度収支の推移（集計値ベース）**

出所）総務省「地方財政状況調査」のデータより作成.

に拡大し，21年度は過去に例がない規模の黒字を計上している．しかも，単年度収支の黒字拡大，財政調整基金残高の積み上げ増加の両方が，市町村では進んでいる．個別地方自治体の詳細を見る必要があるが，関西の市町村の多くは，コロナ禍の中で対策事業を講じながらも，国からの潤沢な財源措置があることで，財政収支尻は目立って改善している傾向があることがうかがえる．

地方創生臨時交付金の一般財源に近い機能による

財政収支尻の改善の恩恵は，府県よりも市町村の方が大きかったと推測できる．

関西の198市町村について，より細かく財政収支尻の内容を見ていく．市町村を府県別，政令指定都市，それ以外に分ける．さらに，政令指定都市以外の市町村は，人口規模に応じて4つのグループに分ける．こうした分類のもとで，2021年度の修正実質単年度収支の状況を整理したのが表4-3-2である．

表4-3-2	関西の市町村の2021年度修正実質単年度収支の状況

		集計団体数	単年度収支＋基金増減が赤字	単年度収支＋基金増減が黒字	うち単年度収支黒字かつ基金増	住民1人当たりの地方創生臨時交付金額の平均（単位：千円）
滋賀県	50万人以上	−	−	−	−	−
	30〜50万人	1	0	1	1	5.0
	10〜30万人	4	0	4	4	4.5
	10万人未満	14	2	12	12	8.2
京都府	政令指定都市	1	0	1	1	8.6
	50万人以上	−	−	−	−	−
	30〜50万人	−	−	−	−	−
	10〜30万人	1	0	1	1	4.7
	10万人未満	24	0	24	24	14.6
大阪府	政令指定都市	2	0	2	2	6.9
	50万人以上	−	−	−	−	−
	30〜50万人	5	0	5	5	6.5
	10〜30万人	14	1	13	13	5.9
	10万人未満	22	0	22	21	7.2
兵庫県	政令指定都市	1	0	1	1	7.1
	50万人以上	1	0	1	1	5.2
	30〜50万人	3	0	3	3	6.0
	10〜30万人	5	0	5	5	4.7
	10万人未満	31	2	29	29	10.9
奈良県	50万人以上	−	−	−	−	−
	30〜50万人	1	0	1	1	10.0
	10〜30万人	2	0	2	2	5.9
	10万人未満	36	0	36	33	23.5
和歌山県	50万人以上	−	−	−	−	−
	30〜50万人	1	0	1	1	6.7
	10〜30万人	−	−	−	−	−
	10万人未満	29	0	29	26	20.1
関西全体	政令指定都市	4	0	4	4	7.4
	50万人以上	1	0	1	1	5.2
	30〜50万人	11	0	11	11	6.6
	10〜30万人	26	1	25	25	5.4
	10万人未満	156	4	152	145	15.3

注）住民1人当たりの地方創生臨時交付金額の算出に使用した人口は，2021年1月1日現在の住民基本台帳登載人口である．
出所）総務省「地方財政状況調査」のデータより作成．

　修正実質単年度収支が赤字の市町はわずか5団体にとどまり，193市町村が黒字になっている．赤字の5団体は，滋賀県の1市1町，大阪府の1市，兵庫県の1市1町であり，村はない．黒字の193団体のうち，186団体は，単年度収支黒字かつ財政調整基金残高増となっている．

　このように，関西の198市町村の97.5%が修正実質単年度収支の黒字団体であり，コロナ対策事業を講じつつも，国からの交付金でむしろ財源に余裕が生じ，財政状況が大きく改善している．この改善関係は，住民1人当たりの地方創生臨時交付金額の状況から十分にうかがえる．

　地方創生臨時交付金の個別の地方自治体への交付限度額[9]は，人口，事業所数，財政力指数，感染状況などに基づいて算定されている．表4-3-2からわかるとおり，政令指定都市や人口規模が大きい市における住民1人当たりの地方創生臨時交付金額は大きい．その一方で，人口規模10万人未満の小規模都市や町村における住民1人当たりの地方創生臨時交付金額も大きく，交付金が手厚く配分されているといえる（財政力指数が低い市町村に傾斜配分されるからである）[10]．

　このように，地方創生臨時交付金により，国から地方への財源移転が多額にのぼったことで，一般財源の充当が節減され，2021年度決算における単年度収支の黒字額や財政調整基金残高の大幅な増加につながったとみられる．

3. 財政状況の分析からの留意点

　コロナ禍2年の関西の地方自治体の財政収支尻の分析から，当初懸念された財政悪化は起こらず，国からの財源移転を背景に財政状況は改善されていることがわかった．特に，市町村財政の改善は大幅に進んだ．

　国の潤沢な財源措置が地方に講じられたことは，もちろん地方自治体が財源制約に縛られず，様々な

コロナ対策事業を躊躇なく迅速に実施できたという意味で高く評価されるべきことである．

　しかしながら，国庫支出金である地方創生臨時交付金は目的と期限が定められており，地方自治体にとっては多額の交付金を余らせるわけにはいかないので，平時では許容されないような事業に予算化がされたという問題が起きている[11]．

　さらに大きな問題として，コロナ対策事業を実施するための地方財源のほとんどは，赤字国債の追加発行による国の重い財政負担によっており，国の財政悪化がさらに進んだことを看過してはならない．地方の債務残高が約190兆円で横ばいである一方で，国の債務残高は2021年度末に約990兆円，対GDP比で180%となっている[12]．将来，再び感染症拡大の危機や大規模な災害に見舞われたとき，地方の財源がコロナ対応のように十分に措置される財政余力が国にあるかは，非常に疑問と言わざるを得ないだろう．

　また，国からの財源移転を背景に思いがけなく財政状況が改善したことで，地方自治体の中には財政規律が緩み，国からの交付金収入が縮小されていくに伴って歳出の削減・効率化ができず，財政危機に陥ることがないかが懸念される．特に，コロナ禍前から財政危機状況にあった地方自治体が，財政健全化への規律を緩めてしまっては本末転倒となる．

　そのためにも，地方自治体のコロナ対策事業に関しては，その内容の見える化を行うとともに，当初期待した成果があがっているかの事後検証も実施していくべきであろう．

　2023年5月8日から新型コロナウイルス感染症が5類感染症に位置づけられ，社会経済活動は平時に戻りつつある．感染収束が進めば，早期に地方財政の歳出構造を平時に戻していくべきと考える[13]．

　最後に改めて指摘しておきたい．国のコロナ関連交付金が最終的に地方自治体の何の歳出に振り向けられたかについて，地方自治体ごとに歳入・歳出面の詳細な統計データの把握ができるよう，地方財政

---

9) 交付限度額として，各地方自治体が作成した事業実施計画に記載された事業に対応する金額が限度額の範囲内で概算交付され，未実施の事業があれば，決算後に国庫に返還される仕組みになっている．

10) 藤原幸則（2022）でも，感染者数が多くコロナ対応の財政需要が大きいにもかかわらず，財政力指数の高い大都市を抱える都府県への交付金額が相対的に小さくなるという問題点を指摘している．

11) 会計検査院の調査や報道記事によると，現金給付事業やキャッシュレス決済のポイント還元事業のようなバラマキに近い事業が実施されたし，果ては観光施設にモニュメント建設というコロナ対策と直接関係しない事業にまで使われている．

12) 財務省「日本の財政関係資料」（2023年4月）による．

13) 財務省財政制度等審議会（2023）79頁も同旨である．

状況調査の決算統計のさらなるデータ整備と公開が望まれる.

　コロナ感染者数の人口に対する割合,支援が必要となる中小企業・個人事業主の集積度,医療提供体制の状況などから,地方自治体ごとに,コロナ対策事業の内容と実施には特徴や差異がありうる.たとえば,補助費等の歳出額は,関西の府県の中では大阪府と兵庫県が際立って大きい.決算説明資料を見ても両府県は資金面での支援に積極的であり,営業時間短縮協力金給付や制度融資等の事業者支援の対象者が多いからであろうと推測できる.

　また,和歌山県は,感染防止には保健医療行政で対応し,生活と経済の再生のために制限は最小限にするという「和歌山モデル」でコロナ対策が実施され,保健所の体制強化,医療提供体制の充実[14] で成果をあげているが,詳細な歳入・歳出の決算データがないと財政分析からの確認や他の府県との比較考察ができない.

　いずれにしても,地方自治体ごとにコロナ関連の歳入・歳出の詳細な決算データが利用可能になれば,コロナ危機が与えた地方財政の影響分析がさらに深められるとともに,コロナ対策の内容の見える化と成果の検証,将来の対策の改善について検討・議論が促進される意義があることを指摘しておきたい.

参考文献

石川達哉・赤井伸郎（2022）「新型コロナウイルスが地方公共団体の歳入・歳出に与えた影響－コロナ禍において地方公共団体の収支は悪化したのか？－」,財務省財務総合政策研究所『フィナンシャル・レビュー』,2022年第3号,5-36頁
財務省財政制度等審議会（2023）「歴史的転機における財政」,2023年5月29日建議
鈴木文彦（2023）「コロナ禍2年目の市町村財政－国の支援で財政悪化は回避され積立金も増加.一方で新たな課題も－」,大和総研レポート,2023年1月26日
総務省（2022）『令和4年版　地方財政白書』
総務省（2023）『令和5年版　地方財政白書』
藤原幸則（2022）「コロナ危機が地方財政に及ぼした影響」,アジア太平洋研究所『アジア太平洋と関西－関西経済白書2022』Chapter4,Section2,日経印刷

アジア太平洋研究所 上席研究員

藤原 幸則

14）たとえば,2021年のコロナ感染拡大の第5波時,和歌山県は人口10万人当たりの即応病床数が全国1位になっている.

Section 4
金融機関による人材支援と人材育成：関西地域金融機関の取り組みを中心に

1. 中小企業の成長を阻害する人材不足

金融庁（2021）が2021年4月に実施した企業アンケート調査によると，事業を継続するうえでの懸念事項として最も多く選択されたのは，「コロナの影響で，国内でのビジネスが悪化しており，売上が低迷していること」（40.9％）であったが，2番目に多かったのは「十分な数の従業員が確保できず人手が不足していること」（34.8％）であった．また，「後継者を含め，経営人材が不足していること」を挙げる回答者も27.9％に達していた．

日銀短観（2023年3月）によると，雇用過剰感（雇用人員判断：「過剰」－「不足」）は，製造業では大企業が－14，中堅企業が－21，中小企業が－24であり，非製造業では大企業が－33，中堅企業が－39，中小企業が－43となっており，いずれもマイナス，つまり，不足を感じる企業が多い状況となっている．また，大企業以上に中小企業の人材不足感が強く，製造業よりも非製造業の人材不足感が強い．

図4-4-1には，1990年からの非製造業の中小企業と大企業の人材不足感の推移を示してみた．大企業に比べて中小企業の人材不足感は恒常的に深刻であり，現在の人材不足感はバブル経済の時期以来の強さであることがわかる．また，2010年前後のグローバル金融危機の時期にプラス（人材過剰）の時期があったものの，05年頃から人材不足は恒常的に発生しており，人材不足が企業成長の構造的な制約となっていることもわかる．注目すべきは，コロナ禍が深刻であった時期ですらも，人材不足が続いていたことである．

また，人材の不足は量的な不足だけではない．企業の取り組まなければならない課題は多様化しており，社内に保有している人材だけでは対応が難しくなっているのである．

たとえば，中小企業の経営者に対して実施された大同生命サーベイ（2022年9月実施　回答6,917社）では，「サステナビリティ経営に取り組むにあたっての課題」を尋ねている[1]．「すでに取り組んでいる」，「取り組み意向がある」と回答した4,209社のうち，「サステナビリティ経営に詳しい人材が不足」を挙げている回答が最も多く（40％），「取り組むための資金が不足」（17％）を大きく上回っている．また，「取り組み意向がない」と回答した1,746社についても，33％が「取り組むための知識・人材が足りない」と回答している．サステナビリティの観点を経営に組み込みたいとしても，必要な人材が不足していることが最大の課題となっているのである．

同じく大同生命サーベイ（2022年4月実施　回答8,387社）によると，「新規顧客・販路の開拓にあたっての課題」として，27％が「開拓に必要な人材の不足」を挙げており，「商品・サービス力の強化」（28％）と並んで，販路開拓においても人材不足が最重要課題となっているのである[2]．

実際，多くの中小企業が，「人手不足による影響」として，業績拡大の機会損失や顧客・取引先への対応力低下を挙げている（図4-4-2）．中小企業の成長を実現するためには，それぞれの企業の状況に応じた人材面での支援が重要なのである．

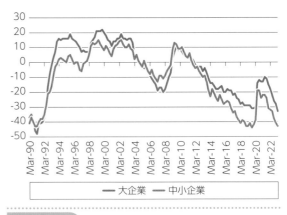

| 図4-4-1 | 強まる人材不足感 |

注）　雇用人員判断（実績）の計数
出所）　日本銀行「全国企業短期経済観測調査」（短観）に基づき，筆者作成．

1)　https://www.daido-life.co.jp/knowledge/survey/pdf/202209.pdf
2)　https://www.daido-life.co.jp/knowledge/survey/pdf/202204.pdf

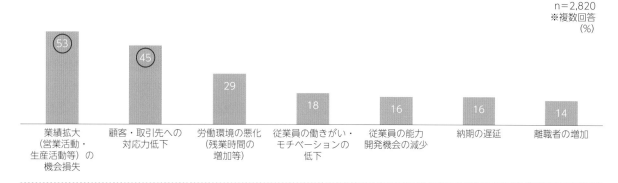

図4-4-2 人手不足による影響

出所）大同生命サーベイ「多様な人材の活躍に向けた取組み」（2023年1月調査　回答者7,789社）.

2. 金融機関による人材支援業務についての規制緩和

金融庁は，『金融仲介機能の発揮に向けたプログレスレポート2022』（2022年6月）において，「事業者との対話を通じて，事業内容・業況・成長可能性を理解し，共有された経営課題の解決に資する方策をともに考え，その実現に向けた適切なファイナンスはもとより，IT・デジタル等の活用，経営人材の確保をはじめとする経営改善，事業再生・転換・創業等に資する支援・アドバイスを，組織的に実践していくことが，顧客企業との間で共通価値の創造を実現し，ひいては，自身の経営基盤の安定と地域経済の持続可能性確保の両立につなげる有効な手立てとなり得る」（下線は筆者）と指摘している.

こうした観点から，金融庁では金融機関による人材支援業務についての規制緩和を進めてきた.具体的には，2018年に金融庁は監督指針の改正を行い，それをきっかけにして，金融機関による人材紹介業務への参入が始まった.さらに，「金融機関が保有する経営資源を地方創生等に役立てるという観点」（金融審議会［2021］）から，2021年5月の銀行法改正では，人材紹介業務に加えて登録型人材派遣業務についても銀行本体で実施することが可能になった.

3. 金融機関による人材支援の意義

地域金融機関が人材紹介業務を実施することの意義として，次の5点が重要である（家森［2022］）.

(1) 事業性評価との相性の良さ

多くの地域金融機関のビジネスモデルは，取引先の事業性をしっかりと理解して，その理解に基づいて助言をしたり，融資をしたりする「事業性評価」をベースにしている.その事業性評価と人材紹介業務は相性が良い.

人材紹介の起点は企業の人材ニーズであるが，企業経営者が本当に必要な人材像を把握できていないことが少なくない.そこで，注文通りの人材を紹介するのではなく，企業経営者が把握できていない本当に必要な人材を提案できるところに，地域金融機関の強みがある.

また，人材紹介後において，当該人材の定着・活躍を，無理なく伴走しながら支援できるのも地域金融機関の強みである.

さらに，こうした人材ニーズについて相談を受け，最適な人材の要件を検討するプロセスで，顧客企業のことをより深く知ることができ，信頼関係も深まる.したがって，事業性評価の能力が高い地域金融機関は，人材紹介業務が円滑に実施でき，それによってますます事業性評価の力をつけるという好循環を実現できる.

(2) 本業支援策としての大きな効果

たとえば，売り上げ不振企業に対して新しい販路を紹介するというビジネスマッチングは直接的で直ちに効果が期待できる支援策である.しかし，販路開拓を金融機関が継続的に行うことは難しく，企業自身が営業体制を再構築しなければ持続的に販路を拡大していくことはできない.営業人材の採用を支

援することは，より抜本的で持続的な支援になる．

　さらに，働き方改革が言われる中で，外部人材の定着支援は既存の職員にとっての労働環境の改善にもつながり，優秀な人材の退職を防ぐといった効果も期待できる．

(3) 金融機関に対する企業の大きな期待

　まち・ひと・しごと創生本部事務局が金融機関に対して実施した「地方創生への取組状況に係るモニタリング調査」では，「取引先企業からの人材に関する相談」の有無について調査している．

　2021年調査では，「相談を多く受けている」が37.8％（20年調査33.5％），「相談を受けたことがある」が46.1％（同　49.5％）であり，現実に8割超の金融機関が人材ニーズに関する相談を受けている．多くの企業が金融機関に対して人材面での支援を期待しているのである．

(4) 期待できる収益性

　金融庁『金融仲介機能の発揮に向けたプログレスレポート』（2022年6月）のアンケート結果から，様々な経営支援サービスについて手数料を支払っても良いと考える企業の比率が明らかになっている．「経営人材の紹介」は，12の選択肢の中で最も高い48.3％（2021年調査では47.1％）であった．

　サービスを無料だと捉える顧客が多いという嘆きを金融機関からしばしば聞くが，経営人材の紹介については手数料の支払いを当然だと考える企業が多く，対価をきちんと取りながら支援を行うビジネスモデルの構築が期待できるのである．

(5) 副業や兼業の人材市場の拡大

　小規模企業が新しい業務に進出するために専門性の高い人材が必要であるとしても，以前は，ふさわしい人材の供給が乏しかった．しかし，近年の副業や兼業の広がりによって，人材市場の環境が大きく変わってきた．中小・小規模企業にとっては，外部人材として，副業・兼業で優れた人材を採用できる可能性が広がっているのである．

4. 政府による支援策

　以上のように，人材支援業務は，事業性評価をしっかりと行ってきた金融機関にとって相性の良い業務である．しかし，金融機関にとって新しい業務であり，金融機関自身にノウハウ・人材が乏しいことは否めない．金融機関が体制整備に時間をかけている間に，窮状にある中小企業の命脈が尽きてしまうかもしれない．そこで，金融機関の体制整備を加速するために，政府は種々の支援策を実施している．

(1) 先導的人材マッチング事業

　先導的人材マッチング事業とは，地域企業の経営課題等を把握している地域金融機関等が，取引先等の人材ニーズを調査・分析し，職業紹介事業者等と連携するなどして，ハイレベルな経営幹部やデジタル人材等のマッチングを行う取り組みに対して補助金の交付を行う事業である[3]．

　2020年度から実施されているが，20年度の成約件数は658件，21年度には1,622件，22年度には2,478件と着実に増加しており，累計で成約件数4,758件（うちフルタイム型2,223件，副業・兼業等2,535件）となっている．

　本支援を受けるには審査を受けて，人材紹介業務の体制が一定水準にあるものとして採択される必要がある．関西地域金融機関の採択状況は表4-4-1に示したとおりである．初年度には8銀行（りそな銀行を含む），1信用金庫が採択されたが，2023年度には9銀行，8信用金庫まで採択金融機関が拡大してきた．採択金融機関でも実績にはばらつきがあることには留意しなければならないが，これらの採択金融機関においては，人材支援の体制がある程度整備されていることを示しているといえる．

---

3)　https://pioneering-hr.jp/

2020年度	2021年度	2022年度	2023年度
りそな銀行	りそな銀行	りそな銀行	りそな銀行
滋賀銀行	滋賀銀行	滋賀銀行	滋賀銀行
京都銀行	京都銀行	京都銀行	京都銀行
関西みらい銀行	関西みらい銀行	関西みらい銀行	関西みらい銀行
池田泉州銀行	池田泉州銀行	池田泉州銀行	池田泉州銀行
南都銀行	南都銀行	南都銀行	南都銀行
紀陽銀行	紀陽銀行	紀陽銀行	紀陽銀行
みなと銀行	みなと銀行	みなと銀行	みなと銀行
	但馬銀行	但馬銀行	但馬銀行
尼崎信用金庫	尼崎信用金庫	尼崎信用金庫	尼崎信用金庫
	大阪信用金庫	大阪信用金庫	大阪信用金庫
		京都信用金庫	京都信用金庫
		北おおさか信用金庫	北おおさか信用金庫
			京都中央信用金庫
			京都北都信用金庫
			大阪シティ信用金庫
			きのくに信用金庫

表4-4-1 先導的人材マッチング事業の採択金融機関（関西地域金融機関）

注）たとえば，2022年度（令和4年度）の補正予算で実施されているので，行政上は22年度事業であるが，実際に事業が行われているのは主として23年度であることから，この表では実際の活動時期で表示している．
出所）先導的人材マッチング事業のHP資料より，筆者作成．

（2）地域企業経営人材マッチング促進事業

大企業で経験を積んだ人材が地域企業において活躍できるように，大企業から中堅・中小企業（ベンチャー企業を含む）への人の流れを創出するために，金融庁等は「地域企業経営人材マッチング促進事業」に取り組んでいる．

そのプラットフォームとして求人や求職情報を登録するのがREVICareerである．そのREVICareerを利用している関西の地域金融機関は，8銀行（滋賀銀行，京都銀行，関西みらい銀行，池田泉州銀行，但馬銀行，みなと銀行，南都銀行，紀陽銀行）と4信用金庫（京都信用金庫，京都中央信用金庫，大阪信用金庫，北おおさか信用金庫）である．

5．関西地域金融機関の取り組み

池田泉州銀行は，日本銀行金融機構局金融高度化センター主催の地域活性化ワークショップ第4回「地域金融機関の人材紹介業務への取組み」において「先進的な取り組み事例」として登壇しているなど，人材ビジネスの取り組みに力を入れていることで知られている[4]．同行は，2017年7月にパーソルホールディングスと，人材マッチングにおけるビジネスマッチング契約を締結し，専門人材などを確保したい中小企業の求人を同社につなぐ形での支援を始めた[5]．

2018年1月には，船井総合研究所と，取引先企業に対する「本業支援コンサルティング業務」および「人材開発コンサルティング業務」の提供に関する業務提携を行った[6]．このうち，後者は「人材の採用から教育，評価，定着といった中小企業において最大の経営資源である人材力を強化・拡充させるためのコンサルティングを行う業務」である．

さらに，2018年11月に，銀行本体としては全国初となる有料職業紹介事業の許可を取得して，12月からパーソルキャリアと人材紹介業務に関する協働を開始した[7]．また，21年10月には，女性経営者幹部人材サービスに関して，Warisと提携している[8]．

同行の具体的な取り組みの一例を紹介する[9]．大阪市の製造業（年商約10億円／従業員数約50人）のA社において，代表者が営業・経理・総務など全ての業務の責任者を兼務しており，代表者が不在時などに，会社をまとめられる人材がいないことに課題を持っていた．大手人材会社には過去に何度か依頼したが，上手くマッチングできなかった．そこで，当社の経営課題を理解している同行が依頼を受

4) https://www.boj.or.jp/finsys/c_aft/aft210929a.htm
5) https://www.sihd-bk.jp/fresh_news/0000001129/pdf/fresh.pdf
6) https://www.sihd-bk.jp/fresh_news/0000001223/pdf/fresh.pdf
7) https://www.persol-career.co.jp/pressroom/news/corporate/2018/20181127_01/
8) https://waris.co.jp/18118.html
9) 家森編（2022）に所収されている井上慎治池田泉州銀行取締役専務執行役員（当時）の発表資料に基づく．

けて，人材を紹介することとなった．その結果，同行がマッチングさせた人材は，大手電機メーカーで営業，企画，管理など幅広い経歴を持っており，監査役の経験もある人物であった．経営を補佐する人材として申し分なく，採用に至ったというものである．

同行の『第5次中期経営計画 変化する未来社会への果敢なチャレンジ』（2021年4月～24年3月）では，コーポレートソリューション部門の取り組みとして，「企業の人材に関する多様なニーズにお応えする人材ソリューションの強化」を挙げている[10]（表4-4-2）．人材ソリューションの実績は，20年度　成約263件／収益1.6億円，21年度　成約353件，収益1.8億円と着実に進捗している．

京都銀行は，「有料職業紹介事業」の許可を取得し，2020年4月に人材紹介業務を開始した[11]．「経営幹部」や「専門技術人材」のニーズを銀行の営業担当者がヒアリングし，業務提携契約を締結した人材紹介会社と連携して，ニーズに応じた適切な人材を紹介することを目指すものである．

2021年3月には，京都府プロフェッショナル人材戦略拠点を設置している京都産業21と連携協定を締結した[12]．21年4月に，高校新卒採用支援に特化したサービスを提供するジンジブと業務提携したり[13]，21年5月に，プロフェッショナル人材の採用を検討する取引先企業をサポートするために，

「Glocal Mission Jobs」を運営するみらいワークスと業務提携契約を締結したりしている[14]．また，22年10月には，副業・兼業人材仲介のJOINSと連携した．これにより，環境対策やデジタル化などに対応する企業に，プロ人材を紹介し，伴走しながら支援をしている[15]．

関西みらい銀行の場合は，2019年8月に有料職業紹介事業の許可を取得していたが，22年4月から人材会社を介さず同行が企業と求人契約を締結し，自ら求職者を探索のうえ，企業の求める人材を紹介していく体制（いわゆる両手型）へ人材紹介業務を拡大することを発表した[16]．セカンドキャリアとして従業員の再就職を支援する都市部の大企業とネットワークを築き，地域の中小企業が求める人材ニーズに応じて直接紹介をするとのことである．

南都銀行のグループ会社南都コンサルティング株式会社は，groovesおよび森興産との業務提携により，地元中堅・中小企業に対し，経営幹部候補や高度外国人材を提供するために，2020年5月に「本格的人材紹介サービス」を開始した[17]．

滋賀銀行は，2022年4月に有料職業紹介事業の許可を取得し，人材紹介業務を開始した[18]．20年4月より，同行のグループ会社であるしがぎん経済文化センターで人材紹介業務を行っていたが，本体で実施することで，同行によれば，「お取引先（求人企業）の経営ビジョンやニーズによりマッチした人

表4-4-2　人材ソリューション別 伴走型ソリューション

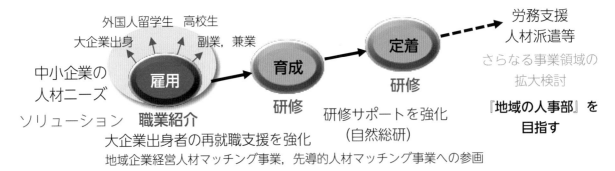

出所）池田泉州ホールディングス『第5次中期経営計画』（2021年4月～24年3月）（見直し　22年5月）．

10) https://www.senshuikeda-hd.co.jp/news/pdf/20220513-3.pdf
11) https://www.kyotobank.co.jp/news/data/20200330_2052.pdf
12) https://www.kyotobank.co.jp/news/data/20210325_2196.pdf
13) https://www.kyotobank.co.jp/news/data/20210407_2205.pdf
14) https://www.kyotobank.co.jp/news/data/20210531_2238.pdf
15) https://www.kyotobank.co.jp/news/data/20221020_2531.pdf
16) https://www.kansaimiraibank.co.jp/about/newsrelease/detail/20220425_2532.html
17) https://www.nantobank.co.jp/news/pdf/news2006101.pdf
18) https://www.shigagin.com/news/topix/2621

材を紹介することが可能」となるとのことである．

紀陽銀行は，「有料職業紹介事業」の許可を取得し，2020年1月に，人材紹介会社（パーソルキャリアと紀陽ビジネスサービス）の求職者情報を利用する形で人材紹介業務を開始した[19]．20年7月に，各金融機関営業エリアの求人ニーズを集約し，幅広い地域人材の有効活用により，地域における人材不足の解消に貢献するために，和歌山県内のきのくに信用金庫，新宮信用金庫と人材紹介業務に関する連携協定を締結した[20]．

みなと銀行は，人材紹介業務に注力しており，地域戦略部に専担者を4人配置し，うち1人は外部の人材紹介会社から採用している[21]．2019年10月に本体で「有料職業紹介業務」に参入し，20年10月から本格展開している．21年7月に有料職業紹介の業務範囲を拡大し，人材の直接紹介・斡旋を始めた．2021年12月には，女性経営幹部人材を紹介するためにWarisと提携している[22]．

尼崎信用金庫は，2018年8月にパーソルホールディングスおよびプロフェッショナル人材のシェアリングサービスを運営するサーキュレーションと業務提携し，19年5月に日本人材機構と提携し，20年6月には兵庫県プロフェッショナル人材戦略拠点との包括連携協定を締結した．そして，23年4月に有料職業紹介事業の許可を取得した．

6. むすび

ポストコロナにおいて，中小企業は新しい挑戦に取り組むことが不可欠であるが，そのための人材が不足している．しかも，人材が真に必要な分野を企業自身が把握できていないことも多い．そのために，企業の強みや弱みをよく知った地域金融機関による人材紹介業務への期待は大きい（家森・米田[2022]）．

関西地域の地域金融機関においては，それぞれの特徴を活かして，顧客企業に対する人材支援の質と幅を拡充してきている．地域金融機関による金融を超えた支援によって，関西の地域企業の力強い成長

が実現することを期待したい．

参考文献

金融庁（2021）「企業アンケート調査の結果」2021年8月31日．

金融審議会（2021）「銀行制度等ワーキング・グループ報告－経済を力強く支える金融機能の確立に向けて－」2021年12月．

家森信善（2022）「金融機関による人材紹介業務の進展と期待」『金融ジャーナル』2022年10月号．

家森信善編（2022）『ポストコロナにむけた金融機関による事業性評価と金融を超えた支援』神戸大学経済経営研究所　経済経営研究叢書　金融研究シリーズ　No.11.

家森信善編著（2023）『地域金融機関による企業支援の新しい展開－金融機関による人材マッチングの可能性を探る－』神戸大学出版会（近刊）．

家森信善・米田耕士（2022）「地域金融機関による人材紹介」『日本労働研究雑誌』2022年1月号．

神戸大学経済経営研究所 教授

家森 信善

---

19) https://www.kiyobank.co.jp/investors/get_pdf.php?f=00000157

20) https://www.kiyobank.co.jp/investors/get_pdf.php?f=00001704

21) みなと銀行と尼崎信用金庫の人材支援の取り組みについては，それぞれの関係者から寄稿していただいた家森編著（2023）を参照して欲しい．また，『ニッキン』2021年6月11日も参考になる．

22) https://www.resona-gr.co.jp/holdings/news/hd_c/download_c/files/20211207_1k.pdf

Chapter 5
関西経済と観光

2022年度のインバウンド需要については，年度前半から厳格な水際対策が段階的に緩和されてきたことで，緩やかな回復をみた．しかし年度後半には水際対策の大幅緩和を受け，秋口から足下にかけて急速に回復しつつある．また，インバウンド需要と同様に国内旅行需要についても，新型コロナウイルス感染症（以下，COVID-19）の感染状況の落ち着きと政府の需要喚起策の影響もあり，コロナ禍前を上回った．そこで今年度の白書では足下，コロナ禍以降，急回復するインバウンド需要に加え国内観光も含めた観光業全体の回復に光を当てるとともに，明らかとなった課題について分析を行う．

Chapter 5では以下のような展開をとる．Section 1では，コロナ禍から急回復するインバウンド需要及び国内旅行需要の回復過程を，主要統計を用いて分析する．また，コロナ禍を受けて新たな観光業の課題についても確認する．Section 2ではコロナ禍を経て，改定された観光戦略について，関西の自治体の例を取り上げ，関西の観光地域づくり法人（以下，DMO）の観光誘客策について分析する．Section 3では，これまでの日本並びに関西における観光戦略の10年間を振り返り，課題を抽出し，今後の観光戦略の展望を述べる．最後にColumn AではSection 3の議論のもととなる，2022年度にAPIRが行ったシンポジウムの概要を掲載した．

Section 1
2022年度関西観光の振り返り：インバウンドと国内旅行需要の回復

Section 1では2022/23年における関西観光業の動態を振り返る．

Section 1.1では主としてインバウンド需要を取り上げ，訪日外客数及び訪日外国人旅行消費額の動向について分析を行う．また，関西のインバウンド需要については関西国際空港（以下，関空）への外国人入国者数に注目し，分析する．Section 1.2では国内旅行需要について主として関西に注目し，国内旅行消費額並びに日本人延べ宿泊者について分析を行う．最後にSection 1.3では急回復する観光業における今後の課題を指摘する．

1. 急回復するインバウンド需要

ここでは急回復するインバウンド需要の現況を確認する．具体的には訪日外客数及び訪日外国人旅行消費額のコロナ禍からの回復過程をみる．

(1) 訪日外客数の推移

日本政府はCOVID-19の世界的な感染拡大を受け，2020年2月1日以降，厳格な水際対策を実施した[1]．結果，これまで好調に推移してきたインバウンド需要は消失し，観光業にとって非常に大きな打撃となった[2]．日本政府観光局（以下，JNTO）の『訪日外客統計』から訪日外客数の推移をみれば（図5-1-1），厳格な水際対策を受け，20年5月

---

1) 政府が行った水際対策の詳細な内容については，アジア太平洋研究所（2021）pp.242を参照.
2) インバウンド需要消失による観光業への影響についてはアジア太平洋研究所（2022）Chapter 5 Section 1にて分析を行っている.

に1,663人と統計開始以来，過去最低値を記録した．20年後半は感染状況が一旦落ち着きをみせ，ビジネスや留学目的に限り入国が認められたこともあり，20年12月には5万8,673人と幾分回復した．

しかし，2021年1月に入り，新たなCOVID-19変異株の影響で再び水際対策が強化され，21年2月は7,355人まで減少した．7月は東京オリンピック・パラリンピック開催の影響もあり，5万1,055人と一時的に増加したが，大会終了後は再び低水準で推移した．

2022年は国際的な往来再開に向け，政府が段階的に水際対策を緩和したことでインバウンド需要は回復傾向を示した．1日当たりの入国者数の上限が5,000人から7,000人に引き上げられた影響もあり，22年3月は6万6,121人と2月（1万6,719人）から大きく増加した．4月はさらに1万人に上限が引き上げられたことで13万9,548人とコロナ禍以降初めて10万人を超える水準となった．10月には水際対策が全面的に緩和となったことを受け，49万8,646人と大幅増加し，12月には137万114人と100万人を超え急回復した．

2023年に入り，訪日外客数は100万人を上回る水準で推移しており，足下4月は194万9,100人と200万人に迫る水準となり，コロナ禍前の6割強を回復した．一方，国・地域別にみれば，その回復ペースは異なる．これについては以降で確認してみよう．

図5-1-2は足下2023年4月における国・地域別訪日外客数をコロナ禍前の19年4月の水準と比較したものである．図が示すようにインドネシア，シンガポールや米国などはコロナ禍前の水準を上回っている一方，これまで訪日外客の30％（2019年平均）を占めていた中国人客はコロナ禍前の15％程度にとどまっており，回復が遅れている．日本における水際対策は撤廃されているものの，中国政府が依然として日本への団体旅行を認可していないことが背景にある．このように訪日外客全体では着実に回復しているものの，国・地域によって回復のペースが異なっている．しかし，後述するように訪日客数の回復に比して，消費額は足下大きく回復している．そこで次に訪日外国人旅行消費額の回復過程についてみてみよう．

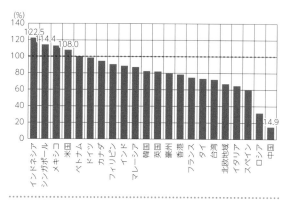

| 図5-1-2 | 国・地域別コロナ禍前からの回復比較：2023年4月 |

出所）日本政府観光局（JNTO）『訪日外客統計』より作成

（2）訪日外国人旅行消費額の推移

ここでは観光庁『訪日外国人消費動向調査』を用いて，訪日外国人旅行消費額（全目的）の推移を四半期ベースでみてみよう（図5-1-3）[3]．

コロナ禍前の2019年における消費額をみれば，概ね1兆円を上回る水準（四半期ベース）で推移しており，19年全体で約4.8兆円となっていた．しかし，コロナ禍の影響で20年1-3月期は7,071億円に減少し，以降訪日外国人旅行消費額は消失した状況が続いた[4]．

| 図5-1-1 | 訪日外客数の推移：2020年1月-23年4月 |

出所）日本政府観光局（JNTO）『訪日外客統計』より作成

3）　2019年，20年1-3月期，22年10-12月期は確報値．21年10-12月期から22年7-9月期までは試算値．23年1-3月期は1次速報値．
4）　COVID-19の感染拡大の影響もあり，2020年4-6月期から21年7-9月期まで同調査が中止されていたため，この間の訪日外国人旅行消費額のデータは欠損している．

前述したように2022年以降，水際対策が段階的に緩和されたこともあり1-3月期以降，消費額は着実に回復した．特に水際対策が全面緩和された10-12月期は5,949億円となり，19年同期比で約5割まで回復した．

足下2023年1-3月期ではインバウンド需要の急回復により1兆146億円と，コロナ禍前の9割近くを回復した．前述したように訪日外客数の回復が6割強であることを考慮すれば，消費単価が着実に上昇していることがうかがえる．以降，1人当たりの消費単価及び平均泊数を確認してみよう．

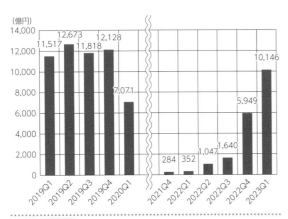

（億円）

2019Q1	11,517
2019Q2	12,673
2019Q3	11,818
2019Q4	12,128
2020Q1	7,071
2021Q4	284
2022Q1	352
2022Q2	1,047
2022Q3	1,640
2022Q4	5,949
2023Q1	10,146

図5-1-3 訪日外国人旅行消費額の推移：2019年1-3月期-23年1-3月期

出所）観光庁『訪日外国人消費動向調査』より作成

観光庁『訪日外国人消費動向調査』より，1人当たり旅行支出（全目的）をみれば（表5-1-1），2023年1-3月期は21万1,957円と，19年同期比で+43.8%となりコロナ禍前を上回った．国・地域別にみれば，中国が74万6,591円（同+241.9%）と最も高く[5]，次いで，オーストラリアが35万8,476円（同+46.0%），フランスが30万69円（同+70.9%），スペインが28万4,951円（同+66.3%），英国が27万7,229円（同+49.0%）となっている．この背景には円安に加え，欧米豪を中心に長期滞在の旅行者が増加したことが単価の上昇に影響しているようである．

次に平均泊数をみれば（表5-1-1），全体で13.9泊と2019年同期（8.5泊）から5泊程度増加している．国・地域別にみれば，中国は75.8泊と19年同期（7.7泊）に比して大幅増加した．また，

米国は13.3泊，オーストラリアは16.0泊といずれも19年同期（米国：12.4泊，オーストラリア：13.7泊）から増加しているが，小幅にとどまっている．なお，ベトナムは35.5泊と19年同期（45.4泊）から減少している．

表5-1-1 国・地域別訪日外国人消費単価及び平均泊数の比較：2019年1-3月期 vs.23年1-3月期

■1人当たり旅行支出 ／ ■平均泊数

国・地域	2023年1-3月期（円/人）	2019年1-3月期（円/人）	19年同期比（%）	国・地域	2023年1-3月期（泊）	2019年1-3月期（泊）	19年同期比（%）
全体	211,957	147,413	43.8	全体	13.9	8.5	63.4
韓国	124,913	73,733	69.4	韓国	7.9	4.5	75.8
台湾	195,152	130,518	49.5	台湾	7.7	6.6	15.7
香港	253,311	164,813	53.7	香港	8.4	5.8	43.6
中国	746,591	218,362	241.9	中国	75.8	7.7	886.6
タイ	199,786	131,544	51.9	タイ	10.6	8.2	28.7
シンガポール	247,327	168,602	46.7	シンガポール	7.9	7.1	11.1
マレーシア	233,406	133,567	74.7	マレーシア	11.5	8.7	32.3
インドネシア	186,655	124,197	50.3	インドネシア	14.3	7.9	81.0
フィリピン	144,724	97,208	48.9	フィリピン	26.3	27.4	-4.2
ベトナム	205,296	181,956	12.8	ベトナム	35.5	45.4	-21.8
インド	206,970	140,663	47.1	インド	26.0	14.9	73.7
英国	277,229	186,026	49.0	英国	16.8	13.3	26.9
ドイツ	256,693	187,590	36.8	ドイツ	18.6	17.1	8.8
フランス	300,069	175,603	70.9	フランス	20.9	14.2	47.0
イタリア	275,293	154,456	78.2	イタリア	25.0	15.4	62.0
スペイン	284,951	171,348	66.3	スペイン	26.1	13.7	90.4
ロシア	233,265	141,467	64.9	ロシア	37.8	23.5	61.0
米国	264,289	168,409	56.9	米国	13.3	12.4	7.3
カナダ	193,745	160,972	20.4	カナダ	12.3	11.2	9.2
オーストラリア	358,476	245,533	46.0	オーストラリア	16.0	13.7	16.9
その他	282,147	178,160	58.4	その他	26.7	16.3	63.6

出所）観光庁『訪日外国人消費動向調査』より作成

（3）関西経済とインバウンド需要

前述のように足下インバウンド需要は急速に回復しつつある．ここでは関西におけるインバウンド需要の回復過程を，関空の外国人入国者数からみてみよう．

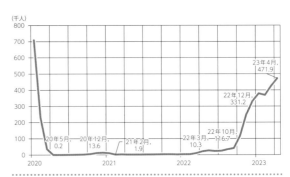

（千人）

20年5月：0.2／20年12月：13.6／21年2月：1.9／22年3月：10.3／22年10月：116.7／22年12月：331.2／23年4月：471.9

図5-1-4 関空への入国者数の推移：2020年1月-23年4月

出所）法務省『出入国管理統計』より作成

5) 訪日中国人客の消費単価の大幅上昇については，単価の高いビジネス客の増加が寄与しているものと考えられる．

図5-1-4は関空における外国人入国者数の推移を示したものである．2020年5月に181人と開港以来，過去最低値を記録した．20年後半以降，全国と同様に回復傾向を示し，20年12月には1万3,552人と幾分増加した．

しかしながら，2021年は水際対策の強化に伴い，2月の入国者数は1,879人となり，以降，低水準で推移した．

2022年に入り，水際対策の緩和を受け，関空の入国者数も徐々に増加傾向を示した．22年3月には1万284人と20年12月以来の値となった．10月は11万6,658人と10万人を超え，22年12月には33万1,249人とコロナ禍前の5割程度の水準まで回復した．

2023年も外国人入国者数は回復傾向を維持しており，足下4月では47万1,895人と40万人を超えた．このように関西においても，外国人入国者数は急回復しつつある．ただし，全国と同じく国・地域別によって回復のペースが異なっている．

表5-1-2は関空への外国人入国者数を主要国・地域別に2019年と22年を比較したものである．表が示すように，コロナ禍前は中国からの入国者数が最も多く，特に関西でのシェアは39.4%を占め

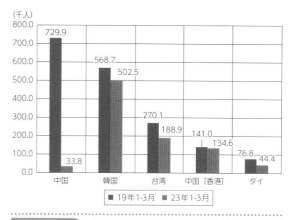

| 図5-1-5 | 国・地域別関空入国者数の比較：2019年 1-3月期 vs.23年 1-3月期 |

出所）法務省『出入国管理統計』より作成

ていた．しかし，22年をみれば，中国のシェアは3.6%と大きく低下している一方で，韓国のシェアが38.1%と大幅上昇している．また，香港が10.1%，ベトナムが8.9%とそれぞれコロナ禍前より上昇していることがわかる．

次に，足下2023年1-3月期の関空入国者数上位5か国・地域を取り上げて，19年1-3月期と比較してみよう（図5-1-5）．23年1-3月期をみれば，韓国が50.3万人（19年同期比-11.6%）と最多であり，次いで台湾が18.9万人（同-30.1%），香港が13.5万人（同-4.5%），タイが4.4万人（同-42.2%）と続いている．一方で中国は3.4万人（同-95.4%）と依然コロナ禍前の水準を大きく下回っている．なお，関空経由の外国人入国者数全体に占める中国のシェアは，2.9%にとどまっている．

以上のように，全国及び関西のインバウンド需要は急速に回復しつつある．しかしながら，コロナ禍前に入国者数の多くを占めていた中国からの入国者の回復は依然遅れている．このため，外国人入国者数の全面的な回復には引き続き時間を要するだろう．次ではインバウンド需要と同じくコロナ禍で大きな打撃を受けた国内旅行需要に分析の視点を移し，その回復過程をみてみよう．

2. 国内旅行需要の回復

Section 1.1ではインバウンド需要の回復過程を

| 表5-1-2 | 国・地域別関空入国者数の比較：2019年 vs.2022年 |

国・地域	関空入国者数			
	2019年	シェア (%)	2022年	シェア (%)
総数	8,378,039	100.0	885,470	100.0
中国	3,302,710	39.4	32,291	3.6
韓国	1,510,776	18.0	337,644	38.1
台湾	1,098,555	13.1	85,002	9.6
香港	604,787	7.2	89,693	10.1
米国	220,341	2.6	21,201	2.4
タイ	310,615	3.7	34,026	3.8
豪州	94,752	1.1	10,875	1.2
フィリピン	198,265	2.4	30,411	3.4
マレーシア	150,760	1.8	16,595	1.9
ベトナム	148,247	1.8	79,204	8.9
シンガポール	114,459	1.4	34,161	3.9
英国	59,632	0.7	6,765	0.8
インドネシア	85,643	1.0	21,164	2.4
カナダ	55,437	0.7	5,497	0.6
フランス	61,340	0.7	9,219	1.0
ドイツ	35,255	0.4	3,648	0.4
インド	21,599	0.3	4,020	0.5
イタリア	24,571	0.3	2,723	0.3
スペイン	28,072	0.3	2,130	0.2
ロシア	9,496	0.1	1,027	0.1
メキシコ	4,574	0.1	303	0.0

出所）法務省『出入国管理統計』より作成

みた．ここでは関西[6]における国内旅行需要に焦点を当て，コロナ禍からの回復過程をみてみよう．

（1）日本人延べ宿泊者数の動向

ここでは観光庁『宿泊旅行統計調査』より，関西における日本人延べ宿泊者数の回復過程についてみてみよう．

| 図5-1-6 | 日本人延べ宿泊者数 2019年同月比推移：関西：2020年1月-23年3月 |

出所）観光庁『宿泊旅行統計調査』より作成

図5-1-6が示すように宿泊者数は2020年5月に19年同月比-82.5％と大幅減少した．7月以降は「Go to トラベル事業」開始もあり回復傾向を示し，11月に同-8.1％まで減少幅は縮小した．しかし，21年に入り，COVID-19の感染再拡大とGo to トラベル事業の停止もあり，21年1月は同-51.1％となり，再び減少幅は拡大した．その後回復のペースは緩慢となったが，感染拡大が落ち着き始めた10月は同-20.5％，11月は同-7.2％と徐々にマイナス幅は縮小した．12月には同+5.2％とコロナ禍前を上回り，日本人延べ宿泊者数は着実に回復しつつあった．

しかし，2022年に入り，政府の感染防止策がとられた影響もあり，1月は同-14.1％と減少に転じ，2月は同-35.1％とさらにマイナス幅が拡大した．3月から9月にかけて回復傾向を示し，10月には同+10.8％とプラスに転じた．以降，11月は同+11.2％，12月は同+12.7％とプラス幅が拡大し，

日本人延べ宿泊者数は増加傾向を示した．

2023年も回復傾向を維持しており，足下3月は同+4.5％と6カ月連続でコロナ禍前を上回っている．

（2）国内旅行消費額の推移

図5-1-7は関西における国内旅行消費額の推移を四半期ベースでみたものである．図が示すように2020年4-6月期の国内旅行消費額は緊急事態宣言[7]の影響を受け2,028億円と大幅減少した．7-9月期，10-12月期は政府による「Go to トラベル事業」開始もあり国内旅行消費は回復傾向を示した．

しかし，2021年に入り，前述のように感染状況の悪化と上記事業の停止により，1-3月期の国内旅行消費額は3,156億円となり，以降回復のペースは緩慢となった．感染状況の落ち着きと各自治体による独自の旅行需要喚起策が影響し[8]，10-12月期は7,514億円と，旅行消費額は大幅増加した．

2022年に入り感染状況の悪化と政府のまん延防止等重点措置が影響し，1-3月期は4,759億円となった．しかし，4-6月期は行動制限のない大型連休となったこともあり7,770億円と，以降旅行消費額は回復傾向を示した．10-12月期では，10月11日から開始された「全国旅行支援事業」も影響し，1兆2,636億円となり，コロナ禍前の水準を上回った．

足下，2023年1-3月期は8,349億円と回復傾向を維持しており，2四半期連続でコロナ禍前を上回った．

以上のように，2022年後半以降，COVID-19感染状況の落ち着きや政府の需要喚起策もあり，関西の国内旅行消費額及び日本人延べ宿泊者数は着実にコロナ禍前を回復しつつある．今後は，インバウンド需要と国内旅行需要の双方が回復するにつれて，いかに持続的に伸ばすことができるかが課題となろう．以降では今後の観光業の課題を抽出し，指摘する．

---

6) ここでの関西は福井県，三重県，滋賀県，京都府，大阪府，兵庫県，奈良県，和歌山県，鳥取県，徳島県の2府8県ベース．

7) 緊急事態宣言とまん延防止等重点措置の発出期間は以下の通りである．緊急事態宣言（第1回：2020年4月7日〜5月25日，第2回：21年1月7日〜3月21日，第3回：21年4月25日〜6月20日，第4回：21年7月12日〜9月30日）．まん延防止等重点措置（2021年4月5日〜9月30日，22年1月9日〜3月21日）．

8) 関西各府県の独自の旅行需要喚起策についてはアジア太平洋研究所（2022）のChapter 5 Section 1及びCOVID-19 Chronologyを参照のこと．

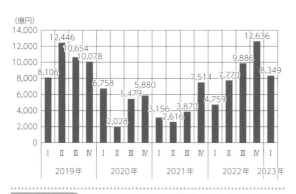

図5-1-7　国内旅行消費額の推移：関西：2019年
1-3月期−23年1-3月期

注）2019年から22年までは確報値．23年は速報値
出所）観光庁『旅行・観光消費動向調査』より作成

3. 今後の課題

　これまでにみたように，インバウンド需要及び国内旅行需要はコロナ禍から回復しつつある．

　特に足下のインバウンド需要の回復局面で特徴的な点は，消費単価と平均泊数が上昇していることである．この点については観光庁の観光立国推進計画でも取り上げられている．観光庁はインバウンド需要の回復を見据え，2023年3月に新たな観光立国推進計画を改定した．表5-1-3はインバウンドに関する前回改定時の目標と今回改定された内容を比較したものである．今回の第4次改定での目標では，訪日客数は25年までに19年の水準を超え，消費額は早期に5兆円を目指すとしている．また，消費単価を新たな目標として設定し，25年までに20万円とする目標を定めている．前述したように23年1-3月期の消費単価は約21万円となっており，目標としている5兆円は達成できると考えられるが，今後も消費単価を維持・上昇させていくことが重要

表5-1-3　新たに改定された観光立国推進計画の内容

	訪日外国人客数	訪日外国人消費額	訪日外国人消費単価	訪日外国人1人当たり地方部宿泊数
第3次改定	4,000万人	8兆円	—	—
目標値	2020年まで	2020年まで	—	—
第4次改定	2019年水準超え	5兆円	20万円	2泊
目標値	2025年までに	早期に	2025年までに	2025年までに

注）地方部とは，三大都市圏（埼玉県，千葉県，東京都，神奈川県，愛知県，京都府，大阪府，兵庫県）以外の地域を指す
出所）観光庁『観光立国推進計画』より作成

である．

　また，コロナ禍で大きな打撃を受けた関西経済にとって，訪日中国人客の回復が重要である．コロナ禍前において訪日中国人客が関空の入国者数全体の39.4％を占めていたが，足下は3.6％となっており，戻りは遅い．中国政府が日本への団体旅行を認めていないなど，先行きについては依然不確実性が高い．加えて，仮に団体旅行が解禁された場合，消費単価の引き上げが課題となる．

　コロナ禍を経て，今後の観光戦略について課題が明らかとなった．すなわち，(1)1人当たりの訪日外国人消費単価の向上と持続性，(2)地方への誘客，周遊の促進，(3)観光産業における収益力向上と労働供給制約の改善である．

　(1)については，前述したように訪日外客の消費単価は着実に上昇しているものの，今後単価の維持が重要となる．

　(2)については，これまでにAPIRが強調してきた「広域・周遊性」の観点から考えれば，関西における大阪府や京都府に集中するオーバーツーリズム現象を解消し，他府県への誘客が課題となる．その際，Section 2でも述べるように各自治体の観光戦略並びにDMOの役割が一層重要となる．

　(3)については，これまで観光産業を支えてきた女性の非正規雇用者の回復と生産性の向上が課題である．特に関西ではこれまでインバウンド需要を支えてきた女性の非正規雇用者がコロナ禍で大きな打撃を受けており[9]，依然コロナ禍前を回復するには至っていない．

　対面型サービス業はコロナ禍から回復しつつあるものの，関西における女性の就業者の回復ペースは業種によって異なる．図5-1-8から対面型サービス業における関西の女性就業者指数（2019年平均＝100）をみれば，足下23年1-3月期では「卸売業・小売業」はコロナ禍前を3.6ポイント上回っている．一方で「宿泊業，飲食サービス業」は20ポイント，「生活関連サービス業，娯楽業」は11.1ポイントといずれもコロナ禍前を下回っており，依然回復が遅れている．このように関西において今後いかに労働供給制約を解消するかが課題となろう．

9）　コロナ禍による関西の女性の非正規雇用者への影響についてはアジア太平洋研究所（2021）Chapter 3 Section 5にて詳細に分析されている．また，関西における労働供給制約の現状については本書Chapter 4 Section 1が詳しい．

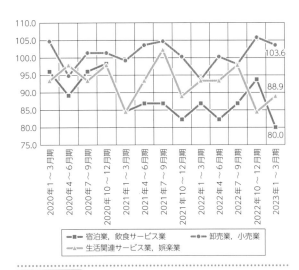

図5-1-8   対面型サービス業女性就業者指数の推移：
関西：2020年1-3月期-23年1-3月期

注）各産業とも2019年平均の就業者数を100とした指数
出所）総務省『労働力調査』より作成

　上述したように政府は今後の観光戦略を改定し，インバウンド需要と国内旅行需要回復に向けて，施策に取り込んでいる[10]．関西の各自治体においても，同様に今回のコロナ禍を受けて，観光戦略の改定を進めている．そこで，Section 2では，関西の基礎自治体で改定された戦略を取り上げるとともに，その地域で活動するDMOの観光誘客策を取り上げる．

参考文献

一般財団法人アジア太平洋研究所（2021）『アジア太平洋と
　関西　関西経済白書2021』
一般財団法人アジア太平洋研究所（2022）『アジア太平洋と
　関西　関西経済白書2022』
観光庁（2023）『令和5年版観光白書』

アジア太平洋研究所 副主任研究員
野村 亮輔

甲南大学 名誉教授
稲田 義久

---

10) 2023年に観光庁が取り組む具体的な施策内容については観光庁（2023）にて詳述されている．

Section 2
関西DMOと観光：コロナ禍を経た新たな観光戦略について

Section 1では急回復するインバウンド需要及び今後の観光戦略における課題をみた．政府も2025年に向けてこれまでの観光戦略を新たに改定し，インバウンド需要の本格的な回復に向けて取り組んでいる．その際，昨年の関西経済白書でも指摘したように各観光地域をマネジメントする観光地域づくり法人（以下，DMOと記す）の役割が一層重要となる．そこでSection 2では，コロナ禍を経て関西の各自治体において改定された観光戦略を取り上げ，各地域におけるDMOの観光誘客策の分析を行う．具体的には滋賀県と兵庫県の特徴的なDMOを取り上げ，そのマネジメントエリア内の観光動態を明らかにする．また，急回復するインバウンド需要に対応するDMOとして和歌山県の田辺市熊野ツーリズムビューローの事例を取り上げる．今後，DMOは稼ぐ力を一層高めるためにも各地域におけるブランド力の更なる磨き上げが重要となる．そこでSectionの最後では，関西の主要観光地における魅力の源泉を定量的に把握するために，APIRが試作した「ブランド力の見える化指標」の分析結果の概要を取り上げた．

1. 関西DMOの観光誘客策とその効果：滋賀県及び兵庫県の事例

(1) 滋賀県DMOの事例[1]

①滋賀県の観光戦略

はじめに滋賀県の観光戦略についてみてみよう．

滋賀県では，2014年1月に「滋賀県『観光交流』振興指針～訪れてよし，迎えてよし，地域よしの『観光・三方よし』～」を策定し，この間，民間と行政が一体となって観光資源の発信や魅力の磨き上げ及び地域の受入環境の整備等の観光振興に向けた様々な取組を展開してきた．具体的には，東京・日本橋の情報発信拠点「ここ滋賀」のオープン，（一社）近江ツーリズムボードと（公社）びわこビジ

ターズビューローの日本版DMO登録，「日本遺産 滋賀・びわ湖水の文化ぐるっと博」の開催や観光キャンペーン「虹色の旅へ．滋賀・びわ湖」の展開などが挙げられる．取組の結果，観光入込客数が増加するなど一定の成果があったものの，①消費額の多い宿泊客数が横ばい，②インバウンド需要の増加による観光を取り巻く環境の変化，③定住人口の減少と高齢化が深刻となる中，交流人口増加の重要性，といった課題が指摘された．

こうした状況を踏まえ，前述の観光振興指針が2018年度に計画満了となったことから，新たな観光振興指針である『～観光を架け橋に，つなぐ滋賀，つづく滋賀～「健康しが」ツーリズムビジョン2022』が策定された（19年度）．滋賀県は本中期計画に基づいて観光振興の取組を進めてきた．しかしながら，COVID-19の影響により，観光を取り巻く状況は著しく変化したことから，滋賀県は22年度までの計画期間を1年間前倒しして，22年度を始期とする新たなビジョン「シガリズム観光振興ビジョン」を策定した[2]．

表5-2-1	滋賀県観光の課題

①滋賀ならではの魅力による宿泊・滞在型観光の推進（魅力向上と創出）

②滋賀の魅力を伝える印象的なビジュアルの作成などによる認知度の向上（魅力の発信）

③滋賀県の自然や歴史，暮らしを体感できる滋賀ならではの観光素材づくり（魅力向上と創出）

④滋賀に行って食べてみたい，買ってみたいと思う滋賀ならではのモノづくり（魅力向上と創出）

⑤地域住民が観光客とともに楽しむ気運の醸成（受入環境整備）

⑥持続可能な観光を実現できる環境整備（受入環境整備，推進体制）

出所）滋賀県『シガリズム観光振興ビジョン～シガリズムでつなぐ 滋賀らしい観光の創出をめざして～』より抜粋

「シガリズム観光振興ビジョン」において，滋賀県観光の課題として第一に挙げられているのは「滋賀ならではの魅力による宿泊・滞在型観光の推進（魅力向上と創出）」である（表5-2-1）．これを確認するためにまず，滋賀県における旅行者数の推移を宿泊と日帰り別にみよう．

図5-2-1は観光庁の『旅行・観光消費動向調査』より，滋賀県の国内宿泊旅行者と日帰り旅行者

---

1) 滋賀県DMOに関する詳細な分析については稲田・井原・野村（2023）にて詳細な分析がなされている．
2) シガリズムの内容については滋賀県（2022）が詳しい．

の推移をみたものである．滋賀県では日帰り旅行者数が宿泊旅行者数を常に上回っており，宿泊を伴う滞在型観光が滋賀県の観光課題であるといえよう．なお，奈良県においても日帰り旅行者数が宿泊旅行者数を上回っており，滋賀県と同様の観光課題を抱えている[3]．以降では，県の観光課題に取り組んでいる滋賀県DMOの活動状況を確認する．

図5-2-1　国内宿泊旅行者数及び日帰り旅行者数の推移：滋賀県：2010-21年

出所）観光庁『旅行・観光消費動向調査』より筆者作成

②滋賀県DMOの活動状況

　まず滋賀県における特徴あるDMOの活動状況をみてみよう．表5-2-2は各DMOの設立の経緯及び活動状況を時系列で整理したものである．主たるキャンペーンからわかるように，県全域を対象として取り組んでいるものと，対象地域を限定し独自に取り組んでいるものがある．前者については，2018年に滋賀の魅力を7色のカテゴリー（歴，食，遊，癒，観，買，美）に分け，それぞれの魅力に出会える旅（「虹色の旅へ．滋賀・びわ湖」）や，琵琶湖を自転車で一周する「ビワイチ」（19年に国土交通省が定める「ナショナルサイクルルート」に指定）などが相当する．これらに加え，それぞれのDMOがマネジメントするエリアの特徴を活かした活動を行っている．以下では各DMOの活動状況を詳しくみていく．

表5-2-2　滋賀県DMOの設立時期と活動状況

	びわこビジターズビューロー	近江ツーリズムボード	近江八幡観光物産協会
設立の経緯	1952年：滋賀県観光連盟として設立 2003年：社団法人びわこビジターズビューローに名称変更 2013年：公益社団法人認定 2016年：地域連携DMO候補法人認定 2018年：地域連携DMO登録法人認定	2015年：近江インバウンド協議会として設立 2016年：地域連携DMO候補法人認定 2017年：地域連携DMO登録法人認定	1956年：近江八幡観光協会として設立 1997年：社団法人近江八幡観光物産協会設立 2014年：安土町観光協会と統合 2020年：地域DMO登録法人認定
主たるキャンペーン	「びわこキャンペーン事業」 滋賀県観光情報誌「滋賀たび」の四季発行，JR西日本エリア全駅を中心に情報発信	「彦根浪漫ウォーク」 『普段では体験できない彦根の街』をコンセプトに5つの体験メニュー開発 「近江「美食都市」推進プロジェクト」 近江美食材マップ作成，フードカー開発，近江食材がメインの食企画実施	「情報発信・プロモーション活動」 地域の情報発信，産業振興，地域振興，文化振興等，観光客と市民との交流促進 イベント，灯り事業，観光案内所管理運営，施設管理（城郭資料館など）実施
2018年	「虹色の旅へ．滋賀・びわ湖」 県全体のキャンペーンとして，観光素材，魅力をもとに発信	「虹色の旅へ．滋賀・びわ湖」 「外国人向け飲食店マップ製作」	
2019年	「ビワイチ」推進　ぐるっとびわ湖サイクルライン 国交省がナショナルサイクルルートとして指定（193Km）．ルートマップ無料配布 「戦国ワンダーランド滋賀・びわ湖」 大河ドラマ『麒麟がくる』放映に合わせ戦国をテーマとしたキャンペーン展開	「ビワイチ」推進　ぐるっとびわ湖サイクルライン 「英語観光情報サイト「Visit Omi」制作」 ネイティブ英語で観光記事を執筆．SNSを活用し発信	
2020年	「滋賀らしいニューツーリズム発信事業」 滋賀ならではの本物に触れられるニューツーリズム創出．『シガリズム』パンフレットや動画で滋賀の魅力を発信		
2021年		「体感国宝彦根城」アプリ完成 解説文，動画，ゲーム等を日本語，英語，中国語対応で提供	
2022年以降	第3期中期計画「シガリズム宣言」策定 2022年4月～25年3月の3カ年計画策定	「琵琶湖サイクリングプラン」発売 新幹線＆レンタサイクルがセットになったプランの提供 魅力ある観光地域づくりの推進 圏域の歴史や伝統文化に裏打ちされた戦略的ストーリーを効果的に世界へ発信	「もてなし武将隊」の活動推進 県の大型観光キャンペーンに合わせ実施 「魅力ある地域づくり」活動 「住んでよかったまち，訪ねてよかったまち，もう一度訪ねてみたいまち」をコンセプトに，市民団体，各企業などと連携

出所）観光庁『観光地域づくり法人形成・確立計画』より作成

---

3)　奈良県に関する分析については，稲田・野村（2022）が詳しい．

＜びわこビジターズビューロー（地域連携DMO）＞

　琵琶湖を中心とした県全域をマネジメントエリアとし，観光地域づくりの舵取り役として，各DMOや，県，各市町村などと観光戦略を着実に実施するための調整・仕組みづくり・プロモーション活動などを行っている．また，地域連携DMOとして，国や他府県及び観光関連団体と連携した観光物産振興など，広域的な周遊滞在型観光活動に取り組んでいる．

＜近江ツーリズムボード（地域連携DMO）＞

　琵琶湖の東側である湖東地域をマネジメントエリアとし，観光資源である国宝や重要文化遺産，地域特有の食文化などの情報を国内外へ発信，誘客プロモーションを行っている．また，インバウンド客向け飲食店マップの製作，彦根城の多言語解説文，アプリの作成などインバウンド客の受入れ環境の整備にも取り組んでいる．加えて，地域住民（市民・事業者・学生など）の観光地域づくりに関する意識啓発や参画促進のための活動にも取り組んでいる．

＜近江八幡観光物産協会（地域DMO）＞

　近江八幡市をマネジメントエリアとし，まちづくりを基軸にした情報発信，プロモーション活動を中心に行っている．また，地域行事や学校教育との連携を図り，郷土愛の醸成やおもてなしの心を育み，市民や観光客の垣根を越えて訪れたくなる身近で馴染みやすいまちづくりにも取り組んでいる．さらにイベント催事での参画呼び掛け，演出や作業スタッフなど活動の幅を広げている．

　表5-2-3は各DMOのターゲット層を示している．表からわかるように，誘客ターゲット層は国内客とインバウンド客に分かれ，それぞれについて年齢層，趣味嗜好や国・地域別に分けて戦略が練られている．これらのターゲット層に対して，各マネジメントエリアが持つ魅力ある観光資源を組み合わせ，DMOは誘客活動に取り組んでいる．

③ DMOマネジメントエリアにおける宿泊施設と稼働率

　前述したように滋賀県に所在しているDMOの設立経緯及び活動状況をみた．ここでは前述した

表5-2-3　滋賀県DMOのターゲット層

公益社団法人 びわこビジターズビューロー	一般社団法人 近江ツーリズムボード	近江八幡観光物産協会
【国内観光客】 旅行好きの女性（30歳代〜50歳代） 県の露出を高め，認知度向上を図り，滋賀，琵琶湖ならではの絶景（インスタ映え），グルメ，スイーツ，歴史資源を活用した着地プログラムを整備，展開する．	【海外観光客】 アメリカ，オーストラリアの富裕層訪日リピーター ネイチャーツアー造成．広大な田舎風景の中サイクリング，伊吹山（県内最高峰で霊山）トレッキングなど大自然を味わって頂く．ナイトタイムにリラックスできるコンテンツも造成する．	【国内観光客】 旅行に関心の高い女性（40代〜70代） 旅行動向の主導権を持つ女性の支持を得ることで，SNSや口コミによる発信を期待し，感じる・味わうなどの五感を通じて地域の魅力を体感してもらう．
【海外観光客（重点）】 東アジア，東南アジアからの訪日リピーター 台湾をはじめターゲット国，地域への観光展出展，現地プロモーション展開． 関西インフォメーションセンター京都に「そこ滋賀」を開設し訪客促進する．	【海外観光客】 ドイツ，イギリス，フランスの富裕層 文化遺産（寺社仏閣）での茶道や食事，宿泊が可能なプレミアムな文化体験ツアーを造成する． 伝統料理やグルメツアーを通し，世界遺産「和食」を堪能頂く．	【国内観光客】 学びや生き方に関心の高い中高年 学校や職場の小グループ，サークル エコツアーや自転車ガイドツアー等実施．近江商人の精神を学べる場，ヴォーリズ建築を巡るツアー等上質な観光サービスを提供する．学びや体験を通じて，仲間づくりや研修の機会を提供し，将来に向けてのファンづくりを図る．
【海外観光客（開拓）】 自然や歴史・文化への関心が高い欧米豪の個人旅行客 ターゲット国，地域への観光展出展，現地プロモーション，旅行会社，ブロガー等との商談会，現地視察を展開する． 欧米人が好む体験型プログラムを充実させ，多言語通訳の提供を行う．	【海外観光客】 アジア新興国の富裕層 寺社仏閣の境内での花見，紅葉や地元特産の果物狩りと野外レストランツアー等，景色や食を堪能するツアーを造成する．	【海外観光・ビジネス客】 欧州の個人客及び，中華系のビジネスマン 地域の文化，歴史への関心が高く滞在期間も長い欧州の個人客に対し，日本らしさと魅力を満喫してもらう． 商業倫理や道徳を学べ体感できるメニューを近江商人ゆかりの地とともに推進する．

出所）観光庁『観光地域づくり法人形成・確立計画』より作成

DMOのマネジメントエリア別に宿泊施設数（供給面）と稼働率（需要面）を取り上げ，その特徴を明らかにする．なお，地域DMOは湖東地域を中心に活動しているが，県内の宿泊施設は琵琶湖を中心に点在しているため，ここでは湖西地域の高島市も加えて分析している．また，宿泊施設数と稼働率については観光庁の『宿泊旅行統計調査』個票データより計算している[4]．以下，DMOのマネジメントエリアである大津市と近江八幡市に加えて，高島市に注目してみてみよう（図5-2-2）．

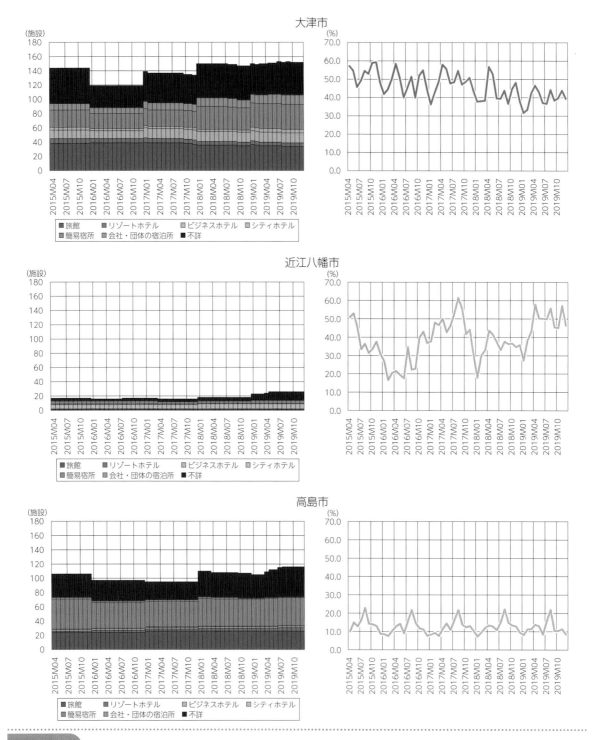

図5-2-2　宿泊施設数と客室稼働率の推移：大津市，近江八幡市，高島市：2015年4月-19年12月

注）左側は宿泊施設数，右側は客室稼働率の推移をそれぞれ示している．
出所）観光庁『宿泊旅行統計調査』個票データより筆者作成

4) 本分析は国土交通省近畿運輸局との共同研究の一成果である．記して謝す．

大津市をみれば，宿泊施設は全体として微増の傾向にある（2015年4月：144施設→19年12月：152施設）．内訳をみれば，旅館の施設数がこの間微減し（15年4月：38施設→19年12月：34施設），簡易宿所が増加傾向にある（15年4月：24施設→19年12月：35施設）．

稼働率をみれば，期間の平均稼働率は46.0％で，稼働率の最大値は59.3％，最小値は31.6％となっている．季節性をみれば，4月，8月に稼働率が上昇する傾向がみられる．稼働率の傾向としては2015年から18年前半までは横ばいで推移しているが，18年後半から低下傾向を示している．

次に近江八幡市をみれば，この間宿泊施設数の水準は高くはないが，着実に増加傾向にある（2015年4月：17施設→19年12月：26施設）．うち，旅館，リゾートホテルやシティホテルの施設数は横ばい（15年4月：1施設→19年12月：1施設）である．

稼働率をみれば，期間の平均稼働率は38.8％となっている．稼働率の最大値は61.4％，最小値は16.5％と，最大値と最小値の幅が44.9％ポイントと大きいことが特徴である．また，4月，8月，11月に稼働率が上昇する季節性がみられる．稼働率の傾向としては2016年から17年にかけて上昇傾向を示している．18年に低下傾向を示したが，19年には再び上昇している．

最後に高島市をみれば，宿泊施設は全体として増加傾向にある（2015年4月：106施設→19年12月：116施設）．うち，旅館（15年4月：24施設→19年12月：26施設）やリゾートホテル（15年4月：2施設→19年12月：5施設）はいずれも微増している．また，不詳（15年4月：33施設→19年12月：42施設）も増加している．

稼働率をみれば，期間の平均稼働率は12.6％と，その他のエリアに比して低いのが特徴である．稼働率の最大値は22.8％，最小値は7.2％で，両者の差が15.6％ポイントとなっている．また，8月に稼働率が大幅上昇する季節性がみられるが，傾向としては2015年から19年にかけてほぼ横ばいで推移している．

以上の分析を整理し，得られた結果は以下の通りである．

びわこビジターズビューロー，近江ツーリズムボードは滋賀県の認知度向上に向けた情報発信や持続可能な観光を実現させるための環境整備など，県内広域にわたる周遊滞在型観光の活動に注力している．

近江八幡観光物産協会はその地域ならではの食文化，暮らし体験や地域住民の郷土愛の醸成等，まちづくりを基軸とした地域密着の交流型観光の活動に注力している．

DMOのマネジメントエリア別に宿泊施設数と稼働率の動向をみれば，宿泊施設数は大津市，近江八幡市，高島市はいずれも増加している．また，稼働率の推移をみれば，大津市では春と夏に，近江八幡市は春，夏，秋に上昇する傾向がある．一方，高島市では夏に高まる傾向がある．稼働率の状況を考慮すれば，季節性の平準化が重要となろう．

コロナ禍を経て観光スタイルが変化しており，琵琶湖を中心に各地域の自然資源や歴史文化遺産をつなぐ宿泊滞在型観光の促進も重要である．上記季節性の平準化の課題を踏まえれば，各地域ならではの観光資源を活かした閑散期の新たなコンテンツの造成が必要であろう．

(2) 兵庫県DMOの事例

①兵庫県の観光戦略

ここでは兵庫県の観光戦略についてみていく．

表5-2-4はこれまでに兵庫県が策定した観光戦略の変遷を示している．表が示すように2017年度に策定された戦略ではゴールデンルートを中心とし

| 表5-2-4 | 兵庫県の観光戦略の変遷 |

期間	名称	副題	重視する考え方	目標
2017〜19年度	ひょうごツーリズム戦略	〜「あいたい兵庫」人の交流，もっと盛んに〜	・「あなたに会いたい兵庫がいます．」をテーマとした誘客 ・ひょうごゴールデンルートの推進	観光入込客数1億5000万人 外国人旅行者数300万人 観光消費額1兆5000億円
2020〜22年度	ひょうごツーリズム戦略	「世界に選ばれるデスティネーション兵庫」	・県DMOを核とした多様なステークホルダーとの連携 ・地域主導の着地型観光の実践	観光入込客数1億5300万人 延べ宿泊者数1550万人 （うち外国人300万人） 観光消費額1兆5200億円 来訪者満足度75％ リピーター率55％
2023〜27年度	ひょうご新観光戦略	より深く，何度でも訪れたい地，HYOGO－訪れた多様な人々の感動を呼び，暮らす人々の幸せへ－	・HYOGOブランドを核とした兵庫観光の振興 ・観光を通じて地域が好循環するエコシステムの構築	観光消費額1兆4500億円 平均泊数1.5泊 延べ宿泊者数1800万人 （うち外国人300万人） 消費単価国内（宿泊）64,000円 国内（日帰り）19,000円 外国人60,000円 来訪者満足度80％ リピーター率70％ 住民満足度75％

出所）兵庫県『ひょうご新観光戦略』より抜粋

た観光誘客を行い，目標も観光入込客数や観光消費額など量に関する指標が注目されている．しかしながら，19年度策定の戦略では，DMOを中心とした観光振興を掲げるとともに，目標も来訪者満足度など質にも関係する指標が追加されている．そして，22年度策定の戦略では「HYOGOブランド」を意識するとともに，地域が持続可能となる考え方が追加されている．また，目標も従来の指標に加え，住民満足度についても注視されている．

次に兵庫県が新たに策定した観光戦略から県が抱える課題についてみてみよう．**表5-2-5**は「ひょうご新観光戦略」から兵庫県が課題としている内容を抜粋したものである．前で述べた滋賀県と同様に日帰り・短期滞在者が多いことや周遊が少ない点の観光など，宿泊を伴う周遊滞在型観光の促進策が課題となっている．

表5-2-5　兵庫県の観光課題

- 訪日外国人も含めて，旅行消費単価が全国でも下位にとどまる
- 隣接圏以外からの来訪割合が低く，**日帰り・短期滞在が多い**
- 連泊する客の割合が低い
- 若年層に人気があるのは，一部の地域のみ
- **周遊が少ない点の観光**

出所）兵庫県『ひょうご新観光戦略』より抜粋

②兵庫県DMOの活動状況

表5-2-6は兵庫県内にある特徴のあるDMOを取り上げ，DMO登録時期と活動実績を示したものである．以下では各DMOの活動状況を詳しくみてみよう．

＜ひょうご観光本部（地域連携DMO）＞

2020年3月から登録DMOとして活動しており，唯一県全域をマネジメントエリアとする．「世界に選ばれるデスティネーション兵庫」をコンセプトに，兵庫が有するオンリーワンの観光資源に磨きをかけ，ひょうご広域周遊ガイドの育成，兵庫県の強みである観光資源の多様性を活かした地域主導の着地型観光の実践に取り組んでいる．

＜豊岡観光イノベーション（地域連携DMO）【重点支援DMO】＞

2018年から登録DMOとして活動しており，兵

表5-2-6　兵庫県DMOの設立時期と活動実績

名称	公益社団法人ひょうご観光本部	一般社団法人豊岡観光イノベーション	公益社団法人姫路観光コンベンションビューロー
登録日	2020年3月31日	2018年7月31日	2021年11月4日
登録区分	地域連携（登録DMO）	地域連携（登録DMO）	地域（登録DMO）
これまでの活動実績	**【観光資源の磨き上げ】** ・兵庫魅力再発見コンテンツ造成・販売 [造成コンテンツ例] ・兵庫のりと塩屋商店街ツアー ・明石の魚と技を愉しむセリ市＆昼網鮨ツアー ・山陰海岸ジオパーク「ジオカヌー」 ・日本最古のお茶処1200年続く丹波篠山茶のヒミツ炭 ・「淡路島たまねぎ」ほんまもん観光農業体験 **【受入環境の整備】** ・ひょうご広域周遊ガイドの育成 ・「ひょうご安心旅」の推進 **【情報発信・プロモーション】** ・広域連携による周遊ルートの形成 ・観光WEBサイト「Hyogoナビ」での情報発信 ・県内主要観光地・宿泊地魅力度調査の実施	**【情報発信・プロモーション】** ・マーケティングデータ収集・分析・共有 ・WEBマーケティング（WEB・SNS） ・海外・国内発のツアー増加（商談会等参加） **【観光資源の磨き上げ】** ・地域事業者と連携した体験プログラム開発 ・コウノトリ生息地保全活動（CSR活動）支援 **【受入環境の整備】** ・インナープロモーション（セミナー・ニュースレター） ・ローカルガイドの育成 ・CLEAN＆SAFE TOYOOKA認証制度の拡大 ・宿泊予約等データ収集基盤整備（観光DX）	**【観光振興事業】** ・観光プロモーション事業 ・着地型観光素材開発と商品造成 ・受入体制整備事業 ・情報発信事業 ・インバウンド事業 **【MICE事業】** ・MICEプロモーション事業 ・MICE受入・支援事業 ・調査事業 **【フィルムコミッション事業】** ・ロケ作品の誘致・支援事業 ・市民啓発事業

出所）観光庁「観光地域づくり法人形成・確立計画」より筆者作成

庫県豊岡市と京都府京丹後市をマネジメントエリアとする．海・川・山の自然に囲まれ，コウノトリ野生復帰の取組，日本らしい歴史情緒ある温泉街，風情豊かな城下町などローカルの魅力を磨き上げ，「ローカル＆グローバル」をコンセプトに，世界に評価される小さな世界都市をめざした活動に取り組んでいる．

＜姫路観光コンベンションビューロー（地域DMO）＞

2021年から登録DMOとして活動しており，姫路市をマネジメントエリアとする．観光地として世界遺産姫路城の存在が大きく，姫路城以外の観光素材の認知度が低く，旅行形態は日帰りが多い．滞在型の観光地へ転換するため「姫路城プラスワン」戦略をコンセプトに，観光事業者のみならず地域住民が世界に誇れる姫路ブランドの構築に取り組んでいる．

次に上記で取り上げたDMOのターゲット層について整理したのが**表5-2-7**である．

ひょうご観光本部では，国内客については若年層の旅行者や首都圏からの旅行者をターゲット層としている．特に20～34歳の女性を対象にSNSなどの口コミ情報の発信強化や県内の有力コンテンツ（城，

食，スイーツ，サイクリング等）を活用することで誘客に取り組んでいる．

外国人旅行者については，台湾，香港，タイなどの東アジアからの旅行者に加え，欧米豪からの旅行者の誘客に取り組んでいる．その際，姫路城，城崎温泉から県内の各観光地への周遊促進に向けて，滞在・体験型コンテンツを開発している．

豊岡観光イノベーションでは，国内客については京阪神在住の30～40代の女性やファミリー層に対して誘客を行っている．

外国人旅行者については，欧州，豪州の個人旅行者（FIT）に加え，滞在期間の長い訪日客の誘客に取り組んでいる．また，東アジアの訪日リピーター層の誘客に力を入れている．

姫路観光コンベンションビューローでは，国内客については，着地型観光コンテンツへの関心が高い20～50代の女性や教育旅行者の誘客に力を入れている．

外国人旅行者については，ゴールデンルートから広島へ向かう欧米豪の旅行者の誘客に取り組んでいる．加えて，中国，台湾，香港，タイの訪日リピーター客もターゲット層に設定している．

表5-2-7　兵庫県DMOのターゲット層

名称		公益社団法人 ひょうご観光本部	一般社団法人 豊岡観光イノベーション	公益社団法人 姫路観光コンベンションビューロー
国内旅行客		【若年層（20～34歳女性），（20～34歳男性））の旅行者，首都圏からの旅行者】 ・有力コンテンツ（城・食・スイーツ・サイクリング等）の活用． ・20～34歳女性等の若い世代を対象にSNSなど口コミ情報の発信強化． ・国内線が就航する地方都市のエージェントとタイアップしたツアー造成． ・鉄道主要駅・空港ターミナル等を活用したリアルプロモーション実施．	【京阪神在住の30-40代女性・ファミリー層】 ・屋外でのリラクゼーション，温泉での心と体のストレス解消など，旅行目的にあった資源を訴求．	【着地型観光（体験）コンテンツへの関心が高い20代から50代のアクティブ女性層】 ・地域資源の「掘り起こし・磨き上げ」，ターゲットに対し訴求力の高いテーマの着地型観光（体験）商品の開発． ・SNS等での情報発信強化，観光プラットフォームを活用し広く販売を行う． ・宿泊しないと体験できないメニューなどの企画，宿泊を伴う滞在型観光に取り組む． 【国内教育旅行者（北海道・福岡県・宮城県・福島県・岩手県・青森県・静岡県・愛知県・東京都・茨城県）】 ・教育旅行向けの「宿泊・観光・学習・体験プラン」造成，ターゲットエリアの旅行会社や学校関係者へ宿泊を伴う教育旅行を提案． ・事前学習用パンフレット・WEBサイトでの情報掲載・PR動画・施設での学習効果を高める教育プログラムやモデルコース，ガイド等を充実し受入体制を整備する． ・他自治体と連携し，「平和学習」をテーマとしたモデルコースを設定し，広域連携による誘致活動を行う．
海外観光客		【台湾・香港・シンガポール・タイからの旅行者】 ・関西圏を周遊する訪日客のベース宿泊地の県内への誘導． ・隣接県等の国際線定期便・チャーター便が就航する地方空港（高松・岡山・米子・広島・鳥取・徳島空港等）から入国する訪日客の相互誘客の促進． ・各DMOと連係した瀬戸内圏，日本海圏，四国・淡路圏の広域周遊ルートの形成． ・ひょうご国際観光デスク（台北・香港でのレップ）における現地目線での情報発信． 【欧米豪からの旅行者】 ・姫路城，城崎温泉からの県内各地への周遊促進に向けた滞在・体験型コンテンツ開発． ・広域連携DMO等と連携した認知度の向上，広域周遊ルートの形成． ・世界的OTA（Online Travel Agent）を活用したPR，宿泊予約促進．	【欧州（イギリス，フランス，ドイツ），北米，豪州（オセアニア）のFIT層，滞在期間の長い初訪日客・訪日リピーター】 ・宿泊及びアクティビティ予約を可能とするWEBサイトの運営．海外発信拠点（アメリカ，オーストラリア，フランス）を通じて現地目線での意見等も踏まえ，コンテンツの改善を図る． ・海外旅行会社へのツアーの組込み，販売員の認知・知識向上のため，海外旅行会社にも積極的にアプローチ． 【東アジア：台湾・香港の訪日リピーター（FIT）】 ・繁体字SNSでの発信（2019年度から開始）を行うとともに，メディアでの露出も高める． ・海外におけるレンタカー旅行の販路を拡大する取組にも着手． 【東南アジア：タイの訪日リピーター】 ・タイに情報発信拠点を設置し，メディアへの情報発信を強化している．	【欧・米・豪市場の「ゴールデンルートから広島」への旅行者（個人旅行・団体旅行）】 ・日本政府観光局，関西観光本部・ひょうご観光本部・神戸観光局・せとうちDMO等との広域連携による現地旅行博及び旅行会社やメディアへのセールスコール，プロモーション等，情報発信に取り組む． ・着帯型体験商品の造成に取り組む． 【中国・台湾・香港・タイ市場の訪日リピーター層（個人旅行・団体旅行）】 ・市内観光事業者と，各国の旅行会社やメディアが商談できる機会の創出に注力する． ・交通パスと連携しながら「食・自然・スポーツイベント」などをテーマとした着地型体験素材を訴求していく． ・関西空港inの観光客に加え，地方空港（岡山・高松・広島・鳥取など）利用者に対しても，姫路市を拠点としたモデルコースをPRし，宿泊を伴う滞在型観光の推進に取り組む．

出所）観光庁「観光地域づくり法人形成・確立計画」より筆者作成

③DMOマネジメントエリアにおける宿泊施設と稼働率

ここでは前述したDMOと関係のある市町村における宿泊施設数及び客室稼働率の推移についてみる（図5-2-3）.

神戸市をみれば，宿泊施設は全体として増加傾向にある（2015年4月：172施設→19年12月：253施設）．この間の内訳をみれば，簡易宿所の施設数が増加傾向にある（15年4月：8施設→19年12月：17施設）.

稼働率をみれば，期間の平均稼働率は48.9％で，稼働率の最大値は57.4％，最小値は37.7％となっ

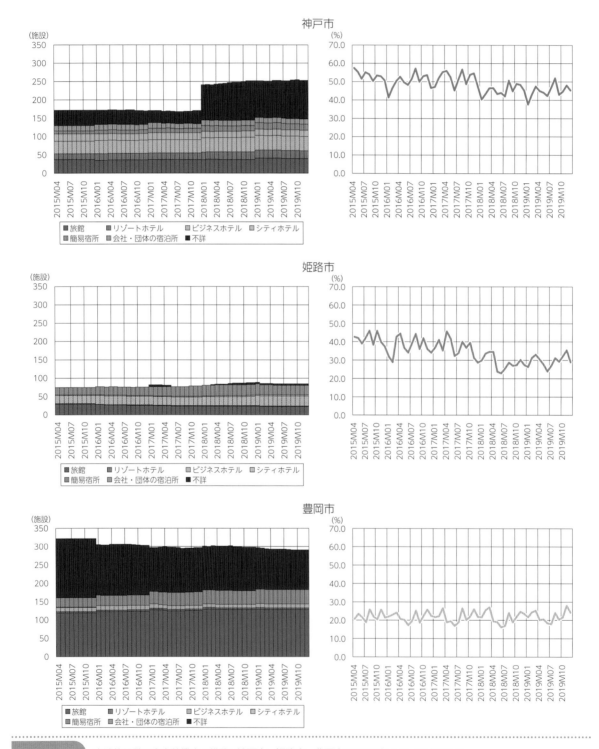

図5-2-3　宿泊施設数と客室稼働率の推移：神戸市，姫路市，豊岡市：2015年4月-19年12月

注）左側は宿泊施設数，右側は客室稼働率の推移をそれぞれ示している.
出所）観光庁『宿泊旅行統計調査』個票データより筆者作成

ている．季節性をみれば，4月，8月に稼働率が上昇する傾向がみられる．稼働率の傾向としては2015年から17年までは横ばいで推移しているが，18年以降，幾分低下傾向を示している．

次に姫路市をみれば，宿泊施設は全体として増加傾向にある（2015年4月：75施設→19年12月：85施設）．うち，簡易宿所（15年4月：20施設→19年12月：26施設）やビジネスホテル（15年4月：22施設→19年12月：28施設）はいずれも微増している．一方，旅館は減少傾向で推移している（15年4月：30施設→19年12月：23施設）．

稼働率をみれば，期間平均は34.5％で，稼働率の最大値は46.1％，最小値は22.9％となっている．また，4月，8月，10月に稼働率が上昇する季節性がみられる．傾向としては2015年から17年前半にかけてほぼ横ばいで推移しているが，17年後半からは低下傾向を示している．

最後に豊岡市をみれば，宿泊施設は全体として減少傾向にある（2015年4月：322施設→19年12月：291施設）．うち，旅館が最も多く，増加傾向で推移している（15年4月：119施設→19年12月：129施設）また，簡易宿所も増加している（15年4月：26施設→19年12月：39施設）．

稼働率をみれば，期間平均は21.8％と，上記2市と比して幾分低い．稼働率の最大値は27.9％，最小値は16.1％となっている．また，8月，11月に稼働率が上昇する季節性がみられるが，傾向としては2015年から19年にかけてほぼ横ばいで推移している．

以上，兵庫県の分析から得られた結果は以下の通りである．

ひょうご観光本部，姫路観光コンベンションビューローは県の観光課題である宿泊を伴う周遊滞在型観光に取り組むべく，地域の観光資源を活用したコンテンツ開発に取り組んでいる．また，豊岡観光イノベーションは自社で運営しているWEBサイトを活用し，宿泊並びにアクティビティの予約を可能にすることで，国内外に向けて誘客に力を入れている．

DMOがマネジメントエリアとする自治体の客室稼働率をみれば，神戸市や姫路市では春と夏に，豊岡市では夏と秋にそれぞれ上昇する傾向がある．

2. 急回復するインバウンド需要に対応するDMO：田辺市熊野ツーリズムビューローの事例

Section 2.1ではコロナ禍を契機に新たに観光戦略を策定した自治体とDMOの活動状況について注目した．ここでは足下で急回復するインバウンド需要に対応しているDMOの事例を取り上げる．具体的には昨年の白書で取り上げた和歌山県のDMOのうち，田辺市熊野ツーリズムビューロー（以下，TKTBと記す）の活動に注目する．

はじめにTKTBが運営する「熊野トラベル」を通じて予約した2022年度の外国人宿泊者数（2019年各月＝100）の推移をみれば（**図5-2-4**），水際対策の大幅緩和を受け10月以降回復傾向を示し，11月は29.3，12月は50.4と回復ペースが加速した．23年以降も順調に回復しており，3月は145.9とコロナ禍を上回った[5]．

次に外国人宿泊者の国籍別寄与度にみれば（**図5-2-5**），10月以降，アメリカ，オーストラリアが増加傾向を示し，2023年3月は大きく増加している（オーストラリア：46.95，アメリカ：33.47）．また，台湾（8.14），イギリス（8.02），シンガポール（7.02）も着実に増加している．

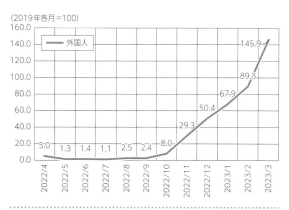

図5-2-4　宿泊者数の推移：外国人：2022年4月-23年3月

出所）一般社団法人田辺市熊野ツーリズムビューロー（2023）をもとに作成

5）　本分析は（一社）田辺市熊野ツーリズムビューローとの共同研究の一成果である．記して謝する．

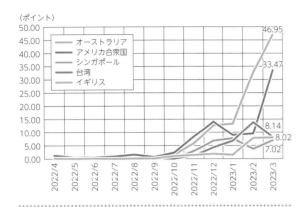

（ポイント）

オーストラリア
アメリカ合衆国
シンガポール
台湾
イギリス

図5-2-5	国籍別宿泊者数の推移：2022年4月-23年3月

出所）一般社団法人田辺市熊野ツーリズムビューロー（2023）をもとに作成

表5-2-8	熊野古道のツアーとコンセプト

旅行ツアー名	コンセプト
教育旅行 （森林環境学習ツアー）	熊野古道を守る基本は森林を守ること
低山トラベル	熊野古道歩きの前後，または別の機会に熊野古道＋αで低山トラベルを紹介し，歩き旅のファンを作る
SHIOGORIプロジェクト	海側のコンテンツ造成，熊野古道のスタートを「滝尻王子（中辺路）」から「扇ヶ浜＝潮垢離（市街地）」へ

出所）一般社団法人田辺市熊野ツーリズムビューロー（2023）より抜粋

　TKTBではこれまでインバウンドの売上収入が全体の9割近くを占めていたこともあり，コロナ禍によって受けた影響は甚大であった．そこで，TKTBではインバウンドに頼りすぎず，国内旅行者も一定程度誘致するための取組を進めている．

　表5-2-8は国内旅行者に対してTKTBが薦めている旅行商品をまとめたものである．国内旅行を開発する新たな切り口として，TKTBでは既に「教育旅行」や「低山トラベル」をはじめとする企画を進めている．また，TKTBと田辺市では，ストーリーのある旅行商品の企画が進められている．例えば「SHIOGORIプロジェクト」は，「海」を地域と熊野古道を結ぶストーリー上に位置づけ，従来の熊野古道のブランディングと合致させていく企画である．

　さらに「熊野自然学校（森林環境教育）」の取組を市内の小学生向けに作り，将来は教育旅行とする見通しである．教育旅行（森林環境学習ツアー）ならインタープリター（解説者）も必要であり，着地型旅行業のコンテンツとして差別化できよう．地域関係者とのミーティングを重ね，実績も挙がりつつある．将来的には，田辺市に限らず紀伊半島全体のフィールドを使った熊野自然学校にする．そうすれば県外からの受け入れも可能になる．熊野の自然を維持するうえでも重要な事業であるといえよう．

3. 観光地におけるブランド力磨き上げの重要性

　Section 2.2ではコロナ禍を受けて改定された各自治体における観光戦略を整理し，DMOが取り組んでいる活動を確認した．その際，各地域の稼ぐ力を一層高めていくためにも，それぞれの地域におけるブランド力の更なる磨き上げが重要となる．そこで，APIRでは関西の主要観光地における魅力の源泉を定量的に把握するために，詳細なアンケート調査を行い，「ブランド力の見える化指標」を試作した．ここでは調査から得られた分析結果の概要を紹介する[6]．

　最初に実施したアンケート調査の概要について説明しておく．本調査は関西2府8県（福井県，三重県，滋賀県，京都府，大阪府，兵庫県，奈良県，和歌山県，鳥取県，徳島県）在住の日本人を対象（サンプル数：300サンプル）にしてWEB上でアンケート調査を行った[7]．また，観光地については，関西に所在する11の場所を抽出し，回答者には各観光地に対する訪問経験の有無と観光地へ訪問した際に感じた11の質問項目について5段階評価（そう思う・やや思う・ふつう・あまり思わない・全く思わない）で回答を得た（表5-2-9）．

　次にアンケート調査から得られた各設問項目の評価に基づいて因子分析を行い，因子パターン及び因子得点係数行列を抽出した．そして抽出された因子パターンの結果から，各因子の解釈を以下のように

6)　インバウンド需要における「ブランド」という概念の持つ意味については，アジア太平洋研究所（2022）において丁寧な説明がなされている．また，アンケート調査結果の詳細な分析内容及び手法については，アジア太平洋研究所（2023）を参照．

7)　アジア太平洋研究所では，関西におけるインバウンド需要の更なる発展のための観光戦略について，様々な角度から検討中である．特に各観光地におけるブランド力の定量的評価は，量から質を追求するこれからの観光戦略において極めて重要な営みとなる．そこで今回はこうした考察の準備作業の意味合いから，アンケートの対象者を（訪日外国人観光客ではなく）日本人に限定し，候補地も11の観光地に限定している．

想定した（**図5-2-6**）．すなわち，因子1は「歴史への憧れ」，因子2は「生命力の回復」，因子3は「人との関わり」である[8]．

最後に因子別に各観光地の偏差値を計算することによって，以下の特徴がみえてくる（**図5-2-7**）．

因子1「歴史への憧れ」では高野山エリアが最も高く，次いで美山かやぶきの里，熊野古道と続いている．高野山や熊野古道は世界遺産にも指定されており，その深い歴史的価値は，これらの観光地のブランド力を大いに高めていることが分析結果からも

表5-2-9	アンケート調査で取り上げた観光地及び質問項目

【観光地】

(1) 長浜エリア（黒壁スクエア含む）
(2) 天橋立
(3) 宇治エリア（平等院含む）
(4) 美山かやぶきの里
(5) 城崎温泉
(6) 法隆寺エリア
(7) ならまちエリア（奈良公園，東大寺，興福寺含む）
(8) 吉野山
(9) 白浜エリア（白良浜海水浴場など）
(10) 高野山エリア
(11) 熊野古道

【質問項目】

(1) 風景が良かった（風景）
(2) 地域資源を活かした街並みがある（街並み）
(3) 歴史文化を知り，その土地の固有性を感じた（歴史文化）
(4) 現地ならではの料理と食文化を楽しんだ（料理と食文化）
(5) 現地で地元の方と交流できた（交流）
(6) 活気がある（活気）
(7) 交通の便が良く，現地へ行きやすかった（交通）
(8) 通信環境が良い（Free Wi-Fiがある）（通信環境）
(9) 現地の観光案内（標識，ガイド）が適切であった（観光案内）
(10) 気持ちがリフレッシュでき，快適に過ごせた（リフレッシュ）
(11) 癒され，ほっとした（癒し）

出所）アジア太平洋研究所（2023）より抜粋

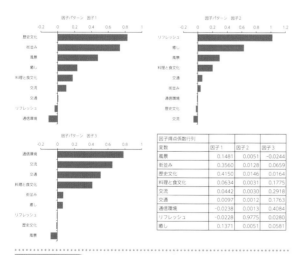

因子得点係数行列			
変数	因子1	因子2	因子3
風景	0.1481	0.0051	-0.0244
街並み	0.3560	0.0128	0.0659
歴史文化	0.4150	0.0146	0.0164
料理と食文化	0.0634	0.0031	0.1775
交流	0.0442	0.0030	0.2918
交通	0.0097	0.0012	0.1763
通信環境	-0.0238	0.0013	0.4084
リフレッシュ	-0.0228	0.9775	0.0280
癒し	0.1371	0.0051	0.0581

図5-2-6	計算された因子パターン及び因子得点係数の結果

出所）アジア太平洋研究所（2023）より抜粋

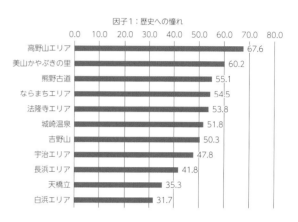

因子1：歴史への憧れ

高野山エリア	67.6
美山かやぶきの里	60.2
熊野古道	55.1
ならまちエリア	54.5
法隆寺エリア	53.8
城崎温泉	51.8
吉野山	50.3
宇治エリア	47.8
長浜エリア	41.8
天橋立	35.3
白浜エリア	31.7

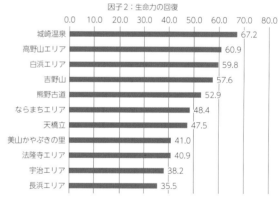

因子2：生命力の回復

城崎温泉	67.2
高野山エリア	60.9
白浜エリア	59.8
吉野山	57.6
熊野古道	52.9
ならまちエリア	48.4
天橋立	47.5
美山かやぶきの里	41.0
法隆寺エリア	40.9
宇治エリア	38.2
長浜エリア	35.5

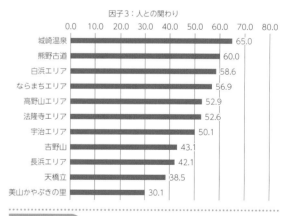

因子3：人との関わり

城崎温泉	65.0
熊野古道	60.0
白浜エリア	58.6
ならまちエリア	56.9
高野山エリア	52.9
法隆寺エリア	52.6
宇治エリア	50.1
吉野山	43.1
長浜エリア	42.1
天橋立	38.5
美山かやぶきの里	30.1

図5-2-7	因子別にみた各観光地の特徴

出所）アジア太平洋研究所（2023）より抜粋

8) 一般的に因子パターンの特徴づけ（本分析では因子1を「歴史への憧れ」，因子2を「生命力の回復」，因子3を「人との関わり」と表示）については明確な基準があるわけではない．ただし図5-2-6をみると，例えば因子1の場合，歴史文化，街並み，風景の割合が高く，「歴史への憧れ」という表現は妥当なものであるといえる．同様に因子2，因子3も概ね適切な表現であると考えられる．

明らかとなっている．美山かやぶきの里は，京都府南丹市美山町において，江戸末期から明治期にかけて形成された集落である．同地域には伝統的な茅葺屋根による家屋が当時のままで存在しており，その歴史的価値が高い評価を受けている．なお，ならまちエリア，法隆寺エリアなど古都奈良の歴史的魅力の高さも，分析結果に表れている．

次に因子2「生命力の回復」では城崎温泉が最も高く，次いで高野山エリア，白浜エリアと続いている．城崎温泉は兵庫県豊岡市城崎町にある温泉街であり，都会の喧騒から離れた温泉でのひと時は，心身をリフレッシュするには格好の地であり，まさに生命力の回復を実感できる観光スポットである．高野山は，因子1の歴史への憧れにおいても高い評価を得ているが，標高1,000m級の山麓で育まれた深く豊かな自然は，生命力の回復を醸成させる地とも言える．同じ和歌山県にある白浜は，年間を通して温暖で降水量も少なく，まさに心身ともにリフレッシュされる南国のリゾートである．吉野山，熊野古道は，高野山と同様に独特な自然景観が堪能でき，リフレッシュや癒しを求める観光客が多い．

因子3「人との関わり」では城崎温泉が最も高く，次いで熊野古道，白浜エリアと続いている．城崎温泉は多くの外湯や共同浴場があり，温泉以外にも様々な観光スポットがある．こうした多面的な魅力は，単なる心身のリフレッシュを超え，地元の人々とのコミュニケーションや，観光客同士の交流を育んでいる可能性が高い．人との関わりという要素から成る因子3において，城崎温泉が高い評価を得ているのはこうした点に起因していると思われる．熊野古道や白浜エリアでも同様な特徴が見出されているようである．

今回のアンケート調査は日本人を対象としており，観光地も限定されている．アンケート調査の対象を訪日外国人観光客（あるいは日本在住の外国人）とした場合には，評価が変わる可能性は十分にある．また今回取り上げなかったが，関西には魅力的な観光スポットが実に多く存在する．観光スポットの拡張によって，日本屈指の観光地域である関西の多面的な魅力がより詳細に浮き彫りにされるはずである．

量から質が問われている我が国のツーリズム戦略において，各観光地におけるブランド力の探索と磨き上げは極めて重要な課題である．今後は今回の試論的な検証をもとに，より精緻な考察を行っていく予定である．

4. 小括

以上みてきたように，コロナ禍により観光を取り巻く環境は変化している．各自治体は今後のインバウンド需要及び国内旅行需要回復に向けて，これまでの観光戦略を見直しつつある．その際，観光地域づくりをリードするDMOと相互連携を図り，各観光地の磨き上げに取り組み始めている．また，これまでインバウンド需要に重きを置いていたDMOにとっては，訪日外客の回復を受け，コロナ禍前の状況を取り戻しつつある．一方で，今回のコロナ禍によるリスクを受けて一定程度，国内旅行需要の増加にも取り組む姿勢が見え始めている．そこで，これまでの戦略を振り返り，今後の観光戦略にとって重要な要素を再検討することが不可欠である．Section 2で考察した観光地におけるブランド力の発見と錬磨こそ，こうした再考において鍵となる営みのはずである．

参考文献

稲田義久・野村亮輔（2022），『DMOの観光誘客の取組とその効果（3）-マーケティング・マネジメントエリアに着目した分析：奈良県の事例から-』，APIR Trend Watch No.84，2022年9月7日，（https://www.apir.or.jp/wp/wp-content/uploads/APIR_Trend_Watch_No.82_.pdf，最終閲覧日：2023年7月5日）

稲田義久・井原渉・野村亮輔（2023），『DMOの観光誘客への取組-マネジメントエリア別の分析：滋賀県の事例から-』，APIR Trend Watch No.84，2023年3月6日，（https://www.apir.or.jp/wp/wp-content/uploads/APIR_Trend_Watch_No84_20230306-1.pdf，最終閲覧日：2023年7月5日）

一般財団法人アジア太平洋研究所（2022），『「インバウンド先進地域としての関西─持続可能な観光戦略を目指して─」研究会報告書（2021年度）』，2022年5月，（https://www.apir.or.jp/wp/wp-content/uploads/2021_apir_research_report_Inbound.pdf，最終閲覧日：2023年7月5日）

一般財団法人アジア太平洋研究所（2023），『持続可能なツーリズム先進地域・関西をめざして研究会報告書（2022年度）』，2023年5月，（https://www.apir.or.jp/wp/wp-content/uploads/2022%E5%B9%B4%E5%BA%A6_%E3%83%84%E3%83%BC%E3%83%AA%E3%82%BA%E3%83%A0%E5%A0%B1%E5%91%8A%E6%9B%B8_20230531.pdf，最終閲覧日：2023年6月29日）

一般社団法人田辺市熊野ツーリズムビューロー（2023），『『熊野古道旅行客の動態に関する分析』ビジネスデータ

に基づく田辺市熊野ツーリズムビューローの活動分析」，TKTB-APIR共同研究報告書，2023年3月.

滋賀県（2022），「シガリズム観光振興ビジョン」，2022年3月31日，(https://www.pref.shiga.lg.jp/file/attachment/5311815.pdf，最終確認2022年7月4日)

兵庫県（2023），『「ひょうご新観光戦略」（2023–2027年度)』，2023年3月，(https://web.pref.hyogo.lg.jp/sr16/senryaku/documents/senryaku.html，最終確認2023年6月29日)

アジア太平洋研究所 副主任研究員

野村 亮輔

アウトリーチ推進部 総括調査役

井原 渉

甲南大学 名誉教授

稲田 義久

Part II

Part III

Part IV

Part I

Section 3
関西の観光戦略の10年間を振り返る

Section 2ではコロナ禍を契機に新たに策定された関西自治体の観光戦略と各DMOの活動状況を取り上げた．Section 3では10年間の観光戦略を国，民間の視点から振り返り，今後に向けた観光戦略の課題を明らかにする．具体的には，Section 3.1では観光庁の過去10年間の予算額の推移を確認し，そこから国が行ってきた観光戦略の特徴について考察する．Section 3.2では関西におけるミクロベースのホテル建設動向に注目する．コロナ禍や迫りくる万博開催を見据えてのインバウンド需要への対応の仕方の特徴をホテル建設動向からみた．Section 3.3では中長期的な課題として挙げられる観光におけるSDGsやD&I（ダイバーシティ＆インクルージョン）について，国連世界観光機関（以下，UNWTO）が取り組んでいる事例を紹介する．Section 3.2と3.3は観光業を成長の供給側面や持続可能性の観点から分析したものである．これまで本白書においては，主に需要面を中心に考察してきたが，今回は観光業の供給側面や持続可能性について検討した．そして，最後にSection 3のまとめを述べる．

1. 10年間の予算配分からみた観光戦略の特徴

(1) 観光庁の予算推移

はじめに2014年度から23年度までの観光庁の予算額[1]を確認する（図5-3-1）．

推移をみれば，2014年度の98億円から16年度に200億円と急増していることがわかる．この間のインバウンド需要の動きを振り返れば，14年から15年にかけていわゆる「爆買い」が社会現象となり，訪日中国人観光客が急増した時期に符合する．

2017年度以降も増加傾向を示し，19年度には656億円とさらに拡大し，20年度予算は680億円と過去最高値となった．しかし，コロナ禍でインバ

ウンド需要が消失したこともあり，21年度には409億円，22年度には223億円と急減した．足下の23年度はインバウンド需要の回復を目指し，305億円と前年度から増加している．

このように予算額の推移をみれば，訪日外客の動向に応じた対応がみえてくる．そこで，次に予算額を目的別にみることで，その特徴を明らかにする．

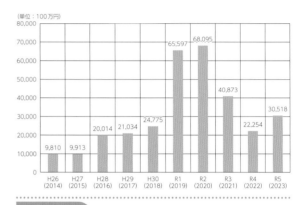

（単位：100万円）

	H26 (2014)	H27 (2015)	H28 (2016)	H29 (2017)	H30 (2018)	R1 (2019)	R2 (2020)	R3 (2021)	R4 (2022)	R5 (2023)
	9,810	9,913	20,014	21,034	24,775	65,597	68,095	40,873	22,254	30,518

図5-3-1 観光庁予算額の推移：2014〜23年度

出所）観光庁HPより作成

(2) 目的別にみた予算の特徴

表5-3-1は各年度に計上される予算を目的別に分類したものである．分類項目をみれば，外国向け

表5-3-1 目的別に分類された観光庁予算

目的別分類	分類の定義
外国誘客	外国向けのPR活動に関連する予算
外客環境	出入国・観光案内など，訪日外客の滞在環境を改善する施策に対する予算
地域誘客	地域の観光資源の掘り起こし，磨き上げの施策に対する予算
観光地域づくり・DMO	DMO制度化前の観光地域づくりの施策，DMOの支援・改革施策に対する予算
人材育成	観光業の専門人材や通訳など，観光関連人材の育成に対する予算
宿泊施設・民泊	宿泊施設の整備，民泊の適正化など，宿泊環境の向上策に対する予算
交流人口	国内他地域との交流人口を増やすための施策に対する予算
付加価値・DX	観光業の生産性や付加価値の向上，デジタル化支援の施策に対する予算
SDGs	持続可能な観光推進モデルづくりに対する予算
D&I	ユニバーサルツーリズムの施策に対する予算
EPBM	観光に関連するデータの収集・分析に関連する予算
その他	上記に該当しない予算
復興枠	東日本大震災からの，観光の復興・振興に関する予算（別枠計上）
経済対策	コロナ禍における観光支援策に関する予算（別枠計上）

出所）観光庁HPよりAPIR作成

---

1) ここでの予算額は当初予算の合計を示しており，復興枠や経済対策などは含まれていない．

のPR活動，訪日外客の滞在環境の改善などに加え，最近ではSDGs，D&IやDX（デジタルトランスフォーメーション）に関係する内容も含まれている．

　次に，上記で整理された目的別予算額の推移をまとめたものが**図5-3-2**である．図からわかるように2014～15年度では「外国誘客」が全体の80％以上を占めており，予算のほとんどが外国向けプロモーションに充てられていた．

　次に2016～18年度に注目すれば「外客環境」に関する予算が増加していることがわかる．この間，訪日外客数が順調に増加していたこともあり，各地域において訪日外客の受入環境の整備に力を入れていたと考えられる．

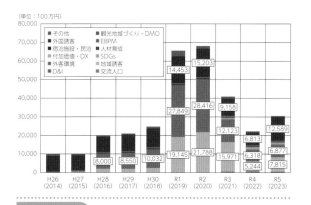

図5-3-2　費目別にみた観光庁予算額の推移

出所）観光庁HPよりAPIR作成

　2019～20年度をみれば，「地域誘客」に関する費目が大きく増加している．この背景には増加した訪日外客の周遊を促進するため，各地域の観光資源の発掘・磨き上げに充てられたと考えられる．また，19年度に注目すれば「観光地域づくり・DMO」に関する予算が増加している．この背景には，世界水準のDMO形成促進事業が行われており，観光地域づくりの役割を担うDMOの改革が進められていたことがある[2]．

　2021～22年度の予算では，コロナ禍による環境変化を受け，新たに「付加価値・DX」に関する費目が設けられている．具体的にはインバウンド需要の本格的な回復を見据え，DXを活用したオンライン観光の普及やデジタル技術を用いた観光コンテン

ツの造成等の事業に予算が充てられていた．

　2023年度はインバウンド需要の回復を受け，海外へのプロモーション実施から再び「外国誘客」に多くの予算が振り向けられている．また，インバウンド向けに文化資源を活用した観光コンテンツ造成から「地域誘客」も前年度から増加しており，インバウンド需要回復に備えた観光資源の磨き上げに予算が充てられている．

　以上，観光庁予算の動態をみれば，①海外へのPR，②訪日外客の受入環境整備，③地域のコンテンツづくり，④コロナ禍への対応，⑤インバウンド需要回復，といった5つの局面に沿った予算編成の特徴がみえてくる．

2. コロナ禍とホテル建設

　Section 3.1では観光庁の予算額の推移から国の過去10年間における観光戦略の変遷を確認した．Section 3.2では民間の動きに焦点を当て分析する．具体的には関西におけるホテル建設という供給面の動きに注目することで，これまで民間企業がコロナ禍という環境変化に対してどのような対応をしてきたかを確認する．

（1）関西における宿泊業建設予定額の推移

　はじめに基礎統計を用いて宿泊施設建設の動きを確認しよう．**図5-3-3**は国土交通省『建設着工統計調査』より，関西各府県における宿泊業の建築物工事費予定額の推移をみたものである．図が示すように大阪府における予定額が2015年の267億円から17年に1,548億円と約6倍にまで増加している．京都府の推移をみれば，15年の49億円から17年には928億円となっており，大阪府と同様に大幅増加していることがわかる．この背景には前述したように爆買いを契機とした訪日外客の急増を受け，大阪府や京都府を中心に宿泊施設の建設が急増していたと考えられる．

　大阪府の予定額は2017年にピークを打ち，18年から19年にかけては900億円規模の水準で推移した．一方，京都府では幾分遅れて18年にピークとなり，19年には大阪府と同規模の予定額となっ

　2）　政府によるDMO政策の内容については本書Tourism Chronologyを参照のこと．

た.

2020年になると，コロナ禍の影響もあり大阪府，京都府いずれも前年から減少した．21年では大阪府は751億円と幾分増加したものの，京都府は130億円とさらに減少している.

足下の2022年では，大阪府は133億円へと大きく減少した一方，京都府では462億円と前年から大幅増加している．このように宿泊業の建築物予定額をみれば，民間のインバウンド需要への対応がみえてくる．以降では，ミクロベースの大型ホテル建設の動きからコロナ禍以降のインバウンド需要の対応についてみてみよう.

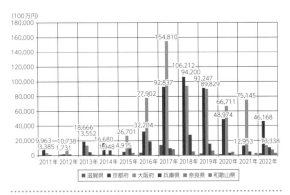

図5-3-3 宿泊業における建築物工事費予定額の推移：2011～22年

出所）国土交通省『建築着工統計調査』より作成

(2) インバウンド需要とホテル建設の対応

前述したように2010年代の中ごろから急速なインバウンド需要の拡大を受け，ホテルなど宿泊施設への建設投資が活発化した．ここではAPIRの自主

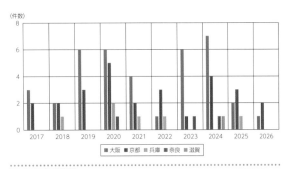

図5-3-4 関西における大型案件ホテルの開業件数の推移：2017～26年

注）2022年までは実績．23年以降は開業予定.
出所）各種報道記事よりAPIRが作成

調査から，関西におけるホテル建設の動向に注目し，分析を行う[3]．具体的には17年から足下23年までに関西2府4県で開業した大型ホテルの件数，建設事業費について整理，分析する．また，26年までに開業が予定されている物件についても同様の分析を行った.

図5-3-4は各府県における開業件数の推移を示している．図が示すように，この間開業ないしは開業予定の大型ホテル（75件）のうち，大阪府が約51%（38件），京都府が36%（27件）と関西の8割強を占めている．また大型ホテルの建設事業費の推移をみたのが図5-3-5である．この間の建設事業費総額（7,946億円）をみれば，大阪府が58%，京都府が30%と圧倒的に高いシェアを占めている．件数・規模ともに，大型ホテルの建設が大阪，京都に集中していることがわかる.

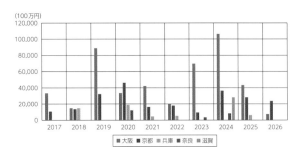

図5-3-5 関西における大型案件ホテルの建設額の推移：2017～26年

注）2022年までは実績．23年以降は開業予定.
出所）各種報道記事よりAPIRが作成

(3) ホテル建設の特徴

次にホテルのブランド及び宿泊費のグレードに注目して大型ホテル建設の特徴をみよう.

図5-3-6は2017～26年の間に開業又は開業予定のホテルを国内と外国に分けて推移をみたものである．図が示すように大型ホテル（75件）のうち，開業年のピークは20年の14件である．21～23年以降，コロナ禍により開業ペースは鈍化しているものの，24年はコロナ禍からの回復を見据えて再び増加し，13件の開業が予定されている．うち，国内ブランドをみれば，コロナ禍の影響もあり20年の10件が開業のピークであり，21年以降は平均4

3）ここでのホテルの選定基準については試算建設事業費が40億円以上，延床面積が3,000坪以上の物件を取り扱っている．なお，詳細な分析内容については井上・野村・稲田（2023）を参照.

件程度で推移している．一方，海外ブランドをみれば，20年に4件開業し，21〜22年には一旦減少傾向を示したが，足下の23年は再び増加に転じている．また，先行きについては24年に8件，25年に5件と着実に開業が予定されている．

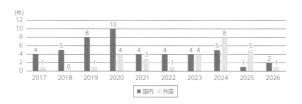

図5-3-6 開業ホテルブランド別の推移：2017〜26年

注）2022年までは実績．23年以降は開業予定．
出所）各種報道記事よりAPIRが作成

　図5-3-7は宿泊費（1泊当たりの1室単価）のグレード別[4]にホテル建設の推移をみたものである．図が示すように，2020年までは宿泊費が比較的リーズナブルな物件（B，A）が大半を占めていた．しかし，前述したように海外ブランドのホテルが開業されるにつれ，23年以降は宿泊費の高い物件（S，H）が増加している．

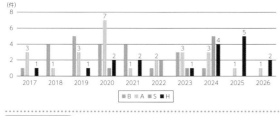

図5-3-7 宿泊費グレード別ホテル建設の推移：2017〜26年

注）2022年までは実績．23年以降は開業予定．
出所）各種報道記事よりAPIRが作成

　以上のように開業件数は，インバウンド宿泊客増加を追い風に順調に増加していき，コロナ禍が始まった2020年に多くの物件が開業を迎えた．開業した物件の中には営業を停止し，後に他社ブランドに譲渡後再開業するものや，建設中断後，他社ブランドが建設を継続し開業する物件も散見された[5]．しかし，コロナ禍からの回復を見据え，足下では海外の最高級ラグジュアリーブランド物件や国内の主要ホテルの建設が着実に継続し進んでいる．大型ホテル建設計画には用地取得から開業まで最短でも4年を要するため，24年前後に開業を迎える多くの物件は，大阪・関西万博を見据えた計画と考えられる．このように関西における主要なホテル建設の動きをみれば，これまでの量より質を重視した計画となっており，富裕層のインバウンド客の獲得に向けた対応といえよう．

3．中長期的な課題：インバウンドにおけるSDGs・D&I

　これまで見てきたように，政府はインバウンド需要を取り込むため，当初は訪日外客の誘客に力を入れていた．しかし，訪日外客が増加するにつれて，訪日外客が観光しやすいように地域の受入環境を整備する施策を行うとともに，各観光地域の磨き上げにも力を入れてきた．また，今回のコロナ禍を契機にオーバーツーリズムなどの課題にも対応すべく，持続可能性や多様性の観点を取り入れた施策に注目している．そこでここでは，UNWTOなどが中心となって作成した「GSTC地域基準（以下，GSTC-D）」と，観光庁とUNWTOが共同で作成した「日本版持続可能な観光ガイドライン（以下，JSTS-D）」を取り上げ，コロナ禍後を見据えた戦略について考察する．

（1）GSTC-Dとは何か

　「GSTC-D」はUNWTOなどが中心となり立ち上げたグローバル・サステナブル・ツーリズム協議会（Global Sustainable Tourism Council，以下GSTCと記す）が開発した観光地（destination）向けの指標である[6]．同指標は持続可能な観光についての共通理解を提供する基準であり，観光に関わるすべての部門に適用することが可能である．

【活用方法と適用範囲】

　指標の活用方法についてまとめたものが**表5-3-2**である．表が示すように，持続可能な観光

4）　宿泊単価のグレードは以下のとおりである．
　　B：1万円前後〜，A：3万円前後〜，S：5万円前後〜，H：10万円前後〜
5）　詳細な関西のホテル建設の動向については本書Tourism Chronologyを参照のこと．
6）　GSTC-Dの詳細内容についてはGlobal Sustainable Tourism Council（2019）を参照．

を振興するにあたり，行政，民間部門のみならず教育機関やメディアなどにも対応したガイドラインとなっている．また，GSTC-Dは，基準の多くにおいて持続可能な観光を推進する「DMO」を通じて採用・適用されることとなっている．後述する基準内容において，DMOのような推進機関の存在が重要な条件の1つとなっており，官民双方の参画によって地域をマネジメントする必要があるとしている．

表5-3-2	GSTC-Dの活用方法

- 持続可能性の認証基準として
- より持続可能性を高めたい地域の基本ガイドラインとして
- 消費者が，持続可能な地域を識別するための判断基準として
- 各種メディアが，地域の持続可能性を認識し関連する情報を提供する際の共通基準として
- 認証基準やその他地域が独自に開発した基準が，社会に広く受け入れられている基準を満たしていることを保証する一助として
- 行政，非政府組織（NGO，NPO）民間部門等が，持続可能な観光の基準を設定するための出発点として
- 観光分野の各種学校や大学等の，教育・訓練機関のための基本ガイドラインとして
- 人々に行動を促すリーダーシップの証として

出所）GSTC『GSTC地域基準』より抜粋

【基準の構造】

基準内容については4つの分野と38個の大項目から構成されている（表5-3-3）．以下では，GSTC-Dの各分野の概要から特徴的な項目を取り上げ，内容をみていく．

A.持続可能なマネジメント

ここでは「マネジメントの組織と枠組み」，「ステークホルダーの参画」，「負荷と変化の管理」の3つの項目が設けられている．うち，「マネジメントの組織と枠組み」では，地域マネジメントの責任が指摘されており，これに関しては官民と市民の参画の下，連携して持続可能な観光を推進することが可能な組織，部局などが必要となっている．

B.社会経済のサステナビリティ

ここでは「地域経済への貢献」や「社会福祉と負荷」の2つの項目が設けられている．「地域経済への貢献」のうち，「観光の経済効果の計測」については経済データの収集，経済効果についての年次報

表5-3-3	各分野の構成及び項目：GSTC-D

セクションA：持続可能なマネジメント	セクションB：社会経済のサステナビリティ
A(a) マネジメントの組織と枠組み	**B(a) 地域経済への貢献**
A1 地域マネジメントの責任	B1 観光の経済効果の計測
A2 地域マネジメント戦略と実行計画	B2 ディーセント・ワーク（働きがいのある人間らしい仕事）と雇用機会
A3 モニタリングと成果の公表	B3 地域事業者の支援と公正な取引
A(b) ステークホルダーの参画	**B(b) 社会福祉と負荷**
A4 事業者との協働と持続可能性の基準	B4 コミュニティへの支援
A5 住民参加とフィードバック	B5 搾取や差別の防止
A6 来訪者の参加とフィードバック	B6 財産権と使用者権利
A7 プロモーションと情報	B7 安全と治安
A(c) 負荷と変化の管理	B8 アクセシビリティ
A8 来訪者数と活動の管理	
A9 計画に関する規制と開発管理	
A10 気候変動への適応	
A11 危機管理	

セクションC：文化的サステナビリティ	セクションD：環境のサステナビリティ
C(a) 文化遺産の保護	**D(a) 自然遺産の保全**
C1 文化資産の保護	D1 配慮が必要な自然環境の保護
C2 工芸品	D2 自然的な場所における来訪者の管理
C3 無形遺産	D3 野生生物との関わり
C4 地域住民の慣例的なアクセス	D4 種の搾取と動物福祉
C5 知的財産	**D(b) 資源のマネジメント**
C(b) 文化的場所への訪問	D5 省エネルギー
C6 文化的な場所における来訪者の管理	D6 水資源の管理
C7 来訪他の解説	D7 水質
	D(c) 廃棄物と排出量の管理
	D8 廃水
	D9 廃棄物
	D10 温室効果ガスの排出と気候変動の緩和
	D11 環境への負荷が少ない交通
	D12 光害と騒音

出所）GSTC『GSTC地域基準』より作成

告書，地域における経済効果を含むデータ（来訪者数，消費額，雇用，投資，経済利益の配分等）が必要であるとされている．このようにデータに基づいた持続可能な地域づくりの指針が示されているのが特徴的である．

C.文化的サステナビリティ

ここでは「文化遺産の保護」，「文化的な場所への訪問」の2つの項目が設けられている．うち，「文化資産の保護」においては，観光事業の収益から地域における文化資産の保全を支援するための仕組みが構築されていることが必要となる．また，「文化的な場所における来訪者の管理」では，地域における来訪者数を把握するとともに人流を最適化し，環境負荷を最小化することが奨励されている．加えて，環境の配慮が必要となる場所等では，来訪者のガイドラインを作成・周知していることも必要とされている．

D.環境のサステナビリティ

ここでは「自然遺産の保全」，「資源のマネジメント」と「廃棄物と排出量の管理」の3つの項目が設けられている．「自然遺産の保全」のうち，「配慮が必要な自然環境の保護」では，観光による自然環境

への影響を監視・計測し，対策を講じていることが必要となる．また，観光事業からの収益を活用し，自然資産の保全を支援する仕組みの構築も求められる．

（2）GSTC-Dを基に作成されたガイドライン

上記でみたGSTC-Dを基に，観光庁とUNWTO駐日事務所は2020年6月に共同でガイドライン「JSTS-D」を発行し，作成した．以下，詳細なガイドラインの内容を整理してみよう[7]．

【JSTS-Dの開発背景と目的】

観光庁（2019）によれば，訪日外客数を2030年までに6,000万人などの当時の政府目標達成と同時に，観光客と地域住民の双方が満足できる持続可能な観光を実現するには，適切な観光地マネジメントが不可欠であり，そのために観光指標[8]のあり方について検討を進める必要があった．

観光指標は，各分野について設定された項目に対し，客観的なデータ測定による現状把握，目標の設定，取組・対策の実施，達成状況のモニタリング及び検証結果に基づく改善という循環が繰り返される．これにより観光が地域に与える影響のプラス面を最大化し，マイナス面を最小化するための指針が示されるものとなる．

上記にて示された内容を基に，各自治体やDMOはガイドラインを活用することで，多面的に地域の現状を把握することができる．加えて，前述した地域における観光目標の継続的なモニタリングとエビデンスに基づいた観光政策を策定することで持続可能な観光地のマネジメントも可能となる．

【活用方法】

JSTS-Dは持続可能な観光地をマネジメント支援するツールとなっている．本ガイドラインの活用方法については以下のとおり想定されている．

①　自己分析ツール

JSTS-Dを使って自己分析を行い，得意・不得意分野，未達成の課題などを客観的・定量的に把握することで，地域が目指す姿やとるべき施策を明確にすることが可能となる．このため，課題の発生状況

を早めに認識して課題の深刻化を防ぐこともできる．

②　コミュニケーションツール

①の自己分析の結果を公表することで，住民や事業者を含めた地域のステークホルダーと現状を共有できる．共有することで，地域における持続可能な観光に関する理解促進を図るとともに，今後の地域づくりや観光の取組についての意見交換，合意形成に向けた有効なコミュニケーションツールになり得る．

③　プロモーションツール

世界的に旅行者の間でも持続可能な観光への関心は高まっており，持続可能性を積極的にアピールすることは，観光地としての価値を高める効果が見込める．また，JSTS-DはGSTCから国際的な指標として承認されているため，指標に基づいた取組を進めることで，GSTC-Dと連携した国際的な認証団体から表彰や認証を受けることができる（図5-3-8）．

認証を受けたロゴマークを用いることで，対外的に持続可能な観光への取組を行っていることを示す

図5-3-8　JSTS-Dにおける認証制度

出所）観光庁・UNWTO駐日事務所『日本版持続可能な観光ガイドライン』より抜粋

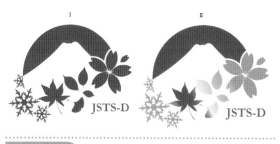

図5-3-9　JSTS-Dのロゴマーク

出所）観光庁・UNWTO駐日事務所『日本版持続可能な観光ガイドライン』より抜粋

7）　JSTS-Dの詳細な内容については観光庁・UNWTO駐日事務所（2020）を参照．
8）　ここでいう観光指標とは，観光客の入込人数や消費額など経済的な側面だけを対象とするものではなく，経済，文化，環境，住民それぞれの広範な分野に及ぶ．

ことができる（図5-3-9）.

【ガイドラインの構造】

基準内容についてはGSTC-Dと同様に4つの分野から構成されているが, 大項目は日本の風土や現状に合わせていくつか項目が分けられているものがある（表5-3-4）. 例えば, 「A4 観光による負荷軽減のための財源」の項目では, 観光による負荷（オーバーツーリズム関連の課題等）軽減のための財源が確保されていることが掲げられている. 以下では, JSTS-Dの各分野から特徴的な項目を取り上げ, 内容をみていく.

表5-3-4	各分野の構成及び項目：JSTS-D
セクションA：持続可能なマネジメント	**セクションB：社会経済のサステナビリティ**
A(a) マネジメントの組織と枠組み	**B(a) 地域経済への貢献**
A1 デスティネーション・マネジメント（観光地経営）戦略と実行計画	B1 観光の経済効果の測定
A2 デスティネーション・マネジメント（観光地経営）の責任	B2 ディーセント・ワークと雇用機会
A3 モニタリングと結果の公表	B3 地域事業者の支援と公正な取引
A4 観光による負荷軽減のための財源	**B(b) 社会福祉と負荷**
A(b) ステークホルダーの参画	B4 コミュニティへの支援
A5 事業者における持続可能な観光への理解促進	B5 搾取や差別の防止
A6 住民参加と意見聴取	B6 人権と使用権利
A7 住民意見の調査	B7 安全と治安
A8 観光教育	B8 多様な受入環境整備
A9 旅行者意見の調査	
A10 プロモーションと情報	
A(c) 負荷と変化の管理	
A11 旅行者の数と活動の管理	
A12 計画に関する規制と開発管理	
A13 適切な民泊運営	
A14 気候変動への適応	
A15 危機管理	
A16 感染症対策	
セクションC：文化的サステナビリティ	**セクションD：環境のサステナビリティ**
C(a) 文化遺産の保護	**D(a) 自然遺産の保全**
C1 文化遺産の保護	D1 自然遺産
C2 有形文化遺産	D2 自然遺産における旅行者の管理
C3 無形文化遺産	D3 自然遺産における旅行者のふるまい
C4 地域住民のアクセス権	D4 生態系の維持
C5 知的財産	D5 野生動物の保護
C(b) 文化的な場所への訪問	D6 動物福祉
C6 文化遺産における旅行者の管理	**D(b) 資源のマネジメント**
C7 文化遺産における旅行者のふるまい	D7 省エネルギー
C8 観光資源の解説	D8 水資源の管理
	D9 水質
	D(c) 廃棄物と排出量の管理
	D10 廃水
	D11 廃棄物
	D12 温室効果ガスの排出と気候変動の緩和
	D13 環境への負荷が少ない交通
	D12 光害
	D13 騒音

出所）観光庁・UNWTO駐日事務所『日本版持続可能な観光ガイドライン』より作成

A.持続可能なマネジメント

ここでは「A4 観光による負荷軽減のための財源」の項目を取り上げる. 先述のように, オーバーツーリズムなどの観光負荷軽減のために財源が確保され

ていることが示されている. また, 自治体において予算要求に際して, 観光関連予算の中に持続的な観光分野の要求を盛り込むことも事例として挙げられている.

B.社会経済のサステナビリティ

ここでは「B1 観光の経済効果の測定」について取り上げる. GSTC-Dと同様な内容ではあるものの, より具体的なデータを用いることが挙げられている. 例えば, 観光消費額, 宿泊観光客数, 観光客の平均滞在日数（観光統計調査）, 自治体の観光統計, 職業別人口データなどである.

C.文化的サステナビリティ

ここでは「C7 文化遺産における旅行者のふるまい」について取り上げる. GSTC-Dでは「C6 文化的な場所における来訪者の管理」に一部内容が含まれているが, JSTS-Dでは別項目として取り上げている. 内容としては旅行者に向けたマナー啓発や違反対策に加え, ツアーガイドを対象に旅行者へのマナー啓発を促進するための研修があることが挙げられている.

D.環境のサステナビリティ

ここでは「D1 自然遺産」を取り上げる. GTSC-Dでは「D1 配慮が必要な自然環境の保護」に一部含まれているが, JSTS-Dでは別項目として示されている. 内容としては, 日本における世界自然遺産, 国立公園等のみならず, 地域として守っていきたい自然をリストアップすることが挙げられている. なお, 参考資料例として, 田辺市における「世界遺産等を活かした魅力あるまちづくり基本計画」が挙げられている.

関西経済は2025年に大阪・関西万博の開催を控えていることもあり, ますます観光業の経済的影響は大きくなっている. 各自治体やDMOは各観光地における観光資源の魅力をいかに訪日外客に向けて訴求できるかが重要である. これまでのオーバーツーリズムなどの課題に対処するためにも, 上記でみたようなガイドラインに沿ってエビデンスに基づいた戦略策定に加え, 地域の周遊性を高めるプログラムづくりが必要となろう.

4. 小括

これまでに日本における観光戦略の10年間を振り返り，今後課題となる持続可能な観光についての取組を整理した．結果を要約すれば以下のようになる．

1. 観光庁予算の変遷をみれば，訪日外客が急増する前は海外向けのPRが主であった．しかし，2014年以降，急増し始めた訪日外客へ対応するために，観光地への受入れ環境整備に注力し始めた．18年以降，訪日外客が順調に増加するにつれ，都市部以外の他地域へ誘客するために，地域の観光資源掘り起こしに力を入れ始めた．しかしながら，20年以降，コロナ禍による環境変化で，足下では観光DXやSDGs，D&Iへの対応に取り組んでいる．

2. 関西におけるホテル建設の動きからインバウンド需要への対応をみれば，訪日外客の増加を受け，大阪府や京都府を中心に着実に宿泊施設が増加していた．しかし，2020年以降，これまで着実に進められてきたホテルの建設計画はコロナ禍により停滞を余儀なくされた．足下では，インバウンド需要の回復や大阪・関西万博開催を見据え，1泊の客室単価の高いホテルが大阪府，京都府のみならず，他県においても建設されつつある[9]．

3. 世界及び日本においても持続可能な観光が今後一層重要視されている．特に，これまで日本では急増した訪日外客によるオーバーツーリズムによる課題に直面してきた．課題解決に向け，観光庁とUNWTOはJSTS-Dというガイドラインを作成しており，各自治体やDMOはそれに基づいた観光戦略の策定並びに地域のマネジメントが期待されている．

参考文献

井上建治・野村亮輔・稲田義久（2023），『コロナ禍と関西のホテル建設-コロナ禍に宿泊事業者はどのように対応したのか-』，APIR Trend Watch No.87，2023年8月9日，(https://www.apir.or.jp/research/12454/)

観光庁（2019），『持続観光な観光先進国に向けて』，(https://www.mlit.go.jp/common/001293012.pdf，最終閲覧日：2023年7月6日)，2019年6月10日．

観光庁・UNWTO駐日事務所（2020），『日本版持続可能な観光ガイドライン（JSTS-D）』，(https://www.mlit.go.jp/kankocho/content/001350849.pdf，最終閲覧日：2023年7月5日)，2020年6月．

観光庁HP，「予算・調達情報」，(https://www.mlit.go.jp/kankocho/siryou/yosan/youbou.html，最終閲覧日：2023年7月5日)．

Global Sustainable Tourism Council（2019），『GSTC地域基準 第2版』，(https://www.gstcouncil.org/wp-content/uploads/GSTC-Destination-Criteria-v2.0-Japanese.pdf，最終閲覧日：2023年7月5日)，2019年12月6日．

アジア太平洋研究所 副主任研究員
野村 亮輔

甲南大学 名誉教授
稲田 義久

アジア太平洋研究所 総括調査役
井上 建治

9)　大型案件のホテル建設の詳細な内容については，本書Tourism Chronologyを参照のこと．

Column A　APIRシンポジウム概要：次代につなぐ，持続可能なツーリズムとは

はじめに

アジア太平洋研究所は2023年3月に「関西観光10年の振り返り」をテーマとしたシンポジウムを開催した．以下にシンポジウムの開催要領とともに，シンポジウムにおける課題提起とパネルディスカッションの内容を示す[1].

シンポジウム開催要領

日　時：　2023年3月2日（木）　14：30〜17：00
会　場：　グランフロント大阪北館　地下2階
　　　　　コングレコンベンションセンター　ルーム3
次　第：
　1. 開会挨拶　小浪 明　一般財団法人アジア太平洋研究所 代表理事
　2. 課題提起
　　　「次代につなぐ，持続可能なツーリズムとは〜関西観光の10年を踏まえて〜」
　　　稲田 義久　APIR 研究統括兼数量経済分析センター長
　3. ご講演
　　　「持続可能な観光に関する国際的な潮流と施策について」
　　　大宅 千明氏　国連世界観光機関（UNWTO）駐日事務所 副代表
　4. パネルディスカッション
　　　パネリスト
　　　　大宅 千明氏　（再掲）
　　　　中野 裕行氏　一般社団法人日本旅行業協会 関西事務局 事務局長
　　　　浦上 正寛氏　公益社団法人姫路観光コンベンションビューロー事業推進部
　　　　　　　　　　DMO・インバウンド担当係長
　　　モデレーター　稲田 義久
主　催：　一般財団法人アジア太平洋研究所
後　援：　国土交通省近畿運輸局／一般財団法人関西観光本部

　　　　　　　　　　　　　　　（団体名・役職名はシンポジウム開催当時）

課題提起
「次代につなぐ，持続可能なツーリズムとは〜関西観光の10年を踏まえて〜」

APIRのインバウンド／ツーリズム研究は，2016年度から始まり，当初は産業連関表による分析やマイクロデータ分析が主であったが，21年度からはDMO（観光地域づくり法人）の分析を開始した．産業連関分析では，訪日外国人消費や宿泊業の建設投資による経済効果の分析を関西各府県別に行った．分析の結果，関西来訪外国人による消費総額は19年度にかけて増加した．一方で，宿泊業の建設投資は17年度，特に大阪府，京都府においてピークを付けた後，低下傾向にあり，20年度はコロナ禍もあって，各府県で大幅に減少した．マイクロデータによる実証分析では，日本を訪れるインバウンド需要の決定要因を明らかにした．その結果，インバウンド需要は為替レートに敏感に反応するが，所得は為替ほど大きくは影響しない．また，ビザ緩和は実施した時期には強い効

---

1)　本columnに掲載されているシンポジウムの詳細な内容についてはアジア太平洋研究所 (2023a) 及び (2023b) を参照のこと.

果があるが，徐々に効果が小さくなっていくことがわかった．このことから，インバウンド需要にとって最も重要な要因は，ブランド力の向上であると結論付けた．

　2019年11月にインバウンドに関する初のAPIRシンポジウムを開催し，そこで「関西におけるインバウンドの持続的拡大には，ブランド力，広域・周遊化，イノベーションの三位一体が重要」と指摘した．加えて，ポストコロナ期では，前述の三位一体の視点に加え，「安全・安心・安堵」の視点が必要であると述べた．21年度から始めたDMOの分析では京都府，和歌山県，奈良県，滋賀県を取り上げた．分析より宿泊を伴う滞在型観光の促進が課題ということが明らかとなった．

　これまでの10年間の観光を巡る主な出来事の振り返りを行った．2014～15年はいわゆる爆買い現象が注目される時期であり，インバウンドが急拡大した．その後も18年9月に関西国際空港が台風被害に遭うという打撃を受けたが，訪日外客は増加を続け，19年にはG20大阪サミットやラグビーワールドカップなどのイベントも追い風となった．一方でオーバーツーリズムが顕在化し，高付加価値路線の展開の必要性が議論されるようになった．しかし，20年に入ると，コロナ禍でインバウンド需要が蒸発し，政府や自治体による国内旅行の需要喚起策が開始された．次に10年間の国の観光関連施策を，予算項目の上位（外客の滞在環境改善，地域における誘客，外国向け誘客）の動きを整理すると，5つの政策局面があることがわかった．

　最後に次代に向けた課題を整理した．DMOの分析を通じて気付いたのは，「プレイス・ブランディング」の重要性である．地域への周遊を長期的に促進するためには，「地域のブランド力」の向上且つ，産業，コミュニティ，行政と協力し，「地域のブランド力」を高めることが必要である．

パネルディスカッション「地域に根付いた文化を背景に良質なコンテンツづくりを」

テーマ1：コロナ禍から得た教訓と今後の課題

（稲田） まずは第1クールで，コロナ禍から得られた新たな教訓と，今後の反転に向けての制約等について議論をしてみたいと思います．まずは需要面の大きな変化について聞いていきます．昨今，需要面の量的な回復と量から質への転換が要求されている中で，インバウンドの回復をリアルタイムでどのように取り組もうとされているのか，次の段階である高付加価値化のためにどのような取り組みをされているのか，特に現場に近いお2人からお聞きしたいと思います．

（中野） コロナ禍では，仕事が止まってしまうという状況がありました．この業界は，これまで湾岸戦争やSARSなどがあってもゼロになったことはなかったのですが，この2年半は本当にゼロでした．それまでが良かっただけに，一気になくなった2年半でした．
　一方，インバウンドについて話をすると，観光先として日本は世界の中でもかなり上位で，1番という指標もあるぐらいです．コロナで来られなかったこともあり，その部分がさらにアップしているのではないかと思います．そこの部分はコロナ前と変わらないのですが，コロナで一番変わったのは感染対策です．外国人観光客は10月以降大変増えてきているのですが，オーバーツーリズムや感染対策を考えると，必然的にいろいろなところが今までと違ってくると思っています．
　コロナ後の訪日インバウンド戦略としてわれわれが考えているのは，サステナブルツーリズムやSDGsへの貢献，テーマ性を持ったツーリズムであるアドベンチャートラベル等の強化，オーバーツーリズム回避に向けた地域誘客の推進，MICEのハイブリッド開催です．また，今までは中国からが多かったので

すが，欧米豪の富裕層を誘客する「稼ぐ観光」も念頭に置いています．一番大事なのは量よりも質への追求ですので，コロナをきっかけにさらに考えているところです．

（浦上）　コロナ前，コロナ中，現状に分けてお話しします．まずコロナ前の姫路のインバウンドの状況ですが，2019年を基準に姫路城の年間来場者の推移を見ると，外国人来場者が約44万人で，来場者全体の約35％を占めていました．宿泊に関してはアジアが約55％，ヨーロッパが25％，北米が12％，オセアニアが3％と，欧米豪の割合が高いという特徴がありました．コロナ中はほぼゼロに近い状態で推移していますが，2022年の来場者は4万人でした．直近では5割強に戻っていますが，それにしてもまだこれからいろいろな施策を打っていかなければなりません．

先ほど量から質へという話がありましたが，われわれもコロナ前はどうしても量を追い求めていたところは否めないように感じます．姫路には姫路城を含めて重要文化財や歴史的資源が多いので，そういった資源を有効活用した高付加価値なプラン造成を，インバウンド向けに来年度以降展開したいと思っています．国内向けにこの3月から始まる実証では，15名限定の姫路城の夜間貸し切りを14回実施します．夜間に貸し切って，姫路藩お抱えの12代続く能楽師の家系の方とコラボレーションしたコンテンツを高付加価値の価格帯で販売しようということで募集しています．そういった実証を重ねてインバウンド向けにブラッシュアップし，次年度発展させようと取り組んでいます．

（稲田）　コロナ前と何が違っているのか，現場の肌感覚と，業界からの視点で教えていただきたいです．われわれが分析したところ，これまでインバウンドの旅行業界，観光業界を支えていた人は，女性・非正規雇用者が多

かったわけです．コロナ以降はそのような人たちがなかなか帰ってこられず，供給不足が起こっているといわれていますが，現場ではどうなのでしょうか．また，リーダー的な素質を持った人やAI等を使える高度な人材が集まらないという人材不足の問題もあるかと思います．そういうことを踏まえて，コロナ禍で得た教訓や戦略を，試行錯誤で結構ですので教えていただきたいです．

（浦上）　コロナ禍で姫路市域の事業者におけるインバウンド消費がゼロ近くになり，インバウンドに向く熱量やベクトルが下がっていることは事実です．そのような状況下で，そもそものモチベーションと，宿泊事業者はもちろん，例えば2次交通のタクシーや貸し切りバス関係の事業者の人材が少なくなっていることは現場からひしひしと伝わってきます．回復途上ではありますが，同じように戻せているかというと，なかなか厳しいことに変わりはないと聞いています．われわれ自身が直接できることは限られているのですが，コロナ禍に給付的な支援事業はしており，現在は人材の育成のサポートを柔軟かつ重点的に行っていくことを計画しています．

（中野）　私ども旅行会社からもこの3年間で離れていった方が本当に多いですし，その間の採用もしていなかったので，プレーヤーが本当に少ない状況が旅行会社だけではなく観光業界全体で起こっていると思います．もちろん量も大事ですが，質を高めていってインバウンドにつなげようということです．ガイドを含めて優秀な人材が必要になってくる中で，ここは非常に大きな課題であると業界全体で捉えています．

（大宅）　少し断片的な情報になってしまうかもしれませんが，観光産業が若者や女性の非正規従業者で支えられている部分が大きいことは世界的にも共通していて，特に季節性の高

い観光地ではそのような傾向が強いです．コロナ禍でそういった方々を雇い止めにした結果戻ってこないということも，世界的に共通した課題として認識されていると思います．コロナ禍で各国がよく取り組んでいたのが，デジタル化による生産性の向上です．また，観光に対する住民の理解はその地域での人材確保に貢献するということには1つ示唆があると思っています．

テーマ2：地域のブランド力向上への取り組み（プレイス・ブランディング）

（稲田）　地域に理解してもらうという意味で，第2クールのプレイス・ブランディングについて議論していきたいと思います．

（浦上）　DMOの役割として，地域づくりを地域の事業者と取り組むということに重点を置いています．姫路は観光業というイメージがあるかもしれませんが，実際はモノづくりの町として発展したところで，製造品出荷額も全国15位だったと思います．ただ，観光業は裾野が広いですし，第2の産業として育てていくため，経済界と行政とDMOが一体となって進める中で，それをDMOに移行して推進しているわけです．

（中野）　業界の中でのトレンドとまでは言いませんが，インバウンドということでガストロノミーと近いところのある，アドベンチャーツーリズムというものがあります．アクティビティ，自然，文化体験の3つのうち2つが含まれているものがアドベンチャーツーリズムと定義されています．これは地域に根差したツアーですので，地域のブランディングにも貢献していますし，SDGsを考える中で注目されていますので，多分伸びていくところだろうと思います．

（大宅）　ガストロノミーツーリズムについては，これといった観光資源がない場所でも，その地域に根付く食材と調理法があり，その歴史をひも解いて現代の観光客を楽しませるメニューにつなげることができれば，他の地域と差別化して観光客を呼ぶことができるともいわれています．日本の場合は地域ごとに非常に豊かな食材があり，調理方法もさまざまなので，本当に豊かなのだろうと考えています．

一方，外国人観光客にとってはストーリーが大事だということもよくいわれています．奈良でいうと，なぜ柿の葉寿司なのか，どのような経緯でこの形になったのか．なぜ奈良で日本酒なのかというと，発祥の地という歴史があるから．そういったことが説明されて初めて訪れたいと思っていただけるということです．

テーマ3：SDGs，D&Iを含む持続可能なツーリズムとは

（稲田）　今はコロナ禍を経て新たな対応の仕方が少しずつ見えてきており，プレイス・ブランディングを背景にいろいろな価値を持たせる展開が進んできている気がします．そこでSDGsとD&Iも含む，持続可能なツーリズムの新たな姿について皆さんに議論していただきたいと思います．

（中野）　SDGsに対する感度は，特にインバウンドの方は間違いなく上がっていると思います．はやりなどではなく，マストというのでしょうか．特に欧米豪のインバウンドに対しては，強く感じられます．

いわゆる富裕層の方の中には，新しい富裕層と従来の富裕層があります．従来のラグジュアリー（classic luxury）志向の方は50代から60代の方が中心で，われわれが今まで描いていた富，力，地位，魅力という価値観を持っていて，高い快適性やベストサービス，ステータスシンボル，プライバシー，エクスクルーシブといったことを求める旅行が主でした．しかし，最近の新しいラグジュア

リー（modern luxury）志向の人々は20代や30代のミレニアム層の若者が中心で、価値観が全然違っています。彼らは文化や起源、遺産、新しいことへの挑戦、贅沢よりも経験、自分にとっての意義を重視していて、本物の体験、アドベンチャー、ガストロノミー、サステナビリティ、エコツーリズムに重きを置いた旅行をします。

（浦上）　SDGsという切り口を姫路に落とし込んだ場合、われわれのDMOは姫路市に教育旅行を誘致する役割を担っているのですが、事前学習や姫路での宿泊を行うSDGsプログラムのニーズが学校教育現場の方からあり、それが次々年度の誘致の際の必須なテーマとして挙げられています。

例えば姫路城1つとっても、これまでは単にガイドと回って終わりといったツーリズムが主流だったのですが、今は、400年以上現存するお城をどのように守ってきたのか、そこには職人の知恵や日頃の改修工事があるのだということを学びます。

インバウンドに関しても、冒頭にご紹介した姫路城の特別プランもまさにmodern luxury向けです。全てを貸し切ったり、五ツ星のホテルに泊まってもらったりということはできませんが、自分の趣味嗜好に合ったものにお金を払うことをいとわない層に強くインパクトを与えられる、質の高いものをつくっていきたいと考えています。SDGsがその1つの重要なファクターになると思っています。

（大宅）　ブッキング・ドットコムの調査を引き合いに出しましたが、今後1年間でサステナブルな旅をしたいと回答した旅行者は世界では7割以上いますが、日本は46％で、少し差があると感じています。コロナ禍を経た世界的トレンドとして、現地に行くからこそ経験できる地元の人たちとの触れ合いや、先ほど姫路の例にあったような本物の体験、地域に貢献するといったことに関心が高まってい

ます。また、アドベンチャーツーリズムにも関連するかもしれませんが、人混みを避けて郊外や田舎での滞在や屋外のアクティビティにも関心が向いているといわれていて、その部分は日本も海外も同じかもしれません。

（稲田）　今の厳然たる事実ですね。外国人の7割以上がSDGsをベースにしなければと考えている一方、日本人ではまだ50％を割っています。いろいろなことが指摘されましたが、SDGsが単なる単価アップの1つの手段として短絡的に考えられては困ると思います。観光業界が今どう考えているのかも含めて、SDGsのトレンドは不可逆的なものなのか一時期的なものなのか、そのあたりの感触をお聞かせ願います。

（中野）　個人的な意見もかなり入りますが、SDGsにゴールはなく、プロセスを経るごとに目標が高くなると思うので、SDGsのトレンドはこれからもずっと変わらないと思います。欧米を中心にコロナ前からずっとこの考えは持たれていたのですが、日本はあまり反応していませんでした。しかし、コロナの間にじっくり考えたとき、日本の観光業界もやらなければいけないと考えるようになったと思います。

（稲田）　一方、人材不足等の問題が今起きています。長期的な観点では、観光業を地域にきちんと理解してもらうといった教育面に時間をかけるということがあり、短期的には、供給側の制約を回避するためのDXやロボットなどがあると思います。必要性を感じているところについて、ヒントがあれば教えていただきたいです。

（浦上）　非常に重要な課題かと思います。姫路の場合、閑散期と繁忙期で2.5倍違うといった需要予測が明確にデータでマーケティングできていません。DXを活用して需要予測や

先の展望の共有ができれば，事業者の負担軽減やコスト削減につながるということを，いろいろなお話を聞いていて思いました．

（中野）　人材不足はどうしようもないことですが，日々仕事をしながら，人材不足という現状が，量より質をやりやすいタイミングなのではないかと感じています．これから人が増えてくると量も追い求めなければならなくなるので，オーバーツーリズムも加味しながら，持続可能なインバウンドの旅行になればよいと強く思います．

（稲田）　供給不足が起こるのには季節性の問題があります．データをしっかりモニターし，季節性を平準化できるものをつくり出せれば，ある程度対応できるところがある．要は知恵だという話だったと思います．ですから，供給制約を恐れずにいいものをつくり，SDGsのコンセプトを実現できるような品ぞろえにしていくことが一番の常道であるということが，皆さんの話からうかがえるところでした．

いよいよラップアップとなります．今日は，現場からの経験，特にポストコロナへの対応等について，ローカルからグローバルな議論ができました．インバウンドだけではなく，今後やっていくためには世界基準を意識しなければならないということが，ラップアップの1つのポイントだと思います．ローカルを意識しながらグローバルな基準を意識することが非常に大事であるということが，今回の議論から得られました．

また，今進んでいることがいろいろあります．地域に基づいた文化や自然を背景にしながらいいコンテンツのものをつくっていくこと．例えば教育旅行は1つの可能性のある領域でしょう．姫路の場合，姫路城を支えてきた文化を理解してもらうというものでした．例えば和歌山であれば，自然がありますから，山林資源をどう使っていくのかというと

ころにつながっていく気がします．

本日のパネルディスカッションでは，コロナ禍の経験から得た教訓や今後の反転に対する制約，プレイス・ブランディングについてと，SDGsを含む持続可能なツーリズムの姿について話をしていただきました．私どもも今日の議論を整理し，パンフレットとしてホームページに上げますので，皆さん方に見ていただきたいと思います．本日は短い時間の中できれいに説明していただき，また要領を得た答えを返していただいて感謝しています．長きにわたりましたが，これをもってパネルディスカッションを終了します．

参考文献

一般財団法人アジア太平洋研究所（2023a），『次代につなぐ，持続可能なツーリズムとは-関西観光10年を踏まえて-』，2023年3月，(https://saas.actibookone.com/content/detail?param=eyJjb250ZW50TnVtIjozMDI1NTF9&detailFlg=0&pNo=1，最終閲覧日：2023年7月6日)

一般財団法人アジア太平洋研究所（2023b），『持続可能なツーリズム先進地域・関西をめざして研究会報告書（2022年度）』，2023年5月，(https://www.apir.or.jp/wp/wp-content/uploads/2022%E5%B9%B4%E5%BA%A6_%E3%83%84%E3%83%BC%E3%83%AA%E3%82%BA%E3%83%A0%E5%A0%B1%E5%91%8A%E6%9B%B8_20230531.pdf，最終閲覧日：2023年7月6日)

アジア太平洋研究所 副主任研究員
野村 亮輔

ダイキン工業株式会社
大島 久典

甲南大学 名誉教授
稲田 義久

Chapter 6

関西経済の持続的な発展に向けて： 大阪・関西万博を契機に

2022年の『アジア太平洋と関西　関西経済白書』Chapter 6 Section 1では，関西経済の地盤沈下の原因として投資不足を指摘した[1]．また，関西経済反転に向けてインフラ設備の環境が整いつつある今，どのように儲かる産業を誘致・育成するかが課題であるとした．本年の白書Chapter 6の目的はこれらの課題に答えることにある．まず基礎データを用いて，関西経済の産業構造を整理し成長産業を洗い出し，将来の産業構造を検討する．新たな関西の強みとなる産業を考える上で，大阪・関西万博の開催は極めて重要な通過点となる．本章後半では，大阪・関西万博を梃子に各自治体や関係団体が儲かる産業・儲かる地域を目指した具体的な事業を展開しており，これら実践事例の経済効果を説明する．なおChapter 6の展開は以下の通りである．

Section 1では儲かる産業の発掘に向けて基礎データを用いた成長産業の洗い出しを行っている．具体的には，経済センサスを用いて，関西と他地域との産業構造や生産性を比較することで，関西経済の立ち位置を明らかにしている．また，製造業の細分類ベースでの分析も行っている．

Section 2ではSection 1の分析を受け，投資・人材を呼び込むための戦略を検討し，関西の新たな強みとなる産業を考察している．その際，長期的な視点でグローバルな課題を解決する分野を選び，DXビジネスの観点を掛け合わせて，関西の新たな強みとなる産業は何かを検討している．

Section 3では昨年推計した拡張万博の経済効果をその後の展開を踏まえupdateした．加えて，各自治体が取り組んでいる拡張万博の概念に沿った具体的な取組を紹介しつつ，付加価値の高い周遊型ツアーの経済効果を推計する．ここでは拡張万博の概念を基に周遊化促進の重要性を，APIR関西地域間産業連関表を用いて検討している．

Section 1
儲かる産業とは何か：基礎データによる洗い出し

1.　基礎データ

本分析で使用する基礎データは，総務省統計局「平成28年経済センサス-活動調査-」である．具体的には付加価値額，事業従事者数を産業別に整理するとともに，事業従事者1人当たりの付加価値額を"儲かる産業"の指標として算出する．これを用いて，2015年における南関東，東海，関西及び九州[2]における指標を比較し，産業構造上の特徴を明らかにする[3]．

「経済センサス-活動調査-」とは，全産業分野の経済活動を同一時点で把握するため，日本国内に所在する全ての事業所・企業を対象として5年ごとに調査されるものである．取り扱われる産業の分類は大分類，中分類，小分類及び細分類の4段構成と

---

1)　この点についてはアジア太平洋研究所（2022）及び稲田（2022）において詳細な分析が行われている．
2)　ここでの地域区分は以下の通りである．
　　南関東：埼玉県，千葉県，東京都，神奈川県，東海：岐阜県，静岡県，愛知県，三重県，関西：大阪府，京都府，兵庫県，滋賀県，奈良県，和歌山県，福井県，九州：福岡県，佐賀県，長崎県，熊本県，大分県，宮崎県，鹿児島県．なお，関西は2府5県ベース．
3)　最新の経済センサス活動調査（令和3年活動調査）は2023年6月27日に公表されたが，本書執筆時点においては同活動調査の産業的横断集計は利用可能ではなかった．このため，Section 1の分析は平成28年活動調査を基にしている．ただし，後述する製造業細分類については，令和3年活動調査結果の一部はすでに公表されていたため（22年12月），本分析に使用している．

なっており，業種は，大分類19，中分類97，小分類598，細分類742となっている．地域の付加価値額を分析する県民経済計算よりも取り扱いの範囲が広く，産業別の従業者数，売上高，付加価値額が詳細に把握できるというメリットがある[4]．なお，経済センサス活動調査における3指標の定義については表6-1-1で示されている．これら基礎データを用いて各地域の経済的な位置づけを確認し，その特徴をみてみよう．

| 表6-1-1 | 経済センサス活動調査の定義 |

事業所の定義

経済活動が行われている場所ごとの単位で，原則として次の要件を備えているものをいう
1. 一定の場所（1区画）を占めて，単一の経営主体のもとで経済活動が行われていること
2. 従業者と設備を有して，物の生産や販売，サービスの提供が継続的に行われていること

従業者の定義

当該事業所に所属して働いている全ての人をいう．したがって，他の会社などの別経営の事業所へ出向又は派遣している人も含まれる．
一方，当該事業所で働いている人であっても，他の会社などの別経営の事業所から出向又は派遣されているなど，当該事業所から賃金・給与（現物給与を含む.）を支給されていない人は従業者に含めない．
なお，個人経営の事業所の家族従業者は，賃金・給与を支給されていなくても従業者としている．

付加価値額の定義

付加価値額＝売上高 － 費用総額＋給与総額＋租税公課
費用総額　＝売上原価＋販売費及び一般管理費
なお，本調査の付加価値には，国民経済計算の概念では含まれている国内総生産の項目のうち，以下は含まれていない．
固定資本減耗，雇主の社会保険料負担分，持ち家の帰属家賃，研究開発費，農林漁家，公営企業及び政府サービス生産者の付加価値　等

出所）総務省統計局『経済センサス-活動調査』より作成.

2. 関西の産業構造－経済センサスを用いた分析－

(1) 各地域の産業構造の比較

後掲の参考表6-1-1には，全国，南関東，東海，関西と九州における付加価値額，事業従事者数及び1人当たりの付加価値額について整理されてい

る．以下では，付加価値額及び事業従事者数を中心に分析を行う．

まず図6-1-1は上記地域全産業の付加価値額の全国シェアを比較したものである．図が示すように南関東が35.0％と最も高く，次いで関西が16.4％，東海が13.2％，九州が7.9％と続いている．以下では，各地域の産業構造を明らかにするため，産業大分類別に付加価値額の上位5産業を取り上げる[5]．

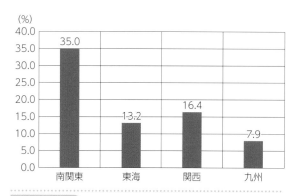

| 図6-1-1 | 付加価値額全国シェアの比較：2015年 |

出所）総務省統計局『平成28年経済センサス-活動調査』より作成

【各地域の産業構造の比較】

図6-1-2は各地域の付加価値額の上位5産業を取り上げ，そのシェアを比較したものである[6]．なお，全国の付加価値額の上位5産業は，「卸売業，

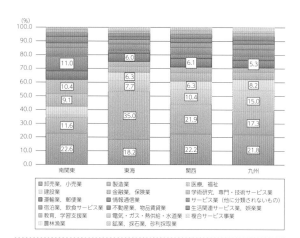

| 図6-1-2 | 各地域の産業別付加価値額シェア（上位5産業）の比較：2015年 |

出所）総務省統計局『平成28年経済センサス-活動調査』より作成

---

4) 「平成28年経済センサス-活動調査-」では，製造品出荷額，付加価値額，投資総額等の経理事項は2015年1月～12月の実績．また事業所数，従業者数については2016年6月1日現在のものである．

5) 参考表6-1-1に示されているように，1人当たりの付加価値額は「鉱業，採石業，砂利採取業」，「電気・ガス・熱供給・水道業」が圧倒的に高い．これらは資本装備率の高い装置産業であるので，1人当たりの付加価値額が高く出る．このため後掲表6-1-2，表6-1-3ではこの2業種を除いて1人当たりの付加価値額を比較している．

6) 全産業の詳細なシェアについては後掲参考表6-1-3を参照.

小売業」が21.2％と最も高く，次いで「製造業」が20.3％，「医療，福祉」が7.7％，「建設業」が7.2％，「金融業，保険業」が6.5％となっている．

＜南関東＞

南関東において，付加価値額が最も高い産業は「卸売業，小売業」（シェア：22.6％）であり，次いで「製造業」（シェア：11.6％），「情報通信業」（シェア：11.0％），「学術研究，専門・技術サービス業」（シェア：10.4％），「金融業，保険業」（シェア：9.1％）となっている．

以上から南関東では「情報通信業」，「学術研究，専門・技術サービス業」や「金融業，保険業」の付加価値のシェアが他地域に比して高く，特に「情報通信業」と「金融業，保険業」のシェアが圧倒的に高いのが特徴である．

＜東海＞

東海においては，付加価値額が最も高い産業は「製造業」（シェア：35.0％）であり，次いで「卸売業，小売業」（シェア：18.2％），「医療，福祉」（シェア：7.7％），「建設業」（シェア：6.3％），「運輸業，郵便業」（シェア：6.0％）と続く．

以上から東海では「製造業」の付加価値額シェアが他地域と比して圧倒的に高い．

＜関西＞

関西では，付加価値額が最も高い産業は「卸売業，小売業」（シェア：22.2％）であり，次いで「製造業」（シェア：21.9％），「医療，福祉」（シェア：10.4％），「建設業」（シェア：6.3％），「運輸業，郵便業」（シェア：6.1％）となっている．

以上から関西では「卸売業，小売業」と「製造業」の付加価値額シェアが高く，全国とよく似たシェア構成となっている．

＜九州＞

九州では，付加価値額が最も高い産業は「卸売業，小売業」（シェア：21.8％）であり，次いで「製造業」（シェア：17.3％），「医療，福祉」（シェア：15.0％），「建設業」（シェア：8.2％），「運輸業，郵便業」（シェア：5.3％）と続く．

以上から九州では関西と似た産業構造となっているものの，「医療，福祉」のシェアが他地域と比して高いことが特徴的である．

（2）関西各府県の産業構造の比較

Section 1.2（1）に続き関西各府県の産業構造について比較，分析を行う[7]．なお，ここでは関西の定義を，地域間の比較を行う場合は，2府5県ベースとした．関西各府県間の比較を行う場合はより広域な経済圏である2府8県ベース（福井県，三重県，滋賀県，京都府，大阪府，兵庫県，奈良県，和歌山県，鳥取県，徳島県）とした．

関西各府県の産業構造の特徴を明らかにする前に，まず全国シェアをみておく．図6-1-3が示すように，大阪府が8.3％と最も高いシェアを占めており，次いで兵庫県3.6％，京都府1.7％，三重県1.3％，滋賀県1.0％，奈良県0.6％，福井県0.6％，和歌山県0.5％，徳島県0.5％，鳥取県0.3％と続いている．

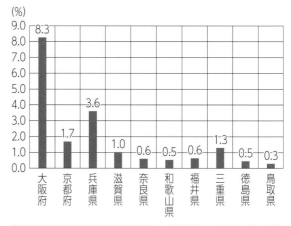

図6-1-3　付加価値額全国シェアの比較：2015年：関西2府8県ベース

出所）総務省統計局『平成28年経済センサス-活動調査』より作成

【関西各府県の産業構造の比較】

次に図6-1-4は関西各府県の付加価値額の上位5産業を取り上げ，そのシェアを比較したものである．

図が示すように，各府県の産業構造の特徴をみれば，「卸売業，小売業」，「製造業」，「医療，福祉」の3産業が上位を占めている．うち，「製造業」に

7）　詳細な数値については後掲参考表6-1-2を参照．

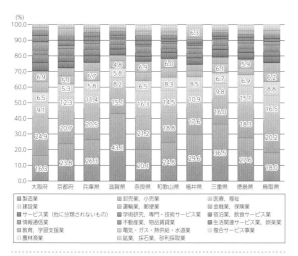

図6-1-4　関西各府県の産業別付加価値額シェア（上位5産業）の比較：2015年

出所）総務省統計局『平成28年経済センサス-活動調査』より作成

ついては，滋賀県（43.1%），三重県（36.5%）は大きく関西の平均シェア（21.9%）を上回っており，両県における特徴となっている．次に「卸売業，小売業」では，大阪府のシェア（24.9%）が他府県に比して高く，関西の平均（22.2%）を上回っている．第3番目のシェアを占める「医療，福祉」については，関西の平均（10.4%）を上回るのは，大阪府，滋賀県，三重県を除く府県である．

他の産業に注目すれば，関西第4位のシェア（6.3%）を占めるのは「建設業」である．兵庫県（5.8%），滋賀県（5.8%），京都府（5.3%）を除く府県では，関西の平均を上回っている．また，「運輸業，郵便業」では，関西の平均（6.1%）を上回るのは兵庫県（6.7%）のみである．

「金融業，保険業」については，関西の平均（6.0%）を上回っているのは，大阪府（6.9%），奈良県（6.9%）である．なお，「電気・ガス・熱供給・水道業」については，福井県のシェアが6.3%と他府県に比して圧倒的に高いことがわかる（関西平均：1.5%）．関西におけるエネルギー供給構造の特徴となっている．

Section 1.3では事業従事者1人当たり付加価値額（以下，1人当たり付加価値額）を算出し，各地域，各府県の特徴を分析する．

3. 儲かる産業の分析：1人当たり付加価値額の比較

(1) 地域の1人当たり付加価値額の比較

ここでは付加価値額のシェアの順位（図6-1-2）と1人当たりの付加価値額の順位（表6-1-2）を比較することによって，各地域の産業構造が"儲かる構造"となっているかを確認する．

表6-1-2が示すように，全国の1人当たり付加価値額の上位5産業は，「金融業，保険業」が1,227万円と最も高く，次いで「情報通信業」が976万円，「学術研究，専門・技術サービス業」が963万円，「不動産業，物品賃貸業」が679万円，「製造業」が660万円となっている．

表6-1-2　1人当たり付加価値額の上位5産業の比較：2015年：単位：万円

	全国	南関東	東海	関西	九州
1位	金融業，保険業	金融業，保険業	金融業，保険業	金融業，保険業	金融業，保険業
	1,227	1,568	1,028	1,181	907
2位	情報通信業	学術研究，専門・技術サービス業	情報通信業	情報通信業	情報通信業
	976	1,416	789	836	789
3位	学術研究，専門・技術サービス業	情報通信業	製造業	学術研究，専門・技術サービス業	製造業
	963	1,092	730	743	565
4位	不動産業，物品賃貸業	不動産業，物品賃貸業	学術研究，専門・技術サービス業	製造業	学術研究，専門・技術サービス業
	679	885	709	668	549
5位	製造業	建設業	運輸業，郵便業	建設業	複合サービス事業
	660	704	609	637	539

出所）総務省統計局『平成28年経済センサス-活動調査』より作成

次に南関東をみれば，1人当たり付加価値額の高い産業の順位は，「金融業，保険業」（1,568万円），「学術研究，専門・技術サービス業」（1,416万円），「情報通信業」（1,092万円），「不動産業，物品賃貸業」（885万円），「建設業」（704万円）となっている．上位3業種は1,000万円を超えている．

付加価値額のシェア上位5産業のうち，「金融業，保険業」，「学術研究，専門・技術サービス業」と「情報通信業」が含まれている．また，これらの産業は他地域と比して1人当たり付加価値額が圧倒的に高い．このため，南関東は儲かる産業構造となっているといえよう．

東海では，1人当たり付加価値額の高い産業の順

位は，「金融業，保険業」（1,028万円），「情報通信業」（789万円），「製造業」（730万円），「学術研究，専門・技術サービス業」（709万円），「運輸業，郵便業」（609万円）である．

ここには，付加価値額のシェア上位5産業のうち，「製造業」と「運輸業，郵便業」の2産業が含まれている．特に，「製造業」は付加価値額シェアと1人当たり付加価値額が他地域と比して高いのが特徴である．

関西をみれば，1人当たり付加価値額の高い産業は，「金融業，保険業」（1,181万円），「情報通信業」（836万円），「学術研究，専門・技術サービス業」（743万円），「製造業」（668万円），「建設業」（637万円）となっている．

付加価値額のシェア上位5産業のうち，1人当たり付加価値額の高い産業は「製造業」と「建設業」の2産業のみである．付加価値額シェアの高い「卸売業，小売業」は1人当たり付加価値額では上位5産業に含まれていない．このことから，関西は南関東に比して儲かる産業構造とはなっていないといえよう．

最後に九州をみれば，1人当たり付加価値額の高い産業は，「金融業，保険業」（907万円），「情報通信業」（789万円），「製造業」（565万円），「学術研究，専門・技術サービス業」（549万円），「複合サービス事業」（539万円）となっている．

付加価値額のシェア上位5産業のうち，1人当たり付加価値額の高い産業は「製造業」のみである．後述するように製造業を細分類でみれば，九州は半導体関連産業では付加価値額が圧倒的に高い特徴がある（BOX参照）．

Box 経済センサスからみた関西と九州における半導体関連産業の比較

表6-1-2で示したように，大分類レベルでは，九州の1人当たり付加価値額はほとんどの産業において関西よりも低いことがうかがえる．しかしながら，製造業のうち，半導体産業に関係する業種（細分類ベース）をみれば，様子が異なる．図6-1-5は電子部品・デバイス・電子回路製造業を関西と九州で比較したものである[8]．図が示すように，九州では「集積回路製造

業」，「半導体素子製造業」などの1人当たり付加価値額が高く，1,000万円を超える産業が多くみられる．一方，関西をみれば，「抵抗器・コンデンサ・変成器・複合部品製造業」や「電子回路基板製造業」などが高い．このように，九州では主として集積回路の製造に，関西では集積回路を載せる回路基板の製造にそれぞれ強みがあるといえよう．このように半導体に関する産業を細分類で整理することによって，各地域の特徴がみえてくる．

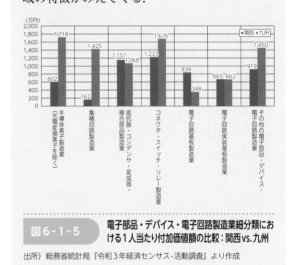

図6-1-5　電子部品・デバイス・電子回路製造業細分類における1人当たり付加価値額の比較：関西vs.九州

出所）総務省統計局『令和3年経済センサス-活動調査』より作成

（2）関西各府県の1人当たり付加価値額の比較

次に1人当たり付加価値額について関西の各府県の上位5産業の特徴をみよう．なお，各府県の付加価値額シェア上位5産業については図6-1-4を参照のこと．

表6-1-3が示すように関西各府県において「金融業，保険業」の1人当たり付加価値額が最も高い．特に大阪府，兵庫県，奈良県が1,000万円以上を超えているが，全国平均（1,227万円）を上回っているのは大阪府のみである．

次に，「情報通信業」の1人当たりの付加価値額をみれば，大阪府，京都府，兵庫県，福井県，三重県，徳島県，鳥取県では2位となっており，奈良県，和歌山県では3位に位置している．ただし，南関東は1,000万円以上となっているのに対して，500〜800万円台の範囲となっており，南関東に比して高くないといえよう．

「学術研究，専門・技術サービス業」の1人当た

---

8)　ここでの関西の地域区分は滋賀県，京都府，大阪府，兵庫県，奈良県，和歌山県の2府4県ベースである．

表6-1-3　1人当たり付加価値額上位5産業の比較：2015年：単位：万円

	関西	大阪府	京都府	兵庫県	滋賀県	奈良県
1位	金融業,保険業	金融業,保険業	金融業,保険業	金融業,保険業	金融業,保険業	金融業,保険業
	1,145	1,319	945	1,134	886	1,177
2位	情報通信業	情報通信業	情報通信業	情報通信業	製造業	複合サービス事業
	830	894	678	695	744	781
3位	学術研究, 専門・技術サービス業	学術研究, 専門・技術サービス業	製造業	製造業	複合サービス事業	情報通信業
	725	843	655	665	650	688
4位	製造業	建設業	学術研究, 専門・技術サービス業	学術研究, 専門・技術サービス業	学術研究, 専門・技術サービス業	建設業
	663	740	653	664	648	551
5位	建設業	不動産業, 物品賃貸業	不動産業, 物品賃貸業	建設業	情報通信業	学術研究, 専門・技術サービス業
	619	717	589	578	590	534

	和歌山県	福井県	三重県	徳島県	鳥取県
1位	金融業,保険業	金融業,保険業	金融業,保険業	金融業,保険業	金融業,保険業
	944	868	858	981	809
2位	製造業	情報通信業	情報通信業	情報通信業	情報通信業
	644	707	667	844	696
3位	情報通信業	製造業	製造業	製造業	製造業
	564	668	640	717	479
4位	建設業	学術研究, 専門・技術サービス業	学術研究, 専門・技術サービス業	複合サービス事業	運輸業, 郵便業
	513	549	594	544	477
5位	運輸業, 郵便業	複合サービス事業	建設業	学術研究, 専門・技術サービス業	学術研究, 専門・技術サービス業
	462	544	560	469	469

出所）総務省統計局『平成28年経済センサス-活動調査』より作成

図6-1-6　製造業中分類の付加価値額シェアの比較：2020年

出所）総務省統計局『令和3年経済センサス-活動調査』より作成

りの付加価値額をみれば，大阪府と滋賀県では3位に位置し，京都府，兵庫県，福井県，三重県では4位となっている．400〜800万円台の範囲となっており，全国平均（963万円）を下回っている．

また「製造業」の1人当たりの付加価値額をみれば，滋賀県と和歌山県はそれぞれ2位となっており，京都府，兵庫県，福井県，三重県，徳島県，鳥取県では3位となっている．なお，大阪府と奈良県では，上位5産業には含まれていない．全国平均（660万円）を上回っているのは福井県，滋賀県，兵庫県と徳島県である．

最後に「建設業」の1人当たりの付加価値額をみれば，大阪府，奈良県，和歌山県では4位となり，兵庫県，滋賀県，三重県では5位に位置している．

（3）製造業細分類からみた1人当たり付加価値額の分析

関西の強みとなる産業を発掘するためには，大分類のみならず一層詳細なデータが必要となろう．

図6-1-6は製造業中分類での付加価値額のシェアを各地域で比較したものである．全国に占める関西の製造業シェアは18.5%である．そこで20%を目途に製造業中分類の産業をみると，その他の製造業（34.2%），はん用機械器具（32.7%），なめし革・同製品・毛皮（29.9%），繊維工業（28.6%），鉄鋼業（27.1%），金属製品（22.0%），生産用機械器具（21.5%），化学工業（20.9%），飲料・たばこ・飼料（20.6%），業務用機械器具（20.6%），印刷・同関連業（20.1%），電気機械器具（19.9%）がその基準に該当する．

以下では，「電気機械器具製造業」，「はん用機械器具製造業」，「生産用機械器具製造業」と「金属製品製造業」に注目し，各業種の細分類を取り上げ，1人当たり付加価値額をみていく．

はじめに「電気機械器具製造業」についてみる（表6-1-4）．「その他の電気機械器具製造業」の全国シェア（47.3%）が最も高く，次いで「ちゅう房機器製造業」（46.3%），「変圧器類製造業（電子機器用を除く）」（38.0%），「工業計器製造業」（31.5%）と続く．細分類にリストされている業種の半数において，1人当たり付加価値額は2,000万円を超えており，関西の製造業の平均（663万円）を大きく上回っている．

| 表6-1-4 | 製造業産業細分類別1人当たり付加価値額：電気機械器具製造業：関西：2020年 |

産業中分類	産業細分類	全国シェア：%	1人当たり付加価値額：万円
電気機械器具製造業	その他の電気機械器具製造業	47.3	2,593
	ちゅう房機器製造業	46.3	2,320
	変圧器類製造業（電子機器用を除く）	38.0	1,464
	工業計器製造業	31.5	1,923
	その他の産業用電気機械器具製造業（車両用，船舶用を含む）	29.0	976
	発電機・電動機・その他の回転電気機械製造業	26.5	2,065
	その他の民生用電気機械器具製造業	25.8	1,296
	空調・住宅関連機器製造業	21.2	2,391
	衣料衛生関連機器製造業	17.7	2,380

出所）総務省統計局『令和3年経済センサス-活動調査』より作成

| 表6-1-5 | 製造業産業細分類別1人当たり付加価値額：はん用機械器具製造業：関西：2020年 |

産業中分類	産業細分類	全国シェア：%	1人当たり付加価値額：万円
はん用機械器具製造業	蒸気機関・タービン・水力タービン製造業（舶用を除く）	65.5	2,331
	消火器具・消火装置製造業	64.6	2,303
	その他の原動機製造業	64.0	2,523
	冷凍機・温湿調整装置製造業	50.3	3,075
	エレベータ・エスカレータ製造業	44.3	3,027
	ボイラ製造業	33.4	5,128
	ポンプ・同装置製造業	33.0	1,440

出所）総務省統計局『令和3年経済センサス-活動調査』より作成

次に「はん用機械器具製造業」をみてみる[9]．表6-1-5に示されるように，特にシェアの高い業種は，「蒸気機関・タービン・水力タービン製造業（舶用を除く）」（65.5%），「消火器具・消火装置製造業」（64.6%），「その他の原動機製造業」（64.0%）である．また，1人当たり付加価値額の高い上位3業種は，「ボイラ製造業」（5,128万円），「冷凍機・温湿調整装置製造業」（3,075万円），「エレベータ・エスカレータ製造業」（3,027万円）となっている．

次に「生産用機械器具製造業」をみてみる．表6-1-6で示されるように，特にシェアの高い業種は，「非金属用金型・同部分品・附属品製造業」（55.4%），「プラスチック加工機械・同附属装置製造業」（47.9%），「染色整理仕上機械製造業」（42.9%）である．また，1人当たり付加価値額の高い上位3業種は，「非金属用金型・同部分品・附

| 表6-1-6 | 製造業産業細分類別1人当たり付加価値額：生産用機械器具製造業：関西：2020年 |

産業中分類	産業細分類	全国シェア：%	1人当たり付加価値額：万円
生産用機械器具製造業	非金属用金型・同部分品・附属品製造業	55.4	3,358
	プラスチック加工機械・同附属装置製造業	47.9	2,717
	染色整理仕上機械製造業	42.9	445
	建設機械・鉱山機械製造業	34.9	1,394
	繊維機械部分品・取付具・附属品製造業	33.7	674
	化学機械・同装置製造業	29.0	1,280
	包装・荷造機械製造業	28.9	1,605
	縫製機械製造業	26.8	761

出所）総務省統計局『令和3年経済センサス-活動調査』より作成

属品製造業」（3,358万円），「プラスチック加工機械・同附属装置製造業」（2,717万円），「包装・荷造機械製造業」（1,605万円）となっている．

最後に「金属製品製造業」をみておく．表6-1-7で示されるように，特にシェアの高い業種は，「手引のこぎり・のこ刃製造業」（62.9%），「作業工具製造業」（52.5%），「くぎ製造業」（42.6%）である．

また，1人当たり付加価値額の高い業種上位3つ

| 表6-1-7 | 製造業産業細分類別1人当たり付加価値額：金属製品製造業：関西：2020年 |

産業中分類	産業細分類	全国シェア：%	1人当たり付加価値額：万円
金属製品製造業	手引のこぎり・のこ刃製造業	62.9	1,198
	作業工具製造業	52.5	1,137
	くぎ製造業	42.6	831
	ガス機器・石油機器製造業	35.0	1,888
	ブリキ缶・その他のめっき板等製品製造業	31.9	976
	配管工事用附属品製造業（バルブ，コックを除く）	31.4	1,350
	建設用金属製品製造業（鉄骨を除く）	29.2	2,363
	ボルト・ナット・リベット・小ねじ・木ねじ等製造業	28.6	1,035
	他に分類されない金属製品製造業	28.4	969
	その他の金物類製造業	27.2	976
	利器工匠具・手道具製造業（やすり，のこぎり，食卓用刃物を除く）	26.9	1,078
	金属製品塗装業	26.2	769
	金属熱処理業	25.3	936
	その他の金属線製品製造業	25.2	1,002
	溶融めっき業（表面処理鋼材製造業を除く）	23.4	830
	機械刃物製造業	22.3	757

出所）総務省統計局『令和3年経済センサス-活動調査』より作成

9）「はん用機械器具製造業」とは，様々な機械への組込・取付の際に，幅広く（はん用的に）用いられる機器具全般の製造を行う業種である．

は，「建設用金属製品製造業（鉄骨を除く）」（2,363万円），「ガス機器・石油機器製造業」（1,888万円），「配管工事用附属品製造業（バルブ，コックを除く）」（1,350万円）となっている．

4. 小括

これまでみたように，Section 1.2及びSection 1.3では関西における儲かる産業の創出に向けた基礎データの整理を行ってきた．その分析結果をまとめると以下の通りである．

（1）付加価値額のシェア地域別にみれば，南関東では「情報通信業」，「学術研究，専門・技術サービス業」や「金融業，保険業」のシェアが他地域と比して高いという産業構造を有している．また，東海では「製造業」のシェアが圧倒的に高い産業構造となっている．関西，九州では「卸売業・小売業」，「製造業」や「医療・福祉」を中心とした産業構造となっており，全国と似た産業構造となっている．

（2）1人当たり付加価値額を地域別にみれば，南関東では付加価値額のシェア上位5産業が，1人当たり付加価値額上位5産業のうち3産業が一致している．このため，南関東は儲かる産業構造となっているといえよう．東海では付加価値額のシェア上位5産業のうち，「製造業」と「運輸業，郵便業」の2産業が含まれている．特に，「製造業」の1人当たり付加価値額は他地域と比して高い．関西では付加価値額のシェア上位5産業のうち，1人当たり付加価値額の高い産業は「製造業」と「建設業」の2産業のみである．付加価値額シェアの高い「卸売業，小売業」は1人当たり付加価値額では上位5産業に含まれていない．このことから，関西は儲かる産業構造とはなっていないといえよう．

（3）製造業細分類で見れば，関西では「ボイラ製造業」，「非金属用金型・同部分品・附属品製造業」などの1人当たり付加価値額は高い．同様に，九州についてみれば，「集積回路製造業」や「半導体素子製造業」などの1人当たり付加価値額が高い．この背景には九州は高付加価値な半導体関連産業を着実に集積させてきた，いわゆるシリコンアイランド九州の取組が挙げられる[10]．

産業大分類でみると，関西の産業構造は儲かる産業構造とはいえない．しかし，細分類ベースでみると，シェアが高く高付加価値を上げている産業が散見される．これらの分析結果を基にSection 2では関西の新たな強みとなる産業を考察しよう．

参考文献

稲田義久（2022），「関西経済の反転にむけて：大阪・関西万博，IR を梃子に」，APIR Trend Watch No. 81，2022年6月21日，APIR_Trend_Watch_関西経済の反転に向けて_r-1.pdf，最終閲覧日：2023年6月29日）．

一般財団法人アジア太平洋研究所（2022），『アジア太平洋と関西　関西経済白書2022』，2022年10月，日経印刷株式会社．

九州経済産業局（2022）『シリコンアイランド九州の復活に向けて～2030年の日本社会を支える九州であり続けるために～』，（https://www.kyushu.meti.go.jp/seisaku/jyoho/oshirase/220520_1_3.pdf，最終閲覧日：2023年6月29日）．

九州経済調査会（2023）『シリコンアイランド九州のポテンシャルと未来』，（https://www.kerc.or.jp/sp/semicon/20230303-02.pdf，最終閲覧日：2023年6月29日）．

アジア太平洋研究所副主任研究員
野村 亮輔

甲南大学 名誉教授
稲田 義久

Part I

Part II

Part III

Part IV

10）最近の九州における半導体関連の動きに関しては九州経済産業局（2022）及び九州経済調査会（2023）が詳しい．

参考表6-1-1　付加価値額、事業従事者数及び1人当たりの付加価値額の比較：2015年：南関東、東海、関西、九州

産業名	全国 付加価値額 百万円	全国 事業従事者数 人	全国 1人当たり付加価値額 万円	南関東 付加価値額 百万円	南関東 事業従事者数 人	南関東 1人当たり付加価値額 万円	東海 付加価値額 百万円	東海 事業従事者数 人	東海 1人当たり付加価値額 万円	関西 付加価値額 百万円	関西 事業従事者数 人	関西 1人当たり付加価値額 万円	九州 付加価値額 百万円	九州 事業従事者数 人	九州 1人当たり付加価値額 万円
卸売、小売業	61,407,746	11,362,022	540.5	22,912,727	3,491,739	656.2	6,955,599	1,317,976	527.7	10,538,174	1,959,273	537.9	5,001,492	1,110,761	450.3
製造業	58,881,864	8,923,721	659.8	11,788,316	1,698,847	693.9	13,376,745	1,831,761	730.3	10,390,054	1,555,843	667.8	3,969,178	702,865	564.7
医療、福祉	22,366,210	7,025,613	318.4	1,886,899	1,807,111	104.4	2,944,875	723,547	407.0	4,918,594	1,251,953	392.9	3,438,520	911,462	377.3
建設業	20,763,296	3,564,232	582.5	6,457,792	917,775	703.6	2,426,381	415,314	584.2	3,003,398	471,183	637.4	1,875,882	384,023	488.5
金融業、保険業	18,830,881	1,535,224	1,226.6	9,182,347	585,645	1,567.9	1,631,794	158,672	1,028.4	2,842,764	240,774	1,180.7	1,228,668	135,438	907.2
学術研究、専門・技術サービス業	17,228,871	1,789,444	962.8	10,531,999	743,617	1,416.3	1,376,805	194,109	709.3	2,006,929	270,265	742.6	718,531	130,839	549.2
運輸業、郵便業	16,959,527	3,093,342	548.3	6,180,019	994,691	621.3	2,305,041	378,803	608.5	2,909,563	507,139	573.7	1,229,568	279,687	439.6
情報通信業	16,023,415	1,642,108	975.8	11,118,275	1,017,878	1,092.3	877,315	111,248	788.6	1,605,828	191,991	836.4	668,022	84,694	788.7
サービス業（他に分類されないもの）	15,232,415	4,038,313	377.2	6,291,205	1,408,928	446.5	1,716,309	477,766	359.2	2,243,198	654,675	342.6	1,156,946	354,232	326.6
宿泊業、飲食サービス業	10,137,119	4,705,392	215.4	3,406,164	1,445,600	235.6	1,213,330	580,893	208.9	1,658,896	813,061	204.0	919,597	450,583	204.1
不動産業、物品賃貸業	9,205,138	1,355,286	679.2	4,695,639	530,546	885.1	732,162	132,534	552.4	1,527,890	244,857	624.0	577,902	108,673	531.8
生活関連サービス業、娯楽業	7,851,378	2,183,576	359.6	2,769,757	644,826	429.5	880,029	265,436	331.5	1,354,265	347,604	389.6	683,054	218,061	313.2
教育、学習支援業	6,513,183	1,729,974	376.5	2,441,235	596,591	409.2	680,800	183,186	371.6	1,230,201	327,522	375.6	557,558	156,814	355.6
電気・ガス・熱供給・水道業	3,782,707	179,274	2,110.0	664,267	38,363	1,731.5	689,017	25,125	2,742.4	730,375	25,046	2,916.1	393,054	20,013	1,964.0
複合サービス事業	2,543,621	481,331	528.5	474,793	90,337	525.6	308,087	55,277	557.4	368,557	67,917	542.7	322,579	59,824	539.2
農林漁業	1,175,186	346,292	339.4	93,111	25,230	369.0	111,319	30,281	367.6	66,154	26,324	251.3	223,699	60,833	367.7
鉱業、採石業、砂利採取業	632,731	19,138	3,306.2	487,825	3,440	14,181.0	10,654	1,629	654.0	6,780	905	749.2	22,993	2,634	872.9

産業名	全国 付加価値額 %	全国 事業従事者数 %	南関東 付加価値額 %	南関東 事業従事者数 %	東海 付加価値額 %	東海 事業従事者数 %	関西 付加価値額 %	関西 事業従事者数 %	九州 付加価値額 %	九州 事業従事者数 %
卸売、小売業	21.2	21.1	22.6	21.8	18.2	19.1	22.2	21.9	21.8	21.5
製造業	20.3	16.5	11.6	10.6	35.0	26.6	21.9	17.4	17.3	13.6
医療、福祉	7.7	13.0	1.9	11.3	7.7	10.5	10.4	14.0	15.0	17.6
建設業	7.2	6.6	6.4	5.7	6.3	6.0	6.3	5.3	8.2	7.4
金融業、保険業	6.5	2.8	9.1	3.7	4.3	2.3	6.0	2.7	5.3	2.6
学術研究、専門・技術サービス業	6.0	3.3	10.4	4.6	3.6	2.8	4.2	3.0	3.1	2.5
運輸業、郵便業	5.9	5.7	6.1	6.2	6.0	5.5	6.1	5.7	5.3	5.4
情報通信業	5.5	3.0	11.0	6.3	2.3	1.6	3.4	2.1	2.9	1.6
サービス業（他に分類されないもの）	5.3	7.5	6.2	8.8	4.5	6.9	4.7	7.3	5.0	6.8
宿泊業、飲食サービス業	3.5	8.7	3.4	9.0	3.2	8.4	3.5	9.1	4.0	8.7
不動産業、物品賃貸業	3.2	2.5	4.6	3.3	1.9	1.9	3.2	2.7	2.5	2.1
生活関連サービス業、娯楽業	2.7	4.0	2.7	4.0	2.3	3.9	2.9	3.9	3.0	4.2
教育、学習支援業	2.2	3.2	2.4	3.7	1.8	2.7	2.6	3.7	2.4	3.0
電気・ガス・熱供給・水道業	1.3	0.3	0.7	0.2	1.8	0.4	1.5	0.3	1.7	0.4
複合サービス事業	0.9	0.9	0.5	0.6	0.8	0.8	0.8	0.8	1.4	1.2
農林漁業	0.4	0.6	0.1	0.2	0.3	0.4	0.1	0.3	1.0	1.2
鉱業、採石業、砂利採取業	0.2	0.2	0.5	0.0	0.0	0.0	0.0	0.0	0.1	0.1

（出所）総務省統計局「平成28年経済センサス・活動調査」より作成

参考表6-1-2　付加価値額、事業従事者数及び1人当たり付加価値額の比較：2015年：関西2府8県ベース

産業名	関西 付加価値額 100万円	関西 事業従事者数 人	関西 1人当たり付加価値額 万円	大阪府 付加価値額 100万円	大阪府 事業従事者数 人	大阪府 1人当たり付加価値額 万円	京都府 付加価値額 100万円	京都府 事業従事者数 人	京都府 1人当たり付加価値額 万円	兵庫県 付加価値額 100万円	兵庫県 事業従事者数 人	兵庫県 1人当たり付加価値額 万円	滋賀県 付加価値額 100万円	滋賀県 事業従事者数 人	滋賀県 1人当たり付加価値額 万円	奈良県 付加価値額 100万円	奈良県 事業従事者数 人	奈良県 1人当たり付加価値額 万円
製造業	12,290,053	1,854,919	662.6	3,903,126	580,642	672.2	1,161,752	177,493	654.5	2,746,998	412,892	665.3	1,287,526	173,029	744.1	351,974	69,103	509.3
卸売業、小売業	11,563,646	2,204,608	524.5	5,951,964	954,966	623.3	1,010,254	231,489	436.4	2,133,266	428,327	498.0	449,455	105,913	424.4	372,246	89,054	418.0
医療、福祉	5,635,262	1,433,653	393.1	2,167,982	540,276	401.3	603,709	155,585	388.0	1,187,219	307,252	386.4	243,881	66,413	367.2	285,669	74,697	382.4
建設業	3,425,756	553,648	618.8	1,563,572	211,267	740.1	257,265	46,987	547.5	608,592	105,226	578.4	172,134	30,435	565.6	113,635	20,630	550.8
運輸業、郵便業	3,251,630	575,162	565.3	1,558,366	245,452	634.9	251,652	50,623	497.1	699,237	128,217	545.4	141,870	28,155	503.9	95,502	18,548	514.9
金融業、保険業	3,126,717	273,101	1,144.9	1,125,658	125,658	1,318.6	250,324	26,493	944.9	531,244	46,855	1,133.8	109,411	12,350	885.9	121,368	10,309	1,177.3
サービス業（他に分類されないもの）	2,519,080	734,053	343.2	1,291,641	339,041	381.0	200,197	69,772	286.9	441,955	138,610	318.8	114,063	37,957	300.5	57,831	24,560	235.5
学術研究、専門・技術サービス業	2,154,120	297,334	724.5	1,188,402	140,926	843.3	187,662	28,751	652.7	420,992	63,411	663.9	87,018	13,426	648.1	37,587	7,043	533.7
宿泊業、飲食サービス業	1,887,246	923,530	204.4	721,746	353,704	204.1	219,696	106,928	205.5	422,203	200,966	210.1	99,105	49,192	201.5	75,654	39,333	192.3
情報通信業	1,679,250	202,218	830.4	1,264,057	141,430	893.8	92,353	13,617	678.2	159,121	22,897	694.9	63,411	3,860	590.0	13,626	1,980	688.2
不動産業、物品賃貸業	1,619,731	267,200	606.2	960,697	133,967	717.1	159,917	27,130	589.4	257,570	50,890	506.1	53,456	11,011	485.5	46,314	8,808	525.8
生活関連サービス業、娯楽業	1,491,643	400,321	372.6	700,924	148,695	471.4	139,354	40,078	347.7	307,456	87,529	351.3	70,898	22,255	318.6	55,796	20,240	275.7
教育、学習支援業	1,334,978	360,517	370.3	539,189	135,560	397.7	133,967	60,760	400.6	265,496	75,841	350.1	68,699	20,272	338.9	52,243	17,090	305.7
電気・ガス・熱供給・水道業	842,426	29,895	2,817.9	333,988	12,130	2,753.4	57,695	1,980	2,913.9	139,346	4,435	3,142.0	18,389	806	2,281.5	24,714	951	2,598.7
複合サービス事業	440,794	83,431	528.3	104,164	21,132	492.9	45,351	7,969	569.1	87,175	17,195	507.0	37,622	5,789	649.9	43,031	5,507	781.4
農林漁業	109,729	39,975	274.5	7,514	2,100	357.8	9,509	3,979	239.0	20,985	6,695	313.4	8,072	4,660	173.2	4,748	1,171	405.5
鉱業、採石業、砂利採取業	10,638	1,466	725.6	913	109	839.4	756	144	525.0	1,940	275	705.5	531	102	520.6	913	63	1,449.2

産業名	関西 付加価値額 %	関西 事業従事者数 %	和歌山県 付加価値額 100万円	和歌山県 事業従事者数 人	和歌山県 1人当たり付加価値額 万円	福井県 付加価値額 100万円	福井県 事業従事者数 人	福井県 1人当たり付加価値額 万円	三重県 付加価値額 100万円	三重県 事業従事者数 人	三重県 1人当たり付加価値額 万円	徳島県 付加価値額 100万円	徳島県 事業従事者数 人	徳島県 1人当たり付加価値額 万円	鳥取県 付加価値額 100万円	鳥取県 事業従事者数 人	鳥取県 1人当たり付加価値額 万円
製造業	385,792	59,951	643.5	552,886	82,733	668.3	1,374,563	214,691	640.3	365,875	51,063	716.5	159,561	33,322	478.8
卸売業、小売業	292,504	77,054	379.6	328,485	72,470	453.3	604,120	140,098	431.2	242,309	59,001	410.7	179,043	46,436	385.6
医療、福祉	226,279	60,953	371.2	203,855	46,777	435.8	370,199	93,764	394.8	200,122	50,631	395.3	146,347	37,305	392.3
建設業	128,911	25,143	512.7	159,289	31,495	505.8	252,614	45,089	560.3	91,935	20,341	452.0	77,809	17,035	456.8
運輸業、郵便業	93,146	20,182	461.5	69,790	15,962	437.2	231,686	43,348	534.5	55,445	13,151	421.6	54,936	11,524	476.7
金融業、保険業	94,081	9,965	944.1	79,347	9,144	867.7	154,147	17,961	858.2	78,037	7,937	980.5	51,980	6,429	808.5
サービス業（他に分類されないもの）	61,037	21,330	286.2	52,036	23,405	222.3	180,104	49,948	360.6	57,851	16,240	356.2	37,927	13,190	287.5
学術研究、専門・技術サービス業	33,232	7,233	459.4	52,954	9,475	549.2	96,318	16,215	594.0	27,711	5,912	468.7	23,162	4,942	468.7
宿泊業、飲食サービス業	57,538	32,824	175.3	37,518	30,114	209.1	137,333	66,815	205.5	51,260	23,896	214.5	39,757	19,758	201.2
情報通信業	16,378	2,902	564.4	24,493	4,947	707.2	33,593	5,038	666.8	21,203	2,511	844.4	18,626	2,678	695.5
不動産業、物品賃貸業	25,443	8,104	314.0	27,938	13,619	313.0	51,840	12,447	416.5	23,388	6,130	381.5	16,613	3,766	441.1
生活関連サービス業、娯楽業	37,214	15,188	245.0	42,623	8,277	495.1	89,084	31,989	278.5	27,121	11,813	229.6	21,173	8,915	237.5
教育、学習支援業	33,234	9,722	341.8	117,947	3,543	3,329.0	47,445	15,630	303.6	31,560	9,750	323.7	25,772	7,615	338.4
電気・ガス・熱供給・水道業	38,296	1,201	3,188.7		4,857	337.5	80,085	3,102	2,581.7	31,169	1,054	2,008.4	10,797	693	1,558.0
複合サービス事業	24,783	5,468	453.2	26,431	4,372	544.2	40,786	8,276	492.8	22,297	4,097	544.2	9,154	3,141	291.4
農林漁業	8,953	3,347	267.5	6,373	84	145.8	22,198	6,892	322.1	8,531	3,217	265.2	12,846	3,542	362.7
鉱業、採石業、砂利採取業	1,279	128	999.2		446	531.0	2,829	189	839.5	915	189	484.1	114	35	325.7

産業名	関西 付加価値額 %	関西 事業従事者数 %	和歌山県 付加価値額 %	和歌山県 事業従事者数 %	大阪府 付加価値額 %	大阪府 事業従事者数 %	福井県 付加価値額 %	福井県 事業従事者数 %	三重県 付加価値額 %	三重県 事業従事者数 %	京都府 付加価値額 %	京都府 事業従事者数 %	徳島県 付加価値額 %	徳島県 事業従事者数 %	滋賀県 付加価値額 %	滋賀県 事業従事者数 %	鳥取県 付加価値額 %	鳥取県 事業従事者数 %	奈良県 付加価値額 %	奈良県 事業従事者数 %
製造業	23.0	18.1	24.8	16.6	16.3	14.2	29.6	22.6	36.5	23.8	26.3	16.9	27.8	27.6	43.1	29.5	18.0	15.1	20.1	16.9
卸売業、小売業	21.7	21.5	21.7	21.4	24.9	23.4	17.6	19.8	16.0	20.7	20.5	22.1	18.3	20.6	15.1	18.1	20.2	21.1	21.2	21.8
医療、福祉	10.6	14.0	14.5	16.9	9.1	13.2	10.9	12.8	9.8	12.3	11.4	14.8	15.1	17.6	8.2	11.3	16.5	16.9	16.3	18.3
建設業	6.4	5.4	6.4	5.4	6.5	5.2	8.5	8.6	6.7	5.3	5.8	4.5	5.8	5.8	4.8	5.2	8.6	7.1	6.5	5.0
運輸業、郵便業	6.1	5.6	6.0	5.6	6.5	6.0	3.7	4.4	6.1	5.1	5.8	4.8	4.2	5.6	4.8	5.2	6.2	6.7	5.4	4.5
金融業、保険業	5.9	2.7	5.9	2.8	5.4	3.1	4.2	2.5	4.1	5.1	4.2	2.5	5.9	2.3	4.8	2.1	5.9	5.2	6.9	3.3
サービス業（他に分類されないもの）	4.7	7.2	3.9	5.9	5.4	8.3	2.8	4.5	4.8	6.4	4.0	4.9	4.4	2.9	3.8	3.8	4.3	6.0	3.3	3.3
学術研究、専門・技術サービス業	4.0	2.9	3.7	3.1	5.3	3.5	2.8	2.6	2.1	2.6	2.2	2.7	2.1	2.1	2.9	2.6	2.6	5.7	2.1	1.7
宿泊業、飲食サービス業	3.5	9.0	3.5	9.1	3.0	8.7	2.0	8.2	3.6	4.5	4.0	10.2	3.9	8.7	3.3	8.4	4.5	2.2	4.3	9.6
情報通信業	3.1	2.0	3.1	2.0	5.3	3.5	1.3	1.7	0.9	0.9	4.0	1.3	1.6	1.1	2.9	0.8	2.1	1.6	0.8	0.5
不動産業、物品賃貸業	3.0	2.6	3.0	2.6	4.0	3.5	1.5	3.7	1.4	1.3	3.3	2.6	2.0	2.4	1.8	1.9	1.9	2.2	2.6	2.2
生活関連サービス業、娯楽業	2.8	3.7	2.8	4.2	2.9	3.6	2.3	1.5	2.4	2.4	2.8	3.8	2.0	4.1	2.4	2.3	2.4	4.0	3.2	4.9
教育、学習支援業	2.5	3.5	2.5	3.5	2.3	2.9	1.5	6.3	1.3	3.7	2.5	5.8	2.4	3.4	2.3	3.5	2.9	4.2	3.0	4.2
電気・ガス・熱供給・水道業	1.6	0.3	1.6	0.3	1.4	0.3	6.3	0.1	2.1	0.4	1.3	0.2	1.7	1.6	1.3	0.1	1.2	0.3	1.4	0.2
複合サービス事業	0.8	0.4	0.8	0.4	0.4	0.5	1.4	0.3	0.4	0.9	0.8	0.4	1.6	0.9	0.8	1.0	1.4	1.3	2.5	0.1
農林漁業	0.2	0.4	0.2	0.0	0.3	0.0	0.3	0.0	0.6	1.2	0.2	0.4	0.6	1.1	0.3	0.0	1.5	1.4	0.3	0.0
鉱業、採石業、砂利採取業	0.1	0.0	0.1	0.0	0.0	0.0	0.3	0.0	0.1	0.0	0.0	0.0	0.1	0.1	0.0	0.0	0.0	0.0	0.1	0.0

出所）総務省統計局「平成28年経済センサス-活動調査」より作成

Section 2
期待される関西の産業構造：投資・人材を呼び込むために

1. 新たな強みとなる産業の発掘

　Section 2では，Section 1の分析を受け，投資・人材を呼び込むための戦略を検討し，関西の新たな強みとなる産業を考察する.

　その際，重要なのは関西経済の「持続的発展」という視点であり，その視点を基にグローバルな課題を解決する産業の育成に取り組む必要がある.

　例えば，大阪・関西万博では，カーボンニュートラル，SDGsといった長期的かつグローバルな課題がテーマに取り上げられている. このため，本節ではこれらを参考に関西の「新たな強みとなる産業」の発掘を試みた.

(1) 関西の望ましい産業構造
①課題解決型ビジネス

　持続的発展を目指すためには，長期的でグローバルな課題とされる分野に注目し，その課題解決に向けた取り組みをビジネス化することが重要である.

　さて，長期的でグローバルな課題としては，2050年が目標年の『カーボンニュートラル』に加え，30年が目標年の『SDGs』がある.

　『SDGs』に注目すれば，その共通課題として「気候変動」，「エネルギー」，「健康・福祉」，「食（食糧）」，「災害」，「人口」，「貧困」，「平和」，「教育」などがある（表6-2-1の左表）.

　一方，大阪・関西万博で行われる「未来社会ショーケース事業[1]」は，世界的に注目されている事業である. これらの事業がビジネス化され課題解決につながれば，関西経済の持続的発展にもつながる（表6-2-1の右表）.

　長期的・世界的課題と大阪・関西万博での実証テーマを対比してみると，「カーボンニュートラル」，「エネルギー」，「ヘルスケア」，「食」は対応しており，これらは，課題解決型ビジネスで有望な分野である.

表6-2-1　長期的・世界的課題と大阪・関西万博での実証事業の対比

長期的・世界的課題	大阪・関西万博 未来社会ショーケース事業
カーボンニュートラル	グリーン（カーボンニュートラル）
気候変動	
エネルギー	グリーン（エネルギー）
健康・福祉	フューチャーライフ（ヘルスケア）
食料（飢餓ゼロ）	フューチャーライフ（食・農業）
災害	フューチャーライフ（都市・住宅）
人口	スマートモビリティ
貧困	デジタル
平和	バーチャル
教育　など	アート　など

出所）右表については公益社団法人2025年日本国際博覧会協会『未来社会ショーケース事業』を基に作成

②大阪・関西万博のテーマと課題解決型ビジネス

　①では，関西にとって有望な課題解決型ビジネスの分野を挙げたが，②では，より具体的な事業ベースで見てみる.

　大阪・関西万博のコンセプトである「未来社会の実験場」の具体化に向け，政府は2021年12月24日に「2025年大阪・関西万博アクションプランVer.1」を作成した. そこでは，さまざまな分野の実証事業等が取り上げられている. また，23年6月発表のアクションプラン（Ver.4）に向け，関西の行政・財界・万博協会が共同で，開催地として重点的な推進や財政支援を政府に要望した. その要望した事業を，分野別に一覧表にまとめたのが表6-2-2である.

　表6-2-2には有望な課題解決型ビジネスの分野として①で取り上げたカーボンニュートラルがある. ここには「蓄電池や水素，CO2回収，次世代型太陽電池等の開発・実用化」などが挙げられている. また，ライフサイエンス，ヘルスケアでは「iPS細胞やヒト体性幹細胞を活用した再生医療の産業化」，「健康長寿社会の実現に向けた，次世代ヘルスケアサービスの創出の促進」が具体的な事業として挙げられている.

---

　1)　万博会場を未来社会のショーケースに見立て，先進的な技術やシステムを取り入れ未来社会の一端を実現することを目指す事業.

| 表6-2-2 | 関西の行政・財界・万博協会が政府に要望した大阪・関西万博関連事業 |

大阪・関西万博アクションプランVer.4に関する分野	関西の行政・財界・万博協会が政府に要望した主な大阪・関西万博関連事業
カーボンニュートラルや「大阪ブルー・オーシャン・ビジョン」の実現	・蓄電池や水素，CO2回収，次世代型太陽電池等の開発・実用化 ・事業者や府民の行動変容の加速化 ・「大阪ブルー・オーシャン・ビジョン」の実現
ライフサイエンス，次世代ヘルスケアの推進	・iPS細胞やヒト体性幹細胞を活用した再生医療の産業化 ・健康長寿社会の実現に向けた，次世代ヘルスケアサービスの創造の促進
先端技術を駆使した「スマートシティ」の実現やスタートアップの創出	・先端技術を駆使したスマートシティの実現（「夢洲コンストラクション」の推進等） ・デジタルID/デジタル地域通貨の活用 ・次世代都市の空間情報プラットフォーム「コモングラウンド」の社会実装 ・スタートアップの創出・育成
スマートモビリティの推進	・空飛ぶクルマの万博における商用運航の実現 ・万博会場内および会場アクセスにおいて，自動運転の実現 ・関西広域でストレスフリーな移動サービス(MaaS)の提供 ・ゼロエミッションモビリティ（EV・FCバス，EV・FC船）の万博アクセス等での活用
多様な魅力の創出・発信やさらなる交流の促進	・大阪・関西の都市魅力の創出・発信 ・水上交通ネットワーク構築 ・都市空間を活用した大阪・関西の魅力発信・体感 ・関西パビリオンの設置・運営 ・文化的な国際交流と文化芸術振興
来訪者の受入環境の整備	・ユニバーサルデザインタクシーの普及促進 ・関西国際空港の受入能力の向上 ・食の多様性に配慮した環境整備

注) 赤字は，①で挙げた長期的・世界的課題の分野.
出所) 大阪府，大阪市，関西広域連合，公益社団法人 関西経済連合会，関西商工会議所連合会・大阪商工会議所，一般社団法人 関西経済同友会，公益社団法人2025年日本国際博覧会協会（2023)「2025年日本国際博覧会（大阪・関西万博）関連事業に関する要望 政府の『2025年大阪・関西万博アクションプランVer.3』改訂に向けて」(2023年6月) より引用

③関西のスタートアップ，ベンチャー企業

　近畿経済産業局が公表している関西ベンチャー企業リスト（1,387社）と，「関西ベンチャー事業の実態調査2021」を基に整理したのが表6-2-3である．表が示すように，関西のスタートアップ・ベンチャー企業は，すでに見た大阪・関西万博のテーマの分野に注目し集積していることがわかる．

| 表6-2-3 | 関西ベンチャー企業の業種と企業数 |

分野	企業数	分野	企業数	分野	企業数
医療	106	ロボット	24	アート・芸術	9
Web（ウェブ）	88	ヘルス	23	観光	9
アプリ	61	IOT	22	ハードウェア	9
ソフトウェア	51	半導体	21	データ解析	7
プラットフォーム	49	環境	20	人工知能（AI）	7
人材サービス	43	創薬	20	教育	7
システム開発	41	エネルギー	16	ソーシャル	7
広告	39	商品開発	16	インバウンド	6
マーケティング	37	ゲーム	14	デジタルコンテンツ	5
フード（食品）	37	AR・VR	13	リサイクル	5
バイオ	34	農業	13	アパレル	5
EC	26	スポーツ	11	地域活性化	4

出所) 近畿経済産業局（2022)「関西ベンチャー企業リスト」より筆者作成

　表からは，「医療」が最も多く，「Web」,「アプリ」,「プラットフォーム」,「システム開発」などIT関連サービスも多い（同産業集積の好事例として福岡市が参考となる．Box参照）．また，「広告」,「マーケティング」や「フード（食品)」,「バイオ」も多いことがわかる．

> **Box** 福岡市における産業集積の動向
>
> 　多くのIT関連サービス企業の誘致に成功している福岡市に，その成功要因についてヒアリングを行った（2023年6月23日).
>
> 　当市の地勢を見れば，政令指定都市で唯一，一級河川がなく産業用水に乏しいため，そもそも工場の立地が難しい地域であった．このため，当市は1960年代より域内の産業構造を第三次産業を基軸に展開し，現在では，当市の域内総生産における第三次産業の構成比（実質ベース）は91%まで高まった（令和3年度経済センサス基礎調査より).
>
> 　当市の特徴として，震度6以上の地震の発生確率が他の大都市より低い．また，都心部に空港が近接しているという他にはない好条件を有している．このため，バックアップ機能を重視する企業にとっては絶好の地理的条件を兼ね備えている．
>
> 　当市は，2014年に国家戦略特区「グローバル創業・雇用創出特区」に採択され，スタートアップの分野に一早く注力し，さまざまな取り組みを推進したことにより，これまで801社が起業し，累計の資金調達額も365億円に及んでいる．また企業誘致の分野においては，13年～22年の間に571社の企業の立地を支援した実績を持つ．その58%がIT・クリエイティブ産業であった．現在では，情報通信業の事業所数が政令指定都市の中で4番目となっている．当市には多くのIT・クリエイティブ企業が集積していることから，理工系大学や専門学校が多く，人材と企業とのマッチングの好循環は，企業の地方進出を後押ししている．
>
> 　日本初の産学官によるゲームに特化した組織「福岡ゲーム産業振興機構」やeスポーツ分野の団体も他都市に先駆けて設立されるなど，官民が連携し，人材育成や産業振興に取り組んでいる．
>
> 　また，当市では，前述の国家戦略特区に認定された後，天神地区で航空法の高さ規制が緩和されたことにより建物が115mまで高層化できるようになった．このためビルの建て替えが

Part I
Part II
Part III
Part IV

急ピッチで進められている．その結果，オフィスの増床や大規模な開発によるワンフロアでの入居が可能となり，当市はこれまで以上に積極的に企業誘致ができるようになった．

天神地区の再開発「天神ビッグバン」では，ビルの建て替え70棟，経済波及効果8,500億円，博多駅周辺地区の再開発「博多コネクティッド」では，ビルの建て替え20棟，経済波及効果5,000億円の規模となっている．

(2) DXビジネスとは何か[2]

Section 2.1(1)では，関西の望ましい産業として考えられる分野や事業の掘り起こしを行った．Section 2.1(2)では，それを将来の儲かるビジネスにつなげるため，新たな視点として，財・サービスを有効に活用し，社会に多様な価値をもたらすDXビジネスについて整理する．

小野塚征志（2022）によれば，DXビジネスは以下の4つに大別され，財・サービスの取引に応じてさまざまな効果を発揮する．

① 「需給を拡大」するビジネス
使っていない時間やスペースを提供したい人と利用したい人をマッチングする．

② 「場を創造」するビジネス
取引されることのなかったモノやサービスの提供・共有を可能にする．

③ 「非効率を解消」するビジネス
モノやサービスの取引における「本来必要のない作業」をなくす．

④ 「収益機会を拡大」するビジネス
さまざまな媒体から得られたデータを活用し新たな価値を生み出し，収益機会の拡張を図る．

(3) "儲かるビジネス"：関西の新たな強みとなるビジネスの発掘

既存の産業分類の延長で新たなビジネスを考えても，関西経済は長期停滞から抜け出すことは難しい．これまでとは違った発想で新ビジネスを発掘

し，これを"儲かる産業"に転換する必要がある[3]．

そこで，Section 2.1(1)で抽出した関西の課題解決型の事業や業種と，Section 2.1(2)で整理したDXビジネスの考え方を掛け合わせることにより，既存の産業分類にこだわることなく"儲かるビジネス"の発掘を行ってみた（図6-2-1）．

関西の望ましい × DXビジネス = 関西の新たな強み
業種・事業   となるビジネス

図6-2-1　関西の新たな強みとなるビジネス発掘の考え方

出所）筆者作成

なお，この「掛け合わせ」は多様な組み合わせが考えられる．今回，前掲の表6-2-2および表6-2-3で取り上げた事業・業種と，DXビジネスの掛け合わせで，可能性のある新たなビジネスを発掘してみた．これを踏まえて，関西の望ましい業種・事業とDXビジネスを掛け合わせたビジネス例としては，「健康寿命延長支援サービス」，「観光地の誘客拡大支援サービス」や「アスリート食提供サービス」が挙げられた（図6-2-2）．

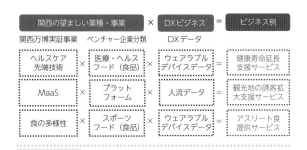

図6-2-2　新たなビジネスの発掘事例

出所）筆者作成

ビジネス環境については変化が常であり，その変化のスピードがますます加速していくことが予想される．このため，この「掛け合わせ」による新たなビジネスの発掘を継続的に行っていく必要がある．

また，新たな「掛け合わせ」による発掘事例として，近畿経済産業局の拡張万博「大阪・関西万博を拡張しよう〜万博開催のパワー（地の利）を活用した万博連携会場外活動のススメ〜」が参考になる．

---

2) 近年，DXを活用した多様な新しいビジネスが生み出されている．また，人口減少に伴う人手不足へ対応するため，省力化に寄与するDXは持続可能性の観点からビジネスに必要とされている．さらに，DXビジネスは，モノやサービスの提供手法が多様化する中，産業の革新と経済の持続的発展に貢献している．
3) ビジネスの掛け合わせについては山本康正（2021）を参照．

そこでは，「未来新産業連鎖」をテーマに，新たなビジネスの展開の発想手法を紹介している．産業分類からの延長ではなく，既存産業とIT等の基盤技術を組み合わせることで，これまでにはない新たなビジネスが多岐にわたり生み出され，広く波及するという発想である．ここでは「食」産業の事例を参考として取り上げた（後掲参考図6-2-1）．

2. 既存産業の新たな展開の検討

Section 2.1では，関西の強みを活かし，長期的・世界的な課題を解決する新たな産業（儲かる産業）について検討した．

産業全体が収益を高めていくためには，既存産業も儲かる体質に転換していく必要がある．特に，日本の企業全体の大部分を占める中小企業の収益向上を図る必要がある．

関西の中小企業は，モノづくりを中心とした製造業が多く，その収益を向上させるために「生産性・付加価値の向上」が決定的に重要である．

Section 2.2では，その観点から参考となる取り組み事例について紹介する．

(1) 景気討論会の議論から

2023年3月に開催した『APIRフォーラム景気討論会〈関西経済編〉』において，「関西のシン・景気好循環の実現に向けて」をテーマに，中小企業の取り組みに焦点を絞り議論を行った．生産性・付加価値の向上に実績のある関西のトップランナー企業から3名の代表者を招き「生産性・付加価値の向上」と「成長の好循環」の関係について議論した（フォーラムの概要については図6-2-3を参照）．その議論から得られた成果を簡単に紹介しよう．

本討論会では，まず，関西の製造業で圧倒的なシェアを占める中小企業において，生産性向上が賃金上昇を実現できているか聞いてみたところ，生産性向上によって生まれた収益増を賃金上昇に配分しているだけではなく，将来を見越して人への投資（リスキリング）に注力している傾向にあることがわかった．

次に「生産性・付加価値の向上」について3社から紹介してもらった．その具体的な取り組みは，以下の通りであった．

【参考】APIRフォーラム 景気討論会2022〈関西経済編〉

テ ー マ	関西のシン・景気好循環の実現に向けて
日 時	2023年3月13日（月）15:00〜16:30
開催形式	対面方式：グランフロント大阪 北館タワーC 8階 ナレッジキャピタルカンファレンスルーム C01＋C02 オンライン方式：Zoomウェビナーによるライブ配信
次 第	第1部：基調講演 関西経済の短期見通し 　　近畿大学 短期大学部 商経科 教授 入江 啓彰 氏 第2部：討論会（順不同） 　　株式会社盛光SCM 代表取締役 草場 寛子 氏 　　株式会社神戸酒心館 代表取締役社長 安福 武之助 氏 　　HILLTOP株式会社 代表取締役社長 山本 勇輝 氏 　　モデレーター APIR研究統括兼数量経済分析センター長 　　甲南大学名誉教授 稲田 義久

図6-2-3 景気討論会〈関西経済編〉概要

出所）アジア太平洋研究所（2023）から抜粋

登壇いただいた企業からは，DX化やプレミアム商品による「生産性・付加価値の向上」，「マーケットのグローバル化」，「従業員のリスキリング」がポイントであるとの指摘があった．それぞれ，自社成長の好循環に積極的に取り組んでいるようである．

＜生産性・付加価値の向上＞

「生産性・付加価値の向上」においては，下請けから脱却し企業としての自立性を高め，景気の波に影響されないリスク耐性をつくりあげることに注力していた．具体的には，グローバルニッチ企業を目指すことであり，この点については後段で述べる．

＜グローバル化＞

「グローバル化」においては，人口減少により国内需要が収縮する中，今後ますます拡大することが期待される海外市場で，企業価値を高め事業拡大をさらに進めようとしていた．

＜リスキリング＞

「リスキリング」においては，DX化により生産性を高めた結果，余剰となった高度な技能を持った職人を生産性の高い上流側の事業（設計・開発）や新規事業へシフトすることで事業拡大に取り組んでいた．

＜提案＞

最後に，関西の景気好循環の実現に向けた議論を行った結果，以下のことが提案された．

中小企業は自立した企業体となり，大企業と対等なパートナーとなって付加価値の高いモノづくりができるような環境づくりを進めていくことが重要である．

また，大量生産・大量消費は時代遅れであり，人・社会・地域・環境に配慮した消費行動を積極的

に推進することを，企業と行政が一体となって促進することが重要である，といった提案が出された．

　この景気討論会では，大企業・中小企業が一体となり，それぞれの強みを活かした付加価値の高いモノづくり，「SDGs」や「環境」をキーワードとした新たな付加価値づくりによって，企業としての「成長の好循環」を描けるとともに，結果的に関西の景気好循環の実現につながるということが提言された．

(2) グローバルニッチの視点

　Section 2.2(1)の景気討論会の「生産性・付加価値の向上」の議論に出てきた「プレミアム商品」は，商品価値を高め他の商品との差別化を図るものであり，販売量が増加せずとも高い利益率により，収益性を高めることができる．

　一方で，サプライチェーンの一部であったとしてもその部分で圧倒的なシェアを占めることで，価格競争からの影響を最小限に抑え収益性を高めることができる．そういった視点から，自社の強みを活かした「グローバルニッチ」の製品を追求するという新たな展開も考えられる．

　経済産業省が，世界市場のニッチ分野で勝ち抜いている企業や，国際情勢の変化の中でサプライチェーン上の重要性が増している部素材等の事業を有する優良な企業を選定する「2020年版グローバルニッチトップ企業100選[4]」で113社を選定した（以下，グローバルニッチトップをGNTと略称）．うち，関西は27社であった（後掲参考表6-2-1）．

　関西GNTの中小企業の売上高純利益率（2019年度以降）を見ると，20年度〜22年度のコロナ禍においても，多くの企業は安定した収益性を確保していることがわかる（表6-2-4）．

　また，経済産業省が選定したGNT企業へ行ったヒアリング調査の結果によれば，GNTの取るべき戦略として「コア技術を活用して，他分野への進出を果たす」，「新規の顧客との取引を拡大し，納品先の経営に左右されない事業構造を構築する」との回答が多かった（図6-2-4）．

表6-2-4	関西のグローバルニッチの中小企業の業績（売上高純利益率）			
企業名	2019年度	2020年度	2021年度	2022年度
日伸工業㈱	4.7%	0.6%	5.2%	4.6%
㈱オーケーエム	10.3%	6.5%	8.6%	10.1%
二九精密機械工業㈱	0.2%	2.0%	2.6%	2.3%
㈱ナベル	1.6%	18.0%	18.7%	14.9%
㈱片岡製作所	1.2%	1.0%	0.8%	1.3%
理光フロートテクノロジー㈱	13.5%	13.7%	-2.1%	35.0%
㈱福井製作所	12.3%	11.0%	12.8%	7.1%
伊東電機㈱	11.2%	9.1%	14.9%	17.4%
白石工業㈱	2.2%	2.4%	3.5%	3.3%
湖北工業㈱	18.4%	24.0%	38.8%	35.8%
オプテックス㈱	11.2%	7.5%	16.0%	13.0%
フィガロ技研㈱	9.2%	4.6%	7.6%	15.4%
㈱パトライト	7.4%	3.6%	4.4%	5.1%

注）各社の公開情報および帝国データバンク・東京商工リサーチのデータから算出．濃く塗った年度はコロナ禍の3年度．
出所）経済産業省（2020）「2020年版グローバルニッチトップ企業100選」より作成

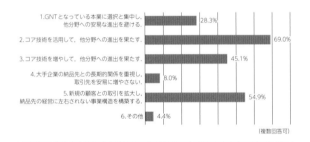

1.GNTとなっている本業に選択と集中し，他分野への安易な進出を避ける．　28.3%
2.コア技術を活用して，他分野への進出を果たす．　69.0%
3.コア技術を増やして，他分野への進出を果たす．　45.1%
4.大手企業の納品先との長期的関係を重視し，取引先を安易に増やさない．　8.0%
5.新規の顧客との取引を拡大し，納品先の経営に左右されない事業構造を構築する．　54.9%
6.その他　4.4%

（複数回答可）

図6-2-4	GNTの取るべき戦略

出所）経済産業省（2020），「2020年版グローバルニッチトップ企業100選」より引用

　以上から，中小企業においては，自社の強みを活かしたグローバルニッチの製品をつくり出すことで，事業の安定性が確保できるとともに，さらにその技術を活かした新たな事業展開も視野に入れることができる．そして，企業としての成長の好循環をつくり出すことにもつながっていることがうかがえる．

3. 小括

　Section 2で述べてきた「期待される関西の産業構造」のポイントを整理すると，以下の通りとなる．

---

　4)　経済産業省（2020）ではGNTを以下のカテゴリーに分けて定義している．大企業は，世界市場の規模が100〜1,000億円程度で概ね20%以上の世界シェアを保有．中堅企業は，大企業のうち売上高が1,000億円以下で概ね10%以上の世界シェアを保有．中小企業は，概ね10%以上の世界シェアを保有．

（1）新たな強みとなる産業の発掘においては，関西の望ましい産業として，大阪・関西万博のテーマと課題解決型ビジネスの視点から，「カーボンニュートラル」，「ヘルスケア」などの事業・業種を取り上げた．さらに，関西のスタートアップ，ベンチャー企業の分類，DXビジネスとの「掛け合わせ」により"儲かるビジネス"の発掘を行った．

（2）既存産業の新たな展開の検討においては，関西の中小企業は製造業が多く，その収益を向上させるために「生産性・付加価値の向上」が決定的に重要である．景気討論会の議論では，DX化やプレミアム商品による「生産性・付加価値の向上」，「マーケットのグローバル化」，「従業員のリスキリング」が重要なポイントであった．また，自社の強みを活かしたグローバルニッチの製品をつくり出すことも企業の成長の好循環につながっている．

参考文献

一般財団法人アジア太平洋研究所（2023），「APIRシンポジウム景気討論会レポート2022」，(https://www.apir.or.jp/wp/wp-content/uploads/apir_Economic_Debate_2022.pdf，最終閲覧日：2023年7月4日)

小野塚征志（2022），「DXビジネスモデル 80事例に学ぶ利益を生み出す攻めの戦略（できるビジネス）」

近畿経済産業局2025NEXT関西企画室（2023），「大阪・関西万博を拡張しよう 〜万博開催のパワー（地の利）を活用した万博連携会場外活動のススメ〜」

経済産業省（2020），「2020年版グローバルニッチトップ企業100選」，(https://www.meti.go.jp/policy/mono_info_service/mono/gnt100/index.html，最終閲覧日：2023年3月31日)

経済産業省 近畿経済産業局（2022），「関西ベンチャー企業リスト」（令和4年12月9日版），(https://www.kansai.meti.go.jp/3-3shinki/supporters/181129venturelist.html，最終閲覧日：2023年3月31日)

大阪府，大阪市，関西広域連合，公益社団法人 関西経済連合会，関西商工会議所連合会・大阪商工会議所，一般社団法人 関西経済同友会，公益社団法人2025年日本国際博覧会協会（2023），「2025年日本国際博覧会（大阪・関西万博）関連事業に関する要望 政府の『2025年大阪・関西万博アクションプランVer.3』改訂に向けて」，(https://www.pref.osaka.lg.jp/attach/205/00454661/230706.pdf，最終閲覧日：2023年7月4日)．

公益社団法人2025年日本国際博覧会協会（2023），「未来社会ショーケース事業」，(https://www.expo2025.or.jp/sponsorship/#sec03，最終閲覧日：2023年7月4日)

内閣官房（2023），「2025 年大阪・関西万博アクションプラン Ver.4」，(https://www.cas.go.jp/jp/seisaku/expo_suisin_honbu/pdf/Action_Plan_Ver.4.pdf，最終閲覧日：2023年7月4日)，

山本康正（2021），「世界を変える5つのテクノロジー -SDGs，ESGの最前線」

アジア太平洋研究所アウトリーチ推進部長

寺田 憲二

甲南大学 名誉教授

稲田 義久

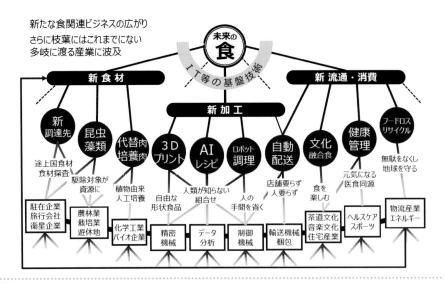

参考図6-2-1　未来新産業連鎖（新たな食関連ビジネス）

出所）近畿経済産業局2025NEXT関西企画室（2023），『大阪・関西万博を拡張しよう 万博開催のパワー（地の利）を活用した万博連携会場外活動のススメ』より引用

参考表6-2-1　2020年版「グローバルニッチトップ企業100選」選定関西企業一覧

部門	企業名	所在地	企業規模	グローバルニッチトップ製品・サービスの名称
機械・加工	三菱重工工作機械株式会社	滋賀県	大企業	歯車工作機械（ホブ盤，ギヤシェーパ，シェービング盤，歯車研削盤）
	株式会社ホリゾン	滋賀県	中堅企業	4クランプ自動無線綴製本機 BQ-480
	日伸工業株式会社	滋賀県	中小企業	リチウムイオンコイン電池のステンレス製キャップ及びケース，車載ABSソレノイドバルブ用ケース
	株式会社オーケーエム	滋賀県	中小企業	船舶排気ガス処理装置用バタフライバルブ
	株式会社イシダ	京都府	大企業	自動計量包装値付機（WM-AI Super,Dtop-UNI,Wmini-UNI）
	カンケンテクノ株式会社	京都府	中堅企業	半導体製造排ガス除害装置
	二九精密機械工業株式会社	京都府	中小企業	βチタン合金製の内径6mm以下の小径管
	株式会社ナベル	京都府	中小企業	鶏卵の自動洗卵選別包装機械
	株式会社片岡製作所	京都府	中小企業	リチウムイオン二次電池用充放電検査装置
	株式会社酉島製作所	大阪府	大企業	海水淡水化プラント向け大型ポンプ
	理光フロートテクノロジー株式会社	大阪府	中小企業	工業用フロート
	株式会社福井製作所	大阪府	中小企業	LNG運搬船用安全弁
	株式会社神崎高級工機製作所	兵庫県	大企業	世界標準化した一体型油圧無段変速車軸駆動装置（IHT）
	川崎重工業株式会社	兵庫県	大企業	航空用ギヤボックス製品
	伊東電機株式会社	兵庫県	中小企業	コンベヤ駆動用モーターローラー
素材・化学	株式会社ジェイテックコーポレーション	大阪府	中堅企業	大型放射光施設及びX線自由電子レーザー施設などで用いられる放射光用X線ミラー
	第一稀元素化学工業株式会社	大阪府	中堅企業	自動車排ガス浄化触媒用材料
	白石工業株式会社	大阪府	中小企業	シーリング材・接着剤業界向け炭酸カルシウム
	株式会社大阪チタニウムテクノロジーズ	兵庫県	大企業	スポンジチタン
電気・電子	湖北工業株式会社	滋賀県	中小企業	海底ケーブル用高信頼性光デバイス
	オプテックス株式会社	滋賀県	中小企業	自動ドアセンサー
	株式会社SCREENグラフィックソリューションズ	京都府	大企業	ロール式高速フルカラーインクジェット印刷機
	エスペック株式会社	大阪府	大企業	温度や湿度，圧力などの環境因子を人工的に再現し，工業製品の信頼性を確保する環境試験器
	テイカ株式会社	大阪府	大企業	医療用超音波画像診断機用セラミックス振動子
	フィガロ技研株式会社	大阪府	中小企業	一酸化炭素（CO）ガスセンサ
	株式会社パトライト	大阪府	中小企業	Audible & Visual Signaling Devices（積層信号灯／回転灯／音声製品）
	古野電気株式会社	兵庫県	大企業	商船向けレーダ

出所）経済産業省（2020），「2020年版グローバルニッチトップ企業100選」より引用

Section 3
儲かる産業・地域に向けた実践事例：拡張万博と周遊化促進の経済効果

はじめに

ここまでChapter 6では，関西経済の将来に向けていかに「儲かる産業」を呼び込むか，あるいは育てていくかという観点から議論を進めてきた．Section 1では基礎データをもとに成長産業を洗い出し，続くSection 2では投資・人材を呼び込む戦略を検討し，関西の新たな強みについて検討した．

Section 3では，これらの議論を踏まえ，「儲かる産業」「儲かる地域」を目指して関西で既に着手している事例を挙げ，その概要，取り組みのポイント，経済に与えるインパクト（経済効果）を示す．関西では2025年に大阪・関西万博の開催を控えており，万博に関連した取り組み事例に着目する．関西経済の将来に向けて，大阪・関西万博の経済効果を一時的・局地的に留まらせることなく，持続的・広域的に展開する取り組みが必要である．この観点から，Section 3では「拡張万博」と「周遊化促進」をキーコンセプトとして提唱する．

Section 3.1では，昨年の白書でも取り上げた「拡張万博」を取り上げる（拡張万博の目的・内容については後述）．特に今年度は，大阪・関西万博及び拡張万博による経済効果のupdate版を示すとともに，拡張万博の事例として関西各地で展開されているオープンファクトリー，八尾市「みせるばやお」と大阪・関西万博に向けた取り組み，東大阪市で2022年に開催された「HANAZONO EXPO」を紹介する．次にSection 3.2では，訪日外国人旅行客に対する「周遊化促進」を取り上げる．関西では大阪・関西万博の開催を契機として，様々な取り組みがなされており，こうした関西における観光の周遊化促進に関する計画やツアープログラムを紹介する．そして周遊化プログラムの浸透により，訪日外国人旅行客の旅行需要拡大・高付加価値化が実現した際の経済効果について検討する．ここでは関西観光本部「THE EXCITING KANSAI」で紹介されているツアープログラムを取り上げて検討する．

1. 拡張万博の経済効果updateと実践事例

Section 3.1では，儲かる産業・地域に向けた実践事例として，昨年の白書でも取り上げた「拡張万博」を取り上げ，その経済効果update版を示すとともに，実践事例を紹介する．

拡張万博とは，万博のテーマ・時間軸・空間軸の概念を拡張し，関西全体を仮想的なパビリオンに見立て，様々な経済活動を展開する取り組みを指す．時間軸の拡張としては，万博の開催前から開催後にわたる長期的なアクションが考えられる．空間軸の拡張としては，万博が開催される夢洲会場だけではなく広域関西（さらには全国）における，万博と親和性の高い活動の展開が考えられる．拡張万博の具体例としては寺社仏閣の特別拝観，音楽祭，ライトアップ，イルミネーション，食フェスタなど万博のコンセプトである「未来社会の実験場」やSDGsを意識した特別イベント等が挙げられる．また地域間の移動には関西MaaSアプリを活用し，交通機関の利用を促進することが検討されている．万博訪問者の関西周遊化促進を目指すとともに，万博を一過性で終わらせることなく，イベントの恒常化を図ることも期待されている．

ここではまずSection 3.1(1)で拡張万博による経済効果のupdate版を示す．次にSection 3.1(2)で，拡張万博の実践事例としてオープンファクトリーと2022年11月に東大阪市で開催されたHANAZONO EXPOを紹介する．

(1) 拡張万博の経済効果update：宿泊増と日帰り旅行者増加ケースの試算

ここでは，当研究所が独自に作成した2015年関西地域間産業連関表（暫定版）を用いて，大阪・関西万博及び拡張万博の経済効果を再試算する[1]．拡張万博ケースでは，万博参加の機運醸成によるリピーター増や，夢洲会場以外の各地で実施されるイベントへの追加的な参加を想定する．なお再試算にあたって，直近の各種イベント等の状況を踏まえて日帰り旅行者の動向など前提条件を再検討した．また，国内客及び海外客の旅行1日当たりの支出額（単価）

---

1) Section 3.1(1)での分析手法・結果の詳細については稲田・入江・下山・野村（2023）を参照．

を最新年のデータに基づいてアップデートした．

　今回の経済効果の試算では，夢洲会場のパビリオンを中心として最終需要が発生するケース（以下では基準ケースと呼ぶ）に加えて，拡張万博の展開・関西のパビリオン化という概念を取り入れ，関西全体で万博及び関連イベントの参加者が増加するケースの経済効果も計算する．

①最終需要の想定

　まず分析の前提となる最終需要の想定について述べる．万博開催で発生する最終需要は，主催者及び出展者等による事業運営費と，来場者による消費支出に大別される．

　事業運営費は，大阪・関西万博関連事業の進捗を反映した国際博覧会協会及び大阪市の公表資料より5,894億円とする．内訳は，会場建設費2,497億円，運営費2,269億円，関連基盤整備費1,128億円である．この金額は前年度の試算から変わっておらず，また基準ケース・拡張万博ケースで共通である．

　来場者による消費支出については，1人当たり消費単価に想定来場者数を乗じて算出する．

　基準ケースでの1人当たり消費単価は，観光庁「旅行・観光消費動向調査」及び「訪日外国人消費動向調査」を基礎資料として，日帰り客，国内宿泊客，海外宿泊客のそれぞれについて交通費，宿泊費，飲食費，買物代，娯楽サービスの費目単価を算定する．また基準ケースでの想定来場者数は，日本国際博覧会協会「基本計画」に従い約2,820万人とする．2,820万人の内訳は，関西2府4県から約1,560万人，関西以外の国内地域から約910万人，海外から約350万人である．ここで関西2府4県からの来場者は日帰り，関西以外の国内地域からの来場者は関西で1泊すると想定する．また海外からの来場者は3泊4日と想定する．

　次に拡張万博ケースでは，万博参加の機運醸成によるリピーター増や，夢洲会場以外の各地で実施されるイベントへの追加的な参加を想定する．このケースでは，宿泊者数の泊数が増加するケース（以下では拡張万博ケース1と呼ぶ）と，ケース1からさらに日帰り旅行者が20%増加するケース（以下では拡張万博ケース2と呼ぶ）の2パターンを検討する．

　拡張万博ケース1・ケース2ともに，国内宿泊客の泊数は1泊から2泊に，海外客は3泊から5泊に，それぞれ増えるとする．また海外客の2泊増については，1泊は大阪，もう1泊は国内の宿泊客と同様のシェアになるとする．

　またケース2では，ケース1での想定に加えて，日帰り客の交通費・飲食費・娯楽サービス費が20%増えるとする．これは関西各自治体の努力により関西全体のパビリオン化が進み，国内日帰り客がさらに20%増加し，大阪以外の当該地域を訪問するという想定に基づいている．2019年関西圏の国内日帰り客（大阪府を除く）の訪問パターンを計算し，その想定で各府県の消費支出額を試算した．

　以上の想定の結果，来場者による消費支出は表6-3-1のようになる．消費支出総額は，基準ケースでは7,866億円，拡張万博ケース1では1兆143億円（基準ケース比＋29.0%），拡張万博ケース2では1兆646億円（同＋35.4%）となる．

表6-3-1　来場者による消費支出

基準ケース　（億円）

	国内日帰り	国内宿泊	海外	計
交通費	1,196	738	198	2,132
宿泊費	0	838	562	1,400
飲食費	540	404	412	1,356
買物代	832	357	633	1,822
娯楽サービス	777	303	76	1,155
計	3,344	2,640	1,881	7,866

拡張万博ケース1（宿泊増）　（億円）

	国内日帰り	国内宿泊	海外	計
交通費	1,196	1,107	297	2,600
宿泊費	0	1,676	937	2,613
飲食費	540	606	619	1,765
買物代	832	357	633	1,822
娯楽サービス	777	454	114	1,345
計	3,344	4,201	2,599	10,143

拡張万博ケース2（宿泊増＋日帰り客増）　（億円）

	国内日帰り	国内宿泊	海外	計
交通費	1,435	1,107	297	2,839
宿泊費	0	1,676	937	2,613
飲食費	648	606	619	1,873
買物代	832	357	633	1,822
娯楽サービス	932	454	114	1,500
計	3,847	4,201	2,599	10,646

出所）筆者作成

| 表6-3-2 | | 地域別にみた生産誘発額の結果表 | | | | | | | |

(億円)	基準ケース	ケース1	ケース2	ケース1-基準	ケース2-基準	ケース2-ケース1	基準ケースシェア(%)	ケース1シェア(%)	ケース2シェア(%)
福井県	70	251	288	181	218	37	0.3	0.9	1.0
三重県	313	664	795	351	482	131	1.3	2.0	2.8
滋賀県	183	399	469	216	286	70	0.8	1.4	1.6
京都府	223	1,618	1,779	1,395	1,556	161	0.9	5.8	6.2
大阪府	17,707	17,927	17,974	220	267	46	74.5	64.3	62.4
兵庫県	684	1,318	1,532	634	848	214	2.9	4.7	5.3
奈良県	97	169	216	72	119	47	0.4	0.6	0.8
和歌山県	177	343	383	166	206	40	0.7	1.2	1.3
鳥取県	28	151	183	123	155	32	0.1	0.5	0.6
徳島県	75	182	205	107	130	23	0.3	0.7	0.7
その他地域(関西以外)	4,201	4,854	4,994	652	792	140	17.7	17.4	17.3
計	23,759	27,875	28,818	4,116	5,059	943	100.0	100.0	100.0

出所）筆者作成

②推計結果と考察

①で示した最終需要の想定から，2015年関西地域間産業連関表（暫定版）に基づき，基準ケースと拡張万博ケースの生産誘発額を算出する．各地域での生産誘発額，ケース間の差分，生産誘発額の地域別シェアを示すと表6-3-2のようになる．

関西全体での生産誘発額は，基準ケースでは2兆3,759億円，拡張万博ケース1では2兆7,875億円と4,116億円上振れしている．拡張万博ケース2では2兆8,818億円と5,059億円上振れしている．また拡張万博ケース2と拡張万博ケース1の差額は943億円となるが，これは各自治体の一層の努力による拡張万博の効果とみてよい．

次に拡張万博ケース2と基準ケースの変化を地域別にみると（表6-3-2内「ケース2-基準」の列），最も大きく増加しているのは京都府1,565億円であり，次いで兵庫県848億円，その他地域792億円，三重県482億円となっている．

また経済効果の地域別シェアをみれば，大阪府のシェアが基準ケースの74.5%から，拡張万博ケース2では62.4%まで低下している．延泊と日帰り客の増加により関西内の大阪府以外の，各府県への経済効果がさらに高まる結果となったといえよう．

本試算では，基準ケースと拡張万博ケースの比較から，拡張万博の展開に伴う延泊と日帰り客の増加により，大阪府以外の地域での経済効果が相対的に高まるとの結果が得られた．観光客にとって魅力的なコンテンツで拡張万博を展開することで，万博会場以外の地域においても日帰り消費や滞在型消費の増大が期待できる．すなわち万博の経済効果は，関西全体をパビリオン化することによって，大阪府のみならず関西の他府県に対してもより広域に，かつ大きく波及すると考えられる．こうした拡張万博の展開，関西のパビリオン化に該当するイベントは，既に関西広域にわたって数多く開催されている．次項ではその実践事例を紹介しよう．

(2) 拡張万博の実践事例：オープンファクトリー・八尾市・東大阪市の取り組み

Section 3.1(1)で述べたように，夢洲会場以外の各地で実施されるイベントへの追加的な参加を想定する拡張万博の展開，関西全体のパビリオン化は，関西広域に対して一定の経済効果をもたらし，万博の経済効果をより広域に，かつ大きく波及させると考えられる．本項では，拡張万博の実践事例として関西各地で展開されているオープンファクトリー，八尾市「みせるばやお」と大阪・関西万博に向けた取り組み，東大阪市で2022年に開催されたHANAZONO EXPOを紹介する．

①オープンファクトリーの開催状況

近畿経済産業局によると，オープンファクトリーとは，ものづくり企業が生産現場を外部に公開し，来場者にものづくりを体験してもらう取り組みを指す．加えて近年では，一定の産業集積がみられる地域を中心に，企業単独ではなく，地域内の企業等が

面として集まり，イベントを行うなど地域一体型としての取り組みが多くみられるようになっている．地域一体型オープンファクトリーが持つ集客力や求心力は強力であり，地域の魅力を一体的に示すことで，地域内外から多くの集客を獲得している．特に関西では，2025年大阪・関西万博を見据えて，新たな関西の魅力を発信する手段として期待されている．

近畿経済産業局によると，地域一体型オープンファクトリーは2023年3月時点で全国では41箇所，うち関西2府5県（福井県含む）では約3分の1となる14箇所で開催されている．図6-3-1は，関西でのオープンファクトリーの開催状況を示したもので，大阪府や京都府を中心に開催されていることがわかる．特に大阪府には東大阪市や八尾市など製造業が盛んな地域があり，各自治体は地域の強みを活かした活動を行っている．

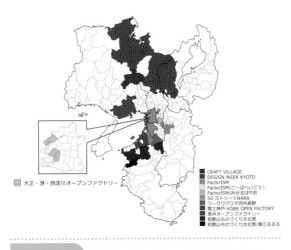

図6-3-1　関西でのオープンファクトリー開催状況

出所）近畿経済産業局『OPEN FACTORY REPORT 1.0』より作成

②八尾市「みせるばやお」と「大阪ヘルスケアパビリオン」への出展

2018年に八尾市で発足した「みせるばやお」は，①で述べたオープンファクトリーの典型例である（図6-3-2参照）．

「みせるばやお」は，企業同士の共創を促進することで，新たなイノベーションを起こすことを目的に地元中小企業・大手企業・大学・金融機関・行政が連携したコンソーシアム（共同事業体）である．具体的には，「ものづくりワークショップ」を通じた地域貢献，ものづくりの魅力やものづくりを担う

企業の魅力の発信，企業間のコラボレーション企画や商品開発，イベント等が実践されている．「みせるばやお」から新たに生まれたコラボレーション事業や商品は発足から5年間で50を超えているという．企業の参画は会員制を採用しており，2023年1月末時点で参加企業は130社にのぼる．うち約3割は八尾市外の企業（北は東北，大手企業等も参画）で構成されている．23年1月末時点での累計来訪者数は約8.4万人で，大阪・関西万博の開催期間中の来場者数10万人を目標としている．

また同市は，大阪・関西万博で大阪府・大阪市が出展する「大阪ヘルスケアパビリオン」の一角に，自治体として唯一ブースを出展することとなっている．また，上で述べた「みせるばやお」と連携することで，万博会場から八尾市への誘客を目指しており，積極的にプロモーションなどを行っている．

図6-3-2　「みせるばやお」の景観

出所）八尾市による提供

③東大阪市「HANAZONO EXPO」の開催

次に東大阪市が2022年に開催した「HANAZONO EXPO」を紹介する．同市は，2022年11月5日・6日の2日間，同市花園中央公園にてイベント「HANAZONO EXPO　いのち輝く未来社会にふれてみよう Road to 大阪・関西万博」を開催した（図6-3-3参照）．同イベントの趣旨は，ポストコ

ロナ社会における新しい生活様式や価値観，最先端の技術によるデジタル化を来場者に体験してもらい，万博の意義や可能性を周知しようとするものであった．花園中央公園を万博会場に見立て，200近い企業などのブースが並び，「空飛ぶクルマ」の実機展示や万博プロデューサーによるパフォーマンス，VRゴーグルを使った体験コーナー，ドローン操縦体験などが展示された．万博公式キャラクター「ミャクミャク」の姿もあった．

同市によると，当初2万人の来場者を予定していたところ当日は7万人の来場があり，大阪府全体に4.2億円，東大阪市内に1.6億円の生産誘発効果が発生したという．イベントの目的である大阪・関西万博に向けた機運の醸成と，一定の経済効果を生み出すことに成功したといえる．同市は市内の中小企業振興も狙いとしており，大阪・関西万博が開催されるまでの2023年・24年と同イベントを開催する予定とのことである．

2.　観光周遊化促進による経済効果

次に，訪日外国人観光客の「周遊化促進」について検討する．訪日外国人による観光の広域化・周遊化については，Chapter 5で都市部でのオーバーツーリズム現象を解消し，他地域への誘客が課題となると指摘した．関西では2025年に大阪・関西万博を控え，関西での観光の広域化・周遊化・高付加価値化を企図する振興計画や具体的なツアープログラムなどが複数検討されている．

Section 3.2(1)では関西における観光の周遊化促進に関する取り組みを紹介する．次にSection 3.2(2)では関西観光本部が例示する高付加価値ツアーのモデルケースを取り上げ，地域経済への影響について関西地域間産業連関表を用いた分析結果を示す．

(1)　関西における観光の周遊化・広域化・高付加価値化に向けた取り組み

まず関西における観光の周遊化促進に関する計画やツアープログラムを紹介する．具体的には，国際博覧会推進本部による「2025年大阪・関西万博アクションプラン」，近畿地方整備局・近畿運輸局・関西観光本部による「大阪・関西万博に向けた関西観光アクションプラン」，関西観光本部による「THE EXCITING KANSAI」を取り上げる．

①2025年大阪・関西万博アクションプラン（国際博覧会推進本部）

国際博覧会推進本部による「2025年大阪・関西万博アクションプラン」（Ver. 3，2022年12月公表）は，25年の大阪・関西万博開催に向けて各省庁が取り組む施策，今後の実施方針等をまとめたものである．21年12月にVer. 1が公表され，以降22年6月，22年12月と約半年ごとに改定されている．観光については「大阪・関西万博の機会を活用した訪日プロモーション」（Ver. 1,2），「大阪・関西万博を契機とした全国への誘客促進」（Ver. 3）

図6-3-3　「HANAZONO EXPO」ポスターと当日の様子

出所）東大阪市による提供

が重要テーマの1つとして掲げられている．基本的な方向性としては，内閣官房・観光庁が実施主体となり，博覧会協会やDMO（観光地域づくり法人）と連携し，観光資源の磨き上げやコンテンツの充実，DX推進を図り地域のブランド化につなげるとする．また特に重点的に取り組むべき事業として，質の高い魅力的な観光周遊ルートの構築，広域周遊を含むモデルコースの創出・観光コンテンツの充実が挙げられている．

②大阪・関西万博に向けた関西観光アクションプラン（近畿地方整備局・近畿運輸局・関西観光本部）

次に，近畿地方整備局・近畿運輸局・関西観光本部による「大阪・関西万博に向けた関西観光アクションプラン」（Ver.2，2023年8月改定）では，上記「2025年大阪・関西万博アクションプラン」で示された基本的な方向性に基づき，観光産業に特化して，より具体的な取り組み内容が示されている．例えば関西の観光回復に向けて促進する取り組みとして，旅行需要の変化を踏まえた新たな観光コンテンツ創出（魅力向上），持続可能な観光地域づくり（地域の取り組み），観光業の体質強化（DXの導入等）が挙げられている．関西を国際競争力のある観光地域とするために，地域における観光資源を「面」としてコーディネートするため「テーマとストーリー」「人材」「情報」「交通」の4つの視点で地域をつなげることで「住んでよし，訪れてよし」の観光地域づくりを目指すとしている．地域間の移動には，関西MaaSアプリを活用し，公共交通機関による地域間のシームレスな移動を推進するという．

また大阪・関西万博に向けて「関西全体をパビリオン化することで万博来場者の関西周遊を促進する」と述べられている（図6-3-4）．地域性を活かしたコンテンツ造成や観光の高付加価値等の取り組みを推進するとしており，昨年の白書でのわれわれの主張と共通している．

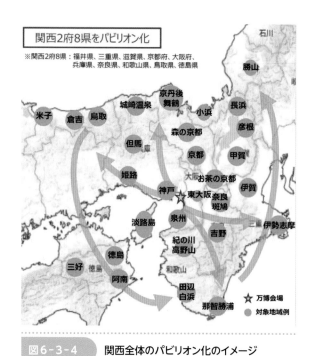

図6-3-4　関西全体のパビリオン化のイメージ

出所）近畿地方整備局・近畿運輸局・関西観光本部による「大阪・関西万博に向けた関西観光アクションプラン」

③ THE EXCITING KANSAI（関西観光本部）

関西観光本部は，訪日外国人旅行者を対象として，関西広域での周遊化・新しい滞在圏の形成を目的とする広域観光ルート「THE EXCITING KANSAI」を作成している．「THE EXCITING KANSAI」では関西の8つの観光ルートをブランディングしている．京都，大阪，神戸，奈良をコアエリアとしながら，関西一円を周遊し宿泊する新しい滞在圏を提案している（ルートは表6-3-3参照）．THE EXCITING KANSAIのホームページでは，8つの観光ルートごとに，周遊化・広域化・高付加価値化をキーコンセプトとするモデルコースや体験プログ

表6-3-3　THE EXCITING KANSAIでの観光ルート

エリア名	対象府県
紀伊半島	和歌山県・奈良県・三重県
播磨	兵庫県
琵琶湖西岸〜北陸	滋賀県・福井県
福井〜琵琶湖東岸〜三重	福井県・滋賀県・三重県
神戸〜淡路島〜徳島	兵庫県・徳島県
山陰海岸	鳥取県・兵庫県・京都府・福井県
奈良〜伊勢	奈良県・三重県
丹波	京都府・兵庫県

出所）関西観光本部「THE EXCITING KANSAI」HP，資料より作成

ラムが例示されている．

　Section 3.2(2)では「THE EXCITING KANSAI」で示されている観光ルートのうち，山陰海岸エリアでのセルフガイドツアーのモデルコースを取り上げる[2]．また地域経済への影響について関西地域間産業連関表を用いた分析結果を示す．

(2) 関西観光本部による広域観光促進の経済効果

　ここでは，前述した「THE EXCITING KANSAI」における山陰海岸エリアでのセルフガイドツアーのモデルコースを取り上げ，広域化・周遊化の浸透により，訪日外国人旅行客の旅行需要拡大・高付加価値化が実現した際の経済効果について検討する．8つのルートのうち，山陰海岸エリアを取り上げるのは，複数府県に跨がり，宿泊を含む広域・周遊ツアーが具体的に示されているためである．

　今回取り上げる山陰海岸エリアの周遊ツアーの概要を表6-3-4に示している．レンタカーを利用

| 表6-3-4 | 「THE EXCITING KANSAI」での山陰海岸エリア周遊ツアーの概要 |

ツアー名：Kinosaki～Tango Peninsula～Amanohashidate 3 days / 2 nights
料金：128,000円／人
ルート：関空→城崎温泉→天橋立→関空
1日目：関西空港到着後，レンタカーを借りて出発 【おすすめモデルコース】 　出石そばの昼食と出石城下町を散策（辰鼓楼時計台，永楽館，匠の工芸品） 【おすすめオプション】 　（出石エリア）そば打ち体験と昼食（所要時間約1時間） 　（豊岡エリア）豊岡KABAN職人街でお買い物 【宿泊施設】 　西村屋ホテル招月庭または同等クラス ※夕食・朝食付
2日目：宿泊施設で朝食をとり，チェックアウト．セルフツアー後，天橋立地区の宿泊施設へ 【おすすめモデルコース】 　城崎温泉ロープウェイで末代山温泉寺と展望台へ 　和久傳森工芸館にて昼食 　ちりめん街道・旧尾藤家住宅見学 【おすすめオプション】 　（城崎エリア）城崎わら細工体験（所要時間約1時間） 　（京丹後エリア）本格的な縮緬着物の着付け＆ウォーキング体験（所要時間 約4時間） 　　　　　　　　　縮緬コースター作り・手織り体験（所要時間約1時間） 【宿泊施設】 　「天橋立離宮 星音」または同等クラス（夕食・朝食付き）
3日目：ホテルで朝食・チェックアウト．丹後半島をセルフドライブツアー，関空に帰着 【おすすめモデルコース】 　伊根舟屋周辺散策 　"舟屋レストラン"または"わだつみ"での海鮮料理ランチ 　天橋立（元伊勢 籠神社・笠松公園） 【おすすめオプション】 　（伊根エリア）舟屋ガイドと行く伊根体験（グループツアー約1時間） 　　　　　　　　伊根e-bike／電動アシスト自転車レンタル（所要時間約30分） 　　　　　　　　海上タクシーによる伊根舟屋周辺観光（所要時間約30分） 　　　　　　　　伊根湾観光船（所要時間約30分）

出所）関西観光本部「THE EXCITING KANSAI」HPより作成

し，兵庫県豊岡市を中心としたエリア，京都府北部の海沿いを中心とした丹後地方を訪問する．主な行程は次の通りである．1日目は，関西国際空港でレンタカーを借り，兵庫県出石町の散策，豊岡市での豊岡カバンの工房巡り等を体験し，城崎温泉においてラグジュアリーな施設に宿泊する．2日目には，豊岡市周辺で様々な体験を行った後に，天橋立がある京都府北部の沿海部を訪れる．3日目には，天橋立の近隣地域で遊覧船に乗るなどの体験活動を行い，関西国際空港に戻るといった行程である．この周遊ツアーの特徴は，各地域の観光資源，食材，名産品や土産品をふんだんに盛り込んだツアーになっていること，ラグジュアリーな施設での宿泊により観光客の満足度を高めるとともに，従来の個人旅行より高付加価値化を図るプランとなっていることが挙げられる．

　以下では，関西地域間産業連関表（暫定表）を用いて表6-3-4で示した周遊ツアーを前提とし，訪日外国人旅行客の観光需要拡大・高付加価値化の実現による地域経済に与える経済効果を計測する（これを「高付加価値ケース」と呼ぶ）．また比較として，兵庫県，京都府を訪問先とする従来型の旅行ツアー（以下これを「ベースケース」と呼ぶ）による経済効果の計測もあわせて行う．

　表6-3-5は，ベースケースと高付加価値ケースの1人当たり費用（単価）を比較したものである．ベースケースでは，観光庁「訪日外国人消費動向調査」より，兵庫県と京都府の1人当たり費用を整理している．高付加価値ケースでは，表6-3-4で示したプログラムに基づき，各単価を想定した．

　なおベースケースと高付加価値ケースの違いとして，第一に宿泊費が挙げられる．ベースケースでは現時点の兵庫県・京都府での平均的な消費単価となっており，比較的安価なホテルも含んだ結果となっているが，高付加価値ケースではラグジュアリーな施設での宿泊を想定しているため，1人当たり費用が大きくなっている．第二に，高付加価値ケースではツアーの行程に基づき，兵庫県で豊岡カバン，京都府で伝統工芸品の購入を想定し，これを買物代に反映している．このため，ベースケースに

---

2)　セルフガイドツアーとは欧米富裕層を中心に広がっている旅行形態であり，旅行行程・交通・宿泊を事前に手配し，専用マップ・ガイドブックを手に，旅行者自身のペースで観光・滞在を楽しむものである．

比べると買物代も単価が大きくなっている．第三に，高付加価値ケースでは，交通費として大阪府でレンタカー代，高速道路利用料等が発生すると想定している．

<table>
<tr><td colspan="2" style="text-align:center">表6-3-5</td><td colspan="5">各ケースでの1人当たり費用の比較</td></tr>
</table>

（単位：円/人）	ベースケース		高付加価値ケース		
	兵庫県	京都府	兵庫県	京都府	大阪府
宿泊費	7,600	10,531	45,000	60,000	0
飲食費	8,412	8,598	1,200	6,030	0
交通費	545	778	935	1,953	8,599
娯楽サービス費	1,630	1,319	1,200	3,200	0
買物代	7,445	7,593	20,000	10,000	0
その他	4,261	4,840	1,000	3,500	0

出所）観光庁「訪日外国人消費動向調査」及び関西観光本部「THE EXCITING KANSAI」プログラム等より筆者作成

表6-3-5の単価をもとに，2019年における豊岡市の外国人延べ宿泊者数である4.1万（人泊）を乗じ，関西地域間産業連関表（暫定版）の地域別産業別の項目に割り当て，経済効果を算出した[3]．両ケースの生産誘発額，粗付加価値誘発額，雇用者所得誘発額は図6-3-5のようになる．生産誘発額ではベースケース50億円，高付加価値ケース134億円，粗付加価値誘発額ではベースケース27億円，高付加価値ケース70億円，雇用者所得効果ではベースケース13億円，高付加価値ケース34億円となっている．いずれの結果でみても，高付加価値ケースの効果額はベースケースの2.5倍程度になっている．

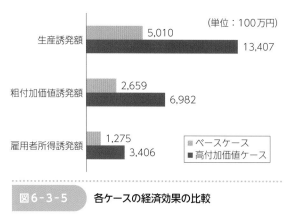

（単位：100万円）

生産誘発額　5,010 / 13,407
粗付加価値誘発額　2,659 / 6,982
雇用者所得誘発額　1,275 / 3,406

■ベースケース　■高付加価値ケース

<table>
<tr><td>図6-3-5</td><td>各ケースの経済効果の比較</td></tr>
</table>

出所）筆者作成

次に表6-3-6より，生産誘発額により地域別の経済効果をみていく．ベースケース・高付加価値ケースともに生産誘発効果全体のうち京都府が約40%，兵庫県が約35%を占めている．どちらのケースでも京都府の宿泊費が高くなっているため，生産誘発効果のシェアは京都府が最大となっている．また高付加価値ケースでは，京都府のシェアが上昇している一方，関西以外のシェアが1.1%ポイント減少している．この結果は，地域の観光資源を有効活用したツアーを実施することで，経済波及効果が地域内に留まることを示唆している．

<table>
<tr><td colspan="2">表6-3-6</td><td colspan="4">地域別にみた生産誘発効果</td></tr>
</table>

	ベースケース		高付加価値ケース		両ケースの差（100万円）
	生産誘発額（100万円）	地域別シェア	生産誘発額（100万円）	地域別シェア	
京都府	2,011	40.1%	5,523	41.2%	3,512
兵庫県	1,734	34.6%	4,595	34.3%	2,861
大阪府	273	5.5%	768	5.7%	495
その他関西	152	3.0%	414	3.1%	262
関西以外	841	16.8%	2,108	15.7%	1,267
合計	5,010	100.0%	13,407	100.0%	8,397

注）その他関西には，福井県・三重県・滋賀県・奈良県・和歌山県・鳥取県・徳島県が含まれる．関西以外は，国内の関西以外の地域を指す．
出所）筆者作成

さらに，生産誘発効果を地域別・産業別に示すと表6-3-7のようになる．ベースケースでは，サービス業での効果が最も大きく，ついで製造業，商業となっている．高付加価値ケースでもサービス業での効果が最も大きいが，全体に占めるシェアはベースケースに比べて若干低下している．その代わりに，製造業や運輸・通信業のシェアが拡大している．高付加価値ケースでの兵庫県の製造業での生産誘発効果はベースケース比で5倍程度，京都府の製造業も2.5倍程度の増加となっている．

最後に観光需要拡大・高付加価値化が地域経済に与えるインパクトについて確認する．京都府・兵庫県における粗付加価値効果額の両ケースの差分と，京都府丹後地域及び兵庫県豊岡市の域内総生産（名目GRP）に対する比率はそれぞれ表6-3-8のよ

---

3)　一般的な産業連関分析では，新たに発生した最終需要に対して各地域・各産業の自給率を乗じて地域内で発生した最終需要を算出する．しかし今回の分析では，各地域での観光資源の活用を想定していることから，ベースケース・高付加価値ケースともに自給率を100%としている．

表6-3-7　地域別・産業別にみた生産誘発効果

◇ベースケース　(単位100万円)

産業	京都府	兵庫県	大阪府	その他関西	関西以外	合計	産業別シェア(%)
農林水産業	11	13	1	9	61	94	1.9%
製造業	187	137	66	86	252	729	14.6%
商業	203	194	63	16	127	603	12.0%
運輸・通信業	142	121	52	15	149	479	9.6%
サービス業	1,228	1,077	61	13	177	2,555	51.0%
その他	240	192	30	12	74	549	11.0%
合計	2,011	1,734	273	152	841	5,010	100.0%

◇高付加価値ケース　(単位100万円)

産業	京都府	兵庫県	大阪府	その他関西	関西以外	合計	産業別シェア(%)
農林水産業	15	21	1	19	128	184	1.4%
製造業	462	635	176	233	589	2,095	15.6%
商業	365	532	159	40	312	1,407	10.5%
運輸・通信業	431	368	173	48	421	1,442	10.8%
サービス業	3,507	2,499	169	37	460	6,671	49.8%
その他	744	540	90	36	197	1,607	12.0%
合計	5,523	4,595	768	414	2,108	13,407	100.0%

◇差　(単位100万円)

産業	京都府	兵庫県	大阪府	その他関西	関西以外	合計
農林水産業	4	8	1	10	67	90
製造業	275	498	110	147	337	1,366
商業	162	338	95	24	185	804
運輸・通信業	289	248	121	33	272	963
サービス業	2,279	1,422	108	24	283	4,116
その他	503	348	60	24	123	1,058
合計	3,512	2,861	495	262	1,267	8,397

注）地域区分は表6-3-6と同じ.
出所）筆者作成

表6-3-8　地域経済（粗付加価値ベース）への影響

(単位100万円)

丹後地域名目GRP	300,612	豊岡市名目GRP	302,512
京都府内効果	1,471	兵庫県内効果	1,783
比率（%）	0.49%	比率（%）	0.59%

注）名目GRPは利用可能な最新データとなる2019年の値を用いている. 丹後地域には宮津市・京丹後市・伊根町・与謝野町が含まれる.
出所）豊岡市「令和4年度豊岡市統計書」, 京都府「令和元年度京都府市町村民経済計算」より筆者作成

おわりに：万博を契機に高付加価値化を目指す関西経済

　Section 3では関西における地域・産業のブランド化・高付加価値化，より有り体にいえば「儲かる産業」「儲かる地域」に向けた実践事例として，拡張万博と周遊化促進を取り上げた.

　Section 3.1では，大阪・関西万博及び拡張万博による経済効果のupdate版を示すとともに，拡張万博の事例として関西でのオープンファクトリーの開催状況，八尾市及び東大阪市での取り組みを紹介した. またSection 3.2では，関西における観光の周遊化促進に関する取り組みを紹介した上で，関西観光本部による山陰海岸エリアでの高付加価値ツアーを取り上げ，周遊化促進の経済効果を計測した. 計測結果から，周遊化促進・高付加価値化は当該地域のみならずより広く関西全域に経済波及効果をもたらすことが明らかになった.

　関西では2025年に大阪・関西万博の開催が予定されており，その経済効果を持続的・広域的に展開する取り組みが必要である. 万博の経済効果を特定の地域や特定の時期に留めるのでは不十分であり，持続的・広域的に展開していく仕掛けを積極的に用意することが必要である. 万博以降においても，地域ごとの特徴・魅力を十全に活かすようなイベントやツアープログラムの設計，観光客の誘客を求めていくことが重要となる. Section 3で示した実践事例のような取り組みが今後関西で次々と展開され，地域・産業のブランド化・高付加価値化につながることを期待したい.

うになる[4]. 京都府での効果の丹後地域経済に対する比率は0.49%，兵庫県での効果の豊岡市経済に対する比率は0.59%となる. ツアーの行程を高付加価値コースに変更することにより，一定程度の経済波及効果が当該地域において追加的に発生することがわかる.

4）　京都府丹後地域には宮津市・京丹後市・伊根町・与謝野町が含まれる. なお，ここでの粗付加価値効果は兵庫県，京都府全体への波及であり，豊岡市と丹後地域に限ったものではない. しかし直接需要の大部分がこれらの地域に向かうことから，それぞれの地域の経済規模（GRP）に対する倍率の最大値としてとらえて差し支えないと考えた.

参考文献

稲田義久・入江啓彰・下山朗・野村亮輔（2023）「拡張万博の経済効果：UPDATE」，APIR Trend Watch No. 85.

関西観光本部（2021）「THE EXCITING KANSAI」，（https://www.the-kansai-guide.com/ja/premium/exciting/）

近畿運輸局・近畿地方整備局・関西観光本部（2023）「大阪・関西万博に向けた関西観光アクションプラン〜4つの視点で地域をつなげる〜」，（https://www.kkr.mlit.go.jp/news/top/press/2023/lpe01g0000002ilo-att/20230801-1 actionplan.pdf）

近畿経済産業局（2023）『OPEN FACTORY REPORT 1.0』，（https://www.kansai.meti.go.jp/1-9 chushoresearch/openfactory/R4fybooklet.html）

内閣官房（2022）『2025年 大阪・関西万博アクションプラン Ver. 3』，（https://www.cas.go.jp/jp/seisaku/expo_suisin_honbu/pdf/Action_Plan_Ver.3.pdf）

近畿大学短期大学部商経科 教授

入江 啓彰

大阪経済大学経済学部 教授

下山 朗

株式会社日本アプライドリサーチ研究所
取締役・主幹研究員

下田 充

アジア太平洋研究所 副主任研究員

野村 亮輔

甲南大学 名誉教授

稲田 義久

大阪経済法科大学経済学部 教授
関西学院大学 名誉教授

高林 喜久生

Part III Chronology

- EXPO 2025 Chronology
- Tourism Chronology

EXPO 2025 Chronology

目　次

【EXPO 2025 Chronology の編集について】

・EXPO 2025 Chronologyは，アジア太平洋研究所（APIR）のChronology班が執筆した．

・以下のデータの最終確認時点は，2023年6月30日である（例外の場合は注記）．

・公益社団法人2025年日本国際博覧会協会は，記載スペースの関係で「万博協会」と表記した．

・大阪・関西万博は，1.年表に限り記載スペースの関係で「万博」と表記した．

・関西の定義は，注記がない場合を除いて2府4県（滋賀県，京都府，大阪府，兵庫県，奈良県，和歌山県）である．

1. 年表

○2022年7月18日に万博1,000日前となり,万博協会は公式キャラクターの愛称を発表した.また,10月25日には万博協会と参加表明国・地域の担当者とで初の国際会議を開催し,各国のパビリオンの建設に向けて動きが本格化してきた.

○2022年12月20日には万博推進本部が万博に向けたアクションプランを改定し,大阪府・市をはじめとした関係団体の要望が盛り込まれた.

○2023年4月13日に開幕まで2年を切り,会場予定地の夢洲で起工式が開催された.また,6月30日には万博協会が入場券の基本価格を正式に決定した.

| 表1 | | 万博に関する動き:2022年4月〜23年6月 |

年	月	万博関係の動き
2022	4	8　参加表明,計100カ国・地域に到達 18　万博協会が中核となる8パビリオンの基本計画を発表 27　万博協会が「EXPO 2025グリーンビジョン」を公表
	5	13　徳島県が「とくしまバーチャルパビリオン」を開設
	6	3　「大阪・関西万博 来場者輸送基本方針」を策定 10　万博協会が万博を記念したナンバープレートを公表 17　大阪府・市が「大阪パビリオン」の外観のイメージを公表
	7	1　大阪府・市が「夢洲における国際医療の在り方研究会議」を開催 13　大阪府・市が「大阪パビリオン」の名称を「大阪ヘルスケアパビリオン Nest for Reborn」に決定 **18　万博協会が1,000日前イベントで公式キャラクターの愛称を発表**
	8	8　万博協会が会場での休憩所やトイレなどの設計を担当する若手建築家23人を選出 24　大阪府が脱炭素技術8事業を選定し,万博期間中に成果を発表すると公表
	9	15　関西2府5県,41商工会議所が万博の機運醸成に向けたワーキンググループを発足 18　関西3空港懇談会が関西国際空港,大阪国際空港,神戸空港の発着回数の上限を年間50万回とする方針を決定
	10	**25　万博協会が参加表明国・地域の担当者と初の国際会議を開催** 26　万博協会が出展30カ国とパビリオン建設調整を開始 27　大阪商工会議所と大阪産業局が大阪パビリオンに参画する26事業を認定 27　関西文化学術研究都市の関係44機関が「けいはんな万博」のイベント準備会を設立 28　万博協会がオーストリアとパビリオン出展契約に調印
	11	5　万博に向けた機運醸成のためのイベント「HANAZONO EXPO」を大阪府東大阪市で開催 8　関西の主要鉄道7社が「関西MaaS協議会」を設立し,2023年夏ごろに「MaaS」アプリ提供を始めることを発表
	12	1　大阪メトロとNTTコミュニケーションズなど6社が,舞洲で「レベル4」の自動運転バスの実証実験を開始 5　万博協会が公式キャラクターのライセンス契約を結ぶ事業者を選定 **20　政府の万博推進本部が「大阪・関西万博アクションプランVer3」を発表** 23　政府が万博に出展する日本政府館の建設などに24億円を計上した23年度予算案を閣議決定 27　万博協会が,会場内と大阪市中心部などとを結ぶ「空飛ぶクルマ」の運行事業者の募集を開始
2023	1	18　万博協会が1テーマを1週間程度ずつ開催する「テーマウィーク」を万博に導入すると発表 18　万博協会が人工知能(AI)による多言語翻訳システムを会場に導入すると発表
	2	1　スイスが出展するパビリオンの概要を公表 14　大阪市が万博のインフラ整備や実証実験への支援などに134億円を拠出する23年度予算案を発表 21　万博協会が「空飛ぶクルマ」の運行事業者にANAホールディングスや日本航空などの5社を選定したことを公表
	3	3　大阪府・市が「空飛ぶクルマ」の離着陸場の候補地として3カ所を選定したことを発表 14　万博協会が,万博期間中に大小8,000程度の催事を実施する方針を発表 24　政府が日本を除く153の国・地域と8の国際機関が参加を表明したことを発表
	4	6　万博協会が会場内での決済手段を全面的にキャッシュレスにする方針を発表 12　万博協会が公式キャラクターを使用したグッズを発売 13　宮内庁が万博の名誉総裁に秋篠宮皇嗣殿下が就任したことを発表 **13　会場予定地である夢洲でパビリオンなど主要施設の起工式を開催** 25　万博協会が米国とパビリオン出展契約に調印
	5	17　万博協会がイベント検討会の共同座長に吉本興業ホールディングス前会長の大崎洋氏を起用することを発表 29　京都府知事や京都市長などが共同代表を務める「大阪・関西万博きょうと推進委員会」が初会合を開催 31　大阪メトロが会場整備工事関係者の通勤用にEVバス65台を導入することを発表
	6	5　オランダがパビリオンの概要を発表 6　万博協会が大阪市で,万博を巡る国際企画会議(IPM)を開催 7　万博首長連合が全国34市町の食材を使った「万博弁当」を発表 12　万博協会が国内外で万博の機運醸成を図るための行動計画を策定 12　オーストリアがパビリオンの概要を発表 **30　万博協会が入場券の基本価格を,大人(18歳以上)7,500円にすると決定**

出所)各所報道資料を基にAPIRにて作成

2. 参加表明国・地域及び国際機関

○**図1**は万博参加表明国・地域の最新の状況を示している．2023年6月30日時点で参加表明している国・地域は153カ国・地域となり，目標（150カ国・地域）を達成している．一方，国際機関は8機関となっており，目標（25機関）には達成していない（**表2**，**表3**）．

初めて参加を表明した国：21年2月10日時点
参加国が50カ国・地域超え：21年8月20日時点
参加国が100カ国・地域超え：22年4月8日時点
参加国が120カ国・地域超え：22年6月14日時点
直近の参加表明国：23年6月30日時点

図1	参加表明の国・地域マップ

出所）万博協会報道発表資料を基にAPIRにて作成

表2	参加表明の国際機関の推移

累積数	日付	機関名
1	2021年 2月10日	イーター国際核融合エネルギー機構（ITER）
2	2月10日	太陽に関する国際的な同盟（ISA）
3	4月 7日	国際赤十字・赤新月運動
4	5月28日	アフリカ連合委員会（AUC）
5	7月 2日	欧州連合（EU）
6	2022年 1月 7日	東南アジア諸国連合（ASEAN）事務局
7	4月 8日	太平洋諸島フォーラム（PIF）事務局
8	7月 5日	国際連合（UN）

出所）万博協会報道発表資料を基にAPIRにて作成

表3	参加表明の国・地域の推移

累積数	日付	国名
7	2021年 2月10日	イエメン共和国，ギリシャ共和国，ジブチ共和国，トルクメニスタン，バングラデシュ人民共和国，ブータン王国，マリ共和国
14	3月12日	アフガニスタン・イスラム共和国，ウズベキスタン共和国，セネガル共和国，バーレーン王国，ブラジル連邦共和国，ブルキナファソ，レソト王国
18	4月 7日	カタール国，ギニアビサウ共和国，ジンバブエ共和国，ネパール
19	4月13日	タイ王国
25	4月21日	アルジェリア民主人民共和国，インド共和国，ドイツ連邦共和国，フランス共和国，ヨルダン，ロシア連邦
29	5月14日	アンゴラ共和国，ザンビア共和国，スイス連邦，ラオス人民民主共和国
34	5月28日	イラン・イスラム共和国，ガーナ共和国，ギニア共和国，中華人民共和国，ルクセンブルク大公国
43	6月15日	英国（グレートブリテン及び北アイルランド連合王国），カンボジア王国，キューバ共和国，クウェート国，コモロ連合，中央アフリカ共和国，メキシコ合衆国，モザンビーク共和国，ルーマニア
46	7月 2日	アラブ首長国連邦，カザフスタン共和国，スペイン王国
48	7月16日	アメリカ合衆国，大韓民国
49	7月27日	ポルトガル共和国
54	8月20日	インドネシア共和国，エジプト・アラブ共和国，キルギス共和国，スリナム共和国，ベトナム社会主義共和国
57	9月28日	アルゼンチン共和国，ドミニカ共和国，ブルンジ共和国
58	10月15日	サウジアラビア王国
63	11月17日	イタリア共和国，ウガンダ共和国，タジキスタン共和国，ブルネイ・ダルサラーム国，南スーダン共和国
64	11月24日	パラグアイ共和国
67	12月14日	オーストリア共和国，オマーン国，トンガ王国
72	2022年 1月 7日	アゼルバイジャン共和国，エストニア共和国，オーストラリア連邦，セルビア共和国，トルコ共和国
78	1月28日	アルメニア共和国，カナダ，セントルシア，パプアニューギニア独立国，ホンジュラス共和国，ルワンダ共和国
86	3月 4日	ガンビア共和国，スリランカ民主社会主義共和国，赤道ギニア共和国，セントビンセント及びグレナディーン諸島，パキスタン・イスラム共和国，ベルギー王国，マダガスカル共和国，ラトビア共和国
87	3月11日	スロベニア共和国
100	4月 8日	アンティグア・バーブーダ，エルサルバドル共和国，ガイアナ共和国，コートジボワール共和国，サントメ・プリンシペ民主共和国，セントクリストファー・ネービス，ツバル，トーゴ共和国，バヌアツ共和国，パレスチナ，ベナン共和国，ボリビア多民族国，マーシャル諸島共和国
105	4月19日	アイルランド，ウルグアイ東方共和国，グアテマラ共和国，コソボ共和国，マレーシア
106	5月10日	モンゴル国
115	5月31日	北マケドニア共和国，ケニア共和国，サモア独立国，シンガポール共和国，ソロモン諸島，ニジェール共和国，ハイチ共和国，ブルガリア共和国，ミクロネシア連邦
119	6月 7日	エチオピア連邦民主共和国，オランダ王国，ニウエ，ポーランド共和国
120	6月14日	フィリピン共和国
126	7月 5日	タンザニア連合共和国，チェコ共和国，トリニダード・トバゴ共和国，パラオ共和国，ベリーズ，モンテネグロ
130	7月29日	ハンガリー，フィジー共和国，モーリシャス共和国，モーリタニア・イスラム共和国
137	9月 9日	エスワティニ王国，ガボン共和国，ソマリア連邦共和国，ナイジェリア連邦共和国，ナウル共和国，東ティモール民主共和国，ボツワナ共和国
142	10月25日	スロバキア共和国，チュニジア共和国，パナマ共和国，マルタ共和国，南アフリカ共和国
153	2023年 3月24日	イスラエル国，コンゴ民主共和国，スーダン共和国，セーシェル共和国，バチカン市国，ペルー共和国，マラウイ共和国，モナコ公国，モルドバ共和国，リトアニア共和国，リベリア共和国

出所）万博協会報道発表資料を基にAPIRにて作成

3. 過去の国際博覧会の入場料金比較

○**表4**は国内で開催された主要な国際博覧会と大阪・関西万博との入場料金を比較したものである.大人料金をみると,日本で初めて開催された大阪万博では800円,愛・地球博では4,600円であり,大阪・関西万博では7,500円に設定されている.

○**表5**は大阪・関西万博の入場料金一覧を示している.入場者の分散化を図るため,愛・地球博ではなかった「夏パス」を導入しているところが特徴的である.

表4　過去の国際博覧会の入場料金比較

		大人	中人	小人	全期間入場券	参考例 大卒初任給
1970年	大阪万博 (日本万国博覧会)	800円	600円 (15歳以上22歳以下)	400円	—	39,900円
2005年	愛・地球博 (2005年日本国際博覧会)	4,600円	2,500円 (12歳以上17歳以下)	1,500円	17,500円	196,700円
2025年	**大阪・関西万博 (2025年日本国際博覧会)**	**7,500円**	**4,200円** (12歳以上17歳以下)	**1,800円**		235,100円 (2023年)

注）3歳以下は無料,基本料金（一日券）を比較.
出所）各所報道資料を基にAPIRにて作成

表5　大阪・関西万博の入場料金一覧

項目	券種		概要	大人 (満18歳以上)	中人 (満12-17歳)	小人 (満4-11歳)
前売チケット	開幕券		4/13から4/26まで1回入場可	4,000円	2,200円	1,000円
	前期券		4/13から7/18まで1回入場可	5,000円	3,000円	1,200円
	一日券	超早期購入割引 (発売〜24/10/6)	会期中いつでも1回入場可	6,000円	3,500円	1,500円
		早期購入割引 (24/10/7〜開幕前)	会期中いつでも1回入場可	6,700円	3,700円	1,700円
会期中販売チケット	一日券		会期中いつでも1回入場可	7,500円	4,200円	1,800円
	平日券		土日祝を除く平日11時以降1回入場可	6,000円	3,500円	1,500円
	夜間券		会期中いつでも17時以降1回入場可	3,700円	2,000円	1,000円
前売・会期中販売チケット	特別割引券		障がい者手帳等をお持ちの方および同伴者1名が購入可能で,会期中いつでも1人1回入場可	3,700円	2,000円	1,000円
複数回入場パス	夏パス		7/19から8/31まで11時以降何度も入場可	12,000円	7,000円	3,000円
	通期パス		4/13から10/3まで11時以降何度も入場可	30,000円	17,000円	7,000円
団体	一般団体割引券		15名以上の一般団体が会期中いつでも1回同時入場可	6,300円	3,500円	1,500円
					高校生	中学生 小学生・園児
	前期学校団体割引券		学校団体が開幕から7/18までに1回同時入場可	—	2,000円	1,000円
	後期学校団体割引券		学校団体が7/19から10/13までに1回同時入場可	—	2,400円	1,000円

出所）万博協会プレスリリース「2025年日本国際博覧会 入場チケットの券種及び価格について」（2023年6月30日）より抜粋

Part I
Part II
Part III
Part IV

4. 万博開催に向けた各自治体の取組みの紹介

○大阪・関西万博は，「拡張万博」の考えを基に，関西全体を仮想的なパビリオンに見立て，「夢洲会場への来場客」を地域に呼び込む取組みが関西一円で進んでいる．その中から，関西の各府県が主体となって進めている主な取組みを紹介する（**表6**）．

○また，関西の市町村において，地域課題の解決や経済発展等に万博をうまく活用した取組みを近畿経済産業局が「360°EXPO拡張マップ」としてまとめている．こちらもあわせて紹介する（**表8**）．

| 表6 | 関西各府県の取り組み |

自治体名	名称	取組み内容	イメージ	URL
大阪府	ポータルサイト「ええやん！大阪商店街」	大阪の商店街や店舗の魅力発信を発信するポータルサイト．万博を契機に商店街の魅力向上や訪れる人を増やすことが目的．		https://osaka-shotengai-info.com/
大阪府・市	バーチャル大阪	都市連動型メタバースによる都市型体験を提案し，大阪の魅力を創造，発信．		https://www.virtualosaka.jp/
兵庫県	ひょうごフィールドパビリオン	地域の「SDGsを体現する活動の現場そのもの（フィールド）」を地域の人々が主体となって発信し，多くの人を誘い，見て，学び，体験してもらう取組み．		https://web.pref.hyogo.lg.jp/kk53/fieldpavilion-top.html
京都府	大阪・関西万博きょうと推進委員会	大阪・関西万博を契機に，京都産業の強みや府内各地の文化や観光資源などを国内外へアピールし，交流促進によって京都の発展に着実につなげるため，行政や経済界，有識者等のオール京都体制で取組みを推進している．		https://www.pref.kyoto.jp/kikaku/banpaku/index.html
滋賀県	大阪・関西万博滋賀県基本計画	滋賀県の大阪・関西万博への参画とその意義，「関西パビリオン」へのブース出展計画，万博を活用した来県促進の取組みについてまとめた．		https://www.pref.shiga.lg.jp/file/attachment/5391033.pdf
奈良県	2025年大阪・関西万博×SDGsシンポジウム	SDGsに対する理解を深めるため，奈良県と奈良商工会議所連合会の主催によりシンポジウムを開催．		https://www.pref.nara.jp/63256.htm
和歌山県	Let's Liven up Expo2025 in Wakayama みんなで万博を盛り上げよう	2025年国際博覧会和歌山推進協議会（産官学が連携した機関）が主体となり，県内での機運醸成を推進し，万博効果を最大限波及させるための誘客促進や企業等へ情報発信を行う．		https://wakayama-expo2025.jp/
徳島県	徳島「まるごとパビリオン」	万博会場をゲートウェイ（入口，玄関口）とし，徳島県全域を「まるごと」パビリオンと見立て，その魅力を動画や画像で世界に向けて発信する．		https://www.pref.tokushima.lg.jp/ippannokata/kurashi/chihososei/7205534/
	とくしまバーチャルパビリオン	文化や食，先端技術等，徳島の魅力を「まるごと」世界へ発信する．「メタバース」で阿波おどりアバターと一緒に踊ることができる．		https://marugotopavilion.pref.tokushima.lg.jp/virtualpavilion/

出所）各府県HPを基にAPIRにて作成

○**表6**で紹介した兵庫県の「ひょうごフィールドパビリオン」においてプレミア・プログラムとして兵庫県に認定された五国[1]の事例を紹介する（**表7**）.

○プレミア・プログラムとは，『各地域の風土・文化との親和性』や『事業の持続可能性』の観点から，地域の核になると考えられるものである.

| 表7 | 「ひょうごフィールドパビリオン」プレミア・プログラムの事例 |

地域	名称	概要	イメージ
摂津	尼崎運河クルーズツアー	○ 阪神工業地帯の中核の一つとして高度経済成長を支えてきた尼崎. この経済成長を支えたのが尼崎運河. その入口にある「尼ロック」こと尼崎閘門は，パナマ運河方式として日本で最初に建設され，現在でも国内最大級の閘門であり，災害からまちを守る工夫を乗船して体験できる.	
播磨	新発見！デザイナーtamaki niimeによる播州織のものづくり体験	○ 世界の有名ブランドに生地素材を提供してきた北播磨地域の播州織は，大量生産から小ロット多品種化，最終製品生産の高付加価値化への転換を進めてきた. ○ 玉木新雌氏はその第一人者. 新しい時代の女性像を創り出し，自ら体現していくとの思いでブランドを立ち上げ，現在では，綿花の栽培から，デザイン，機織り，製品化，販売まで一貫生産し，一点モノのモノづくりで世界展開を図っている.	
但馬	自然エネルギーを活用した「湯がき体験」	○ 湯村温泉では，1200年前の開湯以来，入浴だけでなく，山菜などを湯に浸けて調理する「湯がき」が行われてきた. ○ 現在では，湯がきだけでなく，含有される重曹を活用した洗濯や高温の温泉を活用した旅館の暖房等に活用されるなど，「生まれてから温泉三昧」の生活文化は進化を続けている.	
丹波	「日本六古窯」丹波焼の里を訪ねる	○ 日本遺産・六古窯の一つである丹波焼は，民芸運動の中でバーナード・リーチなどから高い評価を受け，活気を取り戻してきた. ○ 近年ではカラフルな色彩を採用するなど，時代の変遷に敏感に対応し，暮らしに密着した日常使いの民芸品をつくり続けてきた.	
淡路	沼島おのころクルーズ	○ 日本が生まれた国生み神話が息づく沼島. 周囲には天の御柱・上立神岩などの奇岩や海からでしかみられない特徴ある岩礁が多くあり，島内にはおのころ神社がある. ○ そこで，難所が多い場所を巧みに航海する技術をもつ漁師が，地域の魅力を自ら発信するため，神話とともに周囲を巡るツアーを企画し，移住者がコーディネートを行っている.	

出所）「ひょうごフィールドパビリオン プレミア・プログラム（R05.03.28時点）の選定について」を基にAPIRで作成

| 表8 | 関西各市町村の取組み |

名称	内容		URL
360°EXPO拡張マップ （関西各地の万博活用事例集）	関西の市町村では，地域課題の解決や地域の経済発展等の目的で，万博を活用することによる取組の加速化をうまく進めている. 「万博を活用する」観点で，今後の取組のご参考となるよう，それらの取組について紹介している.		https://www.kansai.meti.go.jp/1-2_2025next/360expomap_detail.html

出所）近畿経済産業局「360°EXPO拡張マップ」より引用

---

1)　兵庫県の成り立ちとなった「摂津」「播摩」「但馬」「丹波」「淡路」の5つの国.

5. インフラマップ

○万博協会は2023年5月26日に来場者輸送具体方針（アクションプラン）第2版を公表した（初版は22年10月）. 主要経路は①Osaka Metro中央線,②JR桜島線（桜島駅よりシャトルバス）,③淀川左岸線（新大阪駅,大阪駅よりシャトルバス）の3つとしている. その他,主要鉄道駅及び会場外（P＆R）駐車場からのシャトルバス輸送や,大阪市内及び兵庫県方面からの海上輸送も計画し

ている. **図2**は主要な輸送経路を抜粋したものである.

○来場者数は約2,820万人を想定しており,アクセスルートが限られた人工島での開催となるため,来場者の安全・円滑な輸送に向け,特定の交通手段や経路に集中しないバランスの取れた輸送経路の整備が進められている.

○**図3**及び**表9**は大阪市が示す夢洲周辺のインフラ整備に関わる進捗状況並びに工程表である.

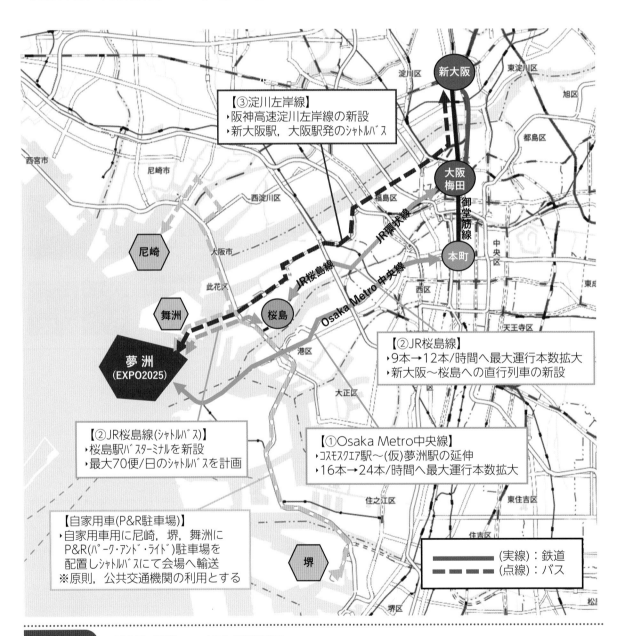

図2　万博会場（夢洲）への主要な輸送経路図

出所）大阪・関西万博 来場者輸送具体方針（アクションプラン）第2版を基にAPIRにて作成

【14】舞洲東交差点立体交差化
令和4年7月14日 右左折2車線化済

【13】舞洲幹線道路（4車線→6車線）
令和4年7月14日 6車線化済

【17】係留施設等
浮桟橋設置済

【7～9】上・下水道、電気、通信、ガス
令和2年度より施工中

【2】埋立・盛土 済

【5】観光外周道路
令和3年度より施工中

【1】埋立・盛土（万博） 済

日本国際博覧会会場整備
令和4年10月より基盤整備・管
路（給水・汚水・電気など）工事開始

【4】浸水対策 済
令和5年3月末施工完了

舞洲

万博会場
（約155ha）

夢洲

【3】地盤改良
令和3年度より施工中

【15】此花大橋（4車線→6車線）
令和4年10月29日 6車線化済

【16】夢舞大橋（4車線→6車線）
令和4年8月4日 6車線化済

【6】高架橋準備工事（迂回路）
令和4年10月30日 切替え済

【6】高架橋（2橋）
令和3年度より施工中

【11】駅前施設
令和5年2月より工事着手

【12】夢洲幹線道路
令和3年度より施工中

【10】鉄道（南ルート）
令和4年7月19日 シールド掘進開始

図3　夢洲における関連事業に関するインフラ整備進捗状況

出所）大阪市建設局　夢洲万博関連事業等推進連絡会　夢洲における関連事業の工事調整（2023年3月30日）より抜粋

表9　夢洲における関連事業に関するインフラ整備工程

出所）大阪市建設局　夢洲万博関連事業等推進連絡会　夢洲における関連事業の工事調整（2023年3月30日）より抜粋

6. 万博関連予算：大阪・関西万博

○ **表10～12**は国，大阪府，大阪市と関西各府県の予算を示している．大阪府の2023年度予算をみれば，総額79億6,224万円が計上されている．次に大阪市の予算をみれば，総額442億5,100万円が計上されており，うち，鉄道・道路・海上アクセス整備（148億5,800万円）や会場建設費（94億300万円）が多くを占めている．関西各府県における万博事業に関する予算をみれば，兵庫県が総額9億2,000万円と最も多く，次いで和歌山県が2億5,442万円，三重県が9,812万円と続いている．

表10　国の予算概要

年度	事業名	予算額
2023	・国際博覧会事業	24.0
	・博覧会国際事務局（BIE）分担金	0.1
	合計	24.1

出所）経済産業省HPより作成

表11　大阪府及び大阪市の予算概要

〔大阪府〕　　　　　　　　　　　　　　　　　　単位：千円

年度	事業名	当初予算	合計
2023	1.万博推進局設置関連事業	7,962,243	7,962,243
	合計	7,962,243	7,962,243

〔大阪市〕　　　　　　　　　　　　　　　　　　単位：千円

年度	事業名	当初予算	合計
2023	1.国際博覧会推進事業		
	・会場建設費の負担金	9,403,000	9,403,000
	・大阪パビリオンの出展に向けた準備	2,583,000	2,583,000
	・地下鉄の輸送力増強	1,190,000	1,190,000
	・機運醸成及び参加促進等	900,000	900,000
	2.万博推進関連事業		
	・万博開催に向けた環境整備	5,326,000	5,326,000
	・地域特性等を活かした機運醸成・ホスピタリティ向上	786,000	786,000
	・ヘルスケア	161,000	161,000
	・未来社会への投資	151,000	151,000
	3.夢洲地区の土地造成・基盤整備事業		
	・夢洲地区における基盤整備	8,474,000	8,474,000
	・鉄道・道路・海上アクセス整備	14,858,000	14,858,000
	4.夢洲物流車両の交通円滑化に向けた対策	419,000	419,000
	合計	44,251,000	44,251,000

注）大阪府万博推進局の予算のみを抜粋．
出所）大阪府及び大阪市HPを基にAPIRにて作成

表12　関西各府県の予算概要

年度	府県	事業名	予算額
2023	三重県	・大阪・関西万博を契機とした関西圏プロモーション強化事業	9,812万円
	滋賀県	・2025年大阪・関西万博出展事業	1,500万円
	京都府	・大阪・関西万博きょうとの魅力発信事業費	2,600万円
	兵庫県	・ひょうごフィールドパビリオンの展開	2億5,000万円
		・兵庫棟（仮称）・兵庫県立美術館における展示	6,000万円
		・兵庫版テーマウィークによる魅力発信	2億3,000万円
		・機運情勢事業の実施	3億7,000万円
		・推進体制の構築	1,000万円
	和歌山県	・大阪・関西万博推進	2億5,442万円
	鳥取県	・大阪・関西万博を契機とした国内外誘客対策	4,548万円
	徳島県	・大阪・関西万博とくしまパビリオン整備事業	2,500万円
		・大阪・関西万博挙県一致体制推進事業	5,498万円

出所）各府県HPを基にAPIRにて作成

Tourism Chronology

目　　次

【Tourism Chronology の編集について】

・Tourism Chronologyは,アジア太平洋研究所（APIR）のChronology班が執筆した.

・以下のデータの最終確認時点は,2023年6月30日である（例外の場合は注記）.

・関西の定義は,注記がない場合を除いて2府8県（滋賀県,京都府,大阪府,兵庫県,奈良県,和歌山県,福井県,三重県,鳥取県,徳島県）である.

・DMOとは観光地域づくり法人（Destination Management/Marketing Organization）の略称である.

1. 年表①：2014〜18年

○2014年6月に日本政府は観光立国推進会議において，訪日外国人2,000万人の目標を設定した．12月には「まち・ひと・しごと創生総合戦略」の閣議決定を受け，16年2月には日本版DMO候補法人第1弾が登録となった．17年には住宅宿泊事業法（民泊法）が成立され，急増する訪日外客の対応が行われた．18年には，訪日外客数3,000万人を突破した．

○2015年2月に大阪市がIR誘致の方針を決定した

後，政府では翌年12月にIR推進法を成立させ，18年7月には，IR関連の具体的な許認可制度を定めるIR実施法が成立した．

○JR西日本，近鉄，南海，京阪，阪急，叡山電鉄各社が，新型車両（豪華観光，特急，寝台，ケーブルカー）を運行させ，旅の多様化を促進した．

○ヒルトン，マリオットほか，海外ホテルチェーンの最上位ブランドの開業と，国内のホテルオークラや三井不動産等も，富裕層をターゲットに高級ホテルを開業させた．

表1　国，民間及び世界・日本の動き：2014〜18年

年 (暦年)	観光に関する国・自治体の政策，DMOに関する動き	観光に関する民間社会事象／関空，交通関連事象	世界・日本の動き
2014	6/17 観光立国推進会議が訪日外国人2,000万人への行動計画を策定 7/29 近畿経産局が「第1回産業観光ネットワーク交流会」を開催 8/1 京都府内の全宿泊施設で，外国人客向け電話通訳サービス開始 8/22 京都市が「京都未来交通イノベーション研究機構」を設立 **10/1 免税対象を化粧品・薬品・食品などに拡大** 10月 京都市が「京都観光振興計画2020」を策定 **12/27 「まち・ひと・しごと創生総合戦略」閣議決定**	2/1 リッツ・カールトン京都，鴨川二条に開業．軒高15m 2/11 東大阪市が花園ラグビー場を近鉄より取得．W杯誘致へ 3/8 近鉄，あべのハルカス全面開業．事業費1,300億円 3/17 関空，国際線便数過去最高 中国便がけん引 5/10 関空，GW出国者数が過去最高 約40万人超え 7/15 USJハリポタ新エリア開業．来園者200万人増見込 8/1 JR西，関空駅に外国人専用「みどりの窓口」設置 9/2 関空開港20周年，新関西国際空港は運営権売却目指す 10/22 JR西，大阪駅ビル内に祈祷室設置．イスラム観光客増 10/23 グリコ，道頓堀に6代目「看板」公開．35年より	2/7 ソチオリンピック開幕 3/5 ロシアのプーチン大統領がクリミアの編入を表明 **4/1 消費税が5%から8%に増税** 6/12 FIFAワールドカップ ブラジル大会が開催 **8/8 エボラ出血熱についてWHOがパンデミック宣言** 9/3 第2次安倍改造内閣が発足 10/7 赤崎勇氏，天野浩氏，中村修二氏がノーベル物理学賞受賞 11/12 無人探査機「ロゼッタ」が世界初の彗星着陸に成功 **11/27 世界無形文化遺産に「和紙 日本の手漉和紙技術」登録** 12/17 リニア中央新幹線，2027年の開業に向けて建設開始
2015	**2/9 大阪市が夢洲にIR誘致の方針を決定** 3/5 大阪府のMICE集客が，2014年比3千人増の2.5万人に拡大 **6/12 国交相が「広域観光ルート」の計画を認定** 8/6 京都市と京大が，国際会議・留学生の誘致で連携協定を締結 **10/27 大阪府議会が全国初の民泊条例を可決** 12/15 日本版DMO候補法人の登録申請を受付開始	1/16 府警 堺筋沿ミナミ観光バス乗降所を2⇒5台に増設 2/1 大阪市，海遊館株を近鉄に売却 2月議会に議決 3/2 ラグビー19年W杯，東大阪市12会場決定，観客期待 7/18 京都縦貫自動車道が全線開通 宮津〜久御山100km 8/1 関空の8月旅客数，単月で過去最高更新 229万人 9/1 関空の旅客数，4〜9月期は最高 1,198万人 9/1 大阪市の4〜9月ホテル稼働率9割超．08年以降初 11/10 関空・伊丹運営権，オリックス連合に売却優先交渉権 11/19 三井不がエキスポシティ開業．関西最大級22万㎡ 11/30 京都市，四条通歩道拡幅．烏丸通〜川端通間1.1km	1/23 横綱白鵬が史上最多の33回目の幕内最高優勝 **3/14 北陸新幹線が開業（高崎駅-金沢駅）** **5/1 「ミラノ国際万博」が開催** **6/13 韓国でMERSコロナウイルスの感染が拡大** 7/17 フェンシング世界大会で太田選手が日本人初の金メダル 7/20 米国とキューバが54年ぶりに国交を回復 10/5 12カ国が環太平洋経済連携協定（TPP）で大筋合意 10/5 マイナンバーの通知が開始 10/6 ノーベル賞に大村智，梶田隆章両氏が受賞 12/12 地球温暖化対策の枠組み「パリ協定」が採択
2016	**2/26 日本版DMO候補法人の第1弾として24団体が登録** 4/1 大阪府が民泊条例を施行 6/13 国交省が地方自治体にホテル用地の容積率緩和を促す通知 6/29 「海の京都」DMO設立 7/21 京都迎賓館の一般公開を通年に拡大 7/26 京都御所の一般公開を通年に拡大し，当日受付を開始 10/31 大阪市が民泊条例を施行 11/29 大阪観光局が市内MICEの経済波及効果を164億円と試算 **12/15 IR推進法の参院修正案が衆議院で同意され，成立**	3/7 USJ入園者，15年度1,270万人突破 最高更新 **3/17 星野リゾート「星のや京都」改装開業．嵐山桂川を望む** 3/23 関空，就航便数最多に 夏期週1,260便，NY線再開 4/1 関空，4月の外国人旅客115万人 単月で過去最高 4/5 姫路城，城郭の来場者15年度286万人．初の首位 4/26 熊本地震，訪日客に影響，関西のホテルでキャンセル増 5/11 USJ，沖縄進出撤回を発表．大阪に経営資源を集中 6/29 漢字検定協会「漢字ミュージアム」を京都祇園に開館 9/10 近鉄，観光特急「青の交響曲」阿倍野橋〜吉野，運行 **10/15 「フォーシーズンズ京都」東山区に開業．富裕層滞在型**	1/16 台湾総統選で初の女性総統，蔡英文氏が当選 1/29 日本銀行がマイナス金利政策を実施 **3/26 北海道新幹線（新青森駅-新函館北斗駅間）が開業** 3/30 ミャンマーで国民民主連盟（NLD）の新政権が発足 5/26 伊勢志摩サミット開催 7/13 テリーザ・メイ氏が26年ぶりの英国の女性首相に就任 7/17 国立西洋美術館が世界文化遺産登録決定 **8/5 リオデジャネイロオリンピックが開幕** 10/3 大隅良典氏がノーベル生理学・医学賞受賞 **11/30 「山・鉾・屋台行事」が世界無形文化遺産に登録決定**
2017	1/1 国家戦略特区内での民泊の取り組み開始 3/10 京都府「森の京都」「お茶の京都」両DMO設立を発表 **3/30 中国・インドなど重点5カ国からの訪日客のビザ緩和** 4/15 近畿運輸局と関西経済本部が訪日客への対応で連携 **6/9 住宅宿泊事業法（民泊法）が成立** 6月 奈良県斑鳩町が企業版ふるさと納税を活用しホテル用地を取得 7/20 大阪観光局と中国携程旅行が観光情報発信などで連携を発表 **11/28 日本版DMOの第1弾として41団体が登録**	6/9 ヒルトンが高級ホテル「コンラッド大阪」中之島に開業 6/13 神戸港クルーズ船誘致強化 英豪華客船「QE」入港 **6/17 JR西，豪華寝台列車「瑞風」運行開始．富裕層に的** 7/25 神戸市はオリックスGへ神戸空港の運営権を売却決定 9/1 JTB西は訪日客向け大阪のナイトクラブのバス発売 9/7 三井不が京都祇園に「ザセレスティンホテル」開業 9/1 京阪HD 大阪天満橋〜枚方に定期観光船を運航 12/15 OSK，JTBは道頓堀で訪日客向け夜間ショー開始 12/19 USJ17年の訪日客200万人超過去最高．3年倍増	**1/4 史上初，NYダウ終値2万5,000ドル突破** 1/20 ドナルド・トランプ氏が米大統領に就任 1/25 稀勢の里が日本出身力士で19年ぶりの第72代横綱になる 5/7 エマニュエル・マクロン氏が仏大統領に就任 **6/12 上野動物園でジャイアントパンダ（シャンシャン）が誕生** 7/2 東京都議選で「都民ファーストの会」が第1党になる 7/6 日本とEUが経済連携協定について大枠合意 9/9 桐生祥秀選手が日本人初の100m9秒台を記録 9/30 羽生善治氏が史上初の永世七冠達成 12/10 ノーベル文学賞授賞式でカズオ・イシグロ氏が受賞
2018	1/15 鳥取・兵庫北部の1市6町が「麒麟のまち観光局」DMO設立 **1/17 大阪観光局が大阪府への17年訪日客1,000万人突破と発表** 2/23 京都市で民泊条例が可決 3/2 兵庫県で民泊条例が可決 **7/20 IR実施法が参議院で可決，成立** 8/27 京都市が楽天ライフステイと宿泊税代行徴収で協定締結 8/28 大阪観光局が銀聯商務とモバイル決済普及で提携を発表 9/4 和歌山県がIR推進室を新設 10/1 京都市が民泊を含む市内の宿泊者に宿泊税を課税開始 **12/17 観光庁が18年の訪日外客数3,000万人突破の記念式典開催**	1/19 ドン・キホーテ，道頓堀の観覧車10年ぶり運転再開 1/30 関西18年クルーズ船寄港232回神戸他．3年連続増 3/1 関西エアポート，到着エリアに免税店，3カ所に開業 3/19 大阪府は「太陽の塔」大改修と展示空間増設し公開 3/24 奈良県は「平城宮跡歴史公園」「朱雀門ひろば」オープ 4/12 大阪城天守閣17年度275万人が入館．3年連続最多 **5/15 フェリーさんふらわあ新造船2隻，鹿児島〜大阪間就航** 6/1 阪神百貨店梅田本店が営業しながら建替，全館開業 9/4 関空，台風21号被害で閉鎖〜9/20輸出旅客大打撃	**2/9 平昌オリンピック開幕** 3/18 ロシア大統領選でプーチン氏が再選され通算4選に 4/27 南北首脳会談が板門店で行われる 6/13 成人年齢を20歳から18歳に引き下げる改正民法成立 **9/6 北海道胆振東部地震が発生** 10/1 本庶佑氏がノーベル生理学・医学賞受賞 **11/23 2025年国際博覧会の開催地に日本（大阪）が選出** 11/25 欧州連合（EU）が英国のEU離脱を正式に決定 12/30 11カ国が合意した新協定「TPP11」が発効

出所）各所報道発表資料を基にAPIRにて作成

年表②：2019〜23年

○コロナ禍前の2019年は，オーバーツーリズムの議論が起こり，10月にG20観光大臣会合（北海道倶知安町）において持続的な成長に向けた共同宣言が採択され，11月に京都市が「持続可能な都市」の基本方針を発表した．

○コロナ禍では国内ツーリズムが見直され，2020年7月にGo Toトラベル，22年10月〜23年1月に「全国旅行支援」の需要喚起策が打ち出された．

○IRについては，2020年12月に政府が基本方針を閣議決定した後，21年9月に大阪府市が概要を公表し，23年4月に「大阪IR」の整備計画を政府が認定した．

○政府は，2021年10月の大阪府市スーパーシティ構想に関する再提案を受け，22年4月に採用を閣議決定した．

○コロナ禍後のインバウンド需要回復を見込み，2023年1月，大阪府市がMICEを世界10位以内とする新目標の設定や，同年2月の関西観光本部とマスターカードの連携協定，同年3月には観光庁の「観光再始動事業」等が発表された．

○九州と関西を結ぶカーフェリー運航会社，「フェリーさんふらわあ」ほか計4社が5航路に10隻を新造船し就航させた．船体の大型化と全室を個室化するなど，移動を楽しむ船旅のスタイルが進化した．

○比較的価格が安く室数が多い，都市型タワーホテルの建設が進み，多様な旅行客のニーズに対応した．コロナ禍で営業を停止した物件や開業に至らなかった物件を，アパホテルや星野リゾート等が取得し，リブランド運用する事例も散見された．

表2　国，民間及び世界・日本の動き：2019〜23年

年（暦年）	観光に関する国・自治体の政策，DMOに関する動き	観光に関する民間社会事象／関空，交通関連事象	世界・日本の動き
2019	6/13 滋賀県が「そこ滋賀」プロジェクトを開始 10/21 和歌山県が串本町の民間ロケット発射場に関する協議会発足 **10/25〜26 G20観光相が会合，観光業の持続的な成長に向けた共同宣言** 10/24 兵庫県が国際観光芸術専門職大学（仮称）の新設を申請 10/24〜27 「ツーリズムEXPOジャパン」が大阪で初の開催 **11/20 京都市が「持続可能な観光都市」実現への基本指針を発表** 12/7 菅官房長官が国内に一流ホテルを50カ所設置の考えを示す 12/12〜13 「国連観光・文化京都会議2019」が京都市内で開催 12/20 第2期「まち・ひと・しごと創生総合戦略」閣議決定 12/24 大阪府市，IR事業者の公募を開始	1/29 京阪バス，南海臨海バスが京都駅〜高野山間新路線開通 1/10 お好み焼きの千房，道頓堀にイスラム教徒向け店舗 **3/1 南海，「高野山ケーブル」高野山ー極楽橋に新車両運行** 3/16 JR西「おおさか東線」全線開業 新大阪ー奈良1時間 3/16 JR西，嵯峨野線に新駅「梅小路京都西駅」開業 3/26 関空，国際定期便，初の週3,000便突破アジア路線伸 4/13 県庁駐車場に奈良公園バスターミナル開業 45億円 11/16 ヨドバシHDはJR大阪駅北側に「梅田タワー」を開業 **11/27 阪急阪神が梅田に「ホテルレスパイア」開業1,030室**	2/22 探査機はやぶさ2が小惑星リュウグウの着陸に成功 2/27 2回目の米朝会談がベトナムのハノイで開催 5/1 皇位継承に伴い元号が「令和」に改元 5/23 インドの総選挙でモディ首相が勝利宣言 6/9 香港で逃亡犯条例改正案撤回の大規模抗議デモが起こる **6/28 G20大阪サミット2019が開催（〜6/29）** **9/20 第9回ラグビーワールドカップが開催** **10/1 消費税が8%から10%に引き上げられる** 11/4 米国が「パリ協定」からの離脱を国連に正式に通告 12/10 吉野彰氏がノーベル化学賞受賞
2020	2/14 大阪府市がIRの事業者公募を締め切り 2/20 和歌山県がIR事業者の実施方針案を公表 3/30 和歌山県がIR事業者の公募を開始 4/8 大阪府・兵庫県の周辺自治体が両府県との往来自粛を要請 6/3 大阪観光局がMICE主催者向け感染症対策指針を公表 6/22 日本民泊協会と大阪観光局が民泊のコロナ対策指針を公表 **7/22 「GoToトラベル」開始** 11/24 政府がGoToトラベルの対象から札幌市と大阪市を一時除外 **12/18 IRの基本方針が閣議決定** 12/28 政府がGoToトラベルを一時停止	2/4 カーニバルは「ダイヤモンドプリンセス」神戸寄港中止 **3/1 阪九フェリーが新造船2隻，北九州ー神戸間就航** **3/14 近鉄17年振新型特急「ひのとり」名古屋ー難波間運行** 4/1 奈良県は奈良市に国際会議施設開業．ホテルやNHK隣接 4/20 京都・祇園祭，58年ぶりに山鉾巡行中止 神事も縮小 5/13 関空，連休の出国99.8%激減（前年比）2,150人 **7/22 マリオットが奈良市に最高級「JWマリオットH」開業** 9/11 JR西，長距離観光列車「銀河」京都ー出雲市間運行 **11/3 三井不，京都二条城近く最高級「ホテルザ三井」開業**	1/31 英国がEUを離脱 **3/11 COVID-19についてWHOがパンデミック宣言** **3/14 JR常磐線が東日本大震災以来9年ぶりに全線再開** **3/24 東京五輪・パラリンピックの2021年延期が決定** **4/7 COVID-19感染拡大防止の緊急事態宣言が発令** 6/23 スパコン世界ランキングで「富岳」が1位に 6/30 中国で国家安全維持法（国安法）が可決・施行 9/16 菅義偉氏が第99代首相に就任 11/15 RCEPに日本，中国ら15カ国が発効に合意 12/8 英国で世界初の新型コロナワクチン一般接種が開始
2021	2/12 大阪府市はIRの実施方針案を修正 **4/1 同一府県内の旅行が対象の「地域観光事業支援」が開始** 6/2 和歌山県がIR事業の候補者にクレアベストグループを選定 9/8 京都府が宿泊施設支援等を含む88億円の補正予算案を発表 9/16 大阪IR事業の候補者がMGM・オリックス連合に決定 9/28 大阪府市がIRの概要を公表 **10/15 大阪府市が「スーパーシティ」構想の再提案を提出** 11/24 大阪府が府民対象の宿泊割引キャンペーンを再開 12/2 滋賀県が宿泊割引キャンペーンを福井県民にも拡大 12/9 京都府が観光促進の範囲拡大を含む追加補正予算案を発表	2/15 神戸空港，開港15年．25年までの国際化検討 3/16 仏フォションが京都に「フォションホテル京都」開業 3/19 USJは「マリオ」テーマの任天堂新エリア開業 **3/30 アパGが新大阪駅タワー開業．再建中物件買収400室** 4/8 東海道新幹線，20年利用者67%減．過去最大の減少 4/16 京都国際会館が国際衛生認証取得．国内MICE施設初 4/16 JR6社，GW予約，19年比で81%減．旅行控制影 4/26 阪急阪神不はホテル「レムプラス神戸三宮」開業駅直上 6/30 阪神観光は大阪「大阪屋」創価学会に売却．婚礼件数減 **9/1 ヒルトンが京都北山に最上位「LXRホテルズ」開業**	2/1 米大統領にジョー・バイデン氏が就任 2/1 ミャンマーでクーデターが発生 **2/17 新型コロナウイルスワクチンの接種を開始** 4/22 菅義偉首相が温室ガス46%削減目標を表明 6/16 スイスのジュネーブで米露首脳会談 **7/23 東京オリンピック大会が開幕** 9/16 中国がTPP加入申請し，その後台湾も参加申請（9/22） **10/1 ドバイ国際博覧会開幕** 10/4 岸田文雄氏が第100代首相に就任 10/5 真鍋淑郎氏がノーベル物理学賞受賞
2022	1/4 大阪，兵庫，京都各府県が観光促進を隣接他府県に拡大 2/28 大阪府とKDDIが仮想空間「バーチャル大阪」を新設 4/1 県民割の対象範囲を地域ブロック内の都道府県に拡大 **4/12 「スーパーシティ」構想への大阪府全域の指定を閣議決定** 4/20 和歌山県議会でIR区域整備計画が否決 5/20 観光庁が「県民割」の利用期限を6月30日まで延長 6/1 大阪が奈良県以外の関西2府3県を対象にブロック割を開始 9/12 大阪府が「ブロック割」を再開 9/29 大阪観光局エアビーと観光促進で包括連携協定 **10/11 全国を対象とする「全国旅行支援」が開始**	1/10 ホテルオークラが京都東山に「岡崎別邸」開業 **4/22 星野リゾートが新今宮駅前にホテル「OMO7」開業** **4/29 近鉄，特急「あをによし」運行** 5/9 通天閣観光は通天閣に60mの滑り台開業．1回転半 6/7 パソナ，日本旅行と提携．淡路島観光で旅行商品を開発 6/30 JR東海，「そうだ 京都，行こう」CM再開．2年半ぶり **10/5 宮崎カーフェリーが新造船2隻，宮崎ー神戸間就航** 10/26 関西空港・第1ターミナル，国内線エリア刷新開業 11/1 積水ハウス，マリオットと国内初「トリップ」ホテル開業 11/25 関空の10月国際線旅客数30万人．インバウンド再開	2/24 ロシア軍によるウクライナ侵攻開始 5/10 尹錫悦氏が韓国大統領に就任 5/15 沖縄の本土復帰50周年 5/23 アンソニー・アルバニージー氏が豪首相に就任 5/23 インド太平洋経済枠組み（IPEF）が発足 7/8 安倍晋三元首相が参院選演説中に銃撃され死亡 8/30 エリザベス英女王死去 **9/23 西九州新幹線開業（武雄温泉駅ー長崎駅）** 11/20 サッカーワールドカップカタール大会が開幕
2023	1/10 全国旅行支援が再開 1/25 神戸市と阪神電鉄が台湾からの観光客誘致で連携 1/25 大阪府・市がMICEを世界10位以内とする新目標を設定 1/27 神戸市が「神戸登山プロジェクト」で海外から集客 2/21 関西観光本部，マスターカードが万博見据えて連携協定 3/16 兵庫県がユニバーサルツーリズム条例を可決．全国初 3/23 関西観光本部が「EXPO2025関西観光推進協議会」を設立 3/28 観光庁が「観光再始動事業」で地域観光支援策139件を採択 4/4 兵庫県が113の体験型観光事業で万博から誘客強化策 4/14 政府が「大阪IR」の整備計画を正式認定 5/9 西日本の観光振興4団体が訪日消費増大へ連携協定締結	1/2 星野リゾートが「OMO関西空港」開業．譲渡物件運用 **1/15 フェリーさんふらわあが新造船2隻，別府ー大阪間就航** 1/20 リーガロイヤル大阪売却．カナダ系投資会社へ運営継続 **2/1 アパGが都市型リゾート大阪梅田タワー開業，1,704室** 3/18 JR大阪駅「うめきた新ホーム」開業，特急はるか乗入 3/16 神戸港海外クルーズ船入港「ダイヤモンドプリンセス」 4/13 大阪メトロ「心斎橋駅」改装完了47億円．ほか145駅 4/26 天王寺動物園「ペンギンパーク＆アシカワーフ」新開業 6/1 「仁徳天皇陵」上空から観光「おおさか堺バルーン」運行 **7/1 「センタラグランドH」なんばパークスサウスに開業** **8/29 「紫翠ラグジュアリーコレクションホテル奈良」開業**	1/10 在日中国大使館が日本人へのビザ発給を停止 1/15 ネパールで旅客機墜落 72人搭乗68人死亡 2/6 トルコ・シリア地震，がれきの山 雪の中懸命の救助活動 3/16 尹錫悦大統領が12年ぶりに単独で来日 3/21 侍JAPANが3大会ぶり3度目の優勝を決定 4/7 文化庁が京都府に移転し，業務開始 4/14 日本政府・市が提出したIRの整備計画を認定 5/8 新型コロナウイルス感染症が5類に移行 5/19 広島でG7サミットが開催

出所）各所報道発表資料を基にAPIRにて作成

2. 政府・行政の動き

○コロナ禍前は，インバウンド需要の急増を反映し，2020年末の訪日外国人旅行者数の目標は4,000万人とされていた（17年策定時，**表3**）.

○2023年には，25年末の達成目標を「コロナ禍前の水準（3,188万人）を超える」に下方修正された.

○また，コロナ禍を受けて国内ツーリズムが見直され，2023年策定時の「日本人の地方部延べ宿泊者数」は3.2億人泊とする目標が設定された.

○一方で，アウトバウンドの目標（日本人の海外旅行者数）は，2007年策定時から2,000万人でほぼ変化がない.

○関西2府4県別の目標をみると，京都府・大阪府・兵庫県に観光客が集中する傾向がみられる.現在検討が進む，関西広域レベルの「地方への観光誘客の仕組みづくり」の重要性が一層増すと考えられる（**表4**）.

表3 政府の「観光立国」実現に向けた目標

策定年	内容及び目標	期間
2007	【訪日外国人旅行者数】・平成22年までに1,000万人にする.	2010年までに
	【国際会議の開催件数】・平成23年までに5割以上増やす（開催件数252件以上）.	2011年までに
	【日本人の国内観光旅行による1人当たりの宿泊数】・平成22年度までに年間4泊とする.	2010年度までに
	【日本人の海外旅行者数】・平成22年までに2,000万人にする.	2010年までに
	【国内における旅行消費額】・平成22年度までに30兆円にする	2010年度までに
2012	【訪日外国人旅行者数】・平成28年までに1,800万人にする.	2016年までに
	【国際会議の開催件数】・平成28年までに5割以上増やす（開催件数1,111件以上）.	2016年までに
	【日本人の国内観光旅行による1人当たりの宿泊数】・平成28年までに年間2.5泊とする.	2016年までに
	【日本人の海外旅行者数】・平成28年までに2,000万人にする.	2016年までに
	【国内における旅行消費額】・平成28年度までに30兆円にする.	2016年度までに
	【訪日外国人旅行者の満足度】・平成28年までに，訪日外国人消費動向調査で，「大変満足」と回答する割合を45％，「必ず再訪したい」と回答する割合を60％とする.	2016年までに
	【観光地域の旅行者満足度】・観光地域の旅行者の総合満足度について「大変満足」，再来訪意向について「大変そう思う」と回答する割合を平成28年までに，いずれも25％程度にする.	2016年までに
2017	【訪日外国人旅行者数】・平成32年までに4,000万人にする.	2020年までに
	【国際会議の開催件数】・平成32年までにアジア主要国※における開催件数の3割以上にする.※日本，中国，韓国，オーストラリア，シンガポールの5カ国	2020年までに
	【日本人の海外旅行者数】・平成32年までに2,000万人にする.	2020年までに
	【国内における旅行消費額】・平成32年までに21兆円にする.	2020年までに
	【訪日外国人の旅行消費額】・平成32年までに8兆円にする.	2020年までに
	【訪日外国人旅行者に占めるリピーター数】・平成32年までに2,400万人にする.	2020年までに
	【訪日外国人旅行者の地方部※における延べ宿泊者数】・平成32年までに7,000万人泊にする.※三大都市圏（埼玉県，千葉県，東京都，神奈川県，愛知県，京都府，大阪府，兵庫県）以外の地域	2020年までに
2023	【訪日外国人旅行者数】・令和7年までに令和元年水準（3,188万人）を超える.	2025年までに
	【国際会議の開催件数】・令和7年までにアジア主要国※における開催件数の3割以上にする.※アジア太平洋地域での国際会議開催件数上位5カ国（令和元年時点:日本，中国，韓国，オーストラリア，台湾）	2025年までに
	【日本人の海外旅行者数】・令和7年までに令和元年水準（2,008万人）を超える.	2025年までに
	【国内における旅行消費額】・早期に20兆円，令和7年までに22兆円にする.	早期に2025年までに
	【訪日外国人の旅行消費額】・早期に5兆円にする.	早期に
	【訪日外国人の旅行消費額単価】・令和7年までに20万円にする.	2025年までに
	【訪日外国人旅行者の地方部※宿泊数】・令和7年までに2泊にする.※三大都市圏（埼玉県，千葉県，東京都，神奈川県，愛知県，京都府，大阪府，兵庫県）以外の地域	2025年までに
	【日本人の地方部※延べ宿泊者数】・令和7年までに3.2億人泊にする.※三大都市圏（埼玉県，千葉県，東京都，神奈川県，愛知県，京都府，大阪府，兵庫県）以外の地域	2025年までに

出所）各年の観光立国推進基本計画を基にAPIRにて作成

表4 関西2府4県の観光戦略目標

都道府県	成果指標	目標値	期間
滋賀県	延べ観光入込客数	5,410万人	令和6年度（2024年度）までに
	延べ宿泊客数	4,100万人	
	ビワイチ体験者数	11万人	
	観光消費額単価（日帰り）	4,600円	
	観光消費額単価（宿泊）	21,000円	
	観光消費額（総額）	2,139億円	
	観光客満足度	87.4%	
	リピーター率	68.8%	
	県民の滋賀県観光の推奨意向度	100%	
	事業者のシガリズム取組率	100%	
京都府	観光消費額（うち，府域観光消費額）	14,000億円（1,000億円）	令和4年（2022年）までに
	府域観光入込客数	4,300万人	
	府域宿泊客数（国内）	208万人	
	府域宿泊客数（外国人）	30万人	
	「海の京都」「森の京都」「お茶の京都」の3DMOによる旅行商品取扱額	8,000万円	
	府内における国際会議開催件数	435件	
	京都府観光の満足度	100%に近づける	
大阪府	日本人延べ宿泊者数	3,000万人泊	令和5年（2023年）までに
	来阪外国人旅行者数	1,152.5万人	入国規制解除から2年後までに
兵庫県	観光消費額	14,500億円	令和9年度（2027年度）までに
	平均泊数	1.5泊	
	延べ宿泊数（国内）	1,500万人	
	延べ宿泊数（外国人）	300万人	
	外国人宿泊率	17%	
	観光消費額単価（国内・宿泊）	64,000円	
	観光消費額単価（国内・日帰り）	19,000円	
	観光消費単価（外国人）	60,000円	
	リピーター率	70%	
	来訪者満足度	80%	
	住民満足度	75%	
奈良県	観光消費額	2,100億円	令和7年度（2025年度）までに
	観光消費単価（宿泊）	28,000円	
	観光消費単価（日帰り）	5,000円	
	延べ宿泊者数	350万人	
	観光入込客数	5,100万人	
	訪日外国人旅行者数	450万人	
	旅館・ホテル客室数	12,000室	
和歌山県	観光客数（日帰り）	3,300万人	令和8年度（2026年度）までに
	観光客数（宿泊）	713万人	
	外国人宿泊客数	140万人	
	クルーズ客船の寄港数	30隻	

注）京都府の観光戦略については現在見直しが進められているため，現行の観光戦略を取り上げている.
出所）滋賀県は「シガリズム観光振興ビジョン第1期アクションプラン」，京都府は「京都府観光総合戦略（2020年3月）」，大阪府は「大阪都市魅力創造戦略2025（2024年3月）」，奈良県は「奈良県観光総合戦略（2021年7月）」，兵庫県は「ひょうご新観光戦略（2023年3月）」，和歌山県は「和歌山県まち・ひと・しごと創生総合戦略（2020年3月）」を基にAPIRにて作成

3. DMOの動き

○2017年度に，DMOネットの機能強化が行われ，18年度以降で人材マッチング，人材育成プログラム等のコンテンツ強化が図られた．21年度以降は，セミナー・シンポジウムもDMOネットを活用して行われるようになった（**表5**）．

○「ビッグデータ活用に基づく戦略策定」は，2017年度以降より「促進」が謳われており，20年度には，具体的なシステム設計・開発のモデル事業の実施，21年度には，観光客の宿泊・GPS位置情報・SNS等の具体データの収集促進，22年度には，DMP（データ・マネジメント・プラットフォーム）・CRM（顧客関係管理）の戦略策定ツールの適用支援が示された．

○DMO支援は，2020年度より「意欲やポテンシャルの高いDMOを重点支援」することとなり，21年度には「DMO登録要件を厳格化」，23年度には「『世界的なDMO』の候補となる『先駆的DMO』を選定」して，戦略的支援を行う方針が打ち出された．

○**表6**は関西において活動している登録及び候補DMOを整理したものである．関西広域をマネジメントするDMOである関西観光本部をはじめ，鳥取県と徳島県を除き府県全域をマネジメントするDMOがある．

○2023年6月現在，関西における登録DMOは51団体であり，うち広域連携DMOは1団体，地域連携DMOは23団体，地域DMOは27団体となっている．また，候補DMOについては10団体であり，うち地域連携DMOは3団体，地域DMOは7団体である．

表5	政府が示すDMOの施策

年度	目標
2017	・「DMOネット」の機能強化. ・DMOネットコンテンツ：人材マッチング. ・**ビッグデータ活用に基づく戦略策定の取組促進.** ・観光地経営の人材育成プログラムの策定. ・組織立上げ，自律的な運営，創業，生産性向上の取組について財政金融支援. ・DBJによる日本版DMOの設立・経営支援. ・「観光予報プラットフォーム」の普及・活用促進. ・「地域未来投資促進法案（内閣提出第30号）」を国会提出.
2018	・DMOネットコンテンツ：業務効率化支援や人材マッチング，人材育成プログラム（基礎・応用）. ・ビッグデータ活用に基づく戦略策定の取組促進. ・人材育成プログラム修了者をリストアップして人材マッチングを図る. ・組織立上げ，自律的な運営，創業，生産性向上の取組について財政金融支援. ・DBJによる日本版DMOの設立・経営支援. ・クールジャパン機構の出資で，瀬戸内7県の広域DMOを支援. ・広域連携観光コンテンツの充実や受入環境整備，プロモーション等の取組支援. ・JNTOによるコンサルティング支援やプロモーションノウハウ提供.
2019	・DMOネットコンテンツ：業務効率化支援や人材交流及び協働促進，DMO間連携，人材育成プログラム（基礎・応用）. ・ビッグデータ活用に基づく戦略策定の取組促進. ・人材育成プログラム修了者をリストアップして人材マッチングを図る. ・組織の立上げから自律的な運営を目指す取組など財政金融支援. ・クールジャパン機構の出資で，瀬戸内7県の広域DMOを支援. ・広域連携による観光客の来訪・滞在促進に対して支援. ・「世界水準のDMO」の選定基準や選定プロセス等，制度設計を検討. ・コンサルティング支援やプロモーションノウハウ提供により，「世界水準のDMO」形成を加速.
2020	・DMOネットコンテンツ：マーケティング（基礎・応用），人材育成プログラム（基礎・応用），ほかeラーニング教材. ・ビッグデータ活用に基づく戦略策定の取組促進. ・**観光客データを収集・分析から戦略策定するシステムの設計・開発のモデル事業を実施.** ・クールジャパン機構の出資で，瀬戸内7県の広域連携DMOを支援. ・広域連携による滞在コンテンツの充実，広域周遊観光のための環境整備支援. ・ガイドラインに基づくDMO底上げ. ・**意欲やポテンシャルの高いDMOを重点支援.** ・専門的知見や外国人目線を有する専門人材とのマッチングと，人材登用費用を支援. ・関係府省庁の連携による総合的な支援.
2021	・DMOネットコンテンツ：各種研修・セミナー・シンポジウムの情報提供. ・データ収集プラットフォーム及びCRMアプリを再構築とモデル事業を実施. ・**DMOの観光客宿泊・属性データ，GPSの位置情報やSNS等のビックデータの収集・分析等の取組促進.** ・クールジャパン機構の出資で，瀬戸内7県の広域連携DMOを支援. ・観光資源を生かして地域経済を牽引する事業に設備投資を支援. ・**厳格化した登録要件に従って，DMO底上げ.** ・意欲やポテンシャルの高いDMOを重点支援. ・専門的知見や外国人目線を有する専門人材とのマッチングと，人材登用費用の支援. ・全国的な研修・シンポジウムを実施，受講支援. ・エリアごとに各層DMOの意見交換会を実施し，役割分担と連携を促進. ・地域一体となった広域周遊観光促進の取組支援.
2022	・DMOネットコンテンツ：各種研修・セミナー・シンポジウム等の情報提供，人材育成の研修受講支援. ・観光客データを収集・分析し，データに基づく戦略策定，これに基づき取組を行う仕組みを横展開. ・**DMPやCRMを活用した分析や戦略策定を支援.** ・観光デジタル人材の登用・育成を支援. ・ウェブサイト・SNS を活用した情報発信や旅行商品のOTA への掲載による流通環境整備の取組を支援. ・ガイドラインに基づくDMO登録及び更新. ・DMOへの各種情報提供や体制強化，着地整備の取組支援. ・先駆的で意欲やポテンシャルの高いDMOに重点支援. ・ガイドラインに基づき，DMOの運営収支や安定的な運営資金確保に関するCFO設置促進，自主財源の確保について，ガイドブックの普及及び優良事例の横展開，研修・セミナー等の情報提供を実施. ・専門的知見や外国人目線を有する専門人材とのマッチング，人材登用費用を支援. ・クールジャパン機構の出資で瀬戸内7県の広域連携DMOを支援. ・観光資源を生かして地域経済を牽引する事業に設備投資を支援.
2023	・**「世界的なDMO」の候補となる「先駆的DMO」を選定し，戦略的な支援を行う.** ・ガイドラインに基づき，DMOの財源確保を支援. ・DMO優良事例等の横展開や，課題に対する取組共有. ・登録制度のガイドラインに基づき，役割分担と連携を促進.また，地域が一体の取組に対して支援. ・着地整備が行われた地域の観光コンテンツをメディア発信し，市場反応を地域還元することで，次の観光資源の磨き上げに活用される好循環の創出を目指す. ・広域連携DMO と連携した情報発信，海外ネットワークから得られる最新の市場動向を提供. ・コンサルティング実施，オンラインセミナーや「地域インバウンド促進サイト」を通じて，最新の市場動向や国内のインバウンドの取組等を地域に紹介・共有する. ・「DMOネット」を活用し，各種研修・セミナー・シンポジウム等の情報提供. ・人材確保のための採用活動等や育成に資する研修の受講支援. ・専門的知見や外国人目線を有する専門人材とのマッチング実施，人材登用費用の支援. ・広域周遊観光促進に取り組む地域に対し，専門家を派遣し，国内外の旅行者の地方誘客を促進. ・受入環境整備等の課題や，課題に対する取組・成果について，地方運輸局等のウェブサイトで公表し，横展開を行う.

出所）各年の観光白書を基にAPIRにて作成

表6	関西で活動するDMO一覧

登録

府県	申請区分	名称	マネジメントエリア
	広域連携	（一財）関西観光本部	福井県, 三重県, 滋賀県, 京都府, 大阪府, 兵庫県, 奈良県, 和歌山県, 鳥取県, 徳島県
福井県	地域連携	（公社）福井県観光連盟	福井県
	地域	勝山市観光まちづくり（株）	勝山市
		（株）まちづくり小浜	小浜市
三重県	地域連携	（公社）三重県観光連盟	三重県
		（一社）東紀州地域振興公社	熊野市, 尾鷲市, 紀北町, 御浜町, 紀宝町
		（公社）伊勢志摩観光コンベンション機構	伊勢市, 鳥羽市, 志摩市, 南伊勢町, 玉城町, 度会町
	地域	（一社）伊賀上野観光協会	伊賀市
		伊勢まちづくり（株）	伊勢市
		（公社）伊勢市観光協会	伊勢市
		（一社）菰野町観光協会	菰野町
		（一社）志摩市観光協会	志摩市
		（一社）相差海女文化運営協議会	鳥羽市
		（一社）鳥羽市観光協会	鳥羽市
		（一社）明和観光商社	明和町
滋賀県	地域連携	（公社）びわこビジターズビューロー	滋賀県
		（一社）近江ツーリズムボード	彦根市, 近江八幡市, 米原市, 愛荘町, 豊郷町, 甲良町, 多賀町
	地域	（一社）近江八幡観光物産協会	近江八幡市
京都府	地域連携	（一社）京都山城地域振興社	宇治市, 城陽市, 八幡市, 京田辺市, 木津川市, 久御山町, 井手町, 宇治田原町, 笠置町, 和束町, 精華町, 南山城村
		（一社）森の京都地域振興社	亀岡市, 福知山市, 綾部市, 南丹市, 京丹波町
		（一社）京都府北部地域連携都市圏振興社	京丹後市, 福知山市, 舞鶴市, 綾部市, 宮津市, 伊根町, 与謝野町
	地域	（公社）京都市観光協会	京都市
		（一社）南丹市美山観光まちづくり協会	南丹市
大阪府	地域連携	（公財）大阪観光局	大阪府
		（一社）KIX泉州ツーリズムビューロー	岸和田市, 堺市, 泉大津市, 貝塚市, 泉佐野市, 和泉市, 高石市, 泉南市, 阪南市, 忠岡町, 熊取町, 田尻町, 岬町
	地域	（一社）泉佐野シティプロモーション推進協議会	泉佐野市
		（一社）東大阪ツーリズム振興機構	東大阪市
兵庫県	地域連携	（公社）ひょうご観光本部	兵庫県
		（一社）淡路島観光協会	洲本市, 南あわじ市, 淡路市
		（一社）豊岡観光イノベーション	豊岡市, 【京都府】京丹後市
	地域	（一財）神戸観光局	神戸市
		（公社）姫路観光コンベンションビューロー	姫路市
奈良県	地域連携	（一財）奈良県ビジターズビューロー	奈良県
	地域	（一社）吉野ビジターズビューロー	吉野町
		斑鳩産業（株）	斑鳩町
和歌山県	地域連携	（公社）和歌山県観光連盟	和歌山県
		（株）南紀白浜エアポート	白浜町, 田辺市, 新宮市, 印南町, みなべ町, 上富田町, すさみ町, 那智勝浦町, 太地町, 古座川町, 北山村, 串本町
		（一社）高野山麓ツーリズムビューロー	橋本市, かつらぎ町
	地域	（一社）紀の川フルーツ観光局	紀の川市
		（一社）高野町観光協会	高野町
		（一社）田辺市熊野ツーリズムビューロー	田辺市
		（一社）那智勝浦観光機構	那智勝浦町
		（一社）南紀白浜観光協会	白浜町
		（一社）紀州の環	由良町
		（一社）和歌山市観光協会	和歌山市
鳥取県	地域連携	（一社）鳥取中部観光推進機構	倉吉市, 三朝町, 湯梨浜町, 琴浦町, 北栄町, 【岡山県】真庭市
		（一社）麒麟のまち観光局	鳥取市, 岩美町, 智頭町, 若桜町, 八頭町, 【兵庫県】新温泉町, 香美町
徳島県	地域連携	（一社）そらの郷	三好市, 美馬市, つるぎ町, 東みよし町
		（一社）イーストとくしま観光推進機構	徳島市, 鳴門市, 小松島市, 吉野川市, 阿波市, 勝浦町, 上勝町, 佐那河内村, 石井町, 神山町, 松茂町, 北島町, 藍住町, 板野町, 上板町
		（一社）四国の右下観光局	美波町, 阿南市, 那賀町, 牟岐町, 海陽町
	地域	（一社）美馬観光ビューロー	美馬市

候補

府県	申請区分	名称	マネジメントエリア
福井県	地域連携	三方五湖DMO（株）	美浜町, 若狭町
	地域	（一社）DMOさかい観光局	坂井市
		（一社）越前町観光連盟	越前町
三重県	地域	大台町商工会	大台町
		（一社）大紀町地域活性化協議会	大紀町
滋賀県	地域連携	（一社）比叡山・びわ湖DMO	大津市, 【京都府】京都市
	地域	（公社）長浜観光協会	長浜市
京都府	地域連携	（公社）京都府観光連盟	京都府
大阪府	地域	（一社）くらわんか観光マネジメント	枚方市
兵庫県	地域	（一社）あこう魅力発信基地	赤穂市

出所）観光庁HP『観光地域づくり法人形成・確立計画』を基にAPIRにて作成

4. ホテル建設の動き

○大阪・関西万博開催を見据え，ホテル建設が進んでいる．2017年以降開業の主要なプロジェクトについて，物件ごとの所在地，建設概要，概算建設事業費，事業者，グレード等の情報を収集し，ホテル建設の動向や特徴を調査した．

○国内ブランドは，コロナ禍の影響もありホテル開業は2020年の10件をピークに，24年は5件と依然戻っていない．一方海外ブランドは，20年4件，24年8件，25年5件と着実に開業件数を伸ばしている（表7）．

○グレード別では，2020年までは宿泊費が比較的リーズナブルな物件（B，A）が大半を占めていたが，23年以降はコロナ禍の影響にもかかわらず比較的ハイグレードな物件（S，H）が増してきている（表8）．

【収集データ】（該当全75物件）
・期間　2017〜26年に完成または開業
・範囲　京都府，滋賀県，大阪府，奈良県，和歌山県，兵庫県
・選定基準　【建設事業費（試算）】40億円程度以上
　　　　　　【延床面積】3,000坪程度以上
・データソース　事業者のニュースリリース，
　　　　　　　　一般紙及び業界紙

表7　開業ホテルブランド別　『国内・海外』　推移（再掲）

（件数）
	2017	2018	2019	2020	2021	2022	2023	2024	2025	2026	計
国内	4	5	8	10	4	4	4	5	1	2	47
外国	1	0	1	4	3	1	4	8	5	1	28
計	5	5	9	14	7	5	8	13	6	3	75

出所）各所報道発表資料を基にAPIRにて作成

表8　宿泊費グレード別　ホテル建設の推移（再掲）

B　1万円前後〜　A　3万円前後〜　S　5万円前後〜　H　10万円前後〜

（件数）
	2017	2018	2019	2020	2021	2022	2023	2024	2025	2026	計
B	1	4	5	4	4	1	3	1			23
A	3		3	7	1	2	3	3	1	1	25
S				1		2	1	5			9
H	1		1	2	2		1	4	5	2	18
計	5	5	9	14	7	5	8	13	6	3	75

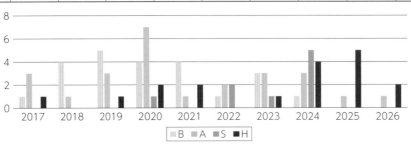

注）宿泊費のグレードは1泊当たりの1室の単価．
出所）各所報道発表資料を基にAPIRにて作成

5. ホテルマップ（2017年〜26年開業）

○大阪市においては，建設事業費の高い大型物件が多く建設されているが，宿泊費が比較的リーズナブルな物件（B，A）が大半を占めている．立地的には御堂筋沿いのビジネス街とユニバーサルスタジオジャパン及び大阪城周辺に建設されている傾向がみられる（**図1**）．

○京都市においては，景観法の影響もあり，低層で客室が少ないものの，1室当たりの客室単価が高い物件（S，H）が多くを占める．立地的には東山区や北区など観光地や自然環境の良い場所に建設されている傾向がみられる．また，新幹線が乗り入れる京都駅周辺や，河原町通・烏丸通沿いなど利便性の良い場所にも建設されている（**図1**）．

大阪市該当物件数：37件

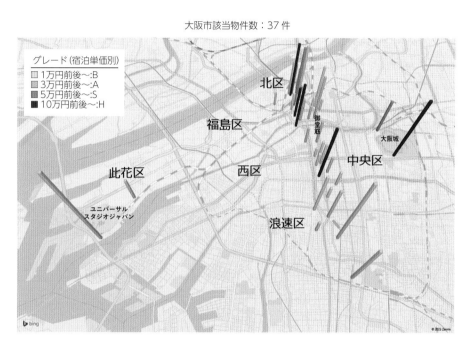

京都市該当物件数：27件

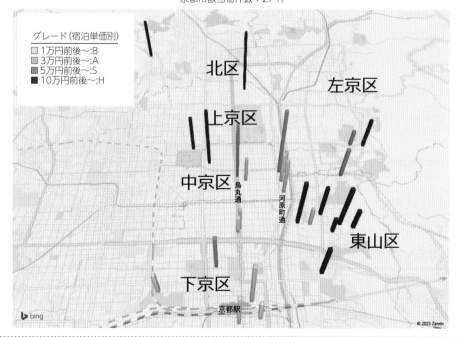

図1　ホテル建設費と宿泊費のグレード別比較：大阪市・京都市

注）棒の高さは建設事業費を示し，色は宿泊費のグレードを示す．
出所）各所報道発表資料を基にAPIRにて作成

6. 大型ホテル建設の動向

○2017年～26年に開業する100億円を超える物件（大型ホテル）は30件あり，23年までに17件開業するが，そのうち国内ブランドが10件と多い．また，宿泊単価に注目すると，比較的リーズナブルな物件（B，A）が17件のうち11件と約6割を占める（**表9-1**，**表9-2**）．

表9-1	建設事業費（推計）100億円超，開業年順一覧（2017年～2023年）

グレード（宿泊単価 1名1泊）　　**B** 1万円前後～　　**A** 3万円前後～　　**S** 5万円前後～　　**H** 10万円前後～

開業年月	開業後の名称	国名	グレード	府県	運営者（開業後）	客室数	物件紹介（〈参考〉プレスリリース／HP）
2017年6月	コンラッド大阪（フェスティバルタワー・ウエスト）	US	H	大阪府	ヒルトン・ワールドワイド	164	ヒルトンの最高級ブランド「コンラッド」国内で2軒目．「フェスティバルタワー・ウエスト」高層部（33～40階）から壮大なパノラマビュー．中之島に立地，地下鉄「肥後橋駅」直結．
2018年3月	ホテルモントレ姫路	JP	B	兵庫県	マルイト	289	世界遺産・国宝「姫路城」に15分の好立地．欧州ベルギーのアールデコ様式と和のテイストを融合し，シックで洗練された客室で，快適な滞在を提供．JR新幹線・在来線「姫路駅」直結．
2019年1月	THE THOUSAND KYOTO（ザ サウザンド キョウト）	JP	A	京都府	京阪ホテルズ＆リゾーツ	222	京阪H＆Rの「京都センチュリーH」隣接地にフラッグシップホテルを新設．「人」「社会」「未来」が心地よくつながる千年先を見据えたホテルステイを提供．JR「京都駅」北2分．
2019年10月	パーク ハイアット 京都	US	H	京都府	ハイアット ホテルズ アンド リゾーツ	70	世界的ラグジュアリーホテルの要素を取り入れ，料亭「山荘京大和」を改装．東山二寧坂の街並みや歴史的建築物や庭園など保存・復元．伝統と新しい文化を融合させた，ホテル・料亭．
2019年11月	リーベルホテルアットユニバーサルスタジオ	JP	A	大阪府	武蔵野	760	惣菜大手「武蔵野」が「いままでにないスタイリッシュなホテルステイを提供」をテーマに開発，関西初開業．USJの8棟目の（最大規模）オフィシャルホテル．JR西日本「桜島駅」1分．
2019年11月	ホテル阪急レスパイア大阪（ヨドバシ梅田タワー）	JP	B	大阪府	阪急阪神ホテルズ	1,030	「癒しRest」と「活力Inspire」をコンセプトとした新ホテルブランド「レスパイア」の1号店．ヨドバシ梅田タワーの上層階で，都会の喧騒とは無縁な空間を提供．阪急「大阪梅田駅」5分．
2019年12月	ホテルロイヤルクラシック大阪・難波	JP	A	大阪府	ベルコ ホテルロイヤルクラシック大阪	150	冠婚葬祭「ベルコ」が旧「新歌舞伎座」の意匠を継承，華麗な佇まいを建物低層部に復元，ブライダル・観光・ビジネスなど様々なシーンを提供する拠点ホテル．地下鉄「なんば駅」直上．
2020年6月	エースホテル京都（新風館）	US	S	京都府	エースホテル（UDホスピタリティマネジメン）	213	旧京都中央電話局の建物を継承し，地域交流拠点として長く愛されてきた「新風館」の再開発複合ビルに，世界のホテルの新潮流「エースホテル」がアジアで初出店．地下鉄「烏丸御池」1分．
2020年6月	宝塚ホテル	JP	A	兵庫県	阪急阪神ホテルズ	200	創業1926年の宝塚大劇場オフィシャルホテルが移転建え替え，「夢のつづきを，ここで」「CLASSIC ELEGANT」がコンセプト．館内にギャラリー設置．宝塚大劇場と阪急・JR「宝塚駅」4分．
2020年7月	JWマリオット・ホテル奈良	US	A	奈良県	マリオット・インターナショナル	158	マリオットInt'lの最高級『JWマリオット』ブランド．コンベンション施設，NHK等を複合する「大宮通り交流拠点事業」の中核施設．「奈良公園」西端に位置．近鉄「新大宮駅」9分．
2020年11月	ホテル ザ 三井 京都	JP	H	京都府	三井不動産リゾートマネジメント	161	二条城の東隣地，250年以上，三井総領家の邸宅として受け継がれた遺構とともに現代に蘇らせる，三井不のフラッグシップホテル．総力を結集した日本最高峰のホテルブランドを目指す．
2021年3月	W Osaka（ダブリュー オオサカ）	US	H	大阪府	マリオット・インターナショナル	337	マリオットInt'lのラグジュアリー『W』ブランド．御堂筋に面し「Whatever/Whenever」「大阪商人の遊び心」を世界へ，新しいカルチャーとし発信．地下鉄「心斎橋駅」4分．
2021年9月	ロク キョウト LXRホテルズ＆リゾーツ	US	H	京都府	ヒルトン	114	ヒルトンのラグジュアリーブランド「LXR」アジア太平洋地域初進出．市内北部の鷹峯に位置し「Dive into Kyoto」をコンセプトに滞在リゾートで「知る人ぞ知る京都の魅力」を提供．
2022年4月	OMO7 大阪新今宮	JP	A	大阪府	星野リゾート	436	関空から高アクセスのJR「新今宮駅」前から広がるガーデンエリアを抜けホテルへ．OMOレンジャーが「新世界」エリアのとびっきりな出会を案内．共用スペースで宿泊者らが交流できる．
2023年2月	アパホテル＆リゾート 大阪梅田駅タワー	JP	B	大阪府	アパホテル	1,704	最上階の展望レストランや展望プールをはじめ，大浴殿・露天風呂施設等を設け，都会に居ながらリゾート気分を味わえ，大阪梅田エリアの新たなランドマークタワー．地下鉄「東梅田駅」3分．

国名記号： JP日本，US米国，GB英国，SGシンガポール，THタイ，HK香港，CAカナダ

出所）各所報道発表資料を基にAPIRにて作成

○2024年以降は，外国ブランドが13件中8件と多く，アメリカ以外のラグジュアリーホテルグループが運営するホテルが4件開業する予定である

る．また，宿泊単価に注目すると，比較的高価な物件（S，H）が13件中10件と全体の約8割を占める（**表9-2**）．

表9-2 建設事業費（推計）100億円超，開業年順一覧（2023年～2026年）

グレード（宿泊単価　1名1泊）　　**B** 1万円前後～　　**A** 3万円前後～　　**S** 5万円前後～　　**H** 10万円前後～

開業年月	開業後の名称	国名	グレード	府県	運営者（開業後）	客室数	物件紹介（〈参考〉プレスリリース／HP）
2023年3月	OMO関西空港	JP	B	大阪府	星野リゾート	700	WBFによる「りんくうタウン」最大規模のホテル開発．星野リゾートが取得後，建設を再開し「OMO」ブランドとして開業．関空から1駅に立地．JR，南海「りんくうタウン駅」1分．
2023年7月	センタラグランドホテル大阪（なんばパークスサウス）	TH	A	大阪府	センタラホテルズ＆リゾーツ	515	センタラホテルズ日本初進出「タイと日本の美と文化の融合」をコンセプト．本格的なタイ式スパや料理他を提供．二段ベッドやコネクティングルームでファミリー客対応．南海「難波駅」6分．
2024年4月	カンデオホテルズ大阪堂島浜（未確定）（（仮称）大阪三菱ビル）	JP	A	大阪府	カンデオホテルズ	548	カンデオH，最大かつ，4つ星のフラッグシップとして誕生．超高層複合タワー上層階立地．最上階に展望露天風呂を備え，客室から御堂筋の眺望が楽しめる．地下鉄・京阪「淀屋橋駅」4分．
2024年4月	ダブルツリーbyヒルトン大阪城（大手前一丁目プロジェクトビル）	US	S	大阪府	ヒルトン	337	ヒルトンの関西初進出となる「ダブルツリー」．旧日経新聞社大阪本社の複合開発ビルの上層階．大阪城や桜ノ宮公園の四季折々の展望が広がる．水上バスや，京阪・地下鉄「天満橋駅」5分．
2024年5月	フォーシーズンズホテル 堂島（未確定）（ONE DOJIMA PROJECT）	CA	H	大阪府	ホテルプロパティズ（HPL）	178	「Four Seasons Hotel」が大阪市内に初進出．"旅とアート"をコンセプトに，住宅との超高層複合タワー上層階に立地のラグジュアリーホテル．地下鉄「西梅田」4分，JR「北新地駅」5分．
2024年6月	キャノピーby ヒルトン大阪梅田（グラングリーン大阪）	US	S	大阪府	ヒルトン	308	ヒルトンの新ブランド「キャノピー」は，リラックスして充電できるネイバーフッドのような場所．シンプルなサービス，快適な空間を提供する．北街区複合ビル上層階立地．JR「大阪駅」7分．
2024年7月	大阪ステーションホテル，オートグラフ コレクション（JPタワー）	JP	S	大阪府	JR西日本ホテルズ（マリオット）	418	コンセプトは「The Osaka Time」．初代大阪駅の地に，JR西日本ホテルズの新ブランド「大阪ステーションホテル」と命名．「オートグラフコレクション ホテル」は日本で4軒目．
2024年10月	サンクチュアリコート琵琶湖 ベネチアンモダンリゾート	JP	H	滋賀県	リゾートトラスト	167	琵琶湖西側の湖畔のコンセプトは，"ベネチアンモダン"．広大な水盤と湖が一体となった，水の宮殿の様な会員制リゾート．全室スイートルーム，レイクビュー．JR「高島駅」車10分．
2024年10月	アパホテル＆リゾート 大阪難波駅タワー	JP	B	大阪府	アパホテル	2,060	アパホテル，西日本最大客室数の超高層タワー．最上階のレストランやプール等，滞在を楽しめる「アーバンリゾート」として，難波エリアの新たなランドマークを目指す．JR「難波駅」3分．
2024年12月	ヒルトン京都	US	S	京都府	ヒルトン	315	京都が持つ様々な魅力と宿泊客を結付ける「京SYNAPSE（シナプス）」がコンセプト．建物外装は「京都の奥行きのある装い」内装は「ORIMONO（織物）」をテーマ．京阪「三条駅」6分．
2024年12月	ホテル阪急グランレスパイア大阪（グラングリーン大阪）	JA	A	大阪府	阪急阪神ホテルズ	482	同社「レスパイア」に，"素敵な"を意味する"GRAN"を冠し，都市の中で自然と安らぎを感じられる居心地や大人な上質さが加わった，アップスケールホテル．南街区東棟．JR「大阪駅」3分．
2025年3月	パティーナ大阪	SG	H	大阪府	カペラホテルグループ	220	カペラホテルGブランド「パティーナ」世界2軒目出店．大阪城や難波宮の歴史が息づくロケーションに独自の感性とデザインを施す新世代のライフスタイルホテル．地下鉄「谷町四丁目駅」5分．
2025年4月	ウォルドーフ・アストリア大阪（グラングリーン大阪）	US	H	大阪府	ヒルトン	252	ヒルトンの最上級ラグジュアリーホテルブランド「ウォルドーフ・アストリア」は，パーソナルなサービスと食への追求とこだわりを約束．南街区西棟複合ビル上層階立地．JR「大阪駅」4分．
2025年7月	カペラ京都（未確定）	SG	H	京都府	カペラホテルグループ	92	「カペラ」日本初進出，世界最上級のホスピタリティを提供．花街宮川町の大和大路通に位置．ホテル・歌舞練場・地域施設の一体開発．"新たな共存価値"を創造する．京阪「四条駅」4分．
2026年7月	（仮称）ローズウッド京都（ROSEWOOD KYOTO）	HK	H	京都府	ローズウッドホテルグループ	135	南側に隣接する相国寺と連携し本物の体験を提供する．宿泊空間に伝統産業製品を取入れ，地域の歴史・文化の発信継承と活性化に貢献する上質滞在型施設を目指す．地下鉄「鞍馬口駅」7分．

国名記号： JP日本，US米国，GB英国，SGシンガポール，THタイ，HK香港，CAカナダ

注）表中の赤字記載については，開業年月が2024年以降の物件を示している．
出所）各所報道発表資料を基にAPIRにて作成

Part IV 資料編

- データで見る関西
- 各種年表

データで見る関西／目次

（注）
［データで見る関西］
＊本編の地域区分は，断りのない限り，以下の通りとする．

地域		都道府県
関西	タイプA	滋賀県，京都府，大阪府，兵庫県，奈良県，和歌山県
	タイプB	滋賀県，京都府，大阪府，兵庫県，奈良県，和歌山県，福井県
	タイプC	滋賀県，京都府，大阪府，兵庫県，奈良県，和歌山県，福井県，三重県，鳥取県，徳島県
関東		茨城県，栃木県，群馬県，埼玉県，千葉県，東京都，神奈川県，山梨県
中部		長野県，岐阜県，静岡県，愛知県，三重県
全国		関西，関東，中部を含む全都道府県

＊本編の図表の詳細資料は，アジア太平洋研究所HPに掲載している．

1. 人　口

1.1 　総人口の推移

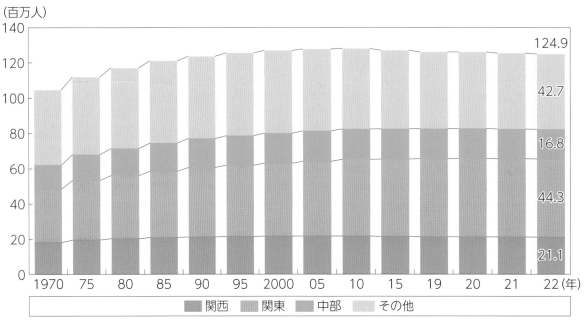

関西の地域区分）タイプB
注）　各年10月1日の数値.
出所）総務省統計局「国勢調査」, 同「人口推計」

1.2 　関西の年齢階層別人口比の推移

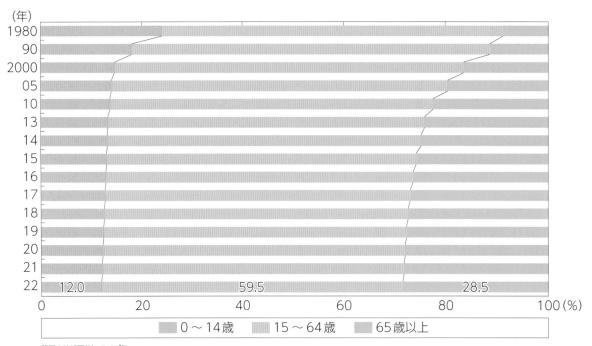

関西の地域区分）タイプB
注）　年齢不詳人口は含まない.
出所）総務省統計局「国勢調査」, 同「人口推計」, 2010年から2022年は総務省「住民基本台帳に基づく人口, 人口動態及び世帯数」

1.3　人口動態－自然増加の推移

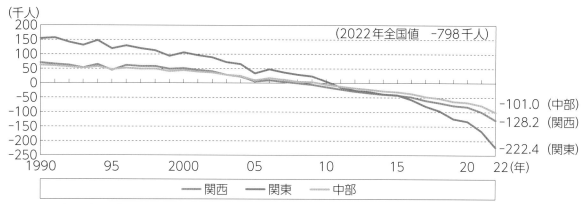

（千人）

（2022年全国値　−798千人）

−101.0（中部）
−128.2（関西）
−222.4（関東）

関西の地域区分）タイプB
注）　2022年は概数.
出所）厚生労働省「人口動態統計」

1.4　人口動態－社会増加の推移

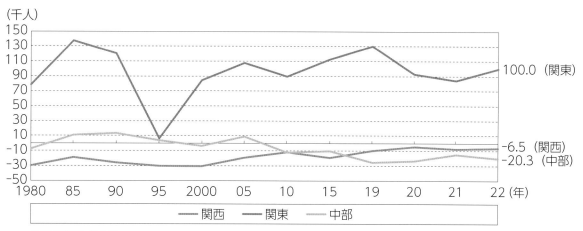

（千人）

100.0（関東）

−6.5（関西）
−20.3（中部）

関西の地域区分）タイプB
出所）総務省統計局「住民基本台帳人口移動報告」

1.5　高齢化率の推移

（％）

	福井県	滋賀県	京都府	大阪府	兵庫県	奈良県	和歌山県	関西	関東	中部	全国
1990年	15.2	12.2	12.7	9.0	12.3	11.7	15.5	11.4	10.5	12.5	12.3
2022年	30.5	26.4	29.5	27.1	28.8	31.6	33.2	28.5	25.9	28.2	28.5

関西の地域区分）タイプB
注）　高齢化率（％）＝65歳以上人口／総人口×100．1990年は10月1日現在．2022年は1月1日現在．
出所）厚生労働省老人保健福祉局「老人保健福祉マップ数値表」（1990年）
　　　総務省統計局「人口推計」，2022年は総務省「住民基本台帳に基づく人口，人口動態及び世帯数」

2. 県民経済計算

2.1　域内総生産（名目）の推移

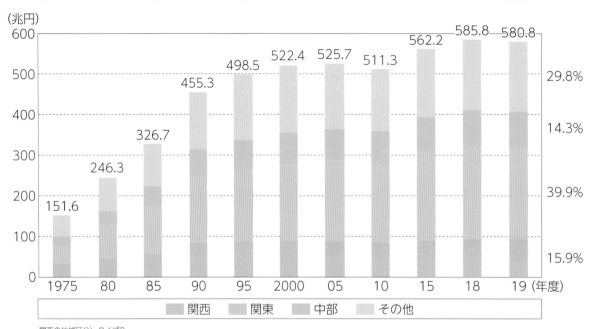

関西の地域区分）タイプB
注）　1975 〜 90年は1968SNA，1990 〜 2005年は1993SNA，2006 〜 19年は2008SNAに準拠している.
出所）内閣府「県民経済計算年報」

2.2　主要国との対比（2020年）

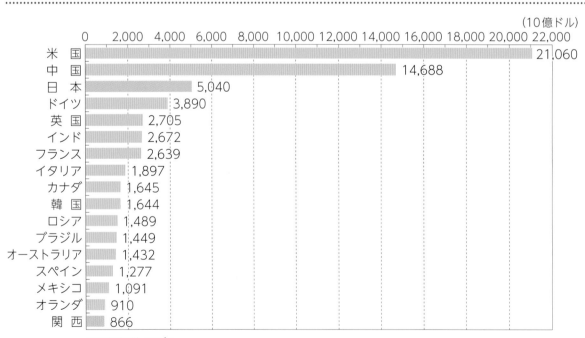

関西の地域区分）タイプA
注）　2020年暦年表示．名目値．ただし関西は2019年度域内総生産（名目）より算出．2020年の対米ドル円レートは106.82円.
出所）UN National Accounts Main Aggregates Database，内閣府「県民経済計算年報」

2.3　関西の経済活動別域内総生産（名目）構成比の推移

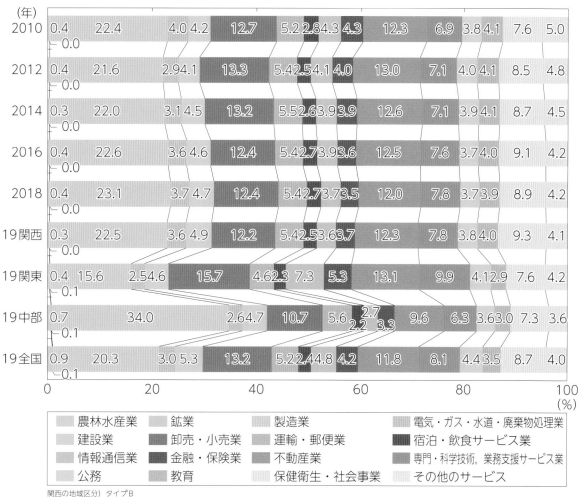

関西の地域区分）タイプB
注）　構成比は，帰属利子等調整前の数値に対する構成比である．
出所）内閣府「県民経済計算年報」

凡例：
農林水産業／鉱業／製造業／電気・ガス・水道・廃棄物処理業／建設業／卸売・小売業／運輸・郵便業／宿泊・飲食サービス業／情報通信業／金融・保険業／不動産業／専門・科学技術，業務支援サービス業／公務／教育／保健衛生・社会事業／その他のサービス

2.4　一人当たり県民所得の推移

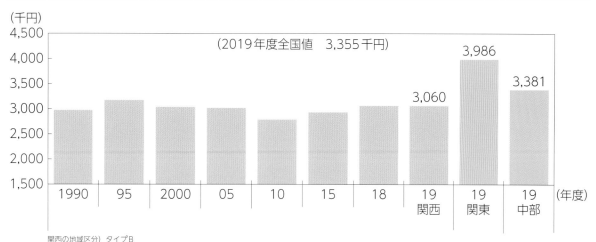

関西の地域区分）タイプB
出所）内閣府「県民経済計算年報」と総務省「推計人口」を用いて算出

2.5　関西各府県の実質GRP（APIR早期推計）

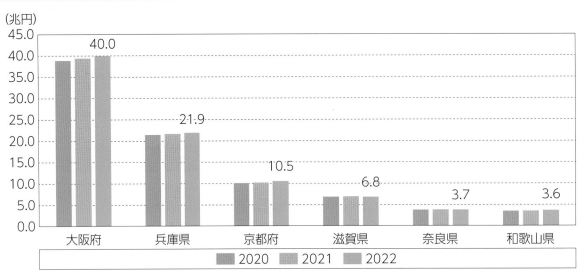

（兆円）

関西の地域区分）　タイプA
注）　実質GRPは生産側の連鎖価格表示.
注2) 2006年度から10年度のGRPは旧基準値を用いて新基準値に変換接続.
出所）APIR「関西2府4県GRPの早期推計 No.1」

3. 産 業

3.2.1　鉱工業生産指数の推移

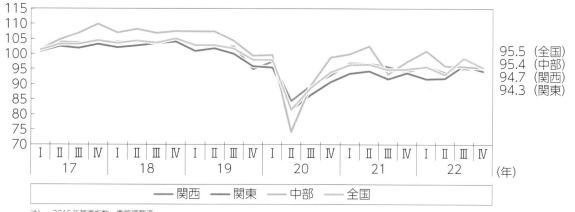

95.5（全国）
95.4（中部）
94.7（関西）
94.3（関東）

注)　2015年基準指数，季節調整済.
　　関西，関東，中部の地域区分はそれぞれ近畿，関東，中部の各経済産業局の管轄である.
出所)　経済産業省「鉱工業生産・出荷・在庫指数」

3.2.2　関西の鉱工業出荷・在庫バランスの推移

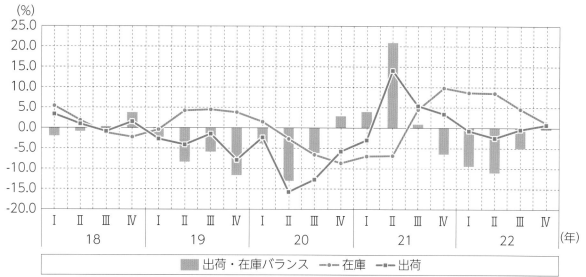

注)　2015年基準指数，季節調整済.
　　関西，関東，中部の地域区分はそれぞれ近畿，関東，中部の各経済産業局の管轄である.
出所)　経済産業省「鉱工業生産・出荷・在庫指数」

Part I

Part II

Part III

Part IV

3.3　製造品出荷額の推移

関西の地域区分）タイプB
注）　従業員4人以上の事業所.
出所）経済産業省「工業統計調査」，2015年・2020年は総務省・経済産業省「経済センサス-活動調査 調査の結果」

3.4　業種別製造品出荷額構成比の推移

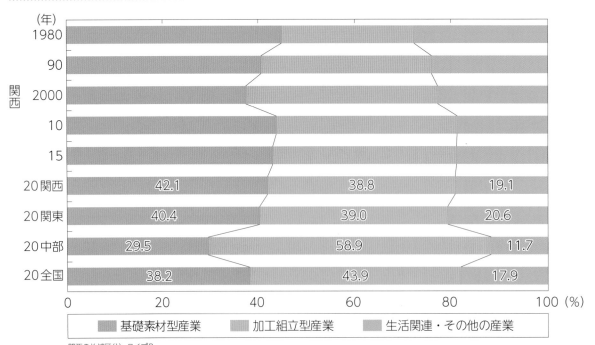

関西の地域区分）タイプB
注）　従業員4人以上の事業所．2008年調査で産業・品目分類の改訂が行われたため，それ以前の数値と連続性がない.
出所）経済産業省「工業統計調査」，2015年・2020年は総務省・経済産業省「経済センサス-活動調査 調査の結果」

3.7.1　新設住宅着工戸数の推移

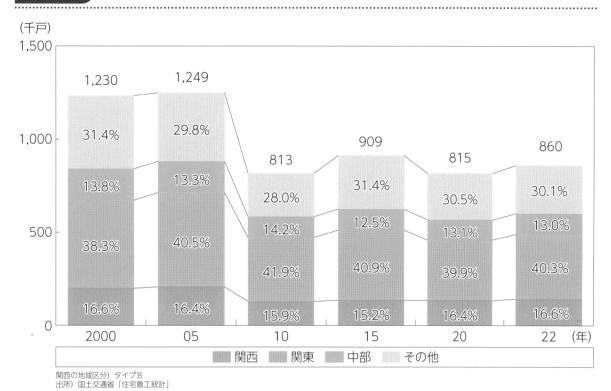

関西の地域区分）タイプB
出所）国土交通省「住宅着工統計」

3.7.2　利用関係別新設住宅着工戸数の推移

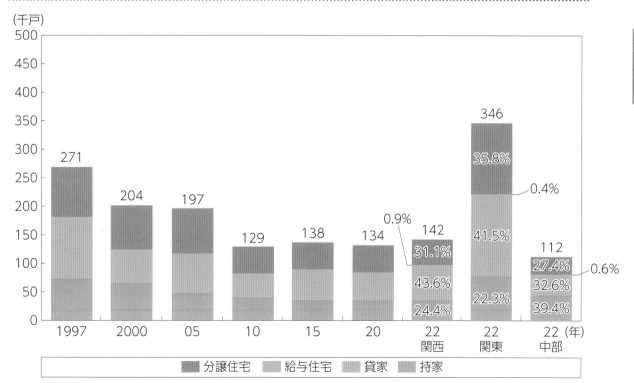

関西の地域区分）タイプB
出所）国土交通省「住宅着工統計」

Part Ⅰ

Part Ⅱ

Part Ⅲ

Part Ⅳ

3.8　マンションの新規販売戸数の推移

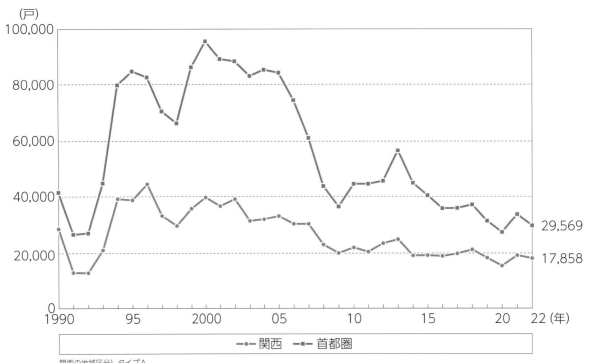

（戸）

関西の地域区分）タイプA
注）　首都圏は，東京都，千葉県，埼玉県，神奈川県.
出所）（株）不動産経済研究所

3.10.1　関西の設備投資の推移

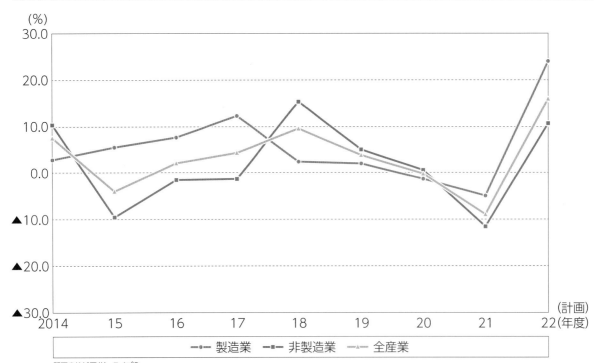

（％）

関西の地域区分）タイプB
注）　対前年度比. 2022年度は2022年12月調査時点での計画値.
　　　土地投資額を含み，ソフトウェア投資を除く.
出所）日本銀行「全国企業短期経済観測調査（短観）」

3.10.2　全国の設備投資の推移

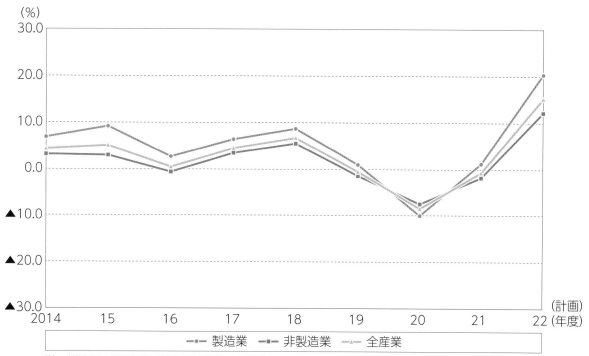

注）　対前年度比．2022年度は2022年12月調査時点での計画値．
　　　土地投資額を含み，ソフトウェア投資を除く．
出所）日本銀行「全国企業短期経済観測調査（短観）」

3.12.1　外資系企業進出件数の推移

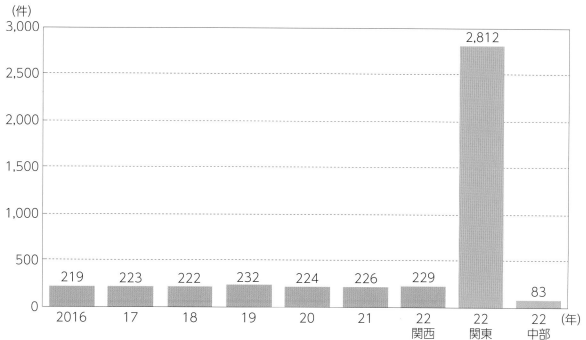

関西の地域区分）タイプB
注）　毎年2月調査．
出所）（株）東洋経済新報社「外資系企業総覧」

3.14.3 　百貨店・スーパー販売額前年同月比増減率の推移

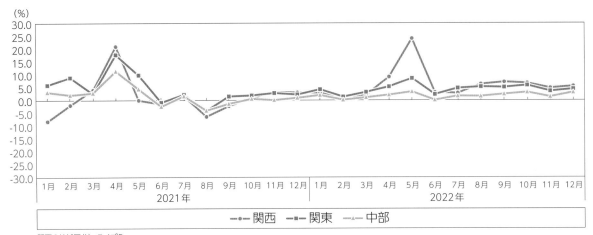

関西の地域区分）タイプB
出所）経済産業省「商業動態統計年報」，2021年より「商業動態統計参考表」

3.14.4 　コンビニエンスストア販売額前年同月比増減率の推移

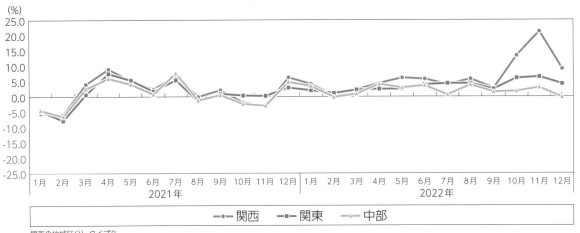

関西の地域区分）タイプB
出所）経済産業省「商業動態統計年報」，2021年より「商業動態統計参考表」

3.14.5 　家電大型専門店販売額前年同月比増減率の推移

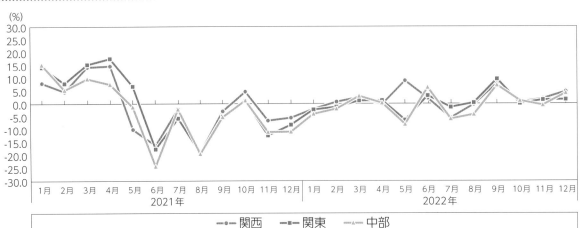

関西の地域区分）タイプB
出所）経済産業省「商業動態統計年報」，2021年より「商業動態統計参考表」

3.14.6 ドラッグストア販売額前年同月比増減率の推移

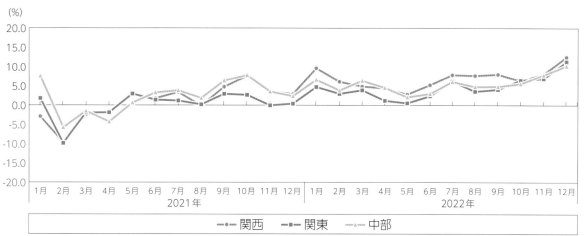

関西の地域区分）タイプB
出所）経済産業省「商業動態統計年報」, 2021年より「商業動態統計参考表」

3.18 特許等出願件数の推移

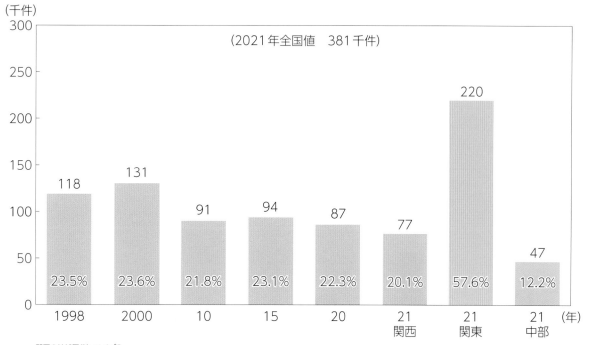

関西の地域区分）タイプB
注）　特許, 実用新案, 意匠, 商標の合計, 各年4月1日現在.
出所）特許庁「特許行政年次報告書」

3.19　研究所立地件数の累計推移

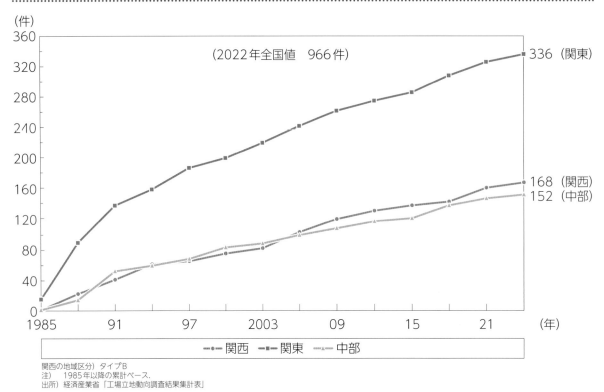

（件）

（2022年全国値　966件）

336（関東）
168（関西）
152（中部）

-●- 関西　-■- 関東　-▲- 中部

関西の地域区分）タイプB
注）　1985年以降の累計ベース.
出所）経済産業省「工場立地動向調査結果集計表」

3.20　中小製造業の事業所数の推移

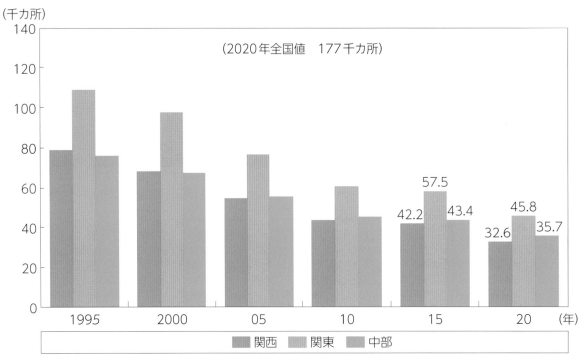

（千カ所）

（2020年全国値　177千カ所）

| | 42.2 | 57.5 | 43.4 |
| 32.6 | 45.8 | 35.7 |

関西　関東　中部

関西の地域区分）タイプB
注）　従業員4人以上，300人未満の事業所.
出所）経済産業省「工業統計調査」，2015年は総務省・経済産業省「平成28年経済センサス–活動調査 調査の結果」，
　　　2020年は同「令和3年経済センサス–活動調査　調査の結果」

3.21　中小製造業の製造品出荷額の推移

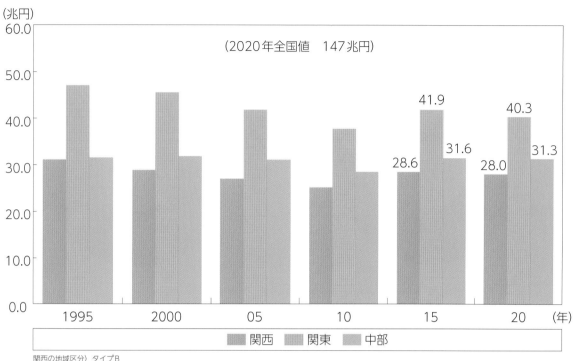

（2020年全国値　147兆円）

凡例：関西　関東　中部

関西の地域区分）タイプB
注）　従業員4人以上，300人未満の事業所.
出所）経済産業省「工業統計調査」，2015年は総務省・経済産業省「平成28年経済センサス-活動調査 調査の結果」，
　　　2020年は同「令和3年経済センサス-活動調査　調査の結果」

3.22　関西の従業者規模別製造業事業所数内訳の推移

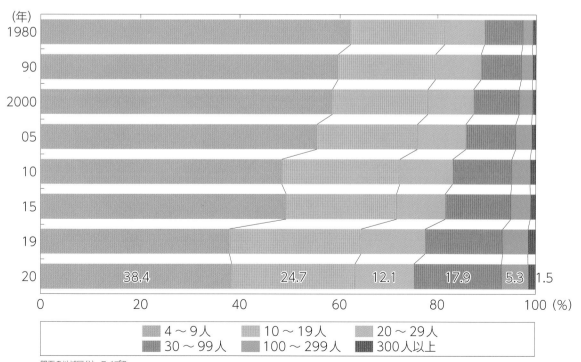

凡例：4～9人　10～19人　20～29人　30～99人　100～299人　300人以上

関西の地域区分）タイプB
出所）経済産業省「工業統計調査」，2015年は総務省・経済産業省「平成28年経済センサス-活動調査 調査の結果」
　　　2020年は同「令和3年経済センサス-活動調査　調査の結果」

Part I　Part II　Part III　Part IV

4. 貿　易

4.1.1　品目別輸出（2022年）

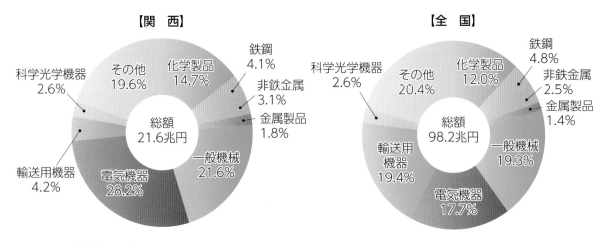

関西の地域区分）タイプA
出所）財務省「令和4年分貿易統計（確々報）」，大阪税関「令和4年分近畿圏の貿易統計（確々報）」

4.1.2　品目別輸入（2022年）

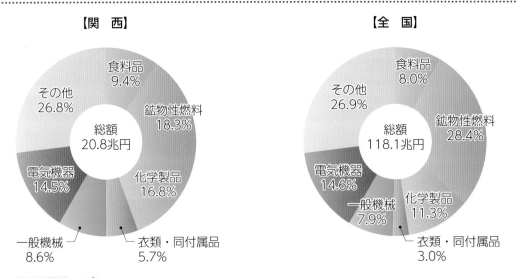

関西の地域区分）タイプA
出所）財務省「令和4年分貿易統計（確々報）」，大阪税関「令和4年分近畿圏の貿易統計（確々報）」

4.2.1　関西の地域別輸出の推移

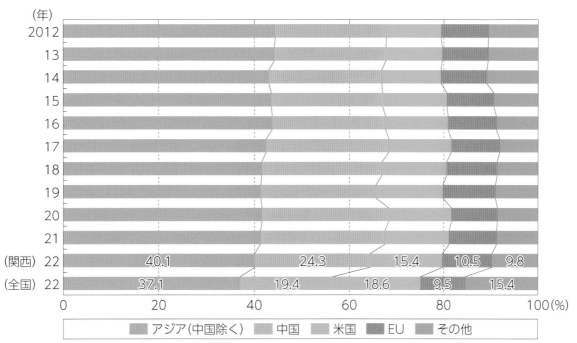

関西の地域区分）タイプA
注）　2022年は確々報値.
出所）財務省「貿易統計」，大阪税関「近畿圏の貿易統計」

4.2.2　関西の地域別輸入の推移

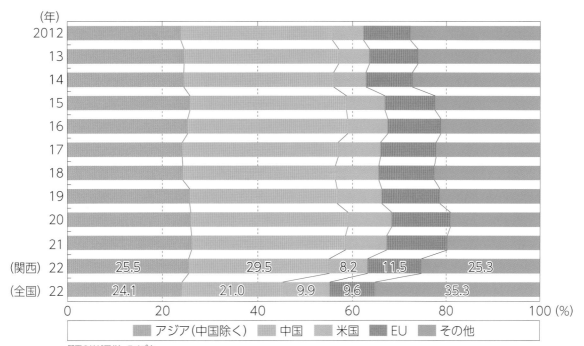

関西の地域区分）タイプA
注）　2022年は確々報値.
出所）財務省「貿易統計」，大阪税関「近畿圏の貿易統計」

Part I

Part II

Part III

Part IV

4.3　国際航空貨物の品目別内訳（2022年）

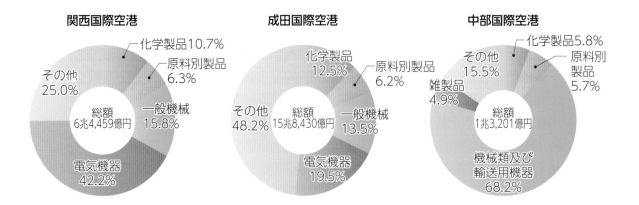

輸　出

関西国際空港
- 化学製品10.7%
- 原料別製品 6.3%
- 一般機械 15.8%
- 電気機器 42.2%
- その他 25.0%
- 総額 6兆4,459億円

成田国際空港
- 化学製品 12.5%
- 原料別製品 6.2%
- 一般機械 13.5%
- 電気機器 19.5%
- その他 48.2%
- 総額 15兆8,430億円

中部国際空港
- 化学製品5.8%
- 原料別製品 5.7%
- 機械類及び輸送用機器 68.2%
- 雑製品 4.9%
- その他 15.5%
- 総額 1兆3,201億円

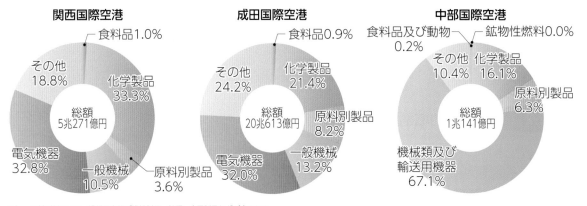

輸　入

関西国際空港
- 食料品1.0%
- 化学製品 33.3%
- 原料別製品 3.6%
- 一般機械 10.5%
- 電気機器 32.8%
- その他 18.8%
- 総額 5兆271億円

成田国際空港
- 食料品0.9%
- 化学製品 21.4%
- 原料別製品 8.2%
- 一般機械 13.2%
- 電気機器 32.0%
- その他 24.2%
- 総額 20兆613億円

中部国際空港
- 食料品及び動物 0.2%
- 鉱物性燃料0.0%
- 化学製品 16.1%
- 原料別製品 6.3%
- 機械類及び輸送用機器 67.1%
- その他 10.4%
- 総額 1兆141億円

注）　原料別製品には，繊維用糸及び繊維製品，鉄鋼，金属製品などが含まれる．
　　　中部国際空港は2020年から概況品で公表しているため，統計品目が他空港と異なる．
出所）大阪税関「関西空港貿易統計 2022年分（速報値）」，東京税関「令和4年分 成田空港貿易概況（確々報）」，名古屋税関「令和4年分 中部空港貿易概況（速報）」

4.4　国際海運貨物の品目別内訳（2022年）

輸　出

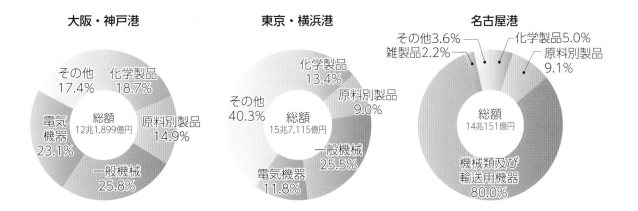

大阪・神戸港
- その他 17.4%
- 化学製品 18.7%
- 電気機器 23.1%
- 原料別製品 14.9%
- 一般機械 25.8%
- 総額 12兆1,899億円

東京・横浜港
- 化学製品 13.4%
- その他 40.3%
- 原料別製品 9.0%
- 一般機械 25.5%
- 電気機器 11.8%
- 総額 15兆7,115億円

名古屋港
- その他3.6%
- 雑製品2.2%
- 化学製品5.0%
- 原料別製品 9.1%
- 機械類及び輸送用機器 80.0%
- 総額 14兆151億円

輸　入

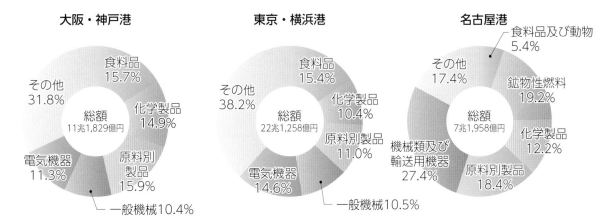

大阪・神戸港
- 食料品 15.7%
- その他 31.8%
- 化学製品 14.9%
- 電気機器 11.3%
- 原料別製品 15.9%
- 一般機械10.4%
- 総額 11兆1,829億円

東京・横浜港
- 食料品 15.4%
- その他 38.2%
- 化学製品 10.4%
- 原料別製品 11.0%
- 電気機器 14.6%
- 一般機械10.5%
- 総額 22兆1,258億円

名古屋港
- 食料品及び動物 5.4%
- その他 17.4%
- 鉱物性燃料 19.2%
- 化学製品 12.2%
- 機械類及び輸送用機器 27.4%
- 原料別製品 18.4%
- 総額 7兆1,958億円

注）　原料別製品には，繊維用糸及び繊維製品，鉄鋼，金属製品などが含まれる.
　　　名古屋港は2019年から概況品で公表しているため，統計品目が他港と異なる.
出所）大阪税関「大阪港貿易統計 2022年分（速報値）」，神戸税関「令和4年神戸税関貿易概況（確々報）」，東京税関「令和4年分東京港貿易概況（確々報）」，
　　　横浜税関「2022年分横浜港貿易概況（確々報値）」，名古屋税関「令和4年分管内貿易概況（速報）」

5. 交通・物流

5.4　国際線乗降客数の推移

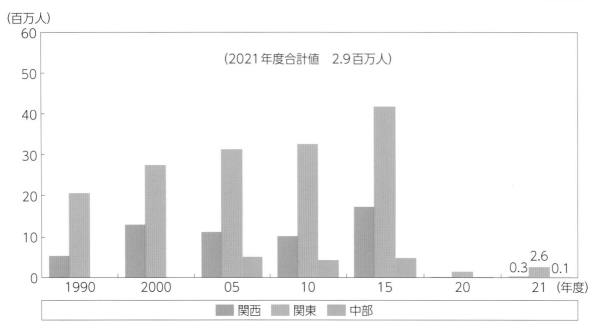

（百万人）

（2021年度合計値　2.9百万人）

注）　関西 ―――― 大阪国際空港，関西国際空港，神戸空港（2005年より）の合計.
　　　関東 ―――― 成田国際空港及び東京国際空港の合計.
　　　中部 ―――― 中部国際空港（2005年より）の数値.
出所）国土交通省航空局「空港管理状況調書」

5.5　国内線乗降客数の推移

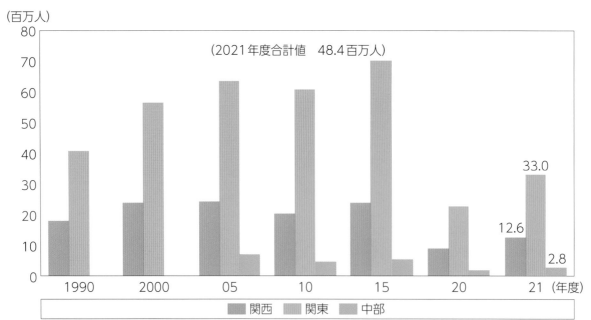

（百万人）

（2021年度合計値　48.4百万人）

注）　関西 ―――― 大阪国際空港，関西国際空港，神戸空港（2005年より）の合計.
　　　関東 ―――― 成田国際空港及び東京国際空港の合計.
　　　中部 ―――― 中部国際空港（2005年より）の数値.
出所）国土交通省航空局「空港管理状況調書」

5.6.1　国際航空貨物取扱量の推移

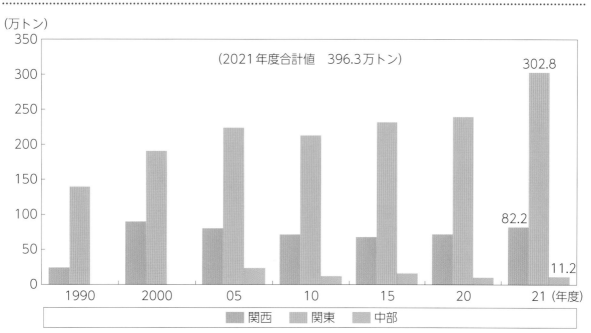

注）　関西 ── 大阪国際空港，関西国際空港，神戸空港（2005年より）の合計.
　　　関東 ── 成田国際空港及び東京国際空港の合計.
　　　中部 ── 中部国際空港（2005年より）の数値.
出所）国土交通省航空局「空港管理状況調書」

5.6.2　国内航空貨物取扱量の推移

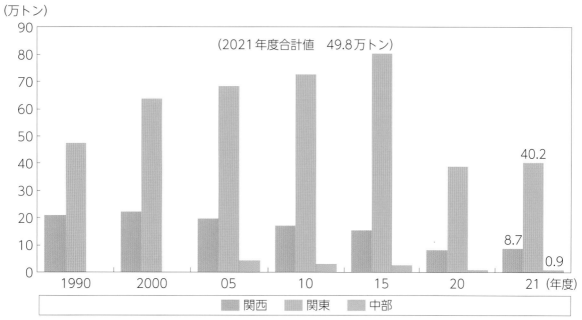

注）　関西 ── 大阪国際空港，関西国際空港，神戸空港（2005年より）の合計.
　　　関東 ── 成田国際空港及び東京国際空港の合計.
　　　中部 ── 中部国際空港（2005年より）の数値.
出所）国土交通省航空局「空港管理状況調書」

6. 労 働

6.1　就業構造（2022年）

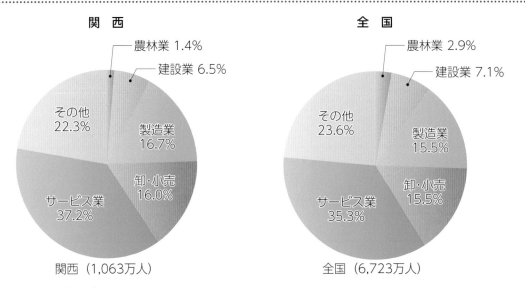

関西の地域区分）タイプA
注）　「サービス業」は、「飲食店・宿泊業」、「生活関連サービス業・娯楽業」、「福祉・医療」、「教育・学習支援業」、「複合サービス事業」、
　　　「サービス業（他に分類されないもの）」の合計.
出所）総務省統計局「労働力調査年報」

6.4　有効求人倍率の推移

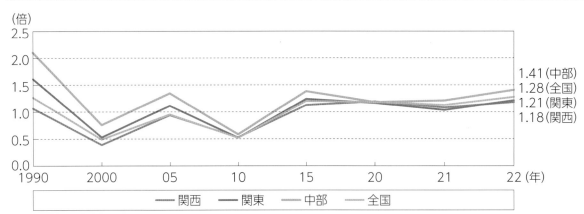

関西の地域区分）タイプB
注）　季節調整値.
出所）厚生労働省「職業安定業務統計」

6.5　完全失業率の推移

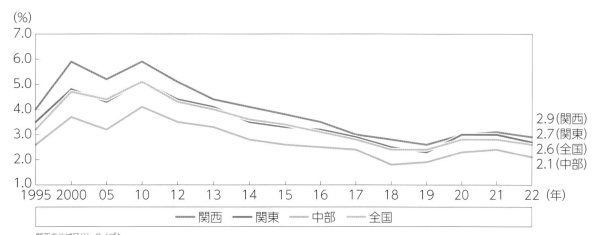

2.9 (関西)
2.7 (関東)
2.6 (全国)
2.1 (中部)

関西　関東　中部　全国

関西の地域区分）タイプA
注）　関西，関東，中部はそれぞれ「労働力調査」の近畿，南関東，東海の各年平均の数値．
出所）総務省統計局「労働力調査」2020年平均結果　※2011年は岩手県，宮城県及び福島県を除く全国．

6.6　雇用形態別就業者数の推移

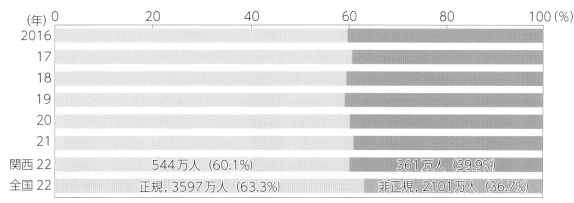

関西 22　544万人（60.1%）　361万人（39.9%）
全国 22　正規，3597万人（63.3%）　非正規，2101万人（36.7%）

関西の地域区分）タイプA
注）　「非正規」とは，パート・アルバイト，派遣社員，契約社員等．
出所）総務省統計局「労働力調査」

9. 医療・介護

9.1　医療施設一カ所当たりの人口の推移

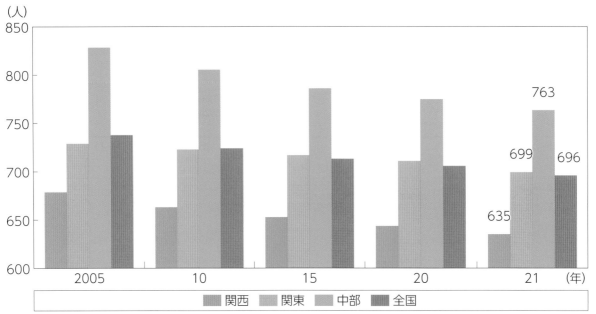

（人）

関西の地域区分）タイプB
注）　医療施設とは，病院，一般診療所，歯科診療所の合計．
出所）厚生労働省「医療施設調査・病院報告」，総務省統計局「国勢調査」・「人口推計」より作成

9.3　人口千人当たりの社会福祉施設定員数（2021年）

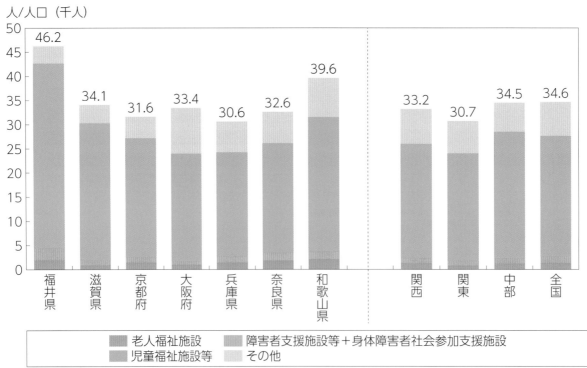

人／人口（千人）

関西の地域区分）タイプB
注）　人口は総務省統計局「人口推計」（2021年）による．
出所）厚生労働省「社会福祉施設等調査」

10. 教育・文化

10.1　大学・短大学校数，学生数の推移

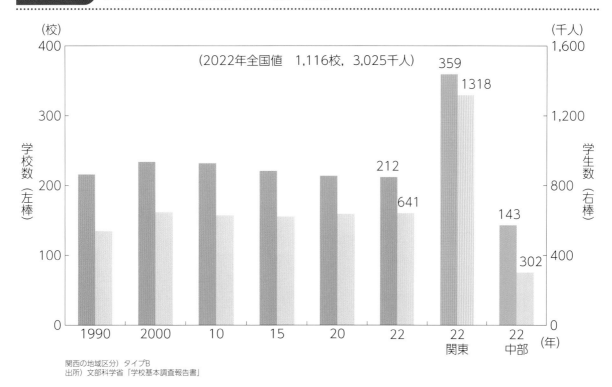

関西の地域区分）タイプB
出所）文部科学省「学校基本調査報告書」

10.3　国宝・重要文化財数（2023年）

	国宝数	重要文化財数	国宝数 全国シェア（％）	重要文化財数 全国シェア（％）
福 井 県	6	114	0.5	0.9
滋 賀 県	56	829	4.9	6.2
京 都 府	237	2,201	20.9	16.5
大 阪 府	62	682	5.5	5.1
兵 庫 県	21	473	1.9	3.5
奈 良 県	206	1,331	18.2	9.9
和 歌 山 県	36	396	3.2	3.0
関　　西	624	6,026	55.1	45.0
関　　東	340	3,755	30.0	28.1
中　　部	44	1,105	3.9	8.3
全　　国	1,132	13,377	100.0	100.0

関西の地域区分）タイプB
注）　2023年4月1日現在.
出所）文化庁「国宝・重要文化財都道府県別指定件数一覧」

11. 財政・金融

11.1　行政投資額の推移

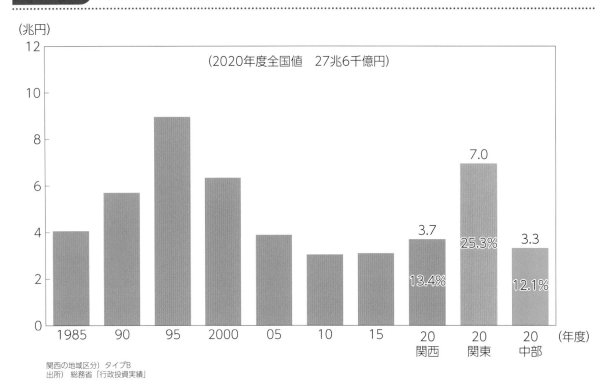

(兆円)

(2020年度全国値　27兆6千億円)

関西の地域区分）タイプB
出所）総務省「行政投資実績」

11.4　公共工事請負金額の推移

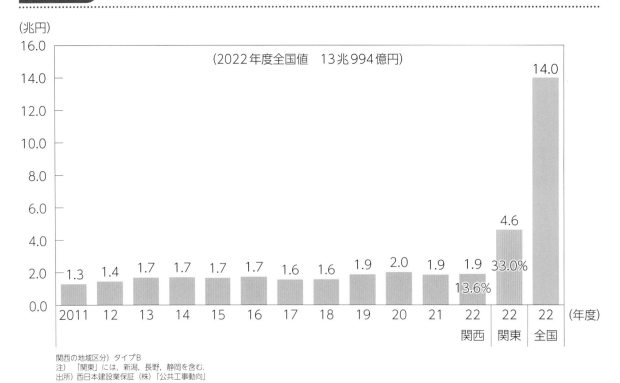

(兆円)

(2022年度全国値　13兆994億円)

関西の地域区分）タイプB
注）「関東」には，新潟，長野，静岡を含む．
出所）西日本建設業保証（株）「公共工事動向」

11.9　預金残高の推移

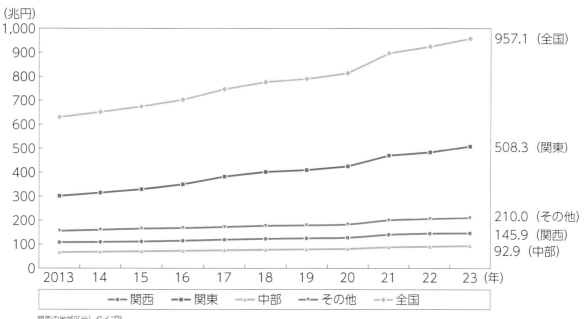

(兆円)

凡例: --●-- 関西　　--■-- 関東　　--▲-- 中部　　--▼-- その他　　--●-- 全国

右端ラベル:
957.1（全国）
508.3（関東）
210.0（その他）
145.9（関西）
92.9（中部）

X軸: 2013　14　15　16　17　18　19　20　21　22　23（年）

関西の地域区分）タイプB
注）　各年3月末現在.
　　　国内銀行勘定. ただし, 整理回収機構, ゆうちょ銀行を除く.
　　　特別国際金融取引勘定（オフショア勘定, 1986年12月から設置）を含まない.
　　　「その他預金」には非居住者円預金, 外貨預金を含む.
出所）日本銀行調査統計局「都道府県別預金・現金・貸出金（国内銀行）」調査表

11.10　貸出金残高の推移

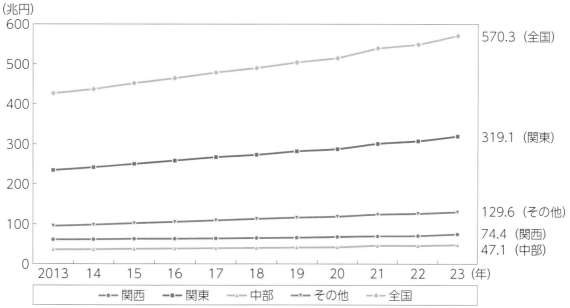

(兆円)

凡例: --●-- 関西　　--■-- 関東　　--▲-- 中部　　--▼-- その他　　--●-- 全国

右端ラベル:
570.3（全国）
319.1（関東）
129.6（その他）
74.4（関西）
47.1（中部）

X軸: 2013　14　15　16　17　18　19　20　21　22　23（年）

関西の地域区分）タイプB
注）　各年3月末現在.
　　　国内銀行勘定. ただし, 整理回収機構, ゆうちょ銀行を除く.
　　　特別国際金融取引勘定（オフショア勘定, 1986年12月から設置）を含まない.
　　　「その他預金」には非居住者円預金, 外貨預金を含む.
出所）日本銀行調査統計局「都道府県別預金・現金・貸出金（国内銀行）」調査表

11.11　地方銀行の業務純益・貸出金利息・調達費用推移

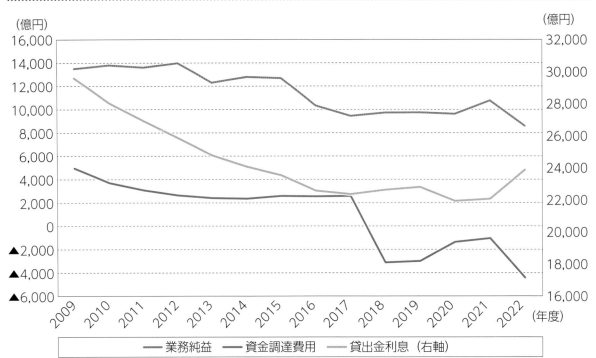

業務純益　　資金調達費用　　貸出金利息（右軸）

注1)　上記金額は一般社団法人 全国地方銀行協会に加盟する62行の合計額.
注2)　計数は地方銀行62行の単体ベース.
出所)　(一社)全国地方銀行協会

12. 物価・消費

12.1　消費者物価指数の推移

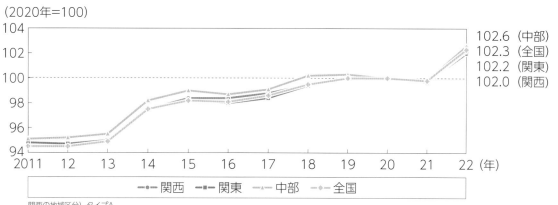

（2020年＝100）

102.6（中部）
102.3（全国）
102.2（関東）
102.0（関西）

関西の地域区分）タイプA
注）　各年平均．関西，関東，中部はそれぞれ「消費者物価指数年報」の近畿，関東，東海の数値．
出所）総務省「消費者物価指数年報」

12.2　消費支出額の推移

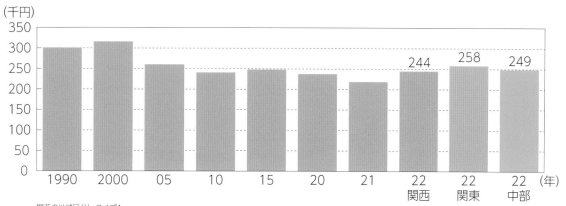

（千円）

関西の地域区分）タイプA
注）　1世帯1カ月当たり平均（総世帯）．関西，関東，中部はそれぞれ「家計調査年報」の近畿，関東，東海の数値．
出所）総務省「家計調査年報」

12.3　消費支出内訳の推移

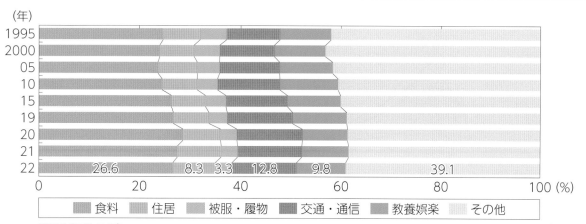

（年）

26.6　8.3　3.3　12.8　9.8　39.1

食料　住居　被服・履物　交通・通信　教養娯楽　その他

関西の地域区分）タイプA
注）　「家計調査年報」の近畿の数値（総世帯）．
出所）総務省「家計調査年報」

Part Ⅳ

12.4   住宅地地価の推移

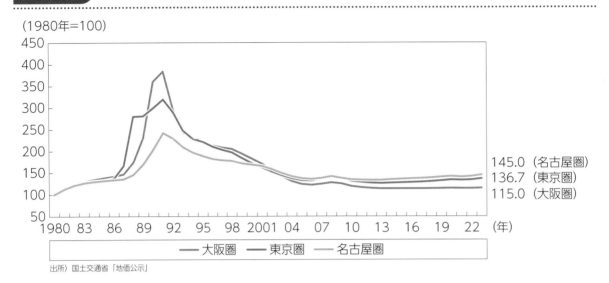

(1980年=100)

145.0 （名古屋圏）
136.7 （東京圏）
115.0 （大阪圏）

――― 大阪圏   ――― 東京圏   ――― 名古屋圏

出所）国土交通省「地価公示」

12.5   商業地地価の推移

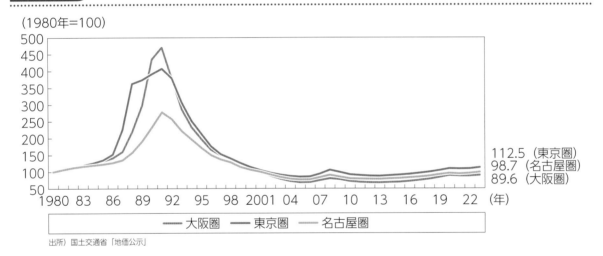

(1980年=100)

112.5 （東京圏）
98.7 （名古屋圏）
89.6 （大阪圏）

――― 大阪圏   ――― 東京圏   ――― 名古屋圏

出所）国土交通省「地価公示」

12.6   工業地地価の推移

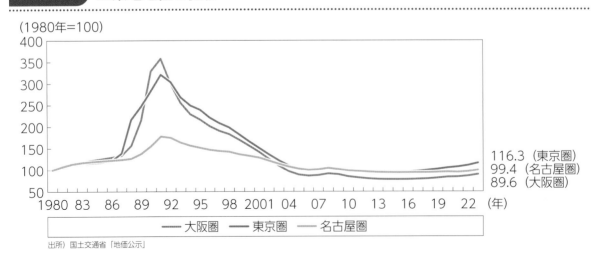

(1980年=100)

116.3 （東京圏）
99.4 （名古屋圏）
89.6 （大阪圏）

――― 大阪圏   ――― 東京圏   ――― 名古屋圏

出所）国土交通省「地価公示」

13. 観光・国際交流

13.1.1 宿泊者数と外国人比率の推移

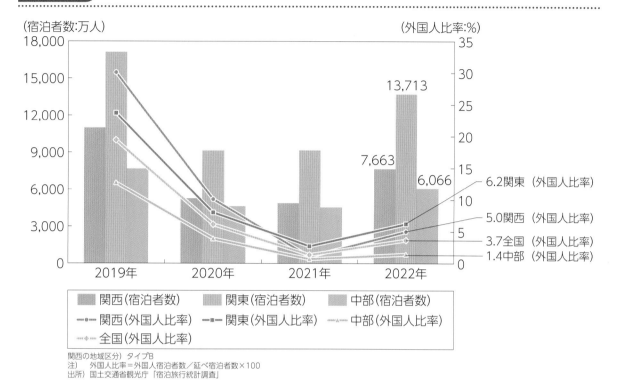

関西の地域区分）タイプB
注）　外国人比率＝外国人宿泊者数／延べ宿泊者数×100
出所）国土交通省観光庁「宿泊旅行統計調査」

13.1.2 外国人延べ宿泊者数の推移

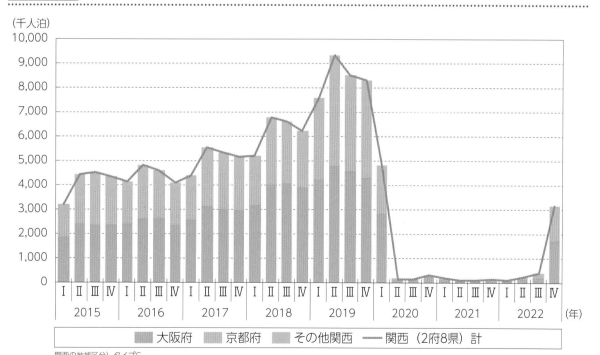

関西の地域区分）タイプC
出所）国土交通省観光庁「宿泊旅行統計調査」

13.2　ホテル・旅館数，客室数の推移

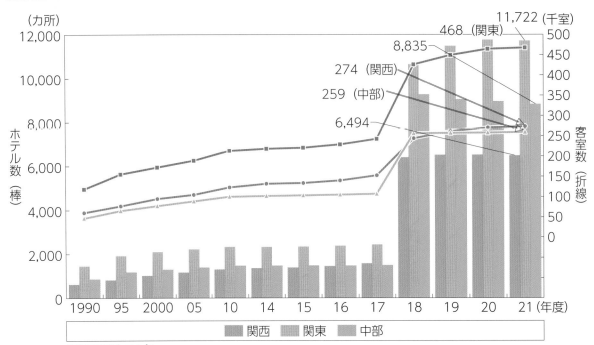

関西の地域区分）タイプB
注）　各年度末現在の数値．2010年度は，東日本大震災の影響により，宮城県のうち仙台市以外の市町村，福島県の相双保健福祉事務所管轄内
　　　の市町村が含まれていない．
　　　旅館業法の改正により2018年度から，「ホテル営業」，「旅館営業」と分かれていたのが「旅館・ホテル営業」に一本化された．
　　　1975〜2017年度はホテルのみ，2018年度以降はホテルと旅館の合計．
出所）厚生労働省「衛生行政報告例」

13.3　宿泊施設タイプ別客室稼働率の推移

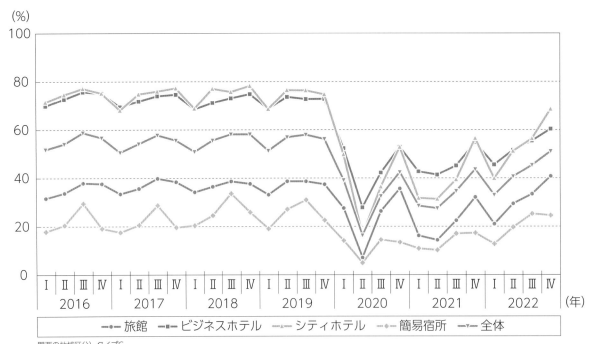

関西の地域区分）タイプC
出所）国土交通省観光庁　「宿泊旅行統計調査」

13.4　空港別入国外国人数の推移

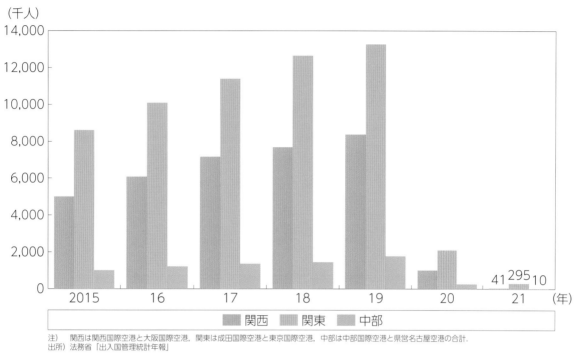

（千人）

注）　関西は関西国際空港と大阪国際空港，関東は成田国際空港と東京国際空港，中部は中部国際空港と県営名古屋空港の合計.
出所）法務省「出入国管理統計年報」

13.5　関西国際空港を利用した国籍別訪日外客数の推移

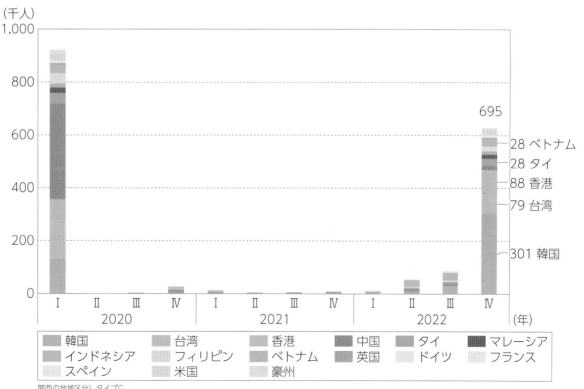

（千人）

関西の地域区分）タイプC
出所）法務省「出入国管理統計表」

13.6　訪日外国人旅行者の都道府県別訪問率の推移

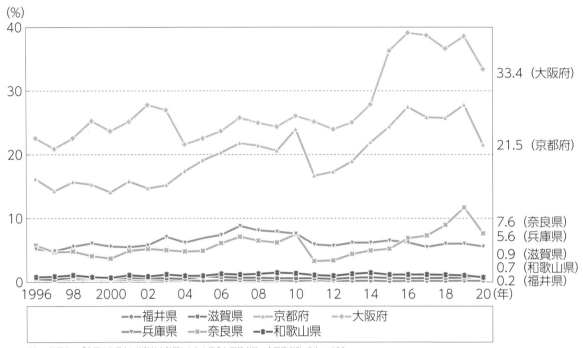

注）　訪問率＝「今回の旅行中に当該地を訪問した」と答えた回答者数÷全回答者数（N）×100
　　　2020年は新型コロナウイルス感染症の影響により，4〜6月期，7〜9月期，10〜12月期の調査が中止となったため，1〜3月期の確報値.
　　　2021〜2022年は新型コロナウイルス感染症の影響により調査中止.
出所）（独）日本政府観光局（JNTO）「訪日外客訪問地調査」，2011年より観光庁「訪日外国人消費動向調査」

13.7　国籍別旅行消費単価（2022年）

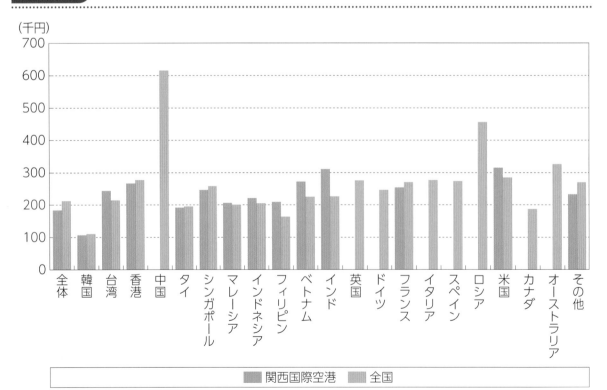

注1）　出国者による1人当たり旅行消費単価.
　　　2022年平均値は新型コロナウイルス感染症の影響により，1〜3月期，4〜6月期，7〜9月期の調査が縮小となったため，10〜12月期の値.
注2）　データがない国は回答者が0人であることを示す.
出所）　観光庁「訪日外国人消費動向調査」

13.8　百貨店免税売上高指数の推移

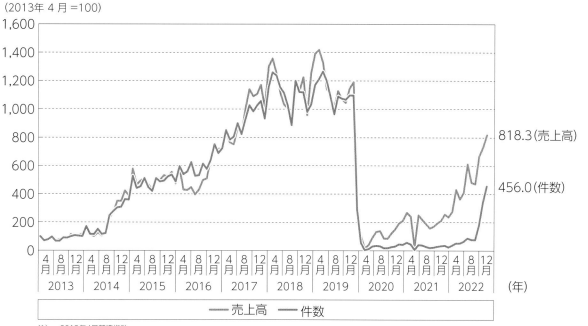

（2013年 4 月＝100）

注）　2013年4月基準指数.
　　　インバウンド需要の観点から主要とみられる大阪, 京都, 神戸の百貨店各店舗における
　　　外国人旅行客などの非居住者による消費税免税物品の購入額及び件数（免税申請ベース）.
　　　2019年10月分より, 調査対象先の一部変更に伴い, 新ベースでの公表に変更している.
　　　併せて, 免税売上の売上高及び件数について, 指数での公表に変更している.
出所）日本銀行大阪支店「関西地区百貨店免税売上」

13.9　国際会議開催件数の推移

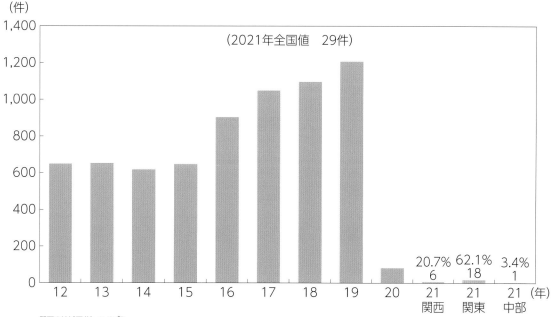

（件）

関西の地域区分）タイプB
注）　国際コンベンションの新選定基準に基づく.
　　　（参加者総数が50名以上, 参加国が日本を含む3カ国以上, 開催期間が1日以上など）
出所）（独）日本政府観光局（JNTO）「2021年国際会議統計」

13.10　国際会議外国人参加者数（2021年）

	都市・地域	人
関　西	京都市	349
	奈良市	0
	大阪市	0
	千里地区	0
	神戸市	42
	淡路市	0
関　東	つくば地区	0
	千葉市	0
	東京23区	110
	横浜市	110
中　部	名古屋市	0

注）　「つくば地区」＝つくば市，土浦市．「千里地区」＝豊中市，吹田市，茨木市，高槻市，箕面市．
出所）（独）日本政府観光局（JNTO）「2021年国際会議統計」

13.11　地域別日本人出国者数の推移

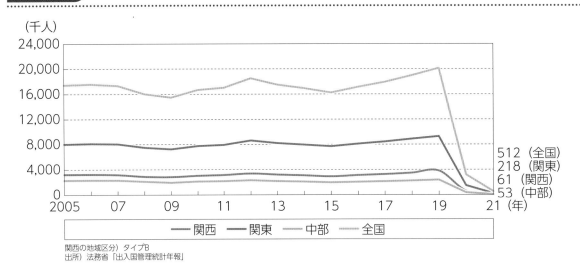

関西の地域区分）タイプB
出所）法務省「出入国管理統計年報」

13.12　主要空港・海港別　日本人出国者数の推移

（千人）

	2005年	2006年	2007年	2008年	2009年	2010年	2011年	2012年	2013年	2014年	2015年	2016年	2017年	2018年	2019年	2020年	2021年
関西国際空港	3,862	3,861	3,688	3,337	3,184	3,349	3,389	3,623	3,439	3,225	3,029	3,187	3,303	3,496	3,974	604	44
大阪港	6	6	7	8	7	8	9	7	5	4	3	5	4	5	10	0	0
神戸港	8	7	7	5	4	5	4	5	7	6	6	8	9	16	12	0	0
関西計	3,876	3,874	3,702	3,350	3,195	3,361	3,402	3,636	3,451	3,235	3,038	3,199	3,316	3,517	3,997	605	44
成田国際空港	9,577	9,636	9,548	8,751	8,281	8,713	7,590	8,320	8,052	7,069	6,509	6,638	6,790	7,096	7,333	1,309	238
東京国際空港	360	423	466	640	780	1,194	2,606	2,838	2,664	3,502	3,828	4,241	4,615	4,819	4,908	770	218
東京港	1	1	1	0	0	1	0	0	4	5	0	4	2	0	1	0	0
横浜港	5	5	6	8	5	9	5	15	13	12	15	19	15	23	22	0	0
関東計	9,942	10,064	10,020	9,400	9,066	9,918	10,201	11,173	10,732	10,589	10,353	10,902	11,422	11,939	12,264	2,079	456
中部国際空港	1,644	1,926	1,974	1,782	1,576	1,640	1,617	1,669	1,530	1,446	1,368	1,409	1,439	1,531	1,669	228	8
県営名古屋空港	215	1	0	0	0	0	0	0	0	0	0	0	0	0	0	0	0
中部計	1,859	1,927	1,974	1,782	1,576	1,640	1,618	1,669	1,531	1,446	1,368	1,409	1,439	1,531	1,670	228	8

出所）法務省「出入国管理統計年報」

13.13　外国人登録者数の推移

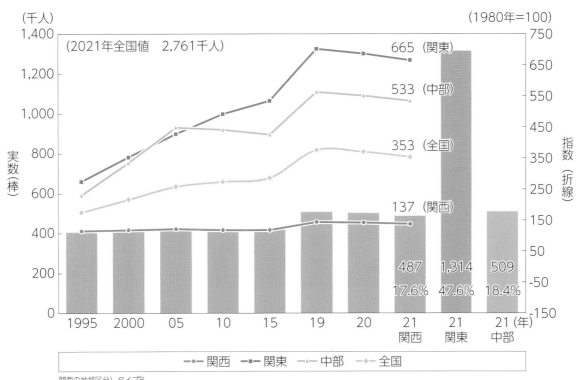

関西の地域区分）タイプB
注）　各年12月末現在.
出所）法務省出入国在留管理庁「在留外国人統計」, 2011年以前は法務省入国管理局「登録外国人統計」

13.14　在留資格別外国人登録者数の内訳（2021年）

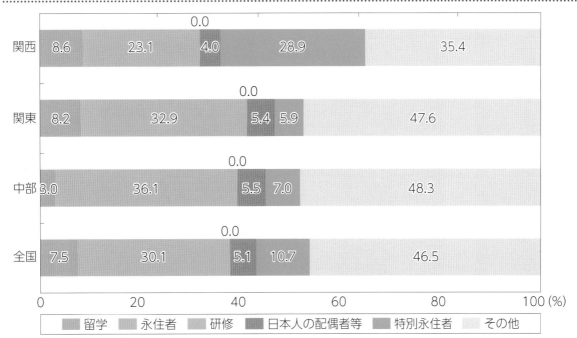

関西の地域区分）タイプB
注）　2021年12月末現在. 特別永住者とは，平和条約国籍離脱者等入管特例法に定める者.
出所）法務省出入国管理庁「在留外国人統計」

13.15　留学生数の推移

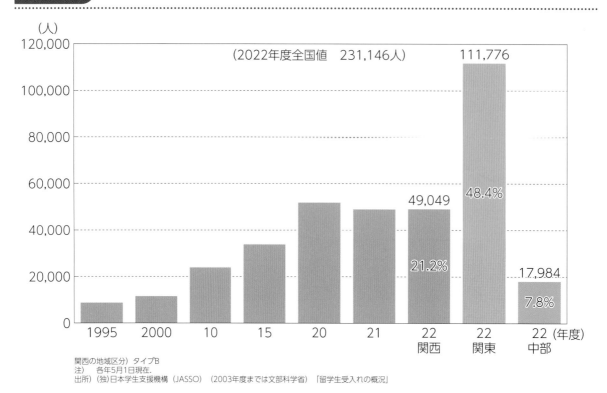

（人）

（2022年度全国値　231,146人）

関西の地域区分）タイプB
注）　各年5月1日現在.
出所）（独)日本学生支援機構（JASSO）（2003年度までは文部科学省）「留学生受入れの概況」

13.16　技能実習計画認定件数（2021年度）

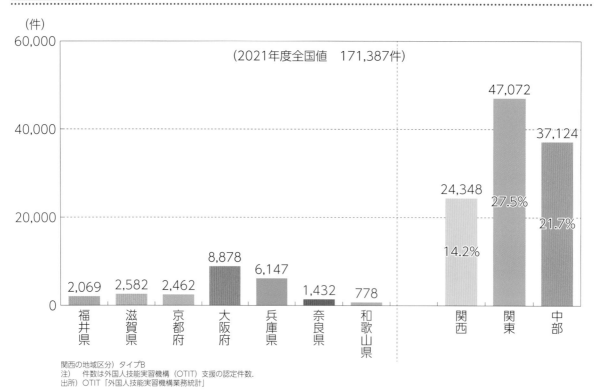

（件）

（2021年度全国値　171,387件）

関西の地域区分）タイプB
注）　件数は外国人技能実習機構（OTIT）支援の認定件数.
出所）OTIT「外国人技能実習機構業務統計」

2022（令和4）年

- 国の予算（一般会計）規模　107兆5,964億円
- 経済財政白書副題　　「人への投資を原動力とする成長と分配の好循環実現へ」
- 日本新語・流行語大賞　「村神様」

　　　　　　　　　　　「キーウ」，「きつねダンス」，「悪い円安」
- インターバンク市場（東京市場）米ドル終値　131円70銭
- 日経平均株価終値　2万6,094円50銭

	世界の動き	日本の動き
1月	15　トンガで大規模な海底火山噴火が発生	14　慶応義塾大学がiPS細胞から作った細胞を移植する世界初の手術を行ったと発表
2月	24　ロシア軍によるウクライナ侵攻開始	1　元東京都知事の石原慎太郎氏が死去
3月	28　中国の上海市が新型コロナウイルス感染拡大を受け都市封鎖開始	27　第94回米アカデミー賞で「ドライブ・マイ・カー」が，国際長編映画賞を受賞
4月	24　マクロン氏がフランス大統領に再選	1　改正民法が施行
5月	10　尹錫悦氏が韓国大統領に就任 23　インド太平洋経済枠組み（IPEF）が13カ国で発足	11　経済安全保障推進法が参議院本会議で可決 15　沖縄の本土復帰50周年
6月	26　主要7カ国首脳会議（G7サミット）がドイツで開幕	7　井上尚弥氏が本人初のプロボクシング世界3団体統一王者を獲得
7月	23　WHOがサル痘感染で緊急事態宣言を発出	8　安倍晋三元首相が参院選演説中に銃撃され死亡
8月	1　　核拡散防止条約（NPT）再検討会議がニューヨークで開幕	24　日本政府が新型コロナ感染者の「全数把握」の見直しを発表
9月	8　英国エリザベス女王が死去	23　西九州新幹線（武雄温泉駅－長崎駅）が開業
10月	22　中国共産党大会で習近平総書記の3期目続投が決定 25　スナク氏が英国首相に就任	20　東京為替市場で一時1ドル＝150円台まで下落
11月	20　サッカーワールドカップカタール大会が開幕	11　セブン＆アイ・ホールディングスが「そごう・西武」を米投資ファンドに売却すると発表
12月	21　バイデン米国大統領とウクライナのゼレンスキー大統領がホワイトハウスで首脳会談	10　被害者救済新法などが参院本会議で可決，成立

出所）各種資料をAPIRで加工

■日経ヒット商品番付

	東	西
横　綱	コスパ＆タイパ	＃３年ぶり
大　関	サッカーＷ杯日本代表	ヤクルト本社「ヤクルト1000/Y1000」

■無担保コール翌日物金利（誘導目標）（年末）　-0.022％

■2022年度実質GDP成長率　＋1.4％　　■実質GRP成長率（関西）　＋1.3％（APIR算出）

	関西の動き	
	産業・経済・政治	その他
1月	4　大阪府・大阪市が万博推進局を発足	27　京都府，大阪府，兵庫県に「まん延防止重点措置」が適用
2月	2　大阪市の「大阪中之島美術館」が開館	5　和歌山県に「まん延防止重点措置」が適用
3月	21　なら歴史芸術文化村がオープン	31　第94回選抜高校野球大会で大阪桐蔭高校が4年ぶり4度目の優勝
4月	29　近畿日本鉄道が新観光特急「あをによし」の運行を開始	13　大阪市の造幣局で「桜の通り抜け」が3年ぶりに開始
5月	29　大阪水上バスなどが大阪・関西万博に向けた観光船の社会実験を開始	24　立命館大学と滋賀レイクスターズが学生の起業支援などで連携する協定を締結
6月	8　JR西日本と滋賀県が持続可能な公共交通網構築などで連携を強化すると発表	17　和歌山県が綜合警備保障（ALSOK）と県民の防災・防犯意識向上のための包括連携協定を締結
7月	28　京丹後市がピーチ・アビエーションとウィラーと共同で地方創生プロジェクトを開始すると発表	17　京都祇園祭で前祭の「山鉾巡行」が3年ぶりに開催
8月	30　カプコンが奈良県橿原市と観光振興や地域活性化などで包括連携協定を締結	16　京都府の伝統行事「五山送り火」が3年ぶりに通常通り開催
9月	16　南海電気鉄道などが「エコール・いずみ」に「eスタジアムいずみ」を開業	30　テアトル梅田が閉館
10月	26　関西国際空港が改修中の第1ターミナルのうち，新国内線エリアを先行開業 28　GUが天王寺ミオに関西最大級の店舗を開業	30　オリックス・バッファローズが26年ぶりに日本シリーズを制覇
11月	27　和歌山県知事に岸本周平氏が初当選	2　大阪銀行協会が大阪手形交換所の業務を終了
12月	1　関西広域連合が新たな広域連合長に滋賀県の三日月大造知事を選出	20　兵庫県とアシックスがスポーツ振興や健康促進に関する包括連携協定を締結

出所）各種資料をAPIRで加工

編集委員・執筆者紹介

編集委員

編集委員長
稲田　義久　アジア太平洋研究所研究統括兼数量経済分析センターセンター長
甲南大学名誉教授
1981年神戸大学大学院経済学研究科博士課程後期課程修了
1992年博士（経済学）（神戸大学）
担当：Part Ⅱ Introduction，概要，Chapter 3 Section 1～5
　　　Chapter 5 Section 1～3，Column A，Chapter 6 Section 1～3

編集副委員長
猪木　武徳　アジア太平洋研究所研究顧問，大阪大学名誉教授
1968年京都大学経済学部卒業
1974年マサチューセッツ工科大学大学院修了，Ph.D.
担当：Chapter 1 Section 1

編集副委員長
本多　佑三　アジア太平洋研究所研究統括，大阪大学名誉教授
1980年プリンストン大学大学院修了，Ph.D. in Economics.
担当：Chapter 1 Section 2

編集委員
松林　洋一　アジア太平洋研究所上席研究員，神戸大学大学院経済学研究科教授
1991年神戸大学大学院経済学研究科博士後期課程中退，経済学博士（神戸大学）
担当：Chapter 3 Section 1

編集委員
後藤　健太　アジア太平洋研究所主席研究員，関西大学経済学部教授
1998年ハーバード大学公共政策大学院修士課程修了，公共政策修士
2005年京都大学大学院アジア・アフリカ地域研究研究科修了，京都大学博士（地域研究）
担当：Chapter 2 Section 2

執筆者紹介

梶谷　懐　神戸大学大学院経済学研究科教授，アジア太平洋研究所主席研究員
2001年神戸大学大学院経済学研究科博士課程後期課程修了，経済学博士（神戸大学）
担当：Chapter 1 Section 3

高屋　定美　関西大学商学部教授
1991年神戸大学大学院経済学研究科博士課程単位取得退学
1998年経済学博士（神戸大学）
担当：Chapter 1 Section 4

藤川　清史　愛知学院大学経済学部教授
1986年神戸大学大学院経済学研究科博士後期課程単位取得退学
2000年博士（経済学）（神戸大学）
担当：Chapter 1 Section 5

木村　福成　慶應義塾大学経済学部教授，アジア太平洋研究所上席研究員
東アジア・アセアン経済研究センター（ERIA）チーフエコノミスト
1991年ウィスコンシン大学博士課程修了，Ph.D.（Economics）
担当：Chapter 2 Section 1

下田　充　　株式会社日本アプライドリサーチ研究所取締役・研究調査部主幹研究員
　　　　　　1999年帝塚山大学大学院経済学研究科博士後期課程満期退学，帝塚山大学修士（経済学）
　　　　　　担当：Chapter 3 Section 2, Chapter 6 Section 3

入江　啓彰　　近畿大学短期大学部商経科教授
　　　　　　2012年関西学院大学経済学研究科博士課程後期課程修了，博士（経済学）
　　　　　　担当：Chapter 3 Section 3, Chapter 6 Section 3

小川　亮　　大阪公立大学大学院経済学研究科教授，
　　　　　　2007年大阪大学大学院経済学研究科博士後期課程単位取得退学
　　　　　　2010年博士（経済学）（大阪大学）
　　　　　　担当：Chapter 3 Section 5

下條　真司　　青森大学ソフトウェア情報学部教授，大阪大学名誉教授
　　　　　　アジア太平洋研究所上席研究員
　　　　　　1986年大阪大学基礎工学研究科後期課程修了，博士（工学）
　　　　　　担当：Chapter 4 Section 2

藤原　幸則　　大阪経済法科大学経済学部教授，アジア太平洋研究所上席研究員
　　　　　　1980年大阪大学経済学部経済学科卒
　　　　　　1986年大阪大学大学院法学研究科博士課程前期修了
　　　　　　担当：Chapter 4 Section 3

家森　信善　　神戸大学経済経営研究所教授・同地域共創研究推進センター長
　　　　　　アジア太平洋研究所上席研究員
　　　　　　1986年滋賀大学経済学部経済学科卒業
　　　　　　1988年神戸大学大学院経済学研究科博士課程前期課程修了
　　　　　　1996年博士（経済学，名古屋大学）
　　　　　　担当：Chapter 4 Section 4

大島　久典　　ダイキン工業株式会社
　　　　　　（元 アジア太平洋研究所総括調査役・研究員）
　　　　　　担当：Chapter 5 Column A

下山　朗　　大阪経済大学経済学部教授
　　　　　　2012年関西学院大学経済学研究科博士課程後期課程修了，博士（経済学）
　　　　　　担当：Chapter 6 Section 3

高林喜久生　　大阪経済法科大学経済学部教授，関西学院大学名誉教授
　　　　　　アジア太平洋研究所上席研究員
　　　　　　1977年京都大学経済学部卒業
　　　　　　1989年京都大学博士（経済学）
　　　　　　担当：Chapter 6 Section 3

Karavasilev Yani　　アジア太平洋研究所研究員，京都文教大学（講師）
　　　　　　ジェイカブス大学（ドイツ）社会科学学部卒業
　　　　　　ユニヴァーシティ・カレッジ・ロンドン（英国）修士課程修了
　　　　　　大阪大学大学院国際公共政策研究科博士課程修了
　　　　　　担当：Chapter 2 Section 3

吉田　茂一　　アジア太平洋研究所研究推進部員
　　　　　　2006年大阪市立大学経済学部卒業
　　　　　　2009年神戸大学大学院経済学研究科博士課程前期課程修了
　　　　　　2022年大阪市立大学大学院経済学研究科後期博士課程単位取得退学
　　　　　　担当：Chapter 2 Section 4, Chapter 3 Section 5

盧　　昭穎　　アジア太平洋研究所研究員
　　　　　　　2011年中国西南財経大学保険学部卒業（中国）
　　　　　　　2017年大阪大学大学院経済学研究科博士前期課程修了
　　　　　　　2021年大阪大学大学院経済学研究科博士後期課程修了　大阪大学博士（経済学）
　　　　　　　担当：Chapter 3 Section 4

郭　　秋薇　　アジア太平洋研究所研究員
　　　　　　　2008年国立台湾大学（台湾）国際企業学部卒業
　　　　　　　2012年京都大学大学院経済学研究科修士課程経済学専攻修了
　　　　　　　2016年京都大学博士（経済学）
　　　　　　　担当：Chapter 4 Section 1

足利　朋義　　アジア太平洋研究所総括調査役・研究員
　　　　　　　（ダイキン工業株式会社より出向）
　　　　　　　担当：Chapter 4 Section 2，Part Ⅲ Tourism Chronology

井原　　渉　　アジア太平洋研究所統括調査役
　　　　　　　（株式会社日立製作所より出向）
　　　　　　　担当：Chapter 5 Section 2

井上　建治　　アジア太平洋研究所総括調査役・研究員
　　　　　　　（株式会社大林組より出向）
　　　　　　　担当：Chapter 5 Section 3，Part Ⅲ Tourism Chronology

寺田　憲二　　アジア太平洋研究所アウトリーチ推進部長
　　　　　　　（大阪ガス株式会社より出向）
　　　　　　　担当：Chapter 6 Section 2，Part Ⅲ EXPO 2025 Chronology

時子山くり子　アジア太平洋研究所シニアアドバイザー
　　　　　　　担当：Part Ⅲ EXPO 2025 Chronology

浦部　早貴　　アジア太平洋研究所スタッフ
　　　　　　　担当：Part Ⅲ EXPO 2025 Chronology，Tourism Chronology

事務局

今井　　功　　アジア太平洋研究所総括調査役・研究員
　　　　　　　（株式会社りそな銀行より出向）
　　　　　　　担当：Part Ⅰ 概要，Chapter 1 Section 1

野村　亮輔　　アジア太平洋研究所副主任研究員
　　　　　　　担当：Chapter 2 Section 4，Part Ⅱ 概要，Chapter 4 Section 1
　　　　　　　　　　Chapter 5 Section 1～3，Column A，Chapter 6 Section 1,3，
　　　　　　　　　　Part Ⅲ EXPO 2025 Chronology，Tourism Chronology
　　　　　　　　　　Part Ⅳ 資料編（各種年表）

新田　洋介　　アジア太平洋研究所調査役・研究員
　　　　　　　（株式会社竹中工務店より出向）
　　　　　　　担当：Part Ⅰ 概要，Part Ⅲ EXPO 2025 Chronology，Tourism Chronology
　　　　　　　　　　Part Ⅳ 資料編（データで見る関西）

アジア太平洋と関西
関西経済白書 2023

2023年10月6日　初版発行

編　著　　一般財団法人 アジア太平洋研究所　　©2023

発行所　　日経印刷株式会社
　　　　　〒102-0072
　　　　　東京都千代田区飯田橋2-15-5
　　　　　電話（03）6758-1011

発売所　　全国官報販売協同組合
　　　　　〒100-0013
　　　　　東京都千代田区霞が関1-4-1
　　　　　電話（03）5512-7400

ISBN978-4-86579-391-8　C0033